NIEZNISZCZALNY

KIBICOM

Cezary Gutowski Aldona Marciniak

NIEZNISZCZALNY

NIESAMOWITA HISTORIA ROBERTA KUBICY

BIBLIOTEKA PRZEGLĄD SPORTOWY

Tekst © Copyright by Cezary Gutowski i Aldona Marciniak, Warszawa 2019.
Redakcja i korekta: Krzysztof Kowalski, Tomasz Strzelczyk
Konsultacja medyczna: lek. med. Olaf Szuba
Okładka: Przemysław Piotrowski
Layout: Łukasz Łabęcki, Cezary Piotrowski
Fotoedycja: Jarosław Arczewski
Dyrektor wydawniczy: Dariusz Zieliński
Koordynator projektu: Katarzyna Drosio-Raszplewicz

Druk: Drukarnia Zapolex, Toruń

Zdjęcia okładka: XPB/Newspix.pl, Paweł Jaskółka/Pressfocus x2, Hasan Bratic/Pixathlon/Sipa/PressFocus, Łukasz Grochala, Jarosław Arczewski
Zdjęcia środek: Jerzy Ciszewski (x3), Jarosław Czub, Krzysztof Burzyński/Fotonova/East News (x2), Jacky Foulatier/DPPI/BE&W, Cezary Gutowski (x3), Sebastian Wolny/East News, Imago/East News (x2), AP Photo/Vincent Yu/East News, Adam Nocon/East News, Maciej Śmiarowski (x3), Andrew Ferraro/LAT Photographic/Reporter/East News, HOCH ZWEI/Michael Kunkel/East News, AFP/East News (x2), Getty Images (x4), WRI2/Foto Olimpik, AP Photo/Roberto Ruscello/East News, AP Photo/Gianni Chiaramonti/East News, ITALYPHOTOPRESS/REPORTER/East News, Imago/East News (x4), Milestone Media/EAST NEWS, Arkadiusz Bar/REPORTER, AP Images/East News, AP Photo/Lionel Cironneau/East News, Bogdan Hrywniak, Glenn Dunbar/Motorsport Images/East News, Renault Sport F1, Paweł Jaskółka/Pressfocus, James Moy Photography/PA Images/East News, Rex Features/East News (x2)

Wydawca:
Ringier Axel Springer Sp. z o.o.
ul. Domaniewska 52
02-672 Warszawa

ISBN: 978-83-8091-693-7
Warszawa 2019

Cezary Gutowski
i Robert Kubica
2002

Robert Kubica
i Aldona Marciniak
2018

PROLOG

Trylogia o Robercie Kubicy

Temat na scenariusz", „Jeśli wróci, będzie z tego piękny film" – twierdzili dziennikarze i fani Roberta Kubicy, gdy Polak walczył o bezprecedensowy powrót do Formuły 1. Byli w błędzie. Robert pierwszy, ekscytujący scenariusz napisał dużo wcześniej, zanim jeszcze zadebiutował w królowej sportów motorowych.

Akt numer 1

Lewis Hamilton, wybitny kierowca, młodszy o miesiąc od Kubicy, opowiedział kiedyś o swoim niełatwym dzieciństwie. O tym, jak trudno było przebijać się w świecie sportu samochodowego, gdy spał u taty na kanapie, podczas gdy jego późniejszy kolega z zespołu i rywal do mistrzostwa Nico Rosberg, w Monte Carlo pływał jachtami z bogatym ojcem, byłym mistrzem świata F1. A przecież Brytyjczyk, wzięty pod skrzydła McLarena, czołowej wówczas ekipy Formuły 1, już jako nastolatek miał wszystko, czego potrzebował, aby w przyszłości osiągnąć sukces. Musiał robić tylko to, do czego został stworzony. Szybko jeździć.

Kubica nie miał takiego komfortu. Jego droga do F1 – i za pierwszym, i za drugim razem – była zdecydowanie trudniejsza. Na początku choćby z racji pochodzenia. Bo zanim pojawił się w Formule 1, Polska na mapie wielkiego sportu wyścigowego po prostu nie istniała.

Mało kto w zachodnim świecie zdaje sobie sprawę, jak to jest przebijać się do grona najlepszych, kiedy pochodzi się zza żelaznej kurtyny. Jak to jest w wieku 14 lat zamieszkać w obcym kraju, bez rodziny, aby zostać kierowcą fabrycznym profesjonalnego zespołu gokartowego. Jeden z wielu przełomów, godnych historii filmowej.

Pierwszy kadr. Pojawili się znikąd, w furgonetce: ojciec jako szef zespołu, mechanik i on. Początek sezonu 1998 w najsilniejszej na świecie lidze gokartowej. W pierwszej rundzie Robert zdobył pole position, a na mecie wyścigów był dwukrotnie drugi. Debiut marzeń. Sensacja, ale po kilku występach skończył się budżet... Tak mogła zakończyć się wielka wyścigowa kariera, zanim miała szansę na dobre rozkwitnąć. Jednak zdecydowała prędkość. Robert dostał propozycję startów fabrycznych. Kiedy zabrakło pieniędzy, wygrała determinacja i czysty, nietuzinkowy talent.

Następne ujęcie. Rok 2003. Kubica dopiero co opuścił program rozwoju młodych talentów Renault, aby iść własną drogą – awansować do Formuły 3 Euro Series. Tuż przed rozpoczęciem sezonu młody kierowca poważnie łamie prawą rękę. Źle złożone w kraju ramię ratuje dopiero operacja w klinice doktora Riccardo Ceccarellego we Włoszech. Kilka tygodni po wypadku, wciąż nie w pełni sprawny zawodnik, wraca do kokpitu... i wygrywa pierwszy w życiu wyścig F3. Filmowa historia trwa w najlepsze.

Po arcytrudnym sezonie 2004, drugim w Formule 3, kariera Polaka znów wisiała na włosku, ale wszystko odwrócił kolejny fenomenalny występ Kubicy na legendarnym torze ulicznym w Makau. W jedynym, gościnnym starcie w ekipie Hamiltona – Manorze – Robert zajął 2. miejsce, pokonując między innymi Lewisa.

Tak otworzył sobie kolejne drzwi, do World Series by Renault, a tam... w jeden sezon wywalczył mistrzostwo. Nagrodą za ten tytuł był test w Formule 1.

To nawet jeszcze nie połowa tej niesamowitej historii. Podium w trzecim Grand Prix, przerażający wypadek w Kanadzie i zwycięstwo w tym samym miejscu rok później. Wyjście na prowadzenie w mistrzostwach świata, a potem gorzka lekcja, gdy zespół zrobił wszystko, aby tylko nie zdobyć tytułu. Bo jest za wcześnie. Bo wyprzedza plan...

Potem przychodzą starty w Renault, propozycja z Ferrari, w końcu feralny wypadek w rajdzie, który brutalnie przerywa drogę na szczyt F1.

Akt numer 2

Walka o życie, zdrowie, potem o normalne funkcjonowanie, odzyskanie jak największej sprawności, aż w końcu powrót do wyczynowego sportu. Szokujący, bo w dyscyplinie, w której runęły nadzieje na zawojowanie Formuły 1 – nie w wyścigach, a w rajdach. Wybór dla niektórych szalony – największego z możliwych wyzwań. Mistrzostwo świata w WRC2, wygrywane odcinki specjalne, prowadzenie w Monte Carlo czy szutrowym Rajdzie Hiszpanii – człowiek z torów wyścigowych (!) odnosi największe polskie sukcesy w historii mistrzostw świata kierowców WRC, przeplatane typową dla tego sportu domieszką przygód i problemów technicznych.

W końcu sporadyczne występy na torze, testy w bolidach, które otwierają kolejne drzwi. Krok po kroku, do światowej elity – po ośmiu latach nieobecności!

A to jeszcze nie koniec tej niezwykłej historii. Nie koniec walki z przeciwnościami. Bo jest to powrót w barwach najsłabszej ekipy sezonu 2018. Początek kolejnej, trudnej drogi, ale jeśli ktoś jest w stanie z najniższej możliwej pozycji rozpocząć wspinaczkę, aby w przyszłości zaatakować szczyt F1 – jest to bez wątpienia Kubica. Dlatego dla nas jego historia nie jest tematem na pojedynczy scenariusz. Nie pomieści jej jeden film. Kubica pisze trylogię. Sceny z pierwszych dwóch części znajdą Państwo na kartkach tej książki, a przed nami...

Akt numer 3
Obejrzyjmy go wspólnie.

CEZARY GUTOWSKI
ALDONA MARCINIAK

PS. Wspólnie relacjonujemy tę drogę, stąd też w poszczególnych rozdziałach narracja będzie się zmieniać – to dlatego, że składają się na nią wspomnienia obojga autorów.

TONY KART
41
49
OPEL
GESTONE
elf
birel

KARTING

Prezent... niezapomniany – odczytuję z notatnika kolejne pytanie z listy kwestionariusza – ankiety Magazynu „Tempo". Zasada jest prosta: co tydzień na te same pytania odpowiada inny sportowiec. W końcu nadeszła pora na moją dyscyplinę. „Mojego" sportowca. Polaka, który być może za kilka lat jako pierwszy wprowadzi biało-czerwone barwy do elitarnego świata Formuły 1.

– Miałem pięć lat, kiedy dostałem swój pierwszy samochód – Kubica odpowiada bez chwili namysłu, z niewyraźnym grymasem na twarzy – czy to lekkiego zdziwienia, czy rozbawienia nietypowym zestawem pytań. – Miniaturowego, czterokonnego nissana. Od tego się zaczęło. Przede mną siedzi cholernie pewny siebie i nie mniej bystry dziewiętnastolatek w trakcie wyjątkowo trudnego sezonu w Formule 3.

Przez ostatnie dwa lata, podczas spotkań na europejskich torach wyścigowych, ten ponad wiek dojrzały chłopak zdążył mnie już dobrze poznać (ja, starszy o 5 lat, wciąż młody dziennikarz, w tamtym czasie nie mogłem powiedzieć tego samego o raczej nieufnym Kubicy) i wie, że zazwyczaj takich pytań nie zadaję. Na co dzień króluje jego ukochany temat, treść jego życia od najmłodszych lat. Na co dzień rozmawiamy o wyścigach.

Dekoracja mistrzów Polski 1997 w kategorii Młodzik 02. Od lewej: Tomasz Fołtyn, Robert Kubica i Jakub Buziuk.

I

Przedszkolak, który znalazł powołanie

To tak jak dziecko z absolutnym słuchem siada przy pianinie i zaczyna grać melodię, którą właśnie usłyszało – wspomina Artur Kubica.[1] – Z taką łatwością Robert uczył się jeździć. Można powiedzieć, że urodził się, by zostać kierowcą wyścigowym.

To zabawna historia, ponieważ nikt z mojej rodziny nigdy nie był zaangażowany w wyścigi. Mój ojciec jest fanem wyścigów, ale sam jednak zdobył prawo jazdy, mając 25 czy 26 lat, bo wcześniej nie było go stać na samochód – Robert Kubica z zapałem zabiera słuchaczy w sentymentalną podróż.[2] Urywki wspomnień z czasów, gdy rozpoczynała się jego długa i kręta droga na szczyt sportu samochodowego. Może to przeznaczenie, może łut szczęścia, a może... dzieło przypadku? Tak czy inaczej pierwszy przełom nastąpił, gdy Robert miał niespełna pięć lat. Pierwszy zwrotny punkt w historii najwybitniejszego kierowcy z Polski. Pierwszy moment filmowy! Jak często widuje się przedszkolaka, który życiowe powołanie odnalazł w wieku niespełna pięciu lat?

– Któregoś dnia na spacerze z rodzicami zauważyłem na wystawie sklepowej miniaturowy samochodzik terenowy. Nie udało się mnie od niego oderwać, wsiadłem i zacząłem trąbić... – wspomina w swojej biografii z 2008 roku „Robert Kubica. Moja pasja". Przesiedział w nim kilka kolejnych godzin. W czterech kółkach zakochał się od pierwszego wejrzenia. Od momentu, gdy na własne oczy ujrzał malutki pojazd z silnikiem i kierownicą, który mógłby samodzielnie poprowadzić. I jak setki razy później, w całej sportowej karierze – tak i na początku decydująca była determinacja, pragnienie, upór. Bo od kiedy raz zobaczył swoją pierwszą „wyścigówkę", nie było na świecie nic innego, czego pragnąłby bardziej. Dał to do zrozumienia rodzicom na tyle dobitnie, że w końcu wywalczył ten wymarzony prezent. – Zbliżała się gwiazdka, a także moje urodziny i Mikołajki, więc był to taki łączony prezent – wspominał po latach. – Zacząłem tym jeździć na asfaltowym podwórku, przy stadionie żużlowym KS Wanda. Ojciec ustawiał slalom z butelek wypełnionych wodą i tak się bawiłem, jeżdżąc sobie w kółko...

– Dwa biegi w przód, jeden bieg wsteczny – opisuje swoją pierwszą maszynę, samochodzik z czterosuwowym silnikiem o mocy około 3,5 konia mechanicznego. Wiele lat później, podczas jednej z eskapad na wyścig Formuły 3 Euro Series, Artur Kubica, ojciec Roberta, opowiadał mi, kiedy zrozumiał, że to coś więcej niż tylko zabawa: – Ten samochodzik miał napęd tylko na jedno koło, a Robert szybko wykombinował, że aby zarzucić tyłem, skręcając w jedną stronę, musi dodać gazu, a w drugą – ująć. – Przecierałem oczy zdumiony, skąd on to umie.

– W wieku sześciu lat, może sześciu i pół, dostałem pierwszego karta – kontynuuje opowieść Robert. – Na początku jeździłem po tym samym placyku. Po dwóch latach jeżdżenia wokół butelek ojciec kupił około stu gumowych pachołków. Trzymaliśmy je razem z gokartem w małej przechowalni przy placu. Ojciec za każdym razem ustawiał inną konfigurację toru, mierzył czas, a ja jeździłem. To było bardzo dobre ćwiczenie.[3]

W końcu młody Kubica rozpoczął regularne treningi na torach wyścigowych, kartem z dwusuwowym motorem o mocy 9 koni. Równocześnie odwiedzał zawody gokartowe, śledząc w akcji starszych kolegów. Zbyt młody, aby startować, Robert godzinami trenował na torach w Kielcach i Częstochowie. – Tak naprawdę w Kielcach debiutowałem, jeśli można to tak nazwać, w gokarcie na torze – wspomina po latach.

– Tato Roberta jeździł z nim na treningi, w środku tygodnia. Gdy mieli troszkę wolnego czasu po szkole, potrafił na dach mercedesa kombi zapakować gokarta i o 13 czy 14 wyjechać do Częstochowy. To znaczy do Wyrazowa, gdzie kiedyś pozyskiwano piasek budowlany, a potem wyrobisko zostało zamknięte i zbudowano tor kartingowy – do pierwszych jazd Kubicy wraca Jerzy Wrona, jego późniejszy mechanik z mistrzostw Polski oraz początków międzynarodowej kariery.[4] Współpracowali niemal cztery lata.

– Przyjeżdżaliśmy dwa razy w tygodniu. Trenowałem bardzo dużo, zwłaszcza jak miałem 7–10 lat – wspomina Kubica w swojej pierwszej biografii.[5] – Zawsze jeździliśmy tam właściwie sami i mogliśmy robić, co nam się podobało. Pamiętam, jak po dwóch latach jeżdżenia w jedną stronę ojciec powiedział, że zmieniamy kierunek. Tor stał się zupełnie inny.

Zbliżając się do 10. roku życia, Kubica pod okiem ojca pilnie szykował się do debiutu w wyścigach. – Już rok wcześniej przygotowywaliśmy dla niego silniki, a on trenował przed startami wyczynowymi. Tato Roberta zaczął sondować rynek kartingowy. Przyjeżdżali na zawody, gdzie chłopak trenował razem z zawodnikami. Rywalizacja w grupie to coś zupełnie innego niż indywidualne ćwiczenia – podkreśla pierwszy mechanik Roberta.

Wyjątkowy talent do jazdy był widoczny gołym okiem. Miał dar, a o resztę zadbał Artur Kubica. Syn jeździł, kiedy tylko się dało. – Robert od początku zaskakiwał dojrzałością – zaznacza Wrona. – Miał dziesięć lat

Biały kask stał się znakiem rozpoznawczym Roberta Kubicy na wczesnym etapie kariery w międzynarodowym kartingu.

i bez problemu radził sobie z gokartem o mocy 15 koni mechanicznych i z sześciobiegową skrzynią biegów. Od początku wykazywał ogromne predyspozycje do jazdy wyczynowej, taką smykałkę i dryg. Nie każdy się z tym rodzi. W miarę jak dorastał, chciał jeździć coraz więcej i domagał się coraz częstszych wizyt na torze.[6]

– Robert przyjechał do Koszalina trenować z tatą i Jurkiem Wroną. Jeśli dobrze pamiętam, mama była nad morzem, a oni siedzieli na torze, żeby testować – wspomina tamte czasy późniejszy wieloletni współpracownik Kubicy Marcin Czachorski. – Był uzbrojony w superfajny włoski sprzęt. Jeździł cały dzień i jak skończył, Artur z Jurkiem pakowali się, sprzątali, a Robert nie miał co robić, więc zaczął krążyć i obserwować moje gokarty, których sam się trochę wstydziłem, ale to był jedyny sprzęt, na jaki było mnie wtedy stać. To były wózki z silnikami „wueski", a ja zablokowałem je na drugim biegu, żeby dzieciaki, którym je wynajmuję, miały łatwiej i przyjemniej. Od razu było widać błysk w roku Roberta i nienaturalnie duże zainteresowanie, biorąc pod uwagę to, czym sam jeździł. Zapytałem, czy chce się przejechać. Ruszył i po jednym okrążeniu poprosił, żeby mu tę skrzynię odblokować. Zrobiliśmy to, a po chwili spytał, czy może pojeździć więcej... To, co było niesamowite, to fakt, że tam była naprawdę podła skrzynia biegów, która nie znosiła zmiany bez sprzęgła. Robert po połowie okrążenia robił to tak zręcznie, że miałeś wrażenie, że jedzie z nowoczesną skrzynią DSG... Od razu było widać, że ma niezwykłe wyczucie maszyny, którą jeździ. Miał może 11 lat – wspomina Czachorski i dodaje: – Miałem tę unikalną okazję, że widziałem przekrój jego kariery – od samego początku i od pierwszej chwili, gdy go zobaczyłem, wiedziałem, że to cudowne dziecko.

Dziś Kubica z sentymentem wraca do tamtych lat. Już jako 34-latek, podczas grudniowej konferencji pożegnalnej z Lotosem w Częstochowie, usłyszał od jednego z dziennikarzy, że miejscowy tor ma zostać wyremontowany i ponownie oddany do użytku. Ucieszył się. – Przyjeżdżając tu, sprawdzałem nawet na GPS. Nie pamiętam, kiedy tu ostatnio byłem, jeżdżąc gokartem. Na pewno przed 1998 rokiem. Byłem wtedy brzdącem i wszędzie podróżowałem z tatą. Ogólnie Częstochowa i jej tor to było miejsce, w którym zaczynałem i trenowałem. Ten obiekt nigdy nie był w świetnym stanie i przekazał mi pan świetną wiadomość, bardzo się cieszę. Mam nadzieję, że zostanę zaproszony na otwarcie i z chęcią spróbowałbym swoich sił! Minęło dobrych kilkanaście lat, ale powrót w takie charakterystyczne miejsca zawsze mile wspominam. Nawet podróże na trasie Kraków – Częstochowa po lekcjach, ponieważ w Krakowie nie miałem możliwości treningów. Przyjeżdżałem tu na popołudnie z moim tatą, z gokartem na dachu, i wieczorem wracaliśmy do domu, ponieważ dzień później trzeba było pójść do szkoły. Były to naprawdę bardzo miłe momenty – mówił Robert.

Zaczynało się od czystej radości. Rodzinnej zabawy. Pierwszych wyzwań, które niosła wspólna pasja ojca i syna. Były to jednak kluczowe chwile dla kariery zawodnika. Wyścigi samochodowe to bowiem sport powtarzalności. Pod wieloma względami zbliżony do tenisa (światowej klasy ekspert od medycyny sportu, doktor Riccardo Ceccarelli, który wiele razy potem pomoże Polakowi, przekonuje, że z punktu widzenia psychologii wyścigi i tenis są do siebie bardzo podobne) oraz innych dyscyplin, w których mistrzowskie umiejętności wyrabia się poprzez długie i żmudne wieloletnie treningi. Także w wyścigach niezwykle ważne jest, aby edukacja – poznawanie i wpajanie podstawowych odruchów – rozpoczęła się w jak najmłodszym wieku i była intensywna. Talent – niemierzalny – to doskonały punkt wyjścia, ale każdy renomowany trener i zawodnik światowej klasy przyzna, że najważniejsza jest praca. A więc także determinacja, zaangażowanie oraz pasja, a tych nie brakowało ani Robertowi, ani jego ojcu.

Artur Kubica nie miał doświadczenia w tej dość niszowej dziedzinie sportu, w zupełnie nowym dla siebie, specyficznym środowisku, ale potrafił dostrzec i maksymalnie rozwinąć talent syna. – Pasja ojca bardzo pomogła, gdy zaczynałem jako dzieciak w kartingu. Jednym z moich atutów było to, że tata miał taką wizję, że albo będziemy wykonywać wszystko właściwie, albo wcale – podkreślał 33-letni Kubica w połowie 2018 roku, będąc kierowcą rozwojowym i rezerwowym Williamsa, w rozmowie z dziennikarzem BBC Tomem Clarksonem.

Były to twarde i mądre wybory. Mały Robert nie miał pomalowanego kasku, bo na liście priorytetów ojca były pozycje o wiele ważniejsze. – Mówił, że oszczędzi dzięki temu pieniądze i będzie mógł kupić dwa komplety opon więcej, na czym bardziej skorzystam jako kierowca. Przez dwa lata, w 1998 i 1999 roku, jeździłem w białym kasku i stało się to moim znakiem rozpoznawczym – dodaje w „Beyond The Grid". – Słyszałem wiele historii o Maxie (Verstappenie – przyp. red.) i jego ojcu, który był dla niego dość surowy. U mnie było dość podobnie.

ROBERT KUBICA:

„Tuż obok toru kartingowego w Wyrazowie przebiegała linia kolejowa i pamiętam, jak w wieku sześciu czy siedmiu lat chciałem być zawsze szybszy od przejeżdżającego pociągu".[7]

II

Sześć tytułów w Polsce

Wypożyczalnie i kryte dachami tory gokartowe paradoksalnie nie przybliżają, lecz zaciemniają obraz tego, czym jest prawdziwy karting. Amatorom wyścigowych wrażeń dają nikłe pojęcie, jak to jest obcować z lekkim, pozbawionym zawieszenia wózkiem z małymi kółkami, które znajdują się tuż pod nogami i za plecami prowadzącego. Można sobie wyobrażać, że te prawdziwie wyczynowe pojazdy, w których na znacznie dłuższych, szerszych i odkrytych torach walczą zawodowcy i półzawodowcy, są po prostu mocniejsze i szybsze, ale to przeświadczenie wiedzie na manowce. Osiągi i gama wrażeń różnią się wręcz kosmicznie.

Karting halowy to zabawa. Wyczynowy – to sport ekstremalny. I pisze to osoba, która przez lata, testując setki samochodów na ulicach i torach, miała okazję poznawać pojazdy marzeń o mocach 400, 500 czy nawet ponad 700 koni mechanicznych: kosmicznego, niemal 600-konnego Mercedesa SLS, który przez lata był samochodem bezpieczeństwa Formuły 1, 12-cylindrowe Ferrari F12 Berlinetta, ostre jak brzytwa Porsche 911 GT3 RS – w zasadzie samochód wyścigowy dostosowany do jazdy po cywilnych drogach – oraz wiele, wiele innych. W porównaniu z 30–40-konnym wyczynowym gokartem z sześciobiegową skrzynią biegów te supersamochody są... łagodne jak baranki. Nigdy nie prowadziłem niczego bardziej wściekłego od profesjonalnego gokarta.

Dzieci zaczynają oczywiście od słabszych, ale już bardzo szybkich, trudnych do opanowania maszyn. Dziesięcioletni Kubica w kategorii Młodzik 02, miał do czynienia 14–15-konnym, sześciobiegowym gokartem z silnikiem o pojemności 50 cm sześciennych, którego prędkość obrotowa przekraczała... 14 000 obr./min (zwykłe auta, nawet te z wielkimi i bardzo mocnymi silnikami, rzadko kręcą się powyżej 7000 obr./min). Z czasem przesiadał się do coraz mocniejszych maszyn. W kategorii Junior 100 moc pojazdów przekraczała 20 koni mechanicznych, a potem jeszcze rosła, aby w szczytowym momencie zbliżyć się do 40 koni. To oczywiście szacunkowe dane, bo wiele zależy od warunków na torze, zestrojenia i przygotowania silnika oraz tego, jaki użytek robi z nich kierowca. W nowym sprzęcie odeszła potrzeba zmiany biegów, ale pojawiły się daleko większe wyzwania dotyczące dostrajania, a następnie obsługiwania wyczynowych wózków, w których kierowcy na bieżąco regulują na przykład skład mieszanki paliwowo-powietrznej, co oznacza jazdę na pełnym gazie z jedną ręką na kierownicy, z drugą przy silniku. A wszystko to przy przyspieszeniu około 4 sekund do 100 km/h i prędkościach maksymalnych, które – w zależności od toru i warunków – dochodziły do 140 km/h!

Wyczynowy karting to także niezwykle zacięte, mierzone z dokładnością do tysięcznych części sekundy współzawodnictwo. Podczas zawodów, na jednym okrążeniu, zależnie od poziomu, w sekundzie mieści się... 50, 80, a nawet ponad 100 zawodników! Z takimi właśnie maszynami i takim poziomem rywalizacji Kubica miał do czynienia od najmłodszych lat. Do dziś wielu kierowców Formuły 1 uważa zresztą, że jeśli chodzi o ekstremalne doznania, obcowanie z prędkością, przeciążeniami oraz walkę o czasy, najbardziej zbliżone do ich bolidów są właśnie wyczynowe gokarty. Choć karting daje mnóstwo radości, szczęścia i spełnienia tysiącom zawodników, to wcale nie jest zabawa. – To sport, tak jak Formuła 1 – podkreśla Kubica. – Oczywiście na mniejszą skalę, ale rywalizacja jest ogromna. Są tu zespoły fabryczne, bardzo profesjonalne ekipy. Atmosfera jest wspaniała i tak naprawdę do dziś bardzo miło wspominam lata spędzone w kartingu. To nie była zabawa chłopców, którzy w weekendy jeżdżą na wyścigi, a poza nimi żyją swoim życiem.[8]

Pierwsze trofeum przywiózł z zawodów w Niemczech. Młodzi zawodnicy jeździli między pachołkami. Po dwóch wyścigach ośmiolatek z Polski był piąty w 90-osobowej stawce. W końcu otrzymał upragnioną licencję kartingową, która pozwoliła mu na rozpoczęcie regularnych startów w zawodach w Polsce. Już pierwszy sezon 1995 pokazał, że ledwie dziesięcioletniemu Kubicy trudno będzie komukolwiek sprostać. Ba! Było to widać już nawet po pierwszym wyścigu, bo rundę otwierającą Kartingowe Mistrzostwa Polski 1995 w kategorii Młodzik 02 wygrał właśnie debiutant z Krakowa. – Pamiętam nawet dokładnie, że w kwietniu jeszcze padał śnieg. Oczywiście nie zostawał na torze, ale warunki były dość ekstremalne – wspominał po latach, gdy rozpoczynaliśmy przed kamerami długi wywiad do filmu dokumentalnego „Moja pasja".

W 1995 roku Kubica zdobył swój pierwszy tytuł – z sześciu, które na polskich torach gokartowych udało mi się zgromadzić w ledwie trzy lata. Rok później znów zgarnął koronę, a w sezonie 1997, startując równolegle w czterech kategoriach, wywalczył trzy mistrzostwa: Junior 100 (wygrał siedem z ośmiu rund!), Kadet 60 oraz Młodzik 02. – Oczywiście nie zawsze wygrywałem, było też paru bardzo mocnych rywali, szczególnie w kategorii Młodzik 02 – zaznacza Kubica, gdy dopytuję o jego pierwsze kroki w wyścigach. Już na początku pokonywał zawodników starszych nawet o pięć lat, z którymi zrównywał się wzrostem... ilekroć wchodził na najwyższy stopień podium. Pierwszego poważnego rywala znalazł w jednym z najbardziej doświadczonych i utytułowanych kierowców tamtych lat, wielokrotnym mistrzu kraju. – Nie było łatwo, ponieważ zawodnicy byli bardziej doświadczeni, nawet 15-letni. Był Jacek Henschke, który był bardzo mocny i bronił tytułu mistrza Polski. Bardzo mile wspominam ten czas – opowiada Robert.

– Tak naprawdę, gdy zaczynałem, nigdy nie myślałem, że będę jeździł za granicą – przyznaje Kubica. – Na początku była to tylko i wyłącznie zabawa, później bardziej hobby, kiedy startowałem w Polsce – dodaje. Dość szybko jednak stało się jasne, że jego potencjał wyrasta ponad poziom krajowego podwórka. Że aby się rozwijać, młodziutki Robert musi szukać nowych, większych wyzwań. A rodzina Kubiców działała bardzo metodycznie i ambitnie. Cel na przyszłość mógł być tylko jeden. Myśląc o rozwoju kariery syna, o sprawdzeniu, na co naprawdę go stać, Artur Kubica zaczął spoglądać poza granice Polski, na południe. Tam, gdzie po dziś dzień sport gokartowy stoi na najwyższym światowym poziomie.

Na początku 1997 roku, zanim przystąpił do swojego ostatniego sezonu w mistrzostwach Polski, Robert rozpoczął pierwsze regularne treningi we Włoszech. Przygoda z wyścigami rozkręcała się na dobre. W lutym na słynny tor South Garda Karting w Lonato zajechała furgonetka z Polski. W środku znajdował się sprzęt dla młodego kierowcy z Krakowa, który miał uczestniczyć w zimowych przygotowaniach do mistrzostw Włoch – najsilniejszej kartingowej kategorii świata. Do Italii wybrali się: Robert, Artur – szef zespołu, mechanik i ojciec w jednej osobie – oraz Jerzy Wrona. Początkowo jeździł z nimi także tłumacz, ale szybko zaczęli radzić sobie sami. Dwa namioty łączyli w jeden większy, do którego dostawiali busa serwisowego. Gdy na obcej ziemi, w nieznanej wcześniej rzeczywistości, przy nowych regulaminach Polacy stawiali pierwsze kroki, Włosi – zaciekawieni przybyszami – traktowali Kubiców bardzo ciepło i życzliwie. Pomagali załatwić formalności związane z pozyskaniem licencji uprawniającej młodego kierowcę spoza Unii Europejskiej do startów w kategorii narodowej.

Dla Kubicy były to ważne treningi, szykujące go do kolejnych wyzwań w mistrzostwach Polski. Po kilku dniach na torze, kolejnych kilometrach przejechanych w Parmie i powrocie do Lonato w celu obejrzenia rundy mistrzostw Włoch, w której Robert nie mógł wystartować z powodu braku licencji, wrócili do kraju, aby zgarnąć trzy ostatnie tytuły na rodzimym podwórku. W następnych latach Kubica miał już walczyć z Lewisem Hamiltonem oraz Nico Rosbergiem o prymat na arenie międzynarodowej.

ROBERT KUBICA:

„Na początku to była zabawa, potem hobby. Dzięki rodzicom miałem możliwość trenowania, ale nie mogłem startować, ponieważ trzeba było mieć ukończone 10 lat. Zdobyłem sześć tytułów mistrza Polski".

III

Wyprawa na podbój świata

Roberta pamiętam jeszcze z czasów kartingu. Był najtrudniejszym pośród wszystkich rywali – tak wyścigowe potyczki z Kubicą wspominał wielokrotnie Lewis Hamilton, zagadywany o Polaka już w padoku Formuły 1. – To jeden z najszybszych kierowców, z jakimi kiedykolwiek się ścigałem – dodawał w rozmowie z telewizją Sky na Hungaroringu w 2017 roku, w przeddzień pierwszego testu krakowianina w bolidzie najnowszej generacji przygotowanym przez Renault. – Gdyby nadal się ścigał, walczyłby o mistrzostwo świata, o ile już by jednego nie miał. Po prostu naturalny talent, którego brakuje tu, wśród nas. Niewielu wspaniałych kierowców się przebija. Przesiewają się po drodze. Są tacy, którzy są znacznie lepsi od reszty, ale wciąż nie są najwspanialsi. A dalej masz naprawdę wyjątkowych kierowców, takich jak on…

Tego typu opinie są przez wielkich tego sportu powtarzane od lat. Gdy w 2008 roku, podczas weekendu Grand Prix Hiszpanii w Barcelonie pytam Lewisa o Kubicę, przyszły mistrz świata – który w tamtym sezonie nieraz spotykał się z Polakiem już na torach Formuły 1 – wraca oczywiście do czasów kartingu. – Roberta znam, odkąd byliśmy nastolatkami. Ścigaliśmy się razem we włoskiej lidze kartingowej. Kubica, Nico Rosberg i ja. Na torze często ze sobą walczyliśmy i zazwyczaj wygrywał któryś z nas. Robert to jeden z najlepszych kierowców, z jakimi kiedykolwiek miałem do czynienia, i dlatego jego ostatnie sukcesy nie są dla mnie zaskoczeniem. Spodziewałem się tego i mówiłem już o tym wcześniej – podkreśla kierowca McLarena, który w tym samym roku zdobędzie swój pierwszy z pięciu (stan na koniec 2018 roku) tytułów mistrza świata.

– Co sądzi pan o Robercie prywatnie? – drążę temat. – Lubię go. Jest naprawdę miłym człowiekiem. Kiedyś, gdy startowaliśmy w kartingu, spędzaliśmy ze sobą dużo czasu. Niewiele zmienił się od tamtej pory. Już wtedy był wyjątkowo szybki i potrzebował bardzo mało czasu, aby nauczyć się nowego toru. Motywowaliśmy się wzajemnie do szybszej jazdy. No i już wtedy rzucał teksty, które poznajecie ostatnio. Na przykład gdy wywalczył pole position w Bahrajnie, a potem mówił, że to wcale nie było takie dobre okrążenie, bla, bla, bla... Już to kiedyś słyszałem – śmieje się Brytyjczyk, próbując naśladować niewyraźną minę i poważny ton Polaka tuż po tym, jak ten odniósł jeden ze swoich największych do tego momentu sukcesów w F1.

To szacunek w pełni odwzajemniony. Przebywając w otoczeniu Kubicy, gdy przedzierał się przez serie juniorskie, nie sposób było nie usłyszeć – po wielokroć – właśnie o Hamiltonie. Czy to od ojca i innych osób, które miały okazję oglądać go w kartingu, czy od Daniele Morellego, menedżera Roberta, czy w końcu od niego samego. Kiedy na progu sezonu 2007 w Melbourne cały padok zastanawiał się, jak na tle utytułowanego kolegi z ekipy, dwukrotnego i aktualnego mistrza świata Fernando Alonso wypadnie czarnoskóry debiutant z Wielkiej Brytanii, Kubica stwierdzał po wielokroć: – Myślę, że Fernando czeka niespodzianka.

Nie mylił się: wielki mistrz świata po pełnym kontrowersji i sporów wewnątrz teamu sezonie nie pokonał Hamiltona.

– Najlepszy kierowca, z jakim się ścigałeś? – pada pytanie do Polaka ponad 10 lat później, w wywiadzie przeprowadzonym w ramach „Beyond The Grid", oficjalnego podcastu F1.

– Lewis – Robert odpowiada bez chwili wahania.

– Bo był tak szybki?

– Zależy. W kartingu był bardzo dobry, ale ja nie obawiałem się nikogo. W kartingu to raczej ja byłem tym, którego inni chcieli pokonać, ale w formułach był świetny, a w Formule 1 w swoim pierwszym roku prawdopodobnie, gdyby miał trochę więcej doświadczenia, wygrałby. Już w sezonie 2007....

Ta historia nie byłaby jednak pełna bez trzeciego bohatera. W tamtych czasach, w latach 1998–2000, najtrudniejsza seria kartingowa świata miała bowiem trzech faworytów.

To zdjęcie zna każdy fan Roberta. Trzech młodych zawodników po dekoracji po kolejnym wyścigu. Pośrodku, z pucharem w ręce, stoi zwycięzca, Kubica, a po jego bokach Hamilton oraz... Nico Rosberg. Syn Keke, mistrza świata Formuły 1 z 1982 roku. Dwóch „chłopaków z osiedla" i dzieciak z elit Monte Carlo. To w tej trójce kartingowe środowisko upatrywało przyszłych kierowców F1. To spośród nich typowano przyszłych mistrzów świata.

– Miałem 12 i pół roku. Razem debiutowaliśmy we włoskiej lidze kartingowej wspomina Rosberg, gdy w trakcie sezonu 2009, podczas weekendu Grand Prix Belgii pytam go o pierwsze spotkanie z Kubicą. – Dobrze to pamiętam, ponieważ pojawił się dosłownie znikąd. Nikt go nie znał, ale on od razu, od debiutanckiego wyścigu walczył o zwycięstwo. Ja byłem trzeci, a on dojechał do mety na drugim miejscu. W swoim pierwszym wielkim wyścigu we Włoszech! Z miejsca wszedł do czołówki – opowiada z uznaniem mistrz świata Formuły 1 z 2016 roku, który później, w drugiej połowie 2017 roku reprezentował przez chwilę interesy Polaka w jego drodze powrotnej do F1. Co ciekawe, w tamtych kartingowych czasach Rosberg przyjaźnił się z Hamiltonem. – Dobrze się bawiliśmy. Wszystko robiliśmy razem, dzieliliśmy pokoje hotelowe. Było bardzo fajnie. Lewis to bardzo dobry kierowca. Na torze często toczyliśmy wielkie pojedynki – dodaje Nico.

– Czy poza ściganiem się z Robertem też spędzałeś z nim czas, jak z Lewisem? – zadaję kolejne pytanie.

– Z Robertem nie. Może odrobinę...

Co ciekawe, później Hamilton przywoływał powyższą rywalizację w toku walki z kolegą z teamu Mercedesa o mistrzostwo w sezonie 2014. Wielka przyjaźń Nico i Lewisa skończyła się, gdy wspólnie startowali w najsilniejszej ekipie Formuły 1. W psychologicznej wojnie, próbując dopiec Niemcowi, podczas spotkania z mediami Brytyjczyk sięgnął po kartę z napisem... „Kubica". – Nico owszem, był szybki, ale nie tak, jak Robert – podkreślał. – On był wtedy najlepszy! Wielokrotnie gadaliśmy sobie, jak fajnie byłoby jeździć razem w Formule 1. Nawet nie pamiętam, czy wtedy tak naprawdę w to wierzyłem. Nico powiedziałby „gdy już będę w F1", a dla mnie to było raczej „jeśli kiedykolwiek dostanę się do Formuły 1". Mając tatę, który był kiedyś zawodnikiem F1, Nico był pewny, że się tu dostanie, a my... musieliśmy po prostu cały czas o to walczyć.

Z racji swojej pogodnej, otwartej natury oraz komunikatywności Kubica był zawsze lubiany w środowisku gokartowym i szanowany przez rywali. Wiele o postrzeganiu Polaka w tamtych czasach mówią wspomnienia Nicolasa Hamiltona, który od najmłodszych lat wraz z ojcem Anthonym podążał za starszym bratem na tory całego świata. Czasami na wózku inwalidzkim, czasami o kulach (od urodzenia chorował na dziecięce porażenie mózgowe), był stałym gościem wyścigowego padoku, ilekroć pojawiał się w nim Lewis. Dziś jest kierowcą wyścigowym, a ponieważ spotykałem go na wyścigach Formuły 3, kiedy startował w nich Kubica, podczas wizyty Nicolasa w Polsce w 2017 roku mamy wiele wspólnych tematów.

– Spośród kierowców, których poznawałeś jeszcze w kartingu, kto robił największe wrażenie? Oczywiście z wyjątkiem twojego brata – pytam młodszego Hamiltona. Odpowiedź zupełnie mnie nie zaskakuje.

– Muszę powiedzieć, że najbardziej interesujące było obserwowanie, jak przebija się Kubica. Zawsze był tym facetem, którego trzeba było pokonać, jeśli marzyło się o zwycięstwie. Podobnie zresztą jak Nico Rosberga. W tamtych czasach trzeba było mieć prawdziwy, naturalny talent, aby być najlep-

W sezonie 2000 Robert Kubica przesiadł się na wózki Birela. Ważnym punktem było przejście z silników Ital System na Rotax.

szym i stać się częścią Formuły 1. Bardzo trudno się tam dostać. Musisz być kierowcą kompletnym. I na torze, i poza nim.

Kubicę poznał mając sześć lat. – To było we Włoszech. Graliśmy w jakiejś kawiarni na automatach w gry wideo, kiedy wszedł Robert. W tamtych czasach był zawodnikiem, którego bardzo chcieliśmy pokonać, bo był bardzo szybki, regularny i odnosił ogromne sukcesy. Jeśli potrafiłeś być szybszy od Kubicy, to mogłeś wygrać z każdym innym rywalem. Tak to wyglądało, więc wszyscy tam wiedzieli, kim jest. Zawsze był dla mnie miły i grzeczny – i dobrze jest widzieć, że po latach wciąż zachował tę cechę charakteru, pomimo wszystkich sukcesów. Bo wielu ludzi zmienia się wraz z kolejnymi trofeami, a on jest jednym z tych, którzy się nie zmienili. W 2004 roku ścigał się w zespole Mücke Motorsport, a Lewis był w Manorze, wówczas też się widywaliśmy na torze. I zawsze to z nim najfajniej było się spotkać i pośmiać – wspomina Nicolas Hamilton.

Swój autorytet Kubica musiał jednak wypracować na torze. Zrobił to błyskawicznie – już w swoim pierwszym starcie w kartingowych mistrzostwach Włoch, w 1998 roku, który kilka akapitów wyżej wspominał Nico Rosberg. – Wypłynęliśmy na głęboką wodę. Jadąc do Włoch, nie wiedzieliśmy tak naprawdę, gdzie się znajdziemy. Gdzie jest nasze miejsce w szyku. Kilku naszych kartingowców wcześniej próbowało sił za granicą, ale bez sukcesów – wspominał Robert. – Wyjeżdżając do Ugento na inauguracyjną rundę mistrzostw Włoch, marzyliśmy, żeby się zakwalifikować do finału. Na pierwszej czasówce byłem piąty, co było dla mnie wielkim sukcesem. Ale tata słusznie zauważył, że robiłem pewne błędy, które poprawiłem – i w drugiej czasówce poprawiłem czas. Wygrałem, startowałem do wyścigów finałowych z pierwszego miejsca i ukończyłem je dwa razy jako drugi – opowiadał na przełomie sezonów 2007 i 2008, gdy gromadziłem materiały do dokumentu „Robert Kubica. Moja pasja" i rozmawialiśmy na torze gokartowym w Wackersdorfie.

Już jako 33-latek wrócił do wspomnień z przełomowego startu w wywiadzie przeprowadzonym przez Toma Clarksona. – Choć mój ojciec wiedział, że jestem dobry, nigdy mi tego nie mówił – przyznał. Do mistrzostw Włoch przystąpili jako „prywaciarze", stawiając czoła wielkim, profesjonalnym zespołom gokartowym. Nowe środowisko, rywale, sędziowie i regulaminy. Obcy kraj i zupełnie inny świat. – Pamiętam pierwszy trening. Miałem biały kask, zielony kombinezon. Białe plastiki, zamocowane do wózka, tylko z moim imieniem. Żadnych sponsorów. Wyglądałem, jakbym był zacofany o dziesięć lat. Wszyscy kierowcy, szczególnie Włosi, mieli ładnie pomalowane kaski, ich mechanicy chodzili z nażelowanymi włosami. Wyglądali jak z Formuły 1!

Złote trio włoskiego i międzynarodowego kartingu, późniejsi kierowcy Formuły 1: Lewis Hamilton, Robert Kubica i Nico Rosberg.

Artur Kubica wyznaczył synowi konkretne cele. – Nie mogłem patrzeć na czasy okrążeń, na klasyfikacje, więc tylko jeździłem. Zaczęły się kwalifikacje. Mieliśmy tylko dwa silniki i nie mogłem zaryzykować, że jeden z nich uszkodzę, bo nie zostałoby na wyścigi. Co się wtedy robi? Dławi się silnik. Jest taki filtr. Musiałem sprawiać, że mieszanka będzie bogatsza, aby nie ryzykować awarii. Praktycznie na trzech czwartych trasy, pokonywanej z gazem w podłodze, dławiłem go tylko po to, aby nic się nie stało. W pierwszych kwalifikacjach zapomniałem jednak o tym, ukończyłem je, zjechałem do parc ferme i widzę ekran. Zaczynam patrzeć od samego dołu i idę wzrokiem w górę, jeszcze w górę i dostrzegam, że jestem piąty. Wciąż dobrze to pamiętam i powiem dlaczego – bo słyszałem ojca, który krzyczał na środku padoku, pytając, co ja, k...a, robię? Pomyślałem sobie: „O nieeee". Czułem skrajne emocje, bo byłem tak bardzo szczęśliwy, ale wiedziałem też, że coś spieprzyłem. Ojciec był dość wkurzony. Co dalej? W drugich kwalifikacjach nie miałem już do dyspozycji czterech nowych opon, tylko dwie, bo w sumie było ich sześć, ale ja byłem jedynym, który poprawił czas okrążenia. Tak wywalczyłem pole position – wspomina Robert.[9]

W świecie profesjonalnego kartingu na najwyższym poziomie, w padoku, gdzie w wielkich namiotach wypełnionych sprzętem najlepsi mechanicy szykowali pod okiem inżynierów sprzęt pierwszej klasy dla kierowców fabrycznych, wyniki Kubicy, który przyjeżdżał z ojcem – szefem rodzinnego teamu – jednym mechanikiem i całym zapleczem upchanym do jednego busa, budziły powszechne zaskoczenie.

– W tym pierwszym starcie we Włoszech w kartingu zajął drugie miejsce, a gdyby nie błąd z doborem przełożenia, zwyciężyłby. Ale i tak zrobił furorę, bo przyjechał znikąd, startował na starym sprzęcie, z poprzedniego roku. Komisarze techniczni, nie mogąc uwierzyć w to, co widzieli, rozebrali gokart i silnik Roberta do ostatniej śrubki. Każda część, która podlegała ograniczeniom regulaminowym, była dokładnie mierzona. Badanie techniczne trwało ponad dwie godziny – wspominał po latach dumny ojciec.[10] Kontrola oczywiście nie wykazała żadnych nieprawidłowości. Zwyciężył talent kierowcy i sprawna organizacja niedoświadczonego w tych warunkach, bo debiutującego w mistrzostwach Włoch rodzinnego teamu z Polski.

Jeśli do tej pory, dysponując porównaniem tylko z rywalami z krajowego podwórka, nie byli tego do końca pewni, to teraz skala możliwości Roberta stawała się oczywista. – Po pierwszych sukcesach we Włoszech uwierzyliśmy, że kiedyś może zostać kierowcą zawodowym i zarabiać na życie, kręcąc kółkiem. Nawet niekoniecznie w F1, bo jest wiele klas wyścigowych, w których jeżdżą profesjonalni kierowcy. Formuła 1 była na tamtym etapie raczej marzeniem – przyznawał Artur Kubica.[11]

Właśnie ten potencjał sprawił, że w kryzysowym momencie kariera nastoletniego Polaka mogła rozwijać się dalej. Starty we Włoszech to nie tylko lepsi rywale i większe perspektywy rozwoju, lecz także wyższe wydatki, a od samego początku aż do dziś sport motorowy napędza przede wszystkim jedno, najsilniejsze paliwo. I nie jest nim benzyna, ani nawet – niestety – pasja. Po czterech startach w Italii kiełkująca dopiero kariera krakowianina zawisła na włosku.

– Na początku mojej zabawy i kariery rodzice odgrywali bardzo ważną rolę – i jeśli chodzi o pieniądze, i jeśli chodzi o czas. Niestety po wyjeździe za granicę koszty znacznie wzrosły. Tata zrobił wszystko, co mógł, żebym miał podwozia, silniki, dzięki którym będę walczył o jakieś tam pozycje. Dwie, trzy imprezy pojechaliśmy prywatnie, w trio: ja, mój tata i pan Jerzy Wrona. Później oczywiście budżet się zaczął kończyć – kontynuuje swoją historię Kubica.[12] W planach był jeszcze start w mistrzostwach Europy w środku roku, ale na pełny sezon w czempionacie Włoch Kubiców nie było stać. I właśnie wtedy dostali propozycję nie do odrzucenia!

– Na szczęście znaliśmy Danilo Rossiego, który był pięciokrotnym mistrzem świata. Startował w zespole CRG i on był osobą, która popchnęła to do przodu, że podpisałem umowę i stałem się fabrycznym kierowcą największej fabryki kartingowej – snuje opowieść Kubica. Już po kilku startach w kartingowej elicie superszybki trzynastoletni chłopak znikąd dostał pierwszą propozycję pracy. Od tej pory nie musiał się już martwić o kosztowny sprzęt i budżet na starty. – Moim domem zawsze były tory i ja, będąc kierowcą fabrycznym, testowałem wszystko, co firma CRG produkowała do kategorii junior, w której startowałem. Od najmniejszej zwrotnicy po osie, felgi, nowe podwozia, silniki, wydechy. Wszystko to było oczywiście testowane przed wypuszczeniem na rynek. A że siedziba CRG znajdowała się dwa kilometry od toru w Lonato, jednego z najlepszych we Włoszech i na świecie, przejechałem na nim mnóstwo kilometrów!

– Wszystko, co robiłem w tamtym czasie, było przyjemnością – ocenia z perspektywy lat, u progu drugiego debiutu w Formule 1.[13] – Kiedy zacząłem współpracę z ekipą CRG, nie byłem już kierowcą płacącym. Myślę, że byłem jednym z niewielu zawodników w historii, którzy w wieku trzynastu lat nie płacili za ściganie. Miałem wielkie szczęście, bo gdybym nie dostał tej oferty, pewnie by mnie tu nie było. Rodzice mieli problemy w interesach w Polsce, brakowało pieniędzy i mój ojciec, kupując gokarty, w 1998 roku wziął nawet kredyt z banku, żebym mógł się ścigać. A ja byłem przekonany, że prawdopodobnie będziemy musieli przerwać starty...

ROBERT KUBICA:

„Ojciec mówił, że albo robimy coś dobrze, albo nie robimy w ogóle. A największe zespoły, nazwiska, mistrzostwa były we Włoszech. Pokonałem Nico Rosberga, Lewisa Hamiltona, wielu kierowców. Ostatecznie byłem mistrzem Niemiec, dwa razy Włoch. Nigdy nie zostałem mistrzem Europy i świata...".[14]

IV
Nowy dom – Włochy

W pierwszym sezonie Robert zdobył mistrzostwo Włoch. To jeden z jego największych sukcesów. Był pierwszym kierowcą z zagranicy, któremu udało się wygrać najważniejszą serię gokartową na świecie. Gdy na dobre zadomowił się na międzynarodowej arenie, gdy nie musiał się już martwić o sprzęt i pieniądze na starty, przyszedł czas na całe pasmo sukcesów. Choć za największe wyczyny Roberta uznaje się jego pierwszy, a potem drugi awans do Formuły 1 i zwycięstwo w Grand Prix Kanady, już na długo przed pojawieniem się w najbardziej prestiżowej serii zapisał się on w historii polskich wyścigów, co w tamtych czasach nie było doceniane w kraju. – Od razu stał się personą w padoku. W kolejnych latach było podobnie. Za granicą się nim zachwycali, a w Polsce cisza. Nikt nie traktował nas poważnie. Mam na myśli Polski Związek Motorowy oraz sponsorów – zaznacza Artur Kubica.[15]

Rok 1998 to czas nauki, aklimatyzacji w nowym środowisku, w nowej kategorii i na torach nowego kraju. Od pewnego momentu kontynuowany w ekipie CRG-Grifone, czyli nie we właściwym teamie fabrycznym, lecz „filii" poszukującej młodych talentów. Robert był też kierowcą testowym producenta opon Vega. Miał ponadprzeciętne wyczucie w kwestiach technicznych i rozumiał najmniejsze nawet niuanse funkcjonowania profesjonalnego gokarta wyścigowego, co w połączeniu ze zdolnością klarownego przekazania swoich odczuć inżynierom stanowiło wielki atut już w początkach kariery. Kubica został międzynarodowym mistrzem Włoch i zajął drugie miejsce w mistrzostwach Europy dla kadetów, wygrywając po drodze m.in. Puchar Monako. – To dość prestiżowy wyścig. Na zaproszenie księcia Monako zjeżdżają się tam najlepsi kierowcy świata... – wspomina Polak. Zawody rozgrywano na fragmencie legendarnego ulicznego toru Formuły 1. Sukces w Monte Carlo powtórzył rok później. Do kolekcji trofeów i triumfów dodał też Puchar Margutti w Parmie, Elf Masters w hali Bercy oraz drugie z rzędu mistrzostwo Włoch. W tym czasie rozpoczął również współpracę z Opel Kart Team Holzer i wygrał mistrzostwo Niemiec. To była trudna przeprawa i kolejna szkoła życia, bo w niemieckim kartingu jeździło się agresywnie i brutalnie. Nie obowiązywały zasady fair play. Wielu kierowców po ostrych potyczkach z rywalami kończyło zawody poza torem.

Kubica, już czternastolatek, kontynuował karierę zawodowego kierowcy wyścigowego, z czym wiązały się nie tyko starty w zawodach i sukcesy na torze, lecz także, a nawet przede wszystkim – ciężka praca. – Kilka lat temu pojawił się wywiad z Dino Chiesą – wspomina w oficjalnym podkaście Formuły 1 z 2018 roku.

– On doskonale rozumie karting i ma największe doświadczenie. To prawdopodobnie jeden z dwóch, trzech najbardziej uznanych fachowców w tym sporcie. Udzielił wywiadu „Karting Magazine", w którym mówił, że pod względem technicznym Nico był znacznie lepszy od wszystkich. Lepszy ode mnie! Ale prawda jest taka, że większość technicznych spraw, w zasadzie wszystko w tej kategorii w latach 1998, 1999, robiłem ja. Nico w sumie przyjeżdżał na wyścigi i trzymał się tego, co my ustalaliśmy podczas testów. Kiedy zostałem kierowcą fabrycznym CRG, układałem silniki dla Nico, ponieważ używaliśmy tej samej ramy, tego samego materiału. Kierowca miał do dyspozycji po pięć silników na weekend, bo wyścigi były bardzo długie. Zaczynało się we wtorek. Dziesięć godzin zajmowało mi dotarcie silników tylko dla siebie i dla niego, a on przyjeżdżał na gotowe. Gdy spotkaliśmy się ostatnio na torze Silverstone, rozmawialiśmy o dawnych czasach i... było zabawnie. Pytał, jak to w ogóle możliwe, że pamiętam jeszcze takie rzeczy. Powiedziałem mu: „Bo to ja robiłem dla ciebie". Nie pamiętał, ile pracy to wymaga, bo nie musiał sam tego robić... To było wręcz bolesne. Musiałem cierpliwie jechać dziesięć, piętnaście sekund wolniej na okrążeniu – i tak przez 45 minut. A robiąc to, musiałem minimalizować możliwość uszkodzenia motoru. Nie dało się pojeździć dla zabawy, ale... przecież robiłem to, co kochałem!

– Keke Rosberg wściekał się, bo Robert na torze Lonato dokładał Nico. Tu 0.18 sekundy, tu 0.25, w każdym razie średnio 0.2 sekundy... – wspomina Jarosław Czub, wicemistrz Polski w klasie ICA z 1998 roku. Dziś jest doktorem habilitowanym, adiunktem na Wydziale Nauk Politycznych i Studiów Międzynarodowych UW, ale wtedy, choć starszy od Kubicy i w innej klasie, był jedynym Polakiem, który razem z nim jeździł do Włoch na zawody. – Keke zamknął namiot i mówi: „Zamieniamy te podwozia". A przecież każdy ma je ustawione „pod siebie". Zresztą jak wsiądziesz do cudzego auta, to też ustawiasz fotel, lusterka itd. No więc Robert przesiadł się do nie swojego wózka i... znowu wklepał Nico. Już nie dwie dziesiąte, ale jedną. A Keke ponownie się wściekł – opowiada z uśmiechem. – Robert w dużym stopniu ustawiał sprzęt Rosbergowi. Geometrię, kąty... Wiem, bo byłem w tym namiocie. Ostatecznie młodzi się polubili. Narodziła się ta „święta trójca": on, Nico i Hamilton. Ludzie lubili wtedy Roberta za dwie cechy: ciepłe, otwarte nastawienie i kulturę jazdy. On potrafił wyprzedzać, bić się, naprawdę walczył zacięcie na torze, ale nie pamiętam, żeby miał z kimś konflikt, pojechał nie fair – dodaje Czub.

Przywołuje też inną historię związaną z Kubicą: – Startowaliśmy w Lonato i Roberta wypchnęli z toru. Poleciał po trawie w rajdowym stylu i spadł daleko. Mimo że potem wiele miejsc odrobił, był bardzo zły. On płacze, ja mu mówię, że przecież doskonale wie, że za dwa tygodnie mu się uda! Tata go pocieszał, aż w końcu poszedł kupić nam... trąbki. Danilo Rossi jechał swój wyścig w klasie Super A, więc zawiesiliśmy się na płocie przy torze, czego oczywiście nie wolno było robić, i trąbiliśmy za każdym razem, gdy przejeżdżał – opowiada.

Zmysł techniczny, wrodzony spryt wyścigowy i niechęć do przegrywania działały oczywiście na korzyść kierowcy także podczas rywalizacji na torze. Hamilton nieraz mógł się przekonać, jak wymagającym rywalem jest Kubica, nawet gdy nie dysponował najszybszym pojazdem. – Lewis jeździł dla Top Kart, firmy, która ma siedzibę obok Parmy – Robert opowiada kolejną anegdotę. – Wszyscy wiedzieli, kim jest, bo już wtedy był kierowcą McLarena. Bardzo mocny, szczególnie tam, na torze w Parmie. Były jednak dwa wyścigi, które mu popsułem. Wygrałem, ale nie dlatego że byłem szybszy. Znałem po prostu pewne triki. Wiedziałem, że muszę zakwalifikować się przed nim, bo jeśli będzie startował pierwszy, ucieknie mi w wyścigu. Wówczas nie miałbym szans. Parma była jednym z najbardziej reprezentatywnych i najbardziej znanych torów, choć teraz już nie istnieje. Firma Top Kart miała coś w zanadrzu na tym obiekcie i ja to prawdopodobnie odkryłem. Nie pytaj jak. Wiedziałem, że robią modyfikacje w gaźniku, a miałem wtedy czternaście lat! To nie było oszustwo, ale jednak zmodyfikowali gaźnik. Wiązało się to z pewnym ryzykiem: jeśli na okrążeniu zapoznawczym kierowca jechał za wolno, świeca robiła się zbyt mokra, bo do gaźnika wpadało za dużo paliwa. Gaz nie był wciskany wystarczająco mocno, aby to oczyścić, i silnik gasł.

– Musiałem więc zakwalifikować się przed Lewisem, żebym to ja był kierowcą, który będzie dyktował tempo na okrążeniu rozgrzewkowym, w drodze na prostą startową. Co robiłem? Jechałem z zamkniętym gaźnikiem, więc wpadało mało paliwa, a przewód doprowadzający benzynę ze zbiornika ściskałem palcami. Używałem silnika z minimalnym dopływem paliwa. Chwilami czułem, że motor gaśnie, i wtedy rozwierałem palce. Lewis do dwóch wyścigów ostatecznie nie wystartował, a ja je wygrałem! Nie tylko teraz, ale nawet gdy ścigaliśmy się dziesięć lat temu w F1, miałem do niego wielki szacunek. Spędziliśmy razem wiele dni i wydarzyło się mnóstwo zabawnych historii. Niedawno w padoku w Monako spotkałem go po raz pierwszy po ośmiu latach. Miło było go zobaczyć, ale z pewnością nie jest to taka relacja jak dwadzieścia lat temu.

W wieku 15 lat, w czasach, gdy nie było jeszcze tanich linii i nawet krótkie loty po Europie kosztowały dużo, Kubica zamieszkał we Włoszech – 1200 kilometrów od rodzinnego Krakowa. – Nie ciążyło mi to. Wręcz przeciwnie – stwierdza, gdy pytam, jak trudno było mu jako nastolatkowi przestawić się na samodzielność. – Byłem bardzo zadowolony, że mam szansę na takie życie. Kiedy obracasz się sam w świecie motorsportu – a pewnie i w każdym środowisku, gdzie oprócz sportu jest dużo biznesu, pieniędzy i różnych ludzi – i jesteś tak młody, to musisz uważać (śmiech). Musisz mieć oczy dookoła głowy, ale ja żyłem i nadal żyję napędzany głównie pasją do tego, co robię. Moje podejście do dziś jest mało biznesowe.

– Fakt. Dość wcześnie dorastałem, czy inaczej – musiałem stać się samodzielny. Miało to swoje plusy i minusy, lecz aby się naprawdę rozwijać i robić to, co było

Robert Kubica, na zdjęciu z tatą Arturem, po raz pierwszy ścigał się po ulicach Monte Carlo w Monaco Kart Cup.

moją pasją, a dawniej jeszcze miłością, czyli jeździć w kartingu, musiałem wcześnie wyjechać za granicę i samemu dbać o siebie – podkreśla Kubica, gdy w 2017 roku wracamy do tego w rozmowie dla magazynu „Esquire".

Nie od razu zamieszkał we Włoszech – po prostu z czasem coraz dłużej zostawał w miejscu, w którym najbardziej pragnął być. Ciągłe podróże z Polski do Italii oraz po całej Europie były coraz bardziej obciążające i niepraktyczne.

– Przejechaliśmy z tatą mnóstwo kilometrów w ciągu roku – wspomina swój pierwszy sezon w kartingu.[16] – Pamiętam jedną wyprawę. Z Polski pojechaliśmy do Val Vibrata, to pomiędzy Ankoną a Pescarą, gdzie miałem dwa dni treningów, przygotowując się do następnej rundy mistrzostw Włoch, po czym wsiedliśmy w auto i pojechaliśmy do Bragi w Portugalii na trzy dni testów opon przed mistrzostwami Europy. Potem tata jak gdyby nigdy nic wsiadł do auta i przywiózł mnie do Polski. Z Bragi do kraju jest bodajże 3000 kilometrów, więc kawałek świata tata przejechał za kierownicą. Poświęcił bardzo dużo czasu i pieniędzy. Później jednak nie dało się niestety tego wszystkiego pogodzić – i szkoły, i jeżdżenia. Było to bardzo męczące. Zamieszkałem we Włoszech razem z szefem zespołu i jego rodziną.

– Całe dnie przesiadywałem w warsztacie, bo tak naprawdę z reguły mieszkałem obok siedzib zespołów, w których startowałem w danych latach. Czas spędzałem głównie z mechanikami – opowiada Robert.[17]

Szkoła ścigania, szkoła życia... Na dłuższą metę rozwijającej się kariery zawodowego sportowca nie dało się pogodzić z zajęciami w państwowej szkole. – Nie byłem z tych co płaczą, że dostali czwórkę zamiast piątki – mówi, gdy lata później rozmawiamy o szkolnych czasach.

– Nauczyciel „prześladowca"? – rzucam hasło.

– W liceum się przytrafił – pani od biologii. Zwracała szczególną uwagę na nieobecności, a ja – ze względu na starty – miałem ich dużo. Byłem na spalonej pozycji... – śmieje się Kubica. W podstawówce było fajniej. – Na lekcjach siedziałem w ostatniej ławce, bo łatwiej było pogadać z kolegami – przyznaje Robert. – Czasami trudno było nas uciszyć. Dobrze wspominam, fajnie było spędzać czas z kumplami. Najbardziej lubiłem matematykę i byłem z niej dobry. Nie lubiłem historii. Miałem naprawdę dobrych nauczycieli, bardzo mi pomagali. Kiedy startowałem we Włoszech, ale mieszkałem w Polsce, musiałem nadrabiać, gonić inne dzieci. Miałem prosty układ z rodzicami – jeśli jest dobrze w szkole, to jeżdżę więcej. Więc było dobrze. Później, kiedy mieszkałem już na stałe we Włoszech, wracałem co dwa, trzy miesiące do kraju. Nauczyciele przekazywali mi materiał i musiałem zdawać egzaminy. Jednak w szkole średniej nadszedł czas na dokonanie wyboru. Nie dało się pogodzić nauki i jeżdżenia. Wybrałem ściganie, bo bardzo to lubiłem i wiedziałem, że mogę coś osiągnąć, gdzieś dojść. Zresztą powtarzam, że studia można skończyć w wieku czterdziestu lat, a kierowcą wyścigowym się już nie zostanie![18]

Sezon 2000 był ostatnim w kartingu. Polak wraca do niego niezbyt chętnie. To przede wszystkim rywalizacja w mistrzostwach Europy i mistrzostwach świata w Formule A. – W obu kategoriach zdobyłem 4. miejsce. Trochę pechowo, ale i tak było nieźle, bo przez trzy sezony startów za granicą zawsze byłem w pierwszej piątce i nawet jeśli nie wygrywałem, to byłem w czubie – zdawkowo podsumowuje trudny rok, naznaczony niezliczonymi usterkami, po przesiadce do wózków Birela.

– Robert miał silnik Ital System i duże problemy z nim, bo motor nie wytrzymywał i bardzo łatwo się zacierał – wspomina Jarosław Czub. – Mimo że Robert ma supersłuch i nie tylko był świetnym kierowcą kartingowym, lecz także, ujmijmy to w cudzysłowie, „inżynierem" – potrafi myśleć, jak co wyregulować, co z czym zestawić i co podpowiedzieć mechanikom. Pamiętam, że wtedy czuł niemoc. Jechał kolejną edycję pucharu zimowego w Lonato i ciągle miał kłopoty z tym silnikiem. Do dziś mam przed oczami taką scenę: rozgoryczony Robert skarży się, że cokolwiek by robił, to wciąż hebel za heblem (zaciera się silnik – przyp. red.). Z wściekłością wrzucił kask do karta. Nigdy tego nie robił. Jego znakiem rozpoznawczym był stoicki spokój. Pamiętam to zniesmaczenie, bezsilność. Z podwoziem wyczyniał cuda, ale sam wózek, nawet z najlepszym kierowcą, bez silnika nie pojedzie.

W końcu nadeszła pora rozstania z kartingiem. Czas awansu do wyścigów bolidów i kategorii juniorskich. Kolejny wielki i niełatwy krok. – Kiedy zaoferowano mi starty w Formule Renault w 2001 roku i ojciec powiedział, że będziemy się tam ścigać, zacząłem płakać. Nie chciałem odchodzić z kartingu, bo czułem, że rok 2000 nie był dla mnie dobry i powinienem coś udowodnić – wspominał po latach.[19]

– Na to, co robiłem i robię, nigdy nie patrzyłem jak na pracę, tylko pasję i hobby. I to jest mój duży plus. A w życiu nie ma nic lepszego niż uczynienie ze swojej pasji pracy. Bo tak naprawdę nie idziemy do roboty, tylko realizujemy hobby. To jeden z największych bonusów, największych szczęść, które były mi dane w moim życiu – i bardzo to doceniam. Z nastoletniej miłości do motorsportu zrobiłem pracę. Możliwość życia z tego to coś wspaniałego. Na szczęście nigdy nie znalazłem się w sytuacji, gdy musiałem wstawać o szóstej czy siódmej rano, aby pójść do pracy, która mi nie dała satysfakcji. Napędzanie siebie pasją i robienie tego, co się kocha, to jedne z najlepszych rzeczy, jakie mogą człowieka spotkać w życiu – tak w wieku 32 lat podsumowuje ten okres swojej kariery.[20]

– On do dziś pewnie ma poczucie niedosytu, bo jego wyniki nie do końca odzwierciedlają, jak dominującą miał wtedy pozycję. Jeśli weźmiemy pod uwagę, że w tamtych czasach ścigał się na co dzień z Rosbergiem i Hamiltonem i to on rozdawał karty... To wiele mówi – podsumowuje Czachorski.

Robert z chęcią wraca na tor kartingowy i gdy pozwala na to czas, z zapałem majstruje przy wózkach. W 2008 roku przy współpracy z Birelem opracował własną linię profesjonalnych gokartów wyścigowych (RK Kart), a zaraz potem powołał swój zespół – RK Kart Team. W jego barwach w 2009 roku startowali Kevin Ceccon i Karol Basz, który sześć lat później został kartingowym mistrzem świata. Także dziś młodzi adepci mogą jeździć w zawodach charakterystycznymi pomarańczowo-czarno-białymi maszynami z kolekcji Kubica Racing Kart. Swego czasu Robert zadzwonił nawet do Carlosa Sainza, byłego rajdowego mistrza świata, z pytaniem, czy jego syn (później kierowca Formuły 1) nie chciałby ścigać się w jego ekipie. Hiszpan nie podjął jednak tematu.

Karting dla Kubicy to nie tylko czas wczesnej młodości oraz wielkich sportowych sukcesów, ale też obcowania ze sportem samochodowym w jego najczystszej postaci. Motorsport z uwagi na swoją naturę, czyli m.in. kluczową rolę sprzętu, którego projektowanie, produkcja oraz obsługa są zazwyczaj albo bardzo, albo horrendalnie drogie (w F1 wręcz abstrakcyjnie), rządzi się twardymi prawami i jest skomplikowany – nie tylko technicznie. Im wyższa kategoria, tym większego znaczenia nabierają pieniądze, znajomości, media oraz... polityka. Jeżdżąc gokartami, Robert miał najwięcej tego, co najbardziej kochał – czystego ścigania.

ROBERT KUBICA:

„Byłem zakochany w kartingu. To było całe moje życie".[21]

MICHELIN
RENAULT
DRIVER
DEVELOPMENT
Nuvola

SERIE JUNIORSKIE

Miałem 24 lata, byłem dziennikarzem „Przeglądu Sportowego" i CANAL+, gdzie od niemal czterech lat komentowałem wyścigi Formuły 1. Brytyjski tygodnik „Autosport" czytałem od deski do deski i, zafascynowany F1, myślałem, że o tym sporcie wiem prawie wszystko. Dopiero jednak gdy wiedziony ciekawością zgłosiłem się z prośbą o kontakt do Renault Polska, a następnie zabrałem operatora z CANAL+ i wczesną jesienią 2002 roku pojechałem na włoski tor Mugello, zaczęła się moja właściwa wyścigowa edukacja. Wyruszyłem tam, aby osobiście zobaczyć młody, obiecujący polski talent, o którym niejedno już słyszałem i czytałem, a którego dotąd nie poznałem. Po kilku sezonach spędzonych na obserwowaniu i relacjonowaniu perypetii Roberta w kategoriach juniorskich zdałem sobie sprawę, że wcześniej o sporcie motorowym miałem tak naprawdę nikłe pojęcie. Wiedziałem za to, a może bardziej czułem, jak rozpoznać wyjątkowego sportowca. I nie chodziło o – często złudne w motorsporcie – suche wyniki i odczyty ze stopera. Raczej o to, jak może postępować, jaki może mieć charakter, intelekt i życiowe priorytety kierowca na miarę Formuły 1. Zobaczyłem to wszystko u 17-letniego wówczas Kubicy.

Na samym początku mojego pierwszego w życiu wywiadu z Robertem, który odbywał się na starej sędziowskiej wieżyczce na torze Mugello przy akompaniamencie silników, poprosiłem, aby się przedstawił. Szczupły, wysoki nastolatek z zadziorną miną, defensywnie założonymi rękami, ale też z lekkim, trochę nieufnym, a trochę przyjaznym uśmiechem, rozpoczął swoją historię. – Nazywam się Robert Kubica. Urodzony 7 grudnia 1984 roku, czyli mam siedemnaście lat. Sport motorowy uprawiam praktycznie... od trzynastu lat.

Tak zaczęła się moja największa życiowa przygoda. Przygoda, która trwa do dziś...

I
Nowa rzeczywistość

Rok 2001 to przełom w mojej karierze. Po raz pierwszy zasiadłem w bolidzie Formuły Renault 2000. A to zupełnie inna bajka niż gokarty. Przede wszystkim w bolidach jest aerodynamika – wspomina Kubica, gdy w połowie 2006 roku po raz kolejny opowiada o sobie, bo wszyscy chcą wiedzieć, ile się da o nowym kierowcy Formuły 1. Robert nigdy nie rozgadywał się szczególnie o tych pięciu, w większości bardzo trudnych latach, gdy po awansie z kartingu, w którym błyszczał, zderzył się z realiami kategorii juniorskich. To świat, w którym nie wystarczy być tylko bardzo dobrym. Nie wystarczy też zostać dostrzeżonym. – To był kubeł zimnej wody na głowę – przyznaje po latach. – Niestety w sportach wyścigowych wyniki nie zależą tylko i wyłącznie od kierowcy.[22]

I przyznaje, że niespieszno było mu do pożegnania z ukochaną dyscypliną sportów motorowych. – Z wielu powodów nie chciałem przechodzić do wyścigów bolidów jednomiejscowych. W kartingu odnosiłem sukcesy i ten sport całkowicie skupiał moją uwagę. Sądziłem, że będę kierowcą kartingowym jeszcze wiele lat. Zupełnie nie myślałem o seriach juniorskich i nie czekałem na szansę awansu. Ojciec tłumaczył mi jednak, że to moja przyszłość i prędzej czy później będę musiał tam przejść. Zgodziłem się, ale niełatwo było mi odejść z kartingu. Szczególnie trudne było kilka pierwszych miesięcy. Ścigałem się gokartami dziesięć lat. To była moja miłość!

Tymczasem przyszło mu zmierzyć się z nową rzeczywistością. Kategorie juniorskie i przeskok do wyścigów bolidów. Wielka zmiana nie tylko pod kątem technicznym czy wyzwań sportowych. To świat wyższych budżetów, a co za tym idzie – większego znaczenia tego wszystkiego, co gros kierowców w swojej pracy lubi najmniej. Media, menedżerowie, kontakty, polityka, sponsorzy (przez co większego znaczenia nabierają paszport i nazwisko), dostęp do jak najlepszych zespołów oraz szczęście – by we właściwym czasie trafić na odpowiednią ekipę ze stosownym zapleczem finansowym. Krok dalej od czystego ścigania, jakim delektował się w kartingu, Polak znalazł znacznie więcej... motorsportu – z jego wszystkimi wadami.

Dlatego też droga przez serie juniorskie bynajmniej nie była usłana różami. Startując w bolidach, odniósł wiele sukcesów, których nigdy wcześniej ani później nie osiągnął żaden Polak, ale w klasyfikacjach końcowych

Przesiadka z kartingu do wyścigów bolidów była dużym wyzwaniem.

sezonów jego nazwisko rzadko znajdowało się w czołówce – jedynie przy wicemistrzostwie włoskiej Formuły Renault 2000 z 2002 roku oraz mistrzostwie World Series by Renault sezonu 2005. Zanim jednak Robert postawił ostatni krok na drodze do Formuły 1, jego kariera nieraz stawała pod znakiem zapytania czy wręcz zawisała na włosku – czy to ze względów sportowych, czy zdarzeń losowych. Na szczęście za każdym razem wychodził z opresji obronną ręką. Nawet w najgorszym, kryzysowym sezonie 2004. Dopiero w 2005 roku wywalczył mistrzostwo, co było dla niego momentem kluczowym, bo tytuł otworzył mu drogę do królowej sportów motorowych. – Dużym plusem było to, że od początku, praktycznie od 1998 roku, jeździłem zazwyczaj w najwyższych możliwych kategoriach. Może z wyjątkiem 2005 roku, kiedy ciut wyżej od World Series było GP2. Poza tym startowałem w mistrzostwach, w których była najmocniejsza konkurencja i najwyższy poziom – mówił Kubica.

W międzyczasie przeżył wiele trudnych chwil. – To było trochę deprymujące – opowiadał o niełatwych latach w kategoriach juniorskich – ale ktoś kiedyś powiedział mi we Włoszech, że każdy owoc ma swoją porę roku. Mój sezon też przyszedł i udało się dojść tam, gdzie marzyłem, czyli do Formuły 1. Była to jednak długa droga.

– Trudno się przełamać – wspominał swoje pierwsze wrażenia po wejściu do jednomiejscowego bolidu, który nie tylko jest o wiele większy i wyraźnie cięższy, lecz także w przeciwieństwie do gokarta ma zawieszenie (nowy dla Roberta, skomplikowany element do regulacji) oraz skrzydła, a więc i docisk aerodynamiczny. – Im szybciej jedziesz, tym bolid lepiej trzyma się drogi. Gdy wsiadłem do niego po raz pierwszy, od razu miałem dobre czasy, ale jednak trochę odstawałem od czołówki. Zajęło mi pół dnia, zanim zrozumiałem, że im szybciej będę wchodził w zakręt, tym więcej będę miał przyczepności.

Wkrótce też Robert wziął udział w „castingu" do programu juniorskiego Toyoty. To dość powszechne zjawisko – znana marka, zazwyczaj zespół Formuły 1, w poszukiwaniu potencjalnych kierowców (czy to do F1, czy do niższych kategorii) testuje, a następnie wspiera wybraną grupkę młodych zawodników. Dosłownie garstka z nich trafia potem na szczyt. Co ciekawe, Polak nigdy nie miał szczęścia do takich programów. Przez rok był pod opieką Renault, a potem, także w ciągu jednego sezonu, wspomagał go Mercedes, ale do Formuły 1 ostatecznie przebił się samodzielnie. W pierwszej w życiu selekcji do takiego programu został odrzucony.

– Toyota szukała kogoś nowego – wspomina Roberto Chinchero, wybitny włoski specjalista, który na tamtym etapie już od jakiegoś czasu śledził karierę naszego zawodnika, a potem odegrał niemałą rolę w jego podróży do F1. – Było tam wielu młodych zawodników. Najszybciej jeździli Toni Vilander i Robert. Felipe Massa też miał dobry test, Ronnie Quintarelli także, ale oni wzięli... Ryana Briscoe. Nie wiem, jakie przyjęli kryteria, ale to było dziwne. Pamiętam jednak, że Robert był dość zadowolony po testach. Dla niego nie było to łatwe wyzwanie. Przejeżdżał swoje pierwsze kilometry w bolidzie jednomiejscowym. Inni mieli za sobą testy, niektórzy nawet wyścigi. On był jednym z najmłodszych, jeśli chodzi o doświadczenie, ale pokazał umiejętności – podkreśla Chinchero.

Na torze znajdował się wtedy także inny Włoch, który będzie później obecny w karierze naszego zawodnika. To ekspert od medycyny sportowej, szczególnie od sportu motorowego, założyciel kliniki Formula Medicine, przez lata współpracujący m.in. z Toyotą, doktor Riccardo Ceccarelli. Tego dnia poznał Roberta. – Miał piętnaście lat. Ja brałem w tych testach udział jako lekarz. Obserwowałem młodych zawodników z kartingu, którzy pierwszy raz jeździli samochodem Formuły Renault. Kubica był najmłodszy w tym gronie, a zarazem najspokojniejszy. Nadal pamiętam, że zrobiło to na mnie ogromne wrażenie. Gdybym to ja był piętnastolatkiem stojącym przed szansą jazdy w Toyocie – a to coś, co może rozwiązać wiele twoich problemów, szczególnie jeśli nie jesteś synem bogacza – przed każdym wejściem do bolidu trząsłbym się jak galareta. Robert był jednak bardzo pewny siebie, nie popełnił żadnego błędu. Niestety nie został wybrany do programu, czego do dziś nie mogę zrozumieć. To był błąd. Dwaj kierowcy, których zrekrutowano, nigdy nie doszli do Formuły 1 – podkreśla Włoch w naszym wywiadzie, opublikowanym w tygodniku „Tempo".

Ostatecznie na 2001 i 2002 rok Kubica znalazł sobie miejsce w Formule Renault 2000. – To jedna z najlepszych kategorii dla młodych kierowców, takich jak ja, do rozpoczęcia startów w bolidach. Ta seria wypromowała wielu zawodników. Felipe Massa wygrał mistrzostwa Włoch i Europy w 2000 roku. Tak samo w Anglii wygrał Kimi Räikkönen. Wielu kierowców z tej właśnie kategorii poszło do F1 – wyliczał Robert w 2002 roku, gdy poznałem go na Mugello podczas ostatniej rundy mistrzostw Włoch.

Zanim awansował do tej kategorii, spotkał kolejnego Włocha, który potem okazał się jedną z kluczowych postaci w jego drodze na szczyt. Współpracę zaproponował mu doświadczony menedżer Daniele Morelli, wówczas związany z ekipą Prost F1, od 1995 roku pracujący w Formule 1. Włoch był też menedżerem kierowcy z Brazylii Pedro Diniza, który po sezonie 2000 zakończył starty w F1.

Co ciekawe, współpracę Kubicy z Morellim zainicjował... dziennikarz, Roberto Chinchero.

– To była szalona historia. Diniz kończył karierę, a Morelli współpracował ze sponsorami, w tym z Zepterem. Pamiętam, że początkowo rozmawiał o współpracy z Massą. Felipe wtedy radził sobie bardzo dobrze w Formule Renault 2000. Ale na wakacje poleciał do ojczystej Brazylii i kiedy wrócił, okazało się, że nie może podpisać kontraktu z Daniele, bo już zawarł porozumienie menedżerskie z kimś innym. Więc Morelli miał budżet i kontrakt z zespołem, ale... nie miał kierowcy. Spytał mnie, czy kogoś znam. Powiedziałem, że lepiej wziąć kogoś z kartingu, podjąć większe ryzyko, bo ci, którzy są świetni i już jeżdżą bolidami, są zajęci – opowiada Chinchero.

Gdy młody Polak pierwszy raz pojawił się w biurze Morellego, był styczeń 2001 roku. Od początku zrobił na swoim przyszłym menedżerze wielkie wrażenie. Zachowywał się bardzo swobodnie. – Robert przyjechał z ojcem, ponieważ był zbyt młody, aby samodzielnie podróżować samochodem (...). Na początku zaskoczyło mnie to, że mając zaledwie szesnaście lat, był już bardzo dojrzałą i zdeterminowaną osobą. Ani razu nie dopuścił ojca do głosu. Po godzinnej rozmowie zdałem sobie sprawę, że jest wyjątkowym człowiekiem. Jego osobowość bardzo mnie zaintrygowała – wspomina Morelli w wywiadzie dla „Przeglądu Sportowego".

– Kierując się moim dziesięcioletnim doświadczeniem w Formule 1, zacząłem rozumieć, jakie cechy musi posiadać kierowca wyścigowy, aby móc zostać mistrzem świata. Czasem są to z pozoru dosyć drobne sprawy, ale nawet te najmniejsze atuty razem mogą złożyć się na coś, co odróżnia mistrza od dobrego kierowcy. Ja ujrzałem w Robercie wyjątkowo utalentowanego zawodnika, który z pewnością wybija się ponad przeciętność. I nie chodzi tu wyłącznie o jego umiejętności za kierownicą, lecz także osobowość. Choć Robert był bardzo młody, już miał w sobie wielką charyzmę. Jego zapał i wytrwałość to bardzo ważne cechy, które umożliwiają odnoszenie sukcesów w Formule 1 – stwierdza włoski menedżer.

Jeszcze na styczeń zaplanowali test z zespołem RC Motorsport. Opowiada Chinchero: – Na Ledenon, we Francji. Nie pamiętam tak zimnego dnia. Na torze było tylko 2–3 kierowców. Robert wykonał dobrą robotę i RC powiedziało: „OK, możemy jechać!".

Tak rozpoczęła się kariera Kubicy w wyścigach bolidów jednomiejscowych.

ROBERTO CHINCHERO:
„Historia Roberta nie jest historią zawodnika z wieloma pucharami, ale takiego, który w kluczowych momentach robił coś niewyobrażalnego. Jego kariera jest ich pełna".

II
Twarde lekcje w bolidach

Każdy kierowca startujący w gokartach, a potem w kategoriach juniorskich chce dojść do Formuły 1, bo to jest najwyższy szczebel tej całej wspinaczki, ale ja po prostu chciałbym robić to, co lubię – i niekoniecznie musi być to Formuła 1. Chociaż... Marzenia są marzeniami. Może się spełnią? – pod koniec wypowiedzi na twarzy Kubicy pojawia się uśmiech.

Pierwsze – nieudane, jak często potem podkreślał – lata w wyścigach bolidów spędza w Formule Renault 2000. Na początek 180 koni mechanicznych, czyli wyższe prędkości, większe przeciążenia. – To jest monomarka wykonana przez firmę Tatuus – 17-letni Kubica opowiada mi o swojej maszynie przed kamerą CANAL+. – Bolidy są wyposażone w dwulitrowy silnik Renault. To grupa N, więc nie ma żadnych przeróbek (...). Na szybkich torach dochodzimy do 250 kilometrów na godzinę.

Początki są trudne. – Bardzo mnie zdziwiło, gdy w dwóch, trzech pierwszych weekendach sezonu Robert był daleko, bo w testach jeździł dobrze – wspomina Chinchero, który wciąż śledził karierę polskiego juniora. – Nie rozumiałem, co się stało. A potem jeszcze bardziej dziwne było, że w drugiej połowie roku, aż do końca sezonu, Robert był w czołówce. Stało się oczywiste, że pomimo zaskakująco wolnego początku pod koniec był już kierowcą roku.

– Pierwszy sezon? Z przygodami – przyznaje Kubica. – Niestety pierwsza połowa była bardzo nieudana, ale później nastąpiła poprawa. Zacząłem stawać na podium, a na A1 Ring zdobyłem swoje pierwsze pole position w wyścigach bolidów. Pod koniec sezonu podpisałem umowę z Renault Drivers Development, firmą Flavio Briatorego, czyli szefa ekipy Renault w Formule 1 – opowiada.

Po raz pierwszy Kubica znalazł się więc w programie dla młodych kierowców wielkiego koncernu obecnego w F1.

Sezon 2001 zakończył na 14. pozycji w Eurocup, czyli koronnej kategorii Formuły Renault 2000, w ostatniej rundzie stając na drugim stopniu podium. We włoskiej edycji był 13. Drugi rok startów w tej kategorii da mu 7. miejsce w Pucharze Europy i dwukrotnie podium. Lepiej było we Włoszech, ale Polak oceni to inaczej: – Sezon znów był trudny. Jak dla mnie jeszcze mniej udany, choć rywalizowałem o mistrzostwo we włoskiej edycji Formuły Renault 2000.

Zostałem wicemistrzem, co... było porażką, bo walczyliśmy o pierwsze miejsce – przyzna po latach.

Rok 2002, ten pod skrzydłami Renault, przyniósł więc wyraźną poprawę, choć coraz mocniej dawała o sobie znać znacznie mniej znana, ciemna strona świata wyścigów i fakt, że wyniki nie zależą wyłącznie od tego, co zawodnik potrafi zrobić na torze. – W mistrzostwach Włoch po trzech wygranych w czterech pierwszych wyścigach oczekiwaliśmy czegoś więcej. A szczególnie w mistrzostwach Europy, na początku, po zimowych testach, apetyty były znacznie większe. Niestety przydarzyło mi się kilka błędów. Trochę problemów technicznych i jestem daleko w klasyfikacji ME – Kubica nie lubi się skarżyć, nie lubi szukać wymówek i nie zdradza zakulisowych sekretów, choć wypowiadając te słowa, ma ledwie siedemnaście lat.

– Na zewnątrz nie widać tego, co dzieje się w ekipie – tłumaczy pięć lat później, gdy jest już w Formule 1. – W tym sporcie czasami ukrywa się pewne błędy zespołu. Tak jest po prostu lepiej. Dla obu stron – dodaje.

Aby zrozumieć, co dzieje się za kulisami, trzeba więc dobrze poszperać, wiedzieć, z kim i kiedy porozmawiać, a czasami po prostu mieć trochę szczęścia. Dlaczego kierowca, który był gwiazdą kartingu – szybki, dojrzały i zdeterminowany – nie wygrywa wyścigu za wyścigiem i nie zgarnia tytułu za tytułem w juniorskich kategoriach wyścigowych? Dlaczego w tak wielu sezonach o mistrzostwo nie walczą ani on, ani Nico Rosberg, ani Lewis Hamilton, a więc słynne w gokartowym świecie trio, lecz kierowcy, o których potem prawie nikt już nie usłyszy, o nazwiskach, których nie przeczytamy na listach startowych Formuły 1?

Także sezon 2002 ma drugie dno. Kryje się w nim gorzka lekcja dla nastolatka, który kilka lat wcześniej wyprowadził się z Polski, aby gonić za marzeniem o wielkim ściganiu. Choć na ten temat słyszałem wiele historii, zagadnienie najlepiej ujmuje Chinchero. – Spójrzcie na kontekst. Są mistrzostwa, których promotorem jest Renault. Ma swój zespół i przyjeżdża na tor z dwoma autami w kolorach Renault, z kierowcami Renault. I co się dzieje? W pierwszych kwalifikacjach europejskiej serii Robert i Eric Salignon są na pierwszych dwóch miejscach! Padok nie był szczęśliwy. Mówiono, że to niewłaściwe, że Renault promuje swoich kierowców – zauważa dziennikarz.

– Nie pamiętam, żeby we Włoszech się o tym źle mówiło. Tu znano już Roberta, walczył do końca sezonu o mistrzostwo z Jose Marią Lopezem (późniejszy trzykrotny mistrz świata samochodów turystycznych 2014–16, którego rekomendował Citroënowi sam Kubica w 2013 roku, gdy Francuzi szykowali swój zespół WTCC – przyp. red.). Ale w Europie to była katastrofa. Wszyscy inni kierowcy, czy raczej ojcowie innych kierowców, mówili: „Ej, jak nie jesteś kierowcą Renault, nie masz szans!". Padok nie był na to gotowy. Renault próbowało tłu-

Robert Kubica pozuje z Renault Clio V6, którym woził gości po torze w Kielcach, pod koniec współpracy z Renault Drivers Development.

maczyć, że nie mają interesu w tym, żeby wygrać te mistrzostwa – celem było znalezienie najlepszego kierowcy dla zespołu F1 – ale w tym momencie tak to nie wyglądało – mówi dalej Chinchero.

I tak po podwójnym zwycięstwie kierowców Renault w pierwszej rundzie na torze Magny-Cours zdolny Francuz Salignon pędził po tytuł, a drugi na mecie (po starcie z pole position) Kubica... – Zaczął mieć problemy – kontynuuje opowieść Włoch. – Dużo problemów. Technicznych, bardzo często z silnikiem, któremu brakowało mocy. A do jednego wyścigu, w Anderstorp w Szwecji, Renault, które jest promotorem, nie chciało przyjąć zgłoszenia Roberta!

Ten kontekst, o którym mówi Chinchero, można też podsumować tak: jeśli Renault wygrywa dubletem, to ludzie myślą, że ma lepszy sprzęt. Jeśli jednak tylko jeden kierowca jest z przodu, a drugi z tyłu, to znaczy, że wyniki są konsekwencją jazdy zawodników.

– Przez całą drugą połowę sezonu Kubica miał zły silnik. Pamiętam, że na Imoli miał bardzo nieudany trening i powiedział, że nie da się jechać dalej z tym motorem. Poprosił o nowy, ale promotor odparł, że nie mają. Niemożliwe... Spytał więc w pewnym małym zespole, który był blisko namiotu ekipy RC Motorsport, czy mają jakiś zapasowy silnik. „Tak, ale jest bardzo stary, z dużym przebiegiem". „Nie szkodzi, dajcie". I wywalczył z nim drugie pole startowe – wspomina Włoch.

– To dwa bardzo trudne sezony, ale było dużo jazdy. Startowałem równocześnie w Eurocup, który składał się z 9–10 wyścigów, oraz w mistrzostwach Włoch. Zebrałem mnóstwo doświadczenia, które zaprocentowało w przyszłości – z perspektywy pięciu lat Robert widzi w tych trudnych czasach pozytywy. Z każdego sezonu, z każdego niepowodzenia można wyciągnąć coś dla siebie.

Pod koniec 2002 roku Polak rozstał się także z programem rozwoju kierowców Renault. Szef programu RDD Bruno Michel zaproponował mu trzeci sezon w tej samej kategorii lub przejście do znacznie szybszej, ale mało znanej i nie najlepszej dla rozwoju młodego kierowcy serii Formuła Renault V6. Robert patrzył na przyszłość inaczej. W swoich zdecydowanie bardziej ambitnych planach widział siebie startującego w Formule 3 – najlepszej możliwej edycji tej popularnej juniorskiej kategorii.

– Pod koniec sezonu Michel zadzwonił do Roberta. Ten przyszedł do biura, „podpisz tu, dziękujemy". Relacja została zerwana – wspomina Chinchero.

Zadaniem szefa programu Renault było wyszukiwanie najlepszych kierowców dla Briatorego. Włoch, który zasłynął z wielu kontrowersyjnych sytuacji i działań na granicy legalności, w jednej kwestii zawsze miał jasne priorytety: stawiał na talent kierowców. W prowadzonych przez niego stajniach dwa pierwsze tytuły zdobył Michael Schumacher i oba swoje mistrzostwa wywalczył Fernando Alonso, przy czym to drugie – pokonując Schumachera. Zresztą dziewięć lat później to „Bello Flavio" zatrudnił Kubicę w fabrycznej ekipie Renault w Formule 1. Zanim to jednak nastąpiło, ekscentryczny Włoch nieraz dopiekł swojemu pracownikowi, który w 2002 roku wypuścił z rąk kierowcę tego formatu.

– Był 2008 rok, Robert startował w BMW Sauber – opowiada Chinchero. – Flavio Briatore oglądał wyścig w siedzibie Renault, Bruno Michel był blisko. Robert spisywał się bardzo dobrze i Briatore, ilekroć go widział na ekranie, mówił do Michela: „On był zły, co? Mówiłeś, że był zły? Tak, lepszy był Salignon. Świetny wybór...". I tak przez cały sezon. Zresztą pewnie ostatnią decyzją, jaką podjął w F1, było podpisanie kontraktu właśnie z Robertem – zauważa włoski dziennikarz. Wkrótce po zatrudnieniu Kubicy Briatore stracił pracę i w Renault, i w Formule 1, gdy wyszło na jaw, że namówił jednego ze swoich kierowców, Nelsona Piqueta Juniora, aby celowo rozbił się w GP Singapuru 2008, co dało przewagę i niespodziewane zwycięstwo Alonso.

Pod koniec 2002 roku jednak, gdy F1 była bardziej marzeniem niż celem, Kubica pożegnał się więc z programem Renault, aby... wrócić do współpracy z Daniele Morellim. Wcześniej, angażując się w RDD, Polak podpisał kontrakt z firmą Briatorego oraz zespołem F1, dzięki czemu nie musiał się martwić o budżet na starty, ale musiał być kierowcą wolnym od innych zobowiązań. – Gdy Michel powiedział Robertowi, że to koniec, to był zły okres, ale wrócił Daniele, który w 2002 roku obserwował wszystko z boku, gdy zarządzał Bruno, i kontynuowali współpracę – wspomina Chinchero.

Dzięki wznowieniu wspólnych działań doszło do kolejnego, ostatniego już startu Kubicy w Formule Renault 2000 – spektakularnego gościnnego występu w Brazylii, na torze Interlagos. Zaproszony przez Diniza, czyli byłego już kierowcę Daniele. – Chciał zobaczyć, jaki jest poziom edycji brazylijskiej – tłumaczył Robert, który przy okazji poznał kolejny tor Formuły 1. – Jest specyficzny. Bardzo nierówny. Chodziła taka pogłoska, w którą przed wyjazdem nawet nie wierzyłem, że trudno jest utrzymać nogę na gazie na prostej, ale to prawda. Udało się wszystko, bo zespół bardzo dobrze przygotował auto – dodał.

Polak całkowicie zdominował rywalizację w głównie miejscowej stawce. Prowadził od startu do mety i ustanowił rekord toru dla tej kategorii. – Było tam trzydziestu brazylijskich kierowców, którzy na koniec sezonu walczyli o tytuł. Robert był jednym z dwóch zawodników z Europy, startujących gościnnie. Po przejechaniu pięciu okrążeń na Interlagos, który jest bardzo trudnym torem, Kubica był o sekundę szybszy niż ktokolwiek inny – wspominał występ krakowianina Morelli, który obserwował poczynania swojego kierowcy w São Paulo.

Ostatecznie Polak znów dopiął swego. W sezonie 2003 awansował do upragnionej Formuły 3, na najwyższym jej szczeblu, bo w Euro Series, do tego w barwach utytułowanej i szanowanej włoskiej ekipy Prema Powerteam, w której niegdyś startował m.in. Jacques Villeneuve – późniejszy mistrz świata Formuły 1 z 1997 roku. Ten sam, który w sezonie 2006 musiał oddać fotel w bolidzie BMW Sauber, aby otworzyć Kubicy drogę do debiutu w F1. Zanim jednak do tego doszło, krakowianina czekało jeszcze wiele dramatycznych zwrotów akcji.

ROBERT KUBICA:

„Nie myślałem wtedy o Formule 1. Jedynym celem było stać się tak dobrym kierowcą, jak potrafię. Nie wiedziałem, gdzie skończę".[23]

III
Kolejny przełom

To nie były łatwe czasy, ale znaleźli jakieś pieniądze w Polsce, jakieś we Włoszech i dogadali się z Premą. To był najlepszy zespół. Problem polegał na tym, że Robert był w teamie, w którym startowali też fabryczni kierowcy Toyoty – opowiada Chinchero. Mimo to debiut Kubicy w Formule 3 Euro Series, nowo powstałej, ale z miejsca topowej edycji tych wyścigów, zapowiadał się bardzo obiecująco. To nowe mistrzostwa, mocna stawka, doświadczeni zawodnicy. Wyścigi w Niemczech, we Francji, Belgii, Austrii, Holandii i we Włoszech.

Zespół podszedł do przygotowań w pełni profesjonalnie, a jego polski kierowca, bardzo we Włoszech lubiany, podczas testów był coraz szybszy. W końcu tydzień przed rozpoczęciem sezonu Kubica pojawił się na konferencji w Warszawie. Długi na 20 metrów parapet jednej z restauracji zdobił rząd zdobytych dotąd pucharów, przywiezionych przez ojca z Krakowa. – To tylko połowa! – mówił pan Artur. – Reszta i tak by się nie zmieściła.

Kubica ma za sobą testy, które zaczął w lutym. To ponad 5000 kilometrów bolidem Formuły 3 w barwach Premy. Na ostatnich, najważniejszych jazdach na torze Hockenheim pojawiły się problemy z ustawieniem podwozia i silnikami, ale Robert zapewnia, że wszystko jest pod kontrolą. Widać, że 18-letni kierowca jest wyraźnie zadowolony z przebiegu wydarzeń. – Dzięki sponsorom i staraniom udało nam się dopiąć budżet, aby wystartować w Euro Series. Na pewno nie będzie łatwo, ale chcemy razem z zespołem Prema Powerteam dobrze się pokazać – podkreśla, gdy rozmawiamy przed kamerami CANAL+. Jest uradowany także faktem, że w końcu dostanie maszynę, do której jeszcze kilka miesięcy wcześniej wzdychał na torze Mugello, opowiadając o bolidach Formuły Renault 2000. – Ma dwulitrowy silnik, tak jak w Formule Renault, ale o mocy około 220 koni. Przyspiesza dość szybko, około trzech sekund do 100 km/h, bo masa jest stosunkowo mała – razem z kierowcą to 560 kilogramów. Znakomite hamulce Formuły 3 pozwalają na późne hamowanie, są znacznie mocniejsze niż w Formule Renault i wymagają znacznie większego wyczucia – opisuje bolid krakowianin.

Właśnie wtedy, zaledwie tydzień przed rozpoczęciem sezonu 2003, wydarzyła się katastrofa, która mogła przekreślić karierę młodego zawodnika. Nie tylko dlatego, że nagle, mając zagwarantowany fotel w czołowej ekipie Formuły 3, nie był w stanie stawić się na rozpoczęcie sezonu. Jeszcze bardziej ze względów zdrowotnych – zamiast walczyć o pozycje na torze, musiał podjąć walkę o powrót do zdrowia.

– Na początku kwietnia uczestniczyłem w Polsce w wypadku drogowym – w wieku 33 lat, w „Beyond The Grid", Robert publicznie przybliża szczegóły sytuacji, która mogła zakończyć podróż na szczyt. – Byłem pasażerem i poważnie połamałem prawe ramię. Przez to straciłem trzy pierwsze weekendy wyścigowe. Samochód wypadł z drogi. Kierowca jechał zbyt szybko, inny jechał na drodze podporządkowanej i nie zatrzymał się na znaku stop. Aby się z nim nie zderzyć, zjechaliśmy z szosy, ale był tam 40-metrowy spadek...

Początkowo złamaną w pięciu miejscach ręką zajęli się lekarze w kraju, ale Robert szybko zorientował się, że z zagipsowanym przedramieniem coś jest nie tak. – Zrobili coś na kształt mostu. Nawiercili mi łokieć, w starym stylu, zamocowali mi z 8 kilogramów obciążenia, żeby rozciągnąć kości. To był koszmar. Ale bardziej bolało, gdy wiercili mi w łokciu. Może nie tyle bolało, co było dziwne. Jak w horrorze. Przyszli z wiertarką, taką, jakich używałem w moim warsztacie, wwiercili się, umieścili zaczep, drążek. Powiedzieli, że zostawią mnie w tym stanie na trzy miesiące. Trzymali mnie tak przez 10 dni. Nie chcieli nawet pokazać prześwietlenia.

– W Polsce nikt mnie nie chciał operować – nie wiem, z jakich powodów, ale mniejsza z tym. Niestety po raz kolejny musiałem wyjechać za granicę, do Włoch, aby przejść operację i rehabilitację w Formula Medicine doktora Ceccarellego. Oni są w pełni profesjonalistami w swojej dziedzinie – opowiadał Kubica w 2008 roku.

Operację przeszedł drugiego maja, a 21 czerwca wygrał swój pierwszy wyścig Formuły 3!

– Problem polegał na tym, że kość była strzaskana na pięć większych fragmentów. W Polsce została źle złożona i pomiędzy jej kawałkami przytrzaśnięto nerw. Dlatego kiedy Roberta do nas przywieziono, nie mógł poruszać dłonią – tłumaczył mi potem Riccardo Ceccarelli. To było jego drugie spotkanie z Kubicą, po juniorskich testach Toyoty. – Istniało wielkie ryzyko, że nigdy nie będzie już sprawny, więc przeprowadziliśmy operację. Trwała sześć godzin. Chirurg wykonał znakomitą robotę. Musiał ominąć mięśnie, wyjąć nerw z rany i wstawić szynę, którą normalnie stosujemy przy składaniu kości nogi. Standardowa nie była wystarczająco długa. Zamocowano ją za pomocą 18 śrub. Na zewnątrz zamiast gipsu nałożyliśmy specjalną plastikową osłonę. Używał jej nawet podczas swoich pierwszych wyścigów w Formule 3. W trakcie operacji niezwykle ważna była precyzja, ponieważ wibracje powstające w czasie jazdy bolidem mogły poluzować mocowanie.

To było duże ryzyko, ale dobrze wyważone. I tak trudno nam było uwierzyć, że po powrocie do auta był od razu aż tak szybki.

Już wówczas Kubica okazał hart ducha, który z perspektywy lat pozwala lepiej zrozumieć, jak po koszmarnym wypadku w Ronde di Andora i po ośmiu latach od ostatniego startu udało mu się wrócić do Formuły 1. Już w wieku 18 lat był bardzo zdeterminowany i... opanowany.

– Po raz kolejny zaskoczyło mnie, że nigdy się nie skarżył – wspomina Ceccarelli. – Nigdy nie powiedział, że ma pecha, nie zwątpił w szansę powrotu do wyścigów. A był wtedy w bardzo złym stanie i nie mógł poruszać ręką. Do rozpoczęcia mistrzostw Formuły 3 pozostawał zaledwie tydzień i istniało ryzyko, że straci sponsora. Jego kariera wisiała na włosku, ale on nie użalał się nad sobą. Nie okazywał przygnębienia, tylko ciężko pracował, wiele godzin dziennie. Zawsze spokojny i uśmiechnięty. Z zewnątrz można było odnieść wrażenie, że mu nie zależy. Jednak kiedy go znasz, to wiesz, że jest waleczny i ambitny, ale nigdy się nie stresuje.

– Z najlepszych prognoz wynikało, że mam wrócić po sześciu miesiącach. Po miesiącu i dziesięciu dniach już siedziałem w bolidzie na testach przed moim pierwszym wyścigiem, a czwartym weekendem sezonu – opowiada Kubica. Robił wszystko, aby maksymalnie skrócić czas rehabilitacji i znów wyjechać na tor – nie czekając, aż ręka w pełni się zagoi. Potrzebował tylko, aby była wystarczająco sprawna.

Wiedział, że jak najszybszy powrót do ścigania jest konieczny z powodów czysto sportowych. Kiedy leżał w szpitalu, a następnie przechodził rehabilitację, z niemal 20-centymetrową tytanową szyną w ramieniu, jego bolid prowadził ktoś inny. – Robert stracił wiele czasu, który mógł spędzić za kierownicą, a to duży problem dla debiutanta – zwraca uwagę Chinchero. – W tym czasie zespół Prema zaczął sezon z dwoma kierowcami Toyoty w Formule 3 i trzema w Formule Renault 2.0. Mieli w składzie sześciu zawodników – pięciu Toyoty i jednego Roberta. Po wypadku zastąpił go Lucas di Grassi. I potem Robert powiedział mi: „Lekarze mówią, że powinienem wrócić w sierpniu. Ale ja chcę wrócić na Norisring. Muszę". A ten wyścig był w czerwcu... Nie sądziłem, że mu się uda. Pojechał test, dziesięć dni przed zawodami. Zadzwonił po nim i oznajmił: „Jesteśmy gotowi". Miał do dyspozycji półtorej ręki. Zwykłemu człowiekowi to by nie wystarczyło, ale wystarczyło, aby Robert był gotowy!

Tak, był gotowy, i to – jak nie po raz pierwszy i nie ostatni w karierze – w krytycznym momencie. Jadąc na uliczny tor Norisring pod Norymbergą, Polak miał przed sobą debiut w Formule 3, podczas gdy rywale rozegrali już sześć wyścigów (po dwa na rundę) sezonu 2003, a spora część miała

Charakterystyczny żółty bolid w numerem 33 wyróżniał Roberta Kubicę na torach Formuły 3 Euro Series w 2003 roku.

także doświadczenie ze startów w poprzednich latach. Tymczasem Kubica stawił się w padoku z plastikowym ochraniaczem na ramieniu oraz nie w pełni sprawną prawą ręką i dłonią. Większość obciążenia spoczywała na lewej ręce, natomiast prawą kierowca musiał jeszcze obsługiwać lewarek sekwencyjnej skrzyni biegów. Nikt nie mógł w tej sytuacji oczekiwać tego, co się wydarzyło w Niemczech. Debiut w trakcie sezonu, wśród rozgrzanych już rywalizacją zawodników, to wystarczająco duże wyzwanie nawet dla kierowcy w pełni sprawnego. Oczekiwanie podium byłoby naiwnością, a triumfu – szaleństwem. Tymczasem Kubica, po miesiącu i trzech tygodniach od poważnego urazu, zwyciężył na Norisring.

W kwalifikacjach ustąpił pola tylko dwóm zawodnikom dominującej ekipy ASM. Potem, po starcie, w pierwszym zakręcie wyprzedził Alexandre'a Premata, z którym stoczył jeszcze zacięty pojedynek koło w koło, gdy Francuz zaciekle, ale bezskutecznie walczył o odzyskanie pozycji. Decydujący atak na lidera, Oliviera Pla, Polak podjął na 11. okrążeniu. Wkrótce kilkadziesiąt tysięcy niemieckich kibiców wysłuchało Mazurka Dąbrowskiego, a stojący na najwyższym stopniu podium Robert z trudem ukrywał wzruszenie. – Szczerze mówiąc, nie sądziliśmy, że wygramy. Zaskoczeni byliśmy już po czasówkach, w których wywalczyłem drugie i trzecie pole startowe, ale...

sam wiedziałem, że mogę walczyć o podium – przyznał Kubica trzy tygodnie później na torze Le Mans. – Wszyscy byli mile zaskoczeni tak szybkim powrotem do treningów. Rehabilitacja wymagała wiele wysiłku z mojej strony, ale wierzyłem, że mogę tego dokonać. Że mogę wrócić na Norisring. Wiedziałem, że na tym torze będę szybki, ponieważ moim mocnym punktem są dohamowania, a tam są dwa miejsca, gdzie się ostro hamuje. Szczególnie do pierwszego zakrętu, z 250 km/h, czyli redukujemy z szóstki do jedynki, do tego na torze ulicznym, który jest bardzo śliski. A że jeździ się tam z niskim dociskiem i małym nachyleniem skrzydeł, to i bolidy bardziej się ślizgają. W tych miejscach zyskiwałem przewagę nad innymi zawodnikami – mówił mi Kubica przed kamerą CANAL+ niespełna trzy tygodnie po swoim atomowym debiucie.

W ów pamiętny weekend przez tor Norisring przewinęło się 120 000 ludzi. Następnego dnia lokalna gazeta zatytułowała relację „Szybki, szybszy, Kubica". W drugim wyścigu niemieckiej rundy Robert znów stanął na podium. Był drugi, za Prematem.

– Oczywiście oszczędzałem trochę prawą rękę. Używałem jej właściwie tylko do zmiany biegów. Na szczęście debiutowałem na torze, na którym nie było szybkich zakrętów i nie trzeba było mieć mocnych obu ramion. Nie czułem bólu podczas jazdy, ale przeszkadzał brak siły w prawej ręce. Do tej pory wspominam te chwile jako jedne z najlepszych w mojej karierze. Stałem na podium i słuchałem hymnu, a niewielu przede mną dokonało tego, co ja – wygrało w debiucie w Formule 3 – mówił pięć lat później.[24]

– Zadziwił tym wszystkich. Nie skarżył się na ból, a widziałem, że musi go bardzo boleć. Debiut w Formule 3 przejechał w opasce ochronnej na ręce, którą nie mógł prowadzić auta, a mimo to wygrał – wspomina szef do dziś bardzo mocnej, szanowanej i utytułowanej ekipy Prema Rene Rosin.[25]

Wtóruje mu Chinchero: – Pamiętam, jak wystartował, jak wyprzedzał po zewnętrznej, jak zarządzał tempem w wyścigu. Jechał jak ktoś, dla kogo to drugi sezon w Formule 3, a nie jak ktoś, kto debiutuje. Kiedy wygrał, Angelo Rosin (założyciel zespołu Prema – przyp. red.) był bardzo wzruszony. Ludzie tacy jak Norbert Haug (ówczesny szef sportowy Mercedesa, który był partnerem McLarena w Formule 1 i dostarczał silniki do Formuły 3 – przyp. red.) przychodzili do namiotu Premy po wyścigu. Pamiętam też twarze ludzi z Renault... – śmieje się włoski ekspert.

To był kolejny przełom. O Kubicy usłyszał cały padok Formuły 3 oraz kilka ważnych osób bezpośrednio związanych z Formułą 1. Jean Alesi, były kierowca Ferrari, w ten weekend poznał kierowcę, którego zapamięta na lata: – Na Norisringu przyprowadził go do mnie jego menedżer, Daniele. Powiedział:

„To mój nowy chłopak. Lepiej uważnie obserwuj jego karierę". Zaraz potem Kubica wygrał swój pierwszy wyścig F3.

Haug tego samego dnia oświadczył, że w przyszłym roku chce mieć Polaka w programie rozwoju młodych talentów Mercedesa.

Po takim popisie można się było spodziewać, że Kubicę czeka świetlana przyszłość. Że kariera, która kilka tygodni wcześniej wisiała na włosku, wraca na właściwe tory. Że czeka go fantastyczna kontynuacja rozpoczętego wprawdzie z opóźnieniem, ale również z niewiarygodnym przytupem sezonu. Kiedy niecałe trzy tygodnie później stawił się w Le Mans na kolejny wyścig, jego prawa ręka wciąż oczywiście daleka była od pełnej sprawności. – Teraz praktycznie tego nie czuję, ale ponieważ nie ruszałem nią przez dwa miesiące, cała masa mięśniowa opadła. Rehabilitacja trwa i teraz zaczynamy już bardziej trening siłowy, abym mógł wrócić do stuprocentowej formy – mówił mi dla CANAL+. Mimo to nastrój był podniosły, atmosfera optymistyczna, a oczekiwania po spektakularnym debiucie – wysokie.

W tej samej rozmowie Kubica jak zwykle przezornie dodawał: – Nie można wygrywać przez całe życie. Jest kilka czynników, które muszą się złożyć, aby było to możliwe. Bolid, kierowca – to wszystko musi być zgrane.

I faktycznie, jego pierwsze zwycięstwo przyszło... nie w porę, bo na tym etapie liderem mistrzostw był jego kolega z ekipy, dodatkowo wspierany przez Toyotę, Ryan Briscoe, który na koniec sezonu zdobędzie tytuł (ale nigdy nie dostanie się do Formuły 1). Z perspektywy czasu, znając prawidła tego sportu oraz wewnętrzną sytuację w ekipie Prema, należałoby stwierdzić, że optymizm wynikał z naiwności. Nie tak działają wyścigi. Zespół był świetny, Kubica gotowy do walki o zwycięstwa, lecz ponownie nie sprzyjały mu okoliczności.

Z czasem stało się to nader oczywiste. – Byłem jedynym kierowcą Premy, który nie był wspierany przez Toyotę – analizuje sytuację Kubica, gdy rozmawiamy w 2008 roku. – To nie ułatwiało sytuacji. Gdy opuściłem pierwsze trzy wyścigi, tak naprawdę już wiedziałem, że nie mam szans na zwycięstwo. Wróciwszy na czwarty weekend, jeszcze bardziej sobie nagrabiłem, jak sądzę, wygrywając wyścig. Zaburzyłem cały program, jaki zespół już obrał. Oczywiście team wygrywa z jednym kierowcą i kiedy miałem wypadek, Prema automatycznie postawiła na Briscoe. Ja zbierałem doświadczenie i miałem bardzo dużo problemów technicznych – sądzę, że czasami nawet z powodu nieuwagi zespołu, ale oni głównie skupiali się na walce o tytuł z Ryanem.[26]

Kubica już do końca sezonu nie stanie na podium w Euro Series i zajmie 12. miejsce w klasyfikacji generalnej mistrzostw.

– Norisring to był wielki moment dla Roberta. Szokujący weekend. Problem w tym, że w złym świetle postawił kierowców Toyoty – analizuje Roberto

Chinchero. – Briscoe prowadził w mistrzostwach, a tu przyjeżdża ten chłopak, bez testów, bez niczego i wygrywa wyścig. Potem zaczął się problem z Toyotą. To wciąż kontrowersyjna sprawa, ale do dziś Robert lubi żartować o tym z ludźmi z Premy. Wiem, że oni go kochają, ale Toyota stanowiła 90 procent biznesplanu Premy. A Robert już w kolejnym weekendzie w Le Mans miał problemy na starcie. Nigdy ich nie miał w przeszłości, więc byłem tym zdziwiony. I potem do końca sezonu te same kłopoty. To tylko moja opinia, nie mogę tego potwierdzić, ale mam wrażenie, że coś się stało. Na pewno nie chcę powiedzieć, że Prema działała przeciwko Robertowi. Ale czasami masz nowszy silnik, lepsze hamulce, czasami masz dobrego mechanika, czasami nie... Pamiętam jednak, jak szczęśliwy był team, gdy Robert zgodził się pojechać w Sardinia Masters. To była część ścieżki.

Wspomniany przez Chinchero prestiżowy wyścig w Cagliari nie zaliczał się do mistrzostw. Na trudnym torze ulicznym Kubica wygrał. Puchar wręczał mu trzykrotny mistrz świata Formuły 1 Niki Lauda. Sezon był jednak twardą lekcją świata wyścigów.

Pod koniec roku Polak na moment zmienił barwy, aby z Target Racing przystąpić do jeszcze jednego wyścigu – na torze, który do dziś znajduje się na szczycie listy jego ulubionych pętli wyścigowych. Prowadzi przeważnie przez wąskie i bardzo kręte ulice egzotycznego Makau. – Jestem wielkim fanem torów ulicznych, bo na takich obiektach dużo ważniejsze stają się umiejętności kierowcy. Blisko stojące bariery sprawiają, że margines błędu jest niewielki. Do tego tor w Makau jest bardzo szybki, samochodem Formuły 3 pędzi się tam nawet 270 km/h w pierwszym sektorze, a potem wjeżdża się w dość wąską sekcję pełną zakrętów...[27]

W sumie do nieoficjalnych mistrzostw świata Formuły 3, które co roku skupiają najlepszych kierowców z narodowych edycji oraz pucharów F3, Kubica przystąpił trzy razy, przy czym drugi występ stanowił punkt zwrotny, który przywrócił jego karierę na właściwy tor, a ostatni – przypieczętował awans do Formuły 1.

Sukces w kultowym Macau Grand Prix to bowiem osiągnięcie godne kierowcy czołówki. – Na tym torze nie da się testować, bo jest uliczny – tłumaczy inny wielki fan tego wyścigu, Chinchero. – To też jedyny tor uliczny, po którym jeździ się z bardzo niskim dociskiem, jak na torze Monza. Dwukilometrowa prosta, a potem jeszcze 3–4 kilometry kręcenia kierownicą na ulicach w centrum miasta. Trzeba więc radzić sobie z samochodem bez docisku aerodynamicznego. Do tego to listopad – kluczowy miesiąc, jeśli chodzi o transfery na kolejny sezon. Dla Roberta Makau zawsze układało się perfekcyjnie – zauważa Chinchero.

O tym Grand Prix Kubica wspomina, gdy w 2018 roku, na prośbę kibiców na Hungaroringu, wybiera sukces, który najbardziej ceni. Wskazuje mistrzostwo Włoch zdobyte w wieku 13 lat w kartingu, po czym szybko dodaje: – A wyścig, którego nie mogę przeboleć, to Makau. Dwa razy skończyłem go drugi, za każdym razem po samochodzie bezpieczeństwa, za każdym razem byłem bardzo blisko zwycięstwa. Aż w 2005 roku wróciłem, choć już nie ścigałem się w Formule 3, tylko na ten wyścig, bo nie mogłem przeboleć, że go nie wygrałem. I znów się nie udało, choć gdyby przebiegał normalnie, to bym go wygrał – wspominał.

Do starć na wyjątkowo trudnym torze przystąpił z rozmysłem, maksymalnie wykorzystując okoliczności, w jakich się znajdował. W pierwszym występie nie mógł sobie pozwolić na luksus startu w mocnym zespole. Pojechał z małą, znacznie skromniejszą stajnią ze słabszej od Eurocupu, narodowej edycji Formuły 3. – Na start w barwach innej ekipy zdecydowałem się z dwóch przyczyn. Po pierwsze – nie był potrzebny aż tak wysoki budżet, a z tym zawsze były kłopoty. Po drugie – i tak wiedziałem, że najpierw muszę nabrać doświadczenia. Zobaczyć, z czym to się je. Wyścig w Makau jest bardzo trudny dla debiutantów. Zespół Target startował w mistrzostwach Włoch i pod względem sprzętowym znacznie odstawał od czołówki. Mieliśmy stare silniki, sprzed dwóch lat, o mniejszej mocy niż te rywali. Na tak szybkim torze powodowało to ogromne straty. W pierwszym sektorze, przejeżdżanym na pełnym gazie przez ponad 30 sekund, traciłem nawet 0.8–0.9 sekundy – wspominał Kubica.[28]

W kwalifikacjach uzyskał 14. czas, ale w wyścigu kwalifikacyjnym awansował na szóste miejsce, za... Lewisem Hamiltonem. W finałowym, walcząc o podium, został przez Brytyjczyka wciśnięty w barierę. – Mimo to weekend układał się całkiem dobrze, poza wyścigiem finałowym. Przebiłem się na trzecią pozycję, ale w jednym z pierwszym zakrętów zderzyłem się z Lewisem i wylądowaliśmy na barierach. Szkoda, bo była szansa na dobry wynik – nie na zwycięstwo, ale może miejsce na podium. Jednak Makau miało wiele ofiar, a ja... byłem jedną z nich – mówił.[29]

– Choć nie tak łatwo to dostrzec gołym okiem, będąc debiutantem, wykonał fantastyczną robotę – ocenia występ Polaka obecny na torze Chinchero. – Był blisko Lewisa, ale miał świeże opony. Był prawdopodobnie jedynym kierowcą w czołowej dziesiątce, który nowe opony zachował na drugi wyścig, na finał. Znajdował się na bardzo dobrej pozycji, z szansą na podium, a startował z malutkim zespołem włoskiej F3, ze starym silnikiem. Ludziom patrzącym z zewnątrz czasami trudno dostrzec takie rzeczy, ale ludzie w padoku...

Ludzie w padoku byli pod wrażeniem. Występ Polaka zapamięta dobrze John Booth, szef zespołu Manor, w którym od lat jeździł Hamilton, i rok później zaproponuje Kubicy start w Makau u boku Lewisa. Ten występ znów ocali karierę Polaka.

Będzie wtedy tego ocalenia bardzo potrzebował.

Po dramatycznym sezonie 2003 znów wydawało się, że kariera Kubicy w końcu wyjdzie na prostą. Haug spełnił obietnicę z Norisringu – pomimo nieudanej reszty roku krakowianin został wciągnięty do programu młodych talentów Mercedesa, obok m.in. Hamiltona. Znalazł miejsce w ekipie Mücke, której zawodnik Christian Klien w 2003 roku został wicemistrzem tej samej kategorii, aby w kolejnym sezonie startować już w samej Formule 1! Zdawało się, że Robert, otoczony opieką czołowego producenta silników F1, do tego w zespole wicemistrza F3 Euro Series, w 2004 roku będzie mógł w pełni pokazać swój potencjał. Tymczasem okazało się, że czekała go kolejna trudna przeprawa. Już po debiucie w Formule 1 Kubica nieraz przyzna, że mógł to być najtrudniejszy moment w jego wyścigowej karierze.

RICCARDO CECCARELLI:

„Zakładaliśmy, że jeśli zdarzy się cud, to będzie mógł jeździć po dwóch miesiącach. Powiedział mi jednak: «Riccardo, jest tor, który lubię, i wiem, że mogę być tam szybki». Podjęliśmy więc ryzyko. Czterdzieści dni po operacji i kilka dni przed wyścigiem dopuściliśmy go do testu. Ortopeda mnie uspokajał: «Ma w sobie tyle śrub, że kość wytrzyma»".

IV
Przeprawa w Mücke

To jest tak... – zaczyna Giorgio, po czym robi przerwę na oblizanie krawędzi bibułki. Stoimy między samochodami na parkingu włoskiego toru Adria. To już 3. runda sezonu, który od początku, nie do końca wiadomo czemu, układa się dla obu kierowców Mücke co najwyżej przeciętnie. O co chodzi? Na pewno nie dowiemy się tego od Kubicy. Może mu się wyrwać kilka twardych, męskich słów pod adresem jakiegoś detalu dotyczącego samochodu. Sporadycznie. To tyle. W kontaktach z mediami zachowuje profesjonalizm i lojalność wobec ekipy, choć pewnych emocji po prostu ukryć się nie da.

Dopiero Giorgio, po przypadkowym spotkaniu, gdy zaczepił znajomych z padoku w poszukiwaniu ognia, łamaną angielszczyzną wyjaśnia, co się dzieje w ekipie Kubicy: – Syn Petera Mücke idzie do DTM – mówi wiecznie zadowolony z życia, pozytywnie nastawiony do świata Włoch, kucharz ekipy Prema. – Mücke wysłał wszystkich najlepszych ludzi – inżynierów, mechaników – do teamów DTM, żeby założyć zespół dla niego – dodaje.

A miało być tak pięknie...

Początek współpracy był bardzo obiecujący. Po zakończeniu sezonu 2003 Mercedes zaprosił Roberta na testy na torze Brno, następnie Polak wziął udział w kolejnych treningach na włoskiej Adrii oraz torze Estoril w Portugalii. Rezultaty były imponujące, najlepsze pośród zawodników jeżdżących z silnikami Mercedesa. Po pięciu dniach jazd próbnych Kubica podpisał umowę z topowym niemieckim zespołem Formuły 3 Euro Series.

Po parafowaniu kontraktu z Mücke (w grudniu 2003) Kubica przebywał głównie w Krakowie, skupiając się na swoim nowym hobby – kręglach – oraz na ćwiczeniach w siłowni. Kiedy rozmawiamy pod koniec stycznia 2004, znajduje się na obozie przygotowawczym dla zawodników Mercedesa. Obowiązkowym... – Jestem teraz w Alpach austriackich. Są tutaj wszyscy zawodnicy Mercedesa startujący w Formule 3 oraz DTM. Przechodzimy tutaj treningi siłowe, wytrzymałościowe i kondycyjne. Narty biegowe, chodzenie po górach, biegi. Są też ćwiczenia wspomagające koncentrację oraz ułatwiające kontrolę organizmu, na przykład na oddychanie – opowiada.

– I jak samopoczucie? – pytam.

– Bardzo dobrze, choć nogi mi już odpadają. Nie jestem przyzwyczajony do aż tak ciężkich treningów. Z drugiej strony pod koniec dnia mamy czas wolny, więc można się trochę wyluzować. Towarzystwo fajne. Jest trudno, ale też sympatycznie – stwierdza Polak. Nie ma jeszcze pojęcia, że w nadchodzącym sezonie jego zespół nawet nie będzie próbował walczyć ani o zwycięstwa, ani tym bardziej o tytuły. Właściciel ekipy ma inne plany.

Do wyjątkowo nietypowej sytuacji doszło podczas zimowych testów na torze Oschersleben, gdy po zakończonym dniu jazd Peter Mücke wręczył Kubicy drewnianą deskę oraz piłę, aby w obecności dwóch obserwujących przygotowania dziennikarzy – Cezarego Gutowskiego i Mikołaja Sokoła – zadać kierowcy ćwiczenie. Celem miało być wzmocnienie prawej ręki. Niemiec chciał pokazać, że jego zawodnik wciąż nie jest do końca sprawny. Szczególnie dziwne zachowanie, biorąc pod uwagę, że Robert kilka tygodni po ciężkiej operacji wygrał swój pierwszy wyścig w Formule 3, po czym triumfował na wymagających wyboistych ulicach Cagliari, aby na koniec 2003 roku walczyć o podium na torze w Makau.

Potem, w trakcie sezonu, Mücke nieraz sugerował, że rozczarowujące wyniki krakowianina mają źródło w jego słabym przygotowaniu fizycznym lub innych niedociągnięciach – czym tłumaczył rezultaty zespołu przedstawicielom Mercedesa.

W tym samym programie juniorskim był kolega Polaka z ekipy, sympatyczny i komunikatywny, a także zdolny Kanadyjczyk Bruno Spengler, który zresztą w 2012 roku w barwach BMW zdobędzie mistrzostwo bardzo mocno obsadzonej kategorii DTM. Co ciekawe, także on w 2003 roku debiutował w Formule 3 po ciężkich przejściach. – Przed pierwszym sezonem miałem wypadek w testach i złamałem kręgosłup. Nie byłem pewny, czy jeszcze kiedykolwiek będę się ścigał, co dla kierowcy wyścigowego jest bardzo ciężkim przeżyciem. Na szczęście udało mi się wrócić po trzech miesiącach. Byłem znacznie mocniejszy i fizycznie, i psychicznie, a do tego w 2004 roku miałem silnego kolegę z ekipy, czyli Roberta – wspominał Spengler.

Wkrótce jednak okazało się, że właściciel ekipy snuje znacznie bardziej dalekosiężne plany i, tak jak opowiadał Giorgio, zamiast o przyszłość swoich zawodników F3, troszczy się przede wszystkim o losy swojego syna. Stefan Mücke startował w serii DTM, ale osiągał słabe wyniki. Jego ojciec chciał ułatwić mu utrzymanie w prestiżowej serii i w 2005 roku utworzyć dla niego team DTM (co zresztą wcale wydatnie nie poprawiło wyników juniora). Z tego też powodu oszczędzał na Formule 3, w związku z czym Kubica i Spengler jeździli już nieco leciwymi, trzyletnimi Dallarami z osprzętem z odzysku, co zwiększało ryzyko awarii. I tak na przykład, gdy na torze Norisring Polak zgłaszał problemy ze zmianą biegów (co m.in. znacząco utrudnia hamowanie), a szef twierdził, że to kwestia jego ręki, sytuacja wyjaśniła się, kiedy w maszynie pękł wybierak skrzyni biegów – oględziny uszkodzenia jednoznacznie wskazywały na zmęczenie materiału.

O większym zaangażowaniu i wydatkach rzędu tych, jakie na testy w tunelu aerodynamicznym ponosił najlepszy w tamtym sezonie, mistrzowski zespół ASM, nie mogło być mowy. Najgorsze było jednak to, że nie było komu ustawić samochodów. Właściciel teamu wysłał najlepszych inżynierów na staż do stajni DTM, a w Formule 3 zatrudnił nowych, niesprawdzonych ludzi. Inżynier wyścigowy Kubicy nigdy wcześniej nie pracował przy tak zaawansowanym aucie jak bolid F3 i o ustawianiu go nie miał większego pojęcia. Wyraźnie zagubiony, wiecznie roztargniony misiowaty wąsacz stał się przez to bohaterem anegdoty. Pewnego dnia, trzymając w ręku wydruk z wykresami telemetrii (pokazują dokładnie, co robi kierowca, m.in. kiedy i jak hamuje, kiedy i jak naciska pedał gazu czy jak skręca), dziwił się bardzo nietypowej technice jazdy swojego zawodnika. Ponoć Kubica bez słowa odwrócił kartkę papieru – którą inżynier trzymał do góry nogami – i bez komentarza poszedł w swoją drogę.

Typowa dla tego sezonu historia. Tor Adria, czyli miejsce, gdzie kucharz Premy wyjawił przyczyny słabej formy zespołu Mücke. Trzecia runda sezonu, piątkowy trening. Podczas gdy większość zawodników w trakcie porannych jazd pokonała około 50 okrążeń, istotnych w przygotowaniach do wyścigu – tak kierowców, jak i ich maszyn – Kubica przejechał włoski tor zaledwie sześć razy. – Po trzech okrążeniach poczułem, że coś złego dzieje się z motorem – relacjonował. – Zjechałem do boksu, a tam okazało się, że silnik padł. Pod pokrywą mechanicy znaleźli rozbryzgany olej, wyciekało też paliwo.

Awaria na tak wczesnym etapie rywalizacji przekreśla de facto cały weekend. W pierwszym wyścigu był 17., wcześniej został cofnięty na starcie za wymianę motoru. Drugiego nie ukończył, ponieważ w wyniku kontaktu po ataku na Aleksandrosa Margaritisa w aucie Polaka nie wytrzymało zawieszenie.

Tradycyjnie braki sprzętowe nadrabiał na najtrudniejszych trasach ulicznych. W czwartej rundzie sezonu stanął na podium – zajął 3., po dyskwalifikacji Alexandre'a Premata z teamu ASM, oraz 2. miejsce na ciasnych ulicach Pau. Dodajmy, że startował na tym torze po raz pierwszy. Do drugiego wyścigu ruszał z piątego pola. Na starcie wyprzedził Erica Salignona. Później z wyścigu odpadł lider – Premat – a chwilę wcześniej jadący tuż przed Kubicą Nico Rosberg. Prowadzenie objął Nicolas Lapierre, a Robert jechał na drugim miejscu. – Lapierre był bardzo szybki, więc skupiłem się na dowiezieniu dobrego wyniku – relacjonował mi Polak. – Mało brakowało, a by się nie udało. Cztery okrążenia przed końcem najechałem na wysoki krawężnik i uszkodziłem zawieszenie. Samochód zaczął się źle prowadzić, na ostatnim kółku prawie wjechałem w barierę. Zdobyłem jednak kolejne punkty. Jestem ogromnie zadowolony z wyniku osiągniętego w Pau.

Do kolekcji trofeów dołożył też puchar za 2. pozycję w drugim wyścigu na torze Nürburgring. Po jego zakończeniu przyznawał, że już na pierwszym zakręcie był zaskoczony tym, jak dobrze mechanicy teamu Mücke przygotowali jego samochód (co było czystym przypadkiem). Ekipa nie kryła zresztą wielkiej radości z nieoczekiwanego podium w siódmej z dziesięciu rund sezonu. Pracownicy niemieckiego zespołu podczas dekoracji rozwinęli dla swojego zawodnika biało-czerwoną flagę.

Występem, który na zawsze zapadł w pamięć fanom wyścigów juniorskich, była ostatnia runda sezonu na Hockenheimring, gdzie Polak stoczył ekscytującą walkę z dwoma starymi znajomymi. W 2004 roku w tej samej kategorii ponownie spotkało się bowiem słynne trio z czasów kartingu: startujący w barwach ekipy Manor Hamilton, jeżdżący we własnym, ufundowanym przez ojca teamie Rosberg oraz Kubica.

To był już ostatni, 20. wyścig sezonu. Realizatorzy transmisji często skupiali się na poczynaniach Polaka. Robert ruszał z 9. pola i po mocnym starcie wkrótce jechał już na siódmym miejscu, jednak jeszcze przed końcem pierwszego okrążenia krakowianina wyprzedził Hamilton. Tak rozpoczął się emocjonujący pojedynek. Nasz zawodnik i protegowany teamu McLaren wiele zakrętów przejechali bok w bok. W ferworze walki nawet lekko się zderzyli, ale jedyną konsekwencją było dla obu ostrzeżenie od sędziego. Pod koniec wyścigu walczących rywali dogonił Rosberg, nie był jednak w stanie skutecznie zaatakować. Polak finiszował na siódmej pozycji – za plecami Lewisa, ale przed Nico.

– Zabrakło może ze 20 centymetrów, abym go pokonał – mówił po wyjściu z samochodu Kubica. – Parę razy jechaliśmy już na równi, ale Hamilton zawsze wjeżdżał w zakręt po wewnętrznej. Delikatnie się dotknęliśmy, lecz nie było to nic wielkiego, biorąc pod uwagę to, co niektórzy wyczyniali wczoraj. Próbowałem go wywieźć z zakrętu, kiedy po zewnętrznej było już mało miejsca. On delikatnie otarł się przednim kołem o bok mojego auta. Zostawiłem mu trochę miejsca, choć gdyby był to inny zawodnik, to na pewno bym nie odpuścił. W ostatnim wyścigu szkoda było ryzykować kolizję.

Mistrzem sezonu 2004 został kierowca dominującej ekipy ASM Jamie Green – kolejny zawodnik, którego nazwiska nie zobaczyliśmy potem w Formule 1 (od 2005 roku niezmiennie startował w kategorii DTM, której wicemistrzostwo zdobył w barwach Audi w 2015 roku). Rosberg swój drugi rok startów w Formule 3 Euro Series zakończył na 4. pozycji, tuż przed

Sezon z Mücke był najtrudniejszym w karierze Polaka w seriach juniorskich.

Hamiltonem. Siódme miejsce Kubicy w klasyfikacji generalnej sezonu, trzy wizyty na podium i niemal dwukrotnie większa liczba zdobytych punktów w porównaniu ze Spenglerem (53 do 27 – Polak prawie wygrał zakład z Kanadyjczykiem, że zdobędzie dwa razy więcej punktów) to, zważywszy na okoliczności, zaskakująco dobry wynik, jednak pod koniec sezonu Robert znów znalazł się w trudnej sytuacji.

– Sezon był marny – przyznał, gdy omawialiśmy zakończone właśnie starty w Formule 3. – Zdarzyło się kilka miłych „wpadek", kiedy auto jechało lepiej niż zwykle. W Pau można było oczekiwać, że będzie dobrze, bo na torach ulicznych zawsze radziłem sobie lepiej. Poza tym praktycznie na każdym takim torze działa niemal identyczne zestrojenie bolidu, które znam. W Pau tak naprawdę sam podyktowałem ustawienia auta, a w wyścigach byłem drugi oraz trzeci. Jeśli chodzi o Nürburgring, to chyba jeszcze do dzisiaj mechanicy Mücke nie wiedzą, dlaczego zająłem tam aż drugie miejsce. Szczęśliwym trafem udało im się przygotować szybkie auto.

Kryzysowy 2004 rok wspomina także Roberto Chinchero, gdy na początku 2019 roku w Mediolanie wracamy do dawnych lat, pochylając się nad drogą Kubicy do Formuły 1. – To była bardzo niefortunna sytuacja. Wiele osób, Robert, Daniele, nie wiedziało, że zaczęli program w DTM i wszyscy najlepsi ludzie z Formuły 3 poszli do tej serii. Pamiętam, jak w pierwszym wyścigu sezonu 2004 Robert przedstawiał mi zespół: ten to debiutant, ten debiutant, debiutant, debiutant. Inżynier, mechanicy – nikt nie miał doświadczenia! Ustawienia, praca przy aucie – to nie było na najwyższym poziomie. Jedyne miejsce, gdzie kierowca mógł zrobić różnicę, to tor uliczny. I tak właśnie stało się w Pau. Parę lat później Robert powiedział jednak, że wiele się wtedy nauczył – podkreśla włoski ekspert.

– Był to bardzo rozczarowujący rok, ale stałem się dużo lepszym kierowcą. Chodzi o psychikę i osobowość – mówił Robert, gdy zbierałem materiały do dokumentu „Moja pasja". – Nauczyłem się odpowiedniego podejścia do wyścigów – nie tylko jeśli chodzi o jazdę, ale też o to, jak wszystko się obraca wokół nich. Zrozumiałem, że nie można niczego robić za wszelką cenę. Ograniczają nas prawa fizyki oraz umiejętności. Często młody kierowca próbuje zrobić więcej, niż potrafi, i wtedy może się to skończyć źle. Zawodnik jest tu oczywiście ważnym elementem, ale bez dobrego samochodu nawet najlepszy kierowca świata nie wygra mistrzostw. Trzeba mieć cały pakiet. Nie jest to łatwy sport i nie wystarczy spojrzeć na wyniki wyścigu czy zestawienie czasów najlepszych okrążeń, żeby powiedzieć, kto jest dobry. W sezonie 2004 byłem siódmy w mistrzostwach, więc minimum sześciu kierowców z ówczesnej stawki Formuły 3 Euro Series powinno być lepszych ode mnie. Dlatego dla mnie sukcesem jest to, że wysiadając z bolidu, wiem, że pojechałem dobrze – dodał już jako kierowca Formuły 1.[30]

Po sezonie 2004 Mercedes mocno zredukował liczbę uczestników swojego programu. Pożegnał się między innymi z oboma kierowcami Mücke.

– Mercedes ma dość nietypowy program dla młodych kierowców – wspomina Chinchero. – Renault angażowało się na sto procent. Pokrywali pełen budżet, wybierali zespół, a ty byłeś oficjalnym kierowcą. Miałeś samochód służbowy i tak dalej. Mercedes działał na takiej zasadzie: damy ci nasz silnik za darmo, trochę pomożemy we współpracy z zespołem – ale nie było to pełne wsparcie. Tak czy inaczej Robert był częścią ich programu, ale na koniec sezonu, nie wiem dlaczego, postanowili się rozstać. Usunęli ze swojego programu z 80 procent ludzi.

– Co mam teraz zrobić, co z moją przyszłością? – zastanawiał się zawiedziony ciężkim sezonem Bruno Spengler, 11. w klasyfikacji. Ostatecznie swoje kroki skierował do kategorii DTM, gdzie startuje od 2005 roku do dziś. Kiedy jesienią 2012 roku spotykamy się na torze Hockenheimring, z sentymentem wraca do sezonu 2004, w którym dzielił niedolę z Kubicą.

– Imponowało mi, że niezależnie od sytuacji zawsze był bardzo szczery i uczciwy. Obaj mieliśmy wielkie problemy z bolidem, więc dużo o tym rozmawialiśmy. Nigdy nie wciskał kitu. Kiedy mówił mi na przykład, że w danym miejscu hamuje sto metrów przed zakrętem, miałem pewność, że tak jest. Nie oszukiwał, nie prowadził głupich zakulisowych gierek. A do tego jest niezwykle szybkim kierowcą. Bardzo go szanuję. Rzadko się zdarza, że ma się tak dobry kontakt z kolegą z ekipy – podkreślał Bruno w czasie, gdy Kubica startował w pierwszych rajdach po wypadku w Ronde di Andora.

Już na tamtym etapie kariery, w Formule 3, Polak też dostawał propozycje przejścia do prestiżowej serii DTM. To była kusząca oferta – zamiast martwić się budżetami i poszukiwaniami ekipy w kolejnej kategorii juniorskiej, mógł w wieku poniżej 20 lat zarabiać porządne pieniądze, ścigając się szybkimi prototypami aut z dachem w doborowej stawce. Jednak nawet po kolejnym rozczarowującym sezonie nie był gotowy porzucić marzenia o F1.

Atutami Roberta są silny charakter i pewność siebie. Pewność własnych umiejętności, wielokrotnie wystawianych na ciężkie próby przez cztery lata w kategoriach juniorskich. Niejeden młody kierowca po tylu przejściach i rozczarowaniach zadawałby sobie pytanie, czy jest wystarczająco dobry, aby aspirować do startów w F1. Kubica zawsze wiedział, ile jest wart.

– Był rozgoryczony, bo mając źle przygotowany samochód, czuł się, jakby walił głową w mur. Po tym nieudanym sezonie nastąpił poważny kryzys w jego karierze. Nie bardzo wiedział, co robić. Zastanawiał się nad karierą kierowcy rajdowego, dostał też propozycję ścigania się w Japonii i zaczął się ku temu skłaniać. Ale na szczęście w porę przyszła oferta z zespołu Epsilon Euskadi w serii World Series by Renault. Wybraliśmy ją i życie pokazało, że to była dobra decyzja, bo stamtąd Robert trafił do F1 – mówił Artur Kubica.[31] Po raz kolejny kluczowe w kwestii przywrócenia kariery jego syna na właściwy tor okazało się też magiczne Macau Grand Prix.

BRUNO SPENGLER:

„To były trudne czasy, ale też miłe z pewnych względów. Z Robertem bardzo, bardzo dobrze się dogadywaliśmy. Ten facet był jednym z najlepszych partnerów z zespołu, jakich miałem".

V
Magia Makau

Już w pierwszym, czwartkowym treningu jeden z rywali zaskoczył mnie ostrym hamowaniem na środku prostej. Nie miałem gdzie uciec i zawadziłem kołem o barierę. Później w pierwszych kwalifikacjach już na początku obróciło mnie na plamie oleju, a na mój bolid wpadł inny kierowca – opisuje Robert niezbyt obiecujący początek... kolejnego przełomowego występu w karierze, która w tamtym czasie wisiała na włosku. Po nieudanym sezonie z Mücke Polak po raz drugi pojechał na jeden ze swoich ulubionych torów – uliczną pętlę w sercu Makau. To wielkie zadanie za kierownicą lekkiego, zwinnego i niezbyt mocnego bolidu Formuły 3. Kubica kocha takie wyzwania. – Potem było już z górki: pole position w piątek, a potem nowy rekord toru – kontynuuje opowieść na temat wydarzeń tego weekendu. – To specyficzny wyścig, z długimi tradycjami. Spotykają się tutaj najlepsi kierowcy z różnych lokalnych serii Formuły 3. Swoją drogą, wyniki ostatnich dwóch Macau Grand Prix wyraźnie wskazują, że najwyższy poziom reprezentuje seria europejska, czyli ta, w której startuję...

Ten jeden jedyny raz Polak spotkał się w jednym zespole ze swoim wielkim rówieśnikiem. Kubica, Rosberg i Hamilton to była „święta trójca" włoskiego i światowego kartingu. Te nazwiska padały regularnie (acz w różnej kolejności), gdy specjaliści typowali, którzy przedstawiciele młodego pokolenia kierowców wejdą kiedyś do Formuły 1. Na koniec sezonu 2004 Kubica dostał do dyspozycji bolid brytyjskiej ekipy Manor, z którą od lat związany był Lewis Hamilton, i wraz z nim podjął wyzwanie toru Makau. Co ciekawe, możliwość kolejnego startu w nieoficjalnych mistrzostwach Formuły 3 w tak mocnej ekipie była skutkiem tego, że rok wcześniej zauważył go tam John Booth, menedżer Manora. Swoją cegiełkę do realizacji przedsięwzięcia dołożył, nie po raz pierwszy zresztą, włoski dziennikarz Roberto Chinchero.

– Rozmawiałem z Boothem, który planował start w Makau z Lewisem – wspomina. – Zadzwonił do mnie i spytał: „Co się dzieje z twoim kolegą Robertem? Czy przyjedzie do Makau?". Odpowiedziałem: „Nie wiem, czy ma na to budżet", bo Robert miał za sobą tragiczny sezon z zespołem Mücke. „Niech pojedzie za mną, za drobne pieniądze", zaproponował Booth, bo nikt nie chciał startować w jednym teamie z Hamiltonem. Jego partnerem w sezonie był Charles Zwolsman Junior i on nie chciał pojechać do Makau, więc John miał wolny samochód. Powiedziałem mu, aby zadzwonił do Daniele. Doszli do porozumienia i Robert poleciał do Azji, aby wystartować w jednym zespole z Lewisem. Niewiele osób to wie, ale Hamilton miał za sobą dobry sezon, ale nie fantastyczny, i w tym momencie jego przyszłość w McLarenie stała pod znakiem zapytania! Pamiętam ten widok, jak w boksie w Makau stoją Lewis i jego ojciec, z którym rozmawialiśmy. „McLaren powiedział, że nie są pewni, czy potwierdzą nas na przyszły rok", powiedział Anthony. Z dzisiejszej perspektywy to brzmi jak szaleństwo.

Szaleństwo działo się też na torze, gdy w tej samej ekipie startowali dwaj kierowcy najwyższego formatu. Po pierwszym treningu inżynier Manora mocno się zdziwił, oglądając wykresy telemetryczne z przejazdów trzeciego Hamiltona i czwartego – ze stratą sześciu tysięcznych sekundy – Kubicy. Ponoć przez jakiś czas wydawało mu się, że popełnił błąd i wydrukował dwukrotnie dane tego samego kierowcy, ponieważ wykresy dwóch zawodników, o jakże odmiennych stylach jazdy, niemal idealnie się pokrywały. – Nigdy już nie będę miał takiego zespołu. Nie wiem, czy wygramy ten wyścig, ale jestem przekonany, że nie będziemy już tak cholernie szybcy – zachwycał się w trakcie weekendu szef teamu.

W drugim treningu, a także w drugich kwalifikacjach najszybszy był Polak. Zdobył pole position do pierwszego wyścigu, ale po przygodzie w treningu musiał iść na kompromis i oszczędzać opony, dlatego tę pierwszą potyczkę zakończył na 4. pozycji. Triumfował Hamilton przed Rosbergiem i Prematem. Na finałowy wyścig Polak miał jednak lepsze opony, a atmosfera w zespole Manor... zagęszczała się. Podczas rozgrzewki – czyli w sesji, która ze sportowego punktu widzenia nie miała znaczenia – Robert i Lewis toczyli zacięty bój o dominację. – Hamilton oczywiście nie był zbyt szczęśliwy, ponieważ to Kubica wygrał czasówkę – tłumaczył obecny na torze Chinchero. – Obaj więc naciskali jak szaleni. Jechali, jakby to były kwalifikacje, na granicy rekordu toru, wymieniając się najlepszymi czasami. Booth był wściekły. Krzyczał: „Zatrzymajcie ich! Co oni wyprawiają?".

Górą był Polak, ustanawiając rekord okrążenia (2:11.485).

Na starcie do finałowego wyścigu obronił czwartą lokatę, aby po pierwszym kółku wykorzystać prezent od starych, dobrych znajomych. Prowadzący Rosberg zbyt późno zahamował do pierwszego zakrętu i wylądował na barierze. Dokładnie to samo uczynił Hamilton, oddając prowadzenie Prematowi z teamu ASM, którego ścigał Kubica. – Wyścig finałowy skończył się dla mnie i dobrze, i źle. Jestem trochę zły, ponieważ zwycięstwo miałem niemal w kieszeni. Jadący na prowadzeniu Alexandre Premat już na początku mocno uderzył kołem w barierę i z pewnością jego auto prowadziło się gorzej, niż powinno. Francuza uratowały częste neutralizacje (podczas których cała stawka zwalnia i nie wolno wyprzedzać – przyp. red.). Ciśnienie w moich oponach ustawiono tak, że auto zaczynało jechać naprawdę szybko po 3–4 okrążeniach. Wtedy właśnie dochodziło do wypadku i na torze pojawiał się samochód bezpieczeństwa (prowadzi stawkę z niską prędkością, a opony stygną – przyp. red.). W sumie wyścig przerywano dwukrotnie, a ostatecznie zakończono go na trzynastym okrążeniu, czyli dwa kółka wcześniej, niż planowano – opowiadał mi Polak. Jako klasyfikację końcową przyjęto kolejność po 11 kółkach.

– Pozostał pewien niedosyt. W końcówce tor został zablokowany przez rozbite samochody i zabrakło mi okrążeń na wyprzedzenie Premata. Szkoda, bo wydaje mi się, że spokojnie mogłem wygrać – wspominał w 2008 roku jeden ze swoich ulubionych wyścigów.[32]

– To był kluczowy moment w kontekście sezonu 2005 – nie ma wątpliwości Chinchero. Dlaczego? Ponieważ Macau Grand Prix obserwuje cały wyścigowy światek – także szefowie zespołów, szukający kandydatów na kierowców w swoich ekipach. W tamtym momencie jednym z nich był Joan Villadelprat, właściciel hiszpańskiego teamu Epsilon Euskadi. – Ostatecznie celem tego wyścigu było pokazanie wszystkim, że problem sezonu 2004 wynikał z poczynań zespołu Mücke, a nie z jazdy Roberta. I Polak ten cel osiągnął perfekcyjnie – wspomina włoski ekspert. – Już w niedzielę wieczorem, po wyścigu w Makau, Villadelprat zadzwonił do Daniele. Zaprosił Roberta na test. Sam powtarzam, że start w Makau był bardzo ważny, bo ten wyścig pokazuje, kto naprawdę potrafi jeździć.

Z Kubicą rozmawiałem już we wtorek, po jego powrocie z Azji.

– Jestem zmęczony. Przez ostatnie 35 godzin byłem w podróży. Nadal jednak czuję pozytywną atmosferę ostatniego weekendu. W brytyjskiej ekipie Manor, w której startowałem gościnnie, panuje zupełnie inny klimat niż w niemieckim teamie Mücke, gdzie jeździłem przez ostatni rok. Dzięki temu w Makau dobrze się bawiłem.

– Jakie są twoje sportowe plany na najbliższe tygodnie?

– Zostałem zaproszony przez Tomka Kuchara do udziału w Rajdzie Barbórki. To dla mnie coś nowego, bo samochodami rajdowymi jeździ się zupełnie inaczej niż wyścigowymi. Mam nadzieję, że przed rajdem uda mi się trochę potrenować i poznać to auto. Oczekuję dobrej zabawy – dodał Kubica, który w tym właśnie czasie rozpoczynał swój romans z nową dyscypliną sportu.

– Robert nie nagrywał sobie oesów na kamerę, jak to zwykle robią kierowcy. Nagrał na dyktafon sam opis trasy, który sobie ułożył, żeby... uczyć się go na pamięć. To było dla nas szokujące – wspomina ten start Jakub Gerber, pilot, który siedział z nim wtedy w rajdówce. – Byłem oczywiście mocno zdener-

Makau 2004 Robert Kubica zakończył na drugim miejscu, choć mógł wygrać. Pierwszy był jednak Alexandre Premat, trzeci Lucas di Grassi.

wowany, bo Tomek Kuchar mówił: „Słuchaj, to talent, to będzie kiedyś wielki kierowca, więc nie możesz się pomylić".

W wygranej przez Leszka Kuzaja imprezie, startując leciwym Mitsubishi Lancerem Evo VI z wyłączonym podtrzymaniem doładowania i szwankującym hamulcem ręcznym, kierowca Formuły 3 zajął 7. miejsce. Nikt nie mógł wówczas przypuszczać, że dziewięć lat później zostanie mistrzem świata WRC2, aby potem toczyć pojedynki ze światową rajdową czołówką. Polak miał przed sobą sezon 2005 – kluczowy rok startów w nowej, jeszcze mocniejszej kategorii, który otworzy mu drzwi do Formuły 1.

ROBERT KUBICA:

„Ten wyścig dodał mi wiary w siebie. Po marnym sezonie z Mücke Motorsport pokazałem się z dobrej strony".[33]

VI
Nagroda dla mistrza

To był ten rok, ten sezon, w którym zwyciężyła magia Kubicy. Po pożegnaniu z dwoma programami rozwoju młodych talentów – Renault oraz Mercedesa – Polak zapisał się w historii jako jeden z nielicznych we współczesnej erze kierowców, którzy do Formuły 1 dostali się bez wsparcia wielkiego koncernu, zespołu F1 lub słynnego ojca – byłego kierowcy elity. Udział w pierwszym teście w królowej sportów motorowych Robert wywalczył sam, na torze, zdobywając mistrzostwo World Series by Renault.

Wybór tej serii nie był optymalny – wyższą kategorią, do tego ścigającą się na torach Formuły 1, w te same weekendy wyścigowe, była bowiem nowo powstała (w miejsce Formuły 3000) GP2. To do niej poszedł syn byłego mistrza świata Nico Rosberg, aby – po zdobyciu tytułu – wejść do F1 w barwach Williamsa. Była to jednak kategoria znacznie droższa. Kubica znalazł miejsce w nieco tańszej (szacowane budżety wynosiły około 800 000 euro) i trochę wolniejszej, ale wciąż mocno obsadzonej i doskonałej dla młodych, rozwijających umiejętności kierowców Formule Renault 3.5.

– Auta tej serii są szybsze od Formuły 3 o około dwie sekundy na kilometr, a to całkiem sporo. Silniki najnowszych samochodów WSR są ponad dwa razy mocniejsze niż w F3, a ich moc wynosi 450 koni mechanicznych. Pierwsze okrążenia na testach jechałem w deszczu i szybko zauważyłem zalety silnika. Podczas gdy w F3 jazda kończy się na poziomie 6300 obrotów na minutę, w samochodzie World Series zabawa dopiero się zaczyna. Te silniki kręcą się do 8500 obrotów na minutę. Różnicę z pewnością czuć w plecach – opowiada o bolidzie Kubica.

Przy masie minimalnej 600 kg maszyny te rozpędzały się do 100 km/h w około 2.6 sekundy, a ich prędkość maksymalna na najszybszym w kalendarzu torze Monza sięgała 300 kilometrów na godzinę. Nadwozie, stworzone przez czołową na rynku firmę Dallara, w 80 procentach oparte było na projekcie bolidu Formuły 1, który włoski producent szykował kilka lat wcześniej. Wykorzystywało też zaawansowaną jak na tamte czasy aerodynamikę, w tym rozwiązania zakazane w F1 (tzw. ground effect, czyli przysysanie nadwozia do podłoża dzięki profilowi podłogi), przez co przeciążenia w szybkich łukach sięgały 4 g (w F1 około 5 g). – Czasy okrążeń, jakie uzyskiwaliśmy, odbiegały tylko od Formuły 1, tak więc była to bardzo szybka kategoria – wspominał Kubica.

Z punktu dziennikarza motoryzacyjnego wygląda to mniej więcej tak: bolidy Formuły Renault 2000 i Formuły 3 są jeszcze na tyle przyjazne i słabe, że wielu z nas miało nieraz przyjemność takimi maszynami się przejechać. Choć jednomiejscowe samochody bez dachu z centralnie umieszczonym pojedynczym fotelem prowadzą się zupełnie inaczej od klasycznego, choćby supersportowego samochodu z półki Ferrari, to cały czas względnie da się nad nimi panować, a nawet trochę pobawić. Posmakować odrobiny tego niesamowitego, bardzo nietypowego i zaskakującego wrażenia, kiedy człowiek czuje, że w zakręcie trzyma go coś więcej niż tylko przyczepność opon. Poczuć siłę odwróconego skrzydła, które zamiast unosić – jak w samolocie – przyciska pojazd do ziemi. Wciąż jednak choćby zbliżenie się do czasów okrążeń wykręcanych przez doświadczonego zawodnika jest dla amatora, nawet świetnego kierowcy, absolutnie niemożliwe. Wyczynem będzie strata na poziomie około pięciu sekund względem czasu zawodowca – i to na raczej łatwym torze.

Do bolidu World Series by Renault nikt o zdrowych zmysłach nie wpuściłby dziennikarza bez doświadczenia w wyścigach – a już tym bardziej nie umieściłby kilku amatorów naraz na jednym torze. Jest to maszyna ekstremalna, w której można przetoczyć się przez kilka ostrożnych kółek i docisnąć gaz na długiej prostej, ale przejechanie porządnego okrążenia, choćby o tych pięć sekund wolniejszego od czasu profesjonalisty, jest praktycznie niemożliwe. Osoba bez przygotowania nie potrafiłaby skorzystać z potężnego docisku aerodynamicznego, aby pokonywać szybkie łuki przy przeciążeniu sięgającym 4 g. Nie byłaby w stanie wyczuć i wystarczająco mocno deptać wyczynowego hamulca, tak aby nie zblokować kół, a przy tym odpowiednio dograć dyski hamulcowe. Nie potrafiłaby nawet pojechać wystarczająco szybko i umiejętnie, aby odpowiednio rozgrzać opony. Aby przy mocy 450 koni, bez systemów kontroli trakcji (dodasz odrobinę za dużo gazu i buksujące tylne koła błyskawicznie obracają maszynę) zrobić z tego pojazdu odpowiedni użytek, potrzeba lat praktyki.

Dla każdego juniora przejście do około dwa razy mocniejszych maszyn jest dużym skokiem. Zazwyczaj zakłada się, że po awansie do takiej kategorii walka o mistrzostwo powinna zająć dwa lata: w pierwszym sezonie zdobywa się doświadczenie i oswaja z nową wyścigową rzeczywistością, a w drugim – podejmuje walkę o tytuł. Kubica uwinął się w rok, co było o tyle… kłopotliwe, że pozostawanie w tej samej kategorii nie miało większego sensu – ale wrażenie, jakie zrobił na torach WSbR, w późniejszym pierwszym teście w Formule 1 oraz w trzecim starcie w Makau, zaowocowało awansem do F1. I choć krakowianin prowadził w mistrzostwach nieprzerwanie od pierwszej rundy sezonu 2005, a tytuł wywalczył w przedostatniej, wyzwanie, jakie podjął, było znacznie trudniejsze, niż to wynika z suchych statystyk.

Stawka była mocna. Robertowi przyszło mierzyć się m.in. z bardzo szybkim i cenionym Australijczykiem Willem Powerem, dziś kierowcą amerykańskiej kategorii IndyCar (został jej mistrzem w 2014 roku, a w 2018 roku zwyciężył w legendarnym wyścigu Indianapolis 500), który startował w doskonałej brytyjskiej ekipie Carlin. Mocnym rywalem z teamu Draco był Markus Winkelhock (syn słynnego Manfreda), który w 2007 roku wystartował w wyścigu Formuły 1 (w jedynym występie w barwach słabej ekipy Spyker na torze Nürburgring objął na 6 okrążeń prowadzenie!). Dobrą formę prezentował także Tristan Gommendy ze stajni KTR, który w 2017 roku zajął 3. miejsce w 24-godzinnym maratonie w Le Mans, a w kategorii LMP2 (drugiej w hierarchii) trzykrotnie był tam drugi. Do tego Andreas Zuber, Eric Salignon, Patrick Pilet, Simon Pagenaud (mistrz IndyCar z 2016 roku, 2. w Le Mans w 2011), Giorgio Mondini (mistrz siostrzanej Formuły Renault V6 z 2004 roku), Nicolas Prost (syn 4-krotnego mistrza świata Formuły 1 Alaina), Karun Chandhok (w latach 2010–11 startujący w Formule 1) oraz słynny Pastor Maldonado – zwycięzca Grand Prix Hiszpanii F1 z 2012 roku (ostatni kierowca, który wygrał wyścig w barwach Williamsa), mistrz juniorskiej włoskiej Formuły Renault z 2004 roku oraz mistrz GP2 (przedsionek F1) z sezonu 2010, który spędził pięć lat w Formule 1. A to tylko niektóre nazwiska z ponad 40-osobowej listy kierowców, jacy w sezonie 2005 pojawiali się na torach World Series by Renault.

Współpraca między Epsilon Euskadi a Kubicą zapowiadała się pozytywnie. – Ostatni tydzień spędziłem poza Polską – opowiada mi Robert. – W zeszłą niedzielę poleciałem do Hiszpanii, a w poniedziałek zawitałem do siedziby ekipy Epsilon Euskadi. Tam szykowaliśmy fotel na mój pierwszy test w World Series. Potem udałem się na Paul Ricard, gdzie zorganizowano trzydniowe oficjalne testy.

17 grudnia 2004 roku, w swoim pierwszym kontakcie z dwa razy mocniejszym od Formuły 3 i zdecydowanie szybszym bolidem World Series, Kubica był na francuskim torze najszybszy wśród 27 kierowców. – Część zawodników testowanych we Francji miała już za sobą rok startów czy choćby testy w World Series by Nissan lub Formule Renault V6 (gdzie pojazdy są bardzo zbliżone do tych w WSbR – przyp. red.). Dlatego jestem mile zaskoczony najlepszym wynikiem w bolidzie, którym jechałem pierwszy raz w życiu – podkreśla 20-latek.

Dostał do ręki nową, ekscytującą, bo znacznie szybszą i bardziej zaawansowaną „zabawkę". Wspinał się na wyższy poziom osiągów, wyzwań, emocji w maszynie, która daje przedsmak tego, co może czekać w F1.

– Jak wrażenia? – pytam o pierwszy test Kubicy w nowym bolidzie.

– Był to duży sprawdzian. Podczas gdy jazda w F3 nie jest szczególnie wymagająca fizycznie, wiele osób ostrzegało mnie, że na Paul Ricard mogę mieć problemy z mięśniami karku. Bolidy World Series są znacznie szybsze, co przy szerszych oponach i braku wspomagania kierownicy wymaga od prowadzącego większej siły. Także przeciążenia w zakrętach są znacząco wyższe. W piątek pokonałem sto okrążeń i wiem już, nad którymi partiami mięśni muszę bardziej popracować. Sądzę, że wyniki ostatniego testu oraz wrażenie, jakie zrobiłem na szefach Epsilon, otwierają mi drogę do World Series by Renault. Być może uda nam się jednak dopiąć budżet na starty w nowo utworzonej serii GP2, która będzie jeszcze szybsza i bardziej konkurencyjna. Ostateczne decyzje zapadną prawdopodobnie w styczniu – podsumuje swoją sytuację u progu sezonu 2005.

– To, co zrobił, gdy pojechał na testy rozbiło w pył wszelkie wątpliwości wśród władz zespołu. Dostał takie warunki, na jakie nie mógłby liczyć żaden inny kierowca i tylko dzięki temu mógł startować w kolejnym sezonie, na świetnych zasadach i w bardzo dobrym zespole – opowiada Czachorski.

Czwartego marca nadeszła długo oczekiwana wiadomość. – Mogę już potwierdzić, że w tym sezonie będę startował w wyścigach World Series by Renault z zespołem Epsilon Euskadi – wyjawił Polak.

Nie powiodło się więc w GP2, ale udało się w World Series by Renault. W jeśli nie najlepszej, to przynajmniej bardzo mocnej i wystarczająco dobrej ekipie Epsilon Euskadi należącej do dumnego Hiszpana z bogatą przeszłością w Formule 1. Joan Villadelprat pracował wcześniej w Ferrari, McLarenie, Tyrrellu, Benettonie (gdzie był menedżerem ekipy, gdy o zwycięstwa i dwa pierwsze tytuły walczył w jej barwach Michael Schumacher) oraz Proscie. Jego zespół chciał wygrywać. Nie był uwikłany w korporacyjne układy czy polityczne zależności i jak na realia juniorskich serii wyścigowych działał naprawdę profesjonalnie. Co najważniejsze, Villadelprat wiedział, z jakim kierowcą ma do czynienia – obstawił właściwego konia, który wywalczy mu oba tytuły, w klasyfikacji kierowców i zespołów. Choć jego sympatia mogła się skłaniać ku rodakowi w drugim samochodzie – Hiszpanowi Felixowi Porteiro, dla którego był to czwarty sezon w kategorii World Series (wcześniej firmowanej nie przez Renault, a Nissana). I chociaż w tym samym czasie w Kraju Basków, w nowoczesnej siedzibie teamu, inżynierowie Epsilon Euskadi sporo wysiłków i pieniędzy wkładali w projekt budowy prototypu do Długodystansowych Mistrzostw Świata.

Przed pierwszym prawdziwym sprawdzianem pytam Roberta, jakie ma oczekiwania. – Zawsze szczerze mówiłem o swoich ambicjach, lecz teraz wolę nie składać deklaracji. Mam nadzieję, że będziemy walczyć o czołowe pozycje. Na pewno tanio skóry nie sprzedam. Wiele zależeć będzie od najnowszych bolidów, które dostaniemy do użytku dopiero w kwietniu. Na poznanie ich i odpowiednie ustawienie będziemy mieli bardzo mało czasu. Musimy się wyrobić przed rozpoczęciem sezonu – odpowiada Kubica.

Wprowadzenie nowszej generacji samochodów wyrównało szanse w stawce, odbierając przewagę Epsilon Euskadi, ale zespół był na tyle profesjonalny, że Polak dostał w końcu maszynę, która pozwoliła mu na rozwinięcie skrzydeł. Kiedy jednak pod koniec kwietnia jechaliśmy na belgijski tor Zolder, gdzie odbywały się pierwsze dwa wyścigi sezonu, nie wiedzieliśmy jeszcze, czego naprawdę się spodziewać. I faktycznie, nie była to łatwa przeprawa.

Po zdominowaniu treningów Kubica i Porteiro w wyniku nieporozumienia wyjechali na czasówkę zbyt późno i na zużytych oponach, przez co Polak wywalczył tylko szóste pole startowe do pierwszego wyścigu. Po drodze zablokował go jeszcze Will Power, sesję przerywały żółte flagi, a zakończono ją przedwcześnie po karambolu, w którym Alx Danielsson złamał kostkę. Wydawało się, że wcześniej przyczajone demony przeszłości zdecydowały się zaatakować w pierwszej sesji, w której czasy okrążeń miały faktyczne znaczenie.

Po tym incydencie sędziowie zmienili zasady drugiej kwalifikacji. Stawkę podzielono na dwie grupy, a każda miała do dyspozycji 12 minut na torze. Kubica z numerem 8 jechał w grupie „parzystej". Ponownie nie zbliżył się do pole position – tym razem musiał się zadowolić 5. polem startowym. Znów na najszybszym okrążeniu Polaka zblokował Power (za co usłyszał zresztą potem kilka „ciepłych słów"), ponadto Robert skarżył się na złe zbalansowanie auta. Potem jednak kierowcy ruszyli do walki w wyścigach... a Robert dwukrotnie stanął na podium! Najpierw był trzeci, w czym pomogli mu rywale. Power nawet nie stawił się na prostej startowej i pole bezpośrednio przed krakowianinem było wolne. Kubica pomimo przeciętnego startu obronił więc 5. lokatę, a kiedy wkrótce jadący przed nim Jaap van Lagen i Markus Winkelhock wywieźli się z toru, wskoczył dwa oczka wyżej. Utrzymał to miejsce do mety, choć pod koniec zmagał się ze szwankującymi hamulcami i nadsterownością.

W drugim, dłuższym wyścigu jedyną nadzieję na zwycięstwo dawała odpowiednia zagrywka taktyczna, na miarę Formuły 1. Tym razem obowiązkowo należało zjechać na pit stop, co dawało szansę na przemieszanie stawki. Team Epsilon Euskadi oraz polski zawodnik wykorzystali tę okazję bezbłędnie.

Kubica po starcie utrzymał piątą lokatę, a na zmianę opon zdecydował się wcześnie, bo na siódmym okrążeniu. Po powrocie na tor krakowianin znalazł się w środku stawki. Narzucił ostre tempo (ustanowił rekord okrążenia w wyścigu) i sprawnie, wyprzedzając po drodze kilku konkurentów, odrabiał straty do czołówki. W międzyczasie zawodnicy z przodu także zaczęli zjeżdżać na pit stopy – a każdy z nich powracał na tor za plecami Polaka, który objął prowadzenie w klasyfikacji WSbR i nie oddał go już do końca sezonu. A nagrodą za ten tytuł był test w bolidzie Formuły 1 przygotowanym przez czołowy zespół Renault!

Teraz Roberta czekała wizyta w Monte Carlo – w ten wyjątkowy weekend, gdy ulice księstwa zamieniają się w tor Formuły 1, aby ugościć Grand Prix Monako. W 2005 roku World Series by Renault było jedną z kategorii towarzyszących, dlatego Kubica – wcześniej zwycięzca dwóch edycji gokartowego pucharu wykorzystującego fragment tej trasy F1 – po raz pierwszy miał posmakować jazdy po słynnych ulicach za kierownicą wściekłej, potężnej maszyny wyścigowej. Oczekiwania były duże, bo tory uliczne zawsze były domeną Polaka.

Ostatecznie wywalczył czwarte pole startowe – i był przy tym niezadowolony ze zbyt sztywnego zawieszenia, które uniemożliwiało skuteczne cięcie tarek – a na mecie wyścigu zameldował się jako piąty, ponieważ w jego aucie szwankował elektroniczny system kontroli silnika (co skutkowało gwałtownymi przerwami w dostawie mocy). Robert i tak zwiększył jednak przewagę w klasyfikacji kierowców.

– W tym sezonie było niemało problemów technicznych i pojawiły się też takie trochę ambicjonalne przepychanki szefa. Ponieważ kiedyś pracował w Formule 1, z Schumacherem, miał przeświadczenie, że wszystko, co dzieje się w F1 jest jedynym słusznym rozwiązaniem i na siłę próbował zaadaptować te rozwiązania w swoim teamie. Dlatego doszło na przykład do konfliktu w Monako, kiedy Villadelprat się uparł, że zawieszenie musi być supertwarde, a Robert potrzebował zupełnie co innego. Ale jeśli szef teamu się uprze... To on ma możliwości decyzyjne. A nawet najlepszy kierowca na świecie, niewiele jest w stanie zrobić, jeśli nie ma wpływu na ustawienie samochodu – wraca wspomnieniami do tego roku Marcin Czachorski, na tym etapie koordynujący sprawy Kubicy w Polsce.

Trzecia runda, w Walencji, bardzo dobrze ułożyła się dla Epsilon Euskadi – gorzej natomiast dla Kubicy, który co prawda w pierwszym wyścigu (pomimo problemów z samochodem pod koniec dystansu) zajął drugie miejsce, dojeżdżając do mety za kolegą z ekipy Feliksem Porteiro, ale w drugim, prowadząc, stracił niemal pewne zwycięstwo półtora okrążenia przed metą. – Prawdopodobnie była to awaria elektroniki. Nagle wszystko się wyłączyło, deska rozdzielcza po prostu zgasła, podobnie jak silnik – mówił rozgoryczony Robert. W konsekwencji jego przewaga nad drugim w klasyfikacji kierowców Adrianem Vallesem zmniejszyła się do zaledwie 4 punktów.

Zespół nie zdołał ustalić przyczyny awarii, co przy topniejącym prowadzeniu Polaka budziło zrozumiały niepokój. – Na wszelki wypadek w moim bolidzie wymieniono większość podzespołów. Firma Renault natomiast wprowadziła we wszystkich samochodach WSbR modyfikacje w głównym wyłączniku, przypuszczając, że mogła to być wada konstrukcyjna tego właśnie elementu – tłumaczył Kubica przed kolejnymi w kalendarzu sprawdzianami na torze Le Mans.

– Wchodzimy w bardzo ważną fazę sezonu. Niestety mój zapas nad Vallesem wynosi zaledwie 4 punkty, więc w najbliższych tygodniach może się jeszcze wiele zmienić – podkreślał.

Kolejne problemy pojawiły się w testach przed weekendem wyścigowym. Najpierw szwankowały elektroniczne systemy pokładowe, a następnie pękła zupełnie nowa, zmodyfikowana chłodnica. Sytuacja była napięta. Znów odzywały się demony minionych sezonów w Formule Renault 2000 i Formule 3. Kubica trzymał jednak nerwy na wodzy. Wywalczył 6. pole do pierwszego wyścigu, a w drugiej czasówce zdobył pierwsze pole position w sezonie. Dwukrotnie stanął na podium: najpierw był trzeci, a potem drugi. W obu wyścigach najgroźniejsi rywale w mistrzostwach dojeżdżali za jego plecami. – Niestety wystartowałem średnio, ale nie będę się załamywał z tego powodu. Każdy popełnia błędy. Nie czuję się jednak najlepiej, ponieważ przez cały wyścig bolał mnie żołądek. Sytuację pogarszały pasy, które podczas każdego hamowania mocno wbijały mi się w brzuch, przez co wnętrzności podchodziły mi do gardła – tłumaczył mi Robert po zakończeniu zmagań.

Kluczowa rozgrywka miała miejsce w Kraju Basków, nieopodal siedziby zespołu Polaka. („Euskadi" to w języku baskijskim właśnie „Kraj Basków"). Kierowcy wyjechali na bardzo wyboiste i śliskie ulice trasy wytyczonej w Bilbao. Koszt przedsięwzięcia wyniósł około 11 milionów euro, a bilety wyprzedano w 48 godzin. – Na razie inżynierowie nie chcą podwyższyć nadwozia i wstawić miękkich sprężyn, więc obawiam się, że będę musiał jeździć z usztywniaczem szczęki. Inaczej pogubię zęby – żartował Kubica przed pierwszym wyjazdem na tor. Trening potwierdził obawy zawodnika, których nie podzielali inżynierowie. – Na razie auto jest bardzo twarde. Sytuacja jest na tyle zła, że nawet na prostych nie mogłem rozpędzać się do maksymalnych prędkości, bo mój samochód by pofrunął. Musimy go więc mocno przestroić – stwierdził krakowianin po pierwszych jazdach. – Tor jest bardzo trudny ze względu na liczne wyboje, a także studzienki czy tory tramwajowe, które przecinają trasę. Nawierzchnia bardzo śliska. Aby kręcić dobre okrążenia, trzeba mocno ryzykować.

Wyznaczająca półmetek sezonu piąta runda WSbR była więc ważna podwójnie – z powodu swojej lokalizacji oraz oczekiwań przed rywalizacją na torze, którego specyfika powinna sprzyjać Robertowi. I istotnie sprzyjała. Na jednej z najbardziej znanych fotografii sezonu 2005 polski kierowca stoi na najwyższym stopniu podium z pucharem w ręku i w charakterystycznym berecie – tradycyjnym w Kraju Basków nakryciu głowy, które zakładano zawodnikom podczas dekoracji. Miejscowi kibice skakali z radości, bo zwyciężył zawodnik ich ekipy, do tego po uprzednim wygraniu kwalifikacji.

Drugi wyścig nie ułożył się już jednak dla Roberta tak pomyślnie. Po starcie z szóstego pola, podczas obowiązkowego pit stopu utknął w boksie na 15 sekund (przeciętny czas postoju wynosił 6–7 sekund), a do tego wróciły problemy z elektroniką. W trakcie przejazdu przez główną prostą silnik w bolidzie Polaka

W Bilbao Robert Kubica w charakterystycznym berecie celebrował drugie zwycięstwo, a szóste podium w sezonie 2005.

na chwilę zgasł, co wykorzystał czający się z tyłu Markus Winkelhock. Ostatecznie Kubica finiszował ósmy, co zawdzięczał błędom rywali z przodu. Triumfował Will Power, który po rundzie w Bilbao awansował na drugą lokatę w rankingu kierowców i stał się najgroźniejszym rywalem Roberta w walce o tytuł.

– Cieszę się, że wygrałem przed kibicami mojego zespołu. Ponadto nadal mam całkiem sporą przewagę w rankingu. Nie jestem też zły na mechaników za opóźniony pit stop. To się zdarza. Ja też czasem popełniam błędy – zaznaczył Polak. Co ciekawe, biorąc pod uwagę wszystkie dotychczasowe perypetie, jego przewaga w klasyfikacji po Bilbao... wzrosła do 24 punktów. – Duże zagrożenie może nadejść ze strony Willa Powera. Raz, że to bardzo dobry kierowca, a dwa, że jego zespół, czyli Carlin, doskonale spisuje się przy dostrajaniu samochodów – podkreślał jednak Kubica przed swoim najbardziej udanym weekendem sezonu. Warto w tym miejscu zaznaczyć, że rok 2005 był kolejnym, w którym Kubica wcale nie trafił do najlepszej z ekip swojej kategorii. Tak przynajmniej zapewniał mnie w prywatnej rozmowie jego inżynier wyścigowy, sympatyczny Argentyńczyk osiadły w Hiszpanii, Sebastian Sandina. W drugiej połowie sezonu spotkaliśmy się pewnego dnia w alei serwisowej, gdy na trening wyjeżdżały kolejne bolidy Formuły Renault 3.5. – Ten samochód – Sebastian pokazał mijającą nas maszynę Gommendy'ego (przygotowaną przez KTR) – ten samochód (przejechał Winkelhock z ekipy Draco), ten samochód (śmignął Power w bolidzie przygotowanym przez Carlina)... – w nich Robert wygrywałby cały czas – powiedział łamaną angielszczyzną.

Na niewielką niemiecką pętlę Oschersleben, która jest położona najbliżej polskiej granicy ze wszystkich torów sezonu 2005, zjechała rzesza fanów z biało-czerwonymi flagami. To nie była jeszcze kubicomania, ale dotychczasowe sukcesy Roberta w World Series nie przeszły bez echa. Przed swoimi kibicami, w trudnych, deszczowych warunkach krakowianin dał popis umiejętności, wygrywając oba wyścigi. Duża przewaga trzy rundy przed końcem sezonu dawała mu już komfortowy margines błędu, pozwalający na kontrolowanie przebiegu walki o mistrzostwo. Nic jednak nie zwiastowało aż takiego sukcesu. Po czwartkowych testach Kubica ponownie skarżył się na ustawienia maszyny, a w piątkowych treningach uzyskał odpowiednio 10. i 9. czas. Za to reszta weekendu ułożyła się perfekcyjnie.

Po pierwszej czasówce Robert nie był z siebie do końca zadowolony, bo jadąc na używanych oponach, na przedostatnim zakręcie stracił 0.2 sekundy i musiał zadowolić się 2. polem startowym, ustępując Powerowi. Drugie kwalifikacje poszły już zgodnie z planem, więc lider klasyfikacji WSbR zgarnął trzecie w sezonie pole position.

Tuż przed startem do pierwszego wyścigu rozpadał się deszcz i grad. Zawodnicy World Series stali już na głównej prostej, a mechanicy gorączkowo biegali wokół samochodów, zakładając deszczowe ogumienie. Polak perfekcyjnie wystartował i przed pierwszym zakrętem wyprzedził Powera, który potem wylądował na ścianie. Z 26 zawodników do mety dotarło 14. Także Robert na krótko wypadł poza tor, na szczęście bez konsekwencji. Zmagania w drugim, dłuższym wyścigu rozpoczynały się na suchym torze. Na starcie Kubica obronił prowadzenie, jednak na 4. okrążeniu znów lunął deszcz, a w wyniku nieporozumienia Polak jechał po mokrej trasie o jedno okrążenie za długo i po zmianie opon na deszczowe spadł na drugą pozycję, za Markusa Winkelhocka, ale po błędzie Niemca odzyskał pozycję lidera. Także tym razem musiał bronić się przed Gommendym, jednak ostatecznie zameldował się na mecie z ponadsześciosekundową przewagą nad Francuzem. Power znów wypadł z toru, a do mety dotarł na 14. miejscu. Tym samym na drugą lokatę w tabeli kierowców awansował Gommendy, który jednak tracił do lidera aż 47 punktów!

Kolejne dwa wyścigi, na brytyjskim torze Donington Park, przyniosły 3. oraz 6. miejsce, przy czym to ten drugi, gorszy wynik był tak naprawdę większym wyczynem. Polak, cofnięty za nieprawidłowości regulaminowe na koniec stawki, w drodze do mety odrobił aż 23 pozycje! Podczas kontroli bolidu Epsilon Euskadi po nieudanych kwalifikacjach sędziowie odkryli, że trzy z dwunastu podkładek pod stabilizatorem są za cienkie o 0,2 milimetra i anulowali czas Roberta, który swoją maszynę musiał ustawić na 29. polu, czyli jeszcze przed wyjazdem na prostą startową, na zakręcie – przez co nie widział świateł startowych. Przed zakończeniem pierwszego okrążenia awansował o... 13 pozycji. Sześciu rywali pokonał w bezpośredniej walce, a reszta wypadła z toru po kolizjach. Ostatecznie wywiózł z Wielkiej Brytanii 44-punktową przewagę.

– Podkładki zakwestionowane przez kontrolę techniczną przyjechały wprost z fabryki – tłumaczył kierowca, gdy rozmawialiśmy po finałowym wyścigu. – Nikomu nie przyszło do głowy, aby mierzyć grubość każdej z nich, a na oko trudno wypatrzeć brak dwóch dziesiątych milimetra. Takie są jednak wyścigi. Następna runda odbędzie się na torze Estoril, na którym już jeździłem. Być może zdołam zdobyć mistrzostwo już w Portugalii, ale najpierw muszę dowieźć odpowiednią liczbę punktów.

I faktycznie: po pierwszym wyścigu przedostatniej rundy sezonu inżynier i mechanicy stanęli pod podium z biało-czerwoną flagą, aby potem, w żartobliwym geście bić pokłony swojemu kierowcy. Wystarczyło drugie miejsce. Na kolejne podium, po zajęciu 3. pozycji w niedzielnej rozgrywce, Kubica wchodził z tytułem w kieszeni, a mistrzostwo zdobył także zespół Epsilon Euskadi. Sam Polak zgromadził więcej punktów niż obaj kierowcy drugiej w tabeli ekipy Draco Multiracing USA. Wtedy jeszcze nie wiedział, że był to tytuł, który otworzy mu drogę do Formuły 1.

– To był trudny sezon i nie spodziewaliśmy się, że wygramy tak wcześnie. W pierwszych siedmiu wyścigach mieliśmy siedmiu różnych zwycięzców i wydawało się, że sprawa tytułu rozstrzygnie się dopiero pod koniec, na torze Monza – mówił po zakończeniu weekendu nowy mistrz World Series by Renault.

– Na sukces składa się wiele czynników. W tym przypadku było to idealne połączenie: kierowca – Robert Kubica – oraz ekipa – Epsilon Euskadi – zauważył Gommendy, ówczesny wicelider rankingu (ostatecznie wyprzedzą go jeszcze Adrian Valles oraz Winkelhock). – Przez cały sezon wykonywali doskonałą robotę. Robert zaczął od wysokich zdobyczy punktowych, a potem nigdy nie popełnił poważnego błędu. Kubica i Epsilon to niepokonany zestaw. Tak właśnie zdobywa się mistrzostwa!

Doskonałe referencje wystawił zawodnikowi także jego inżynier wyścigowy David Luff – pan starszej daty, z ogromnym doświadczeniem, zdobytym w dużej mierze w Formule 1. Nie miał wątpliwości, że współpracował z kierowcą unikatowym. – Pracuję w wyścigach od niemal 40 lat. Zaczynałem jako mechanik w zespole Brabhama, razem z Ronem Dennisem, który teraz jest szefem McLarena. Poznałem wielu zawodników, a wśród nich wielokrotnych mistrzów świata Formuły 1, jak Jack Brabham, Emerson Fittipaldi czy Graham Hill. Pracując z Robertem, zauważyłem, że jest kierowcą wyjątkowym. Bardzo różni się od większości swoich konkurentów. Jak na swój wiek jest wyjątkowo dojrzały i pracuje inteligentnie. Zna wiele torów, ma bogatą wiedzę na temat mechaniki. Potrafi zbierać strzępki informacji z najróżniejszych źródeł, a potem przechowuje je w swoim dwudziestoletnim mózgu, aby w odpowiednim momencie, na odpowiednim torze zrobić z nich użytek. To imponujące! – mówił.

– Na pierwszy rzut oka może się wydawać, że Kubica to mądrala, jednak szybko przekonałem się, że jeśli Robert coś mówi, to są to rzeczy ważne i prawdziwe. Nie przechwala się i nie składa próżnych deklaracji. Doskonale wyczuwa samochód i wie, co robić, aby poprawić ustawienia. Zawsze ma ciekawe propozycje. Jeśli w przyszłości nie zostanie kierowcą Grand Prix, nie będzie to jego wina. Jestem przekonany, że posiada wszelkie predyspozycje do startów w Formule 1 – chwalił Polaka Luff.

Na razie Kubica szykował się jednak do dwóch zupełnie innych występów.

Tydzień później wystartował w Rajdzie Wawelskim. Nie uczestniczył jednak w rywalizacji. – To dla zabawy, żeby zrelaksować się przed testem w Chinach. Pojadę w zerówce, jako przecierak, za kierownicą Subaru. Nie będę walczył o lokaty – zapewnił przed startem.

Kluczowy był bowiem zaplanowany na kolejny tydzień pierwszy test w bolidzie Formuły 1!

ROBERT KUBICA:

„O tym, że zostałem mistrzem, dowiedziałem się dopiero po przejechaniu mety. Bardzo się cieszę z tytułu”.

VII

Test F1, do którego nie doszło

Polak był w na swój sposób niedogodnej sytuacji: tytuł mistrza World Series by Renault zdobył już w pierwszym sezonie startów, więc kontynuowanie udziału w tej kategorii mijało się z celem. Jedynym wyższym szczeblem w drodze do Formuły 1 była seria GP2, ale starty w niej kosztowały około dwa razy więcej i nie było gwarancji, że Robert znów znajdzie się w odpowiednim zespole, który umożliwi mu zaprezentowanie pełnego potencjału i walkę o zwycięstwo. Jego menedżerowi udało się jednak uzyskać dla niego możliwość zapoznania się z bolidem i debiutu podczas oficjalnego weekendu Formuły 1 w trakcie piątkowych jazd przed Grand Prix Chin w Szanghaju. Dość karkołomny plan zakładał krótką serię przejazdów w maszynie najsłabszej w stawce ekipy Minardi.

Choć zdobycie tytułu w World Series by Renault miało gwarantować test w F1, tak naprawdę nie było określone, kiedy ów sprawdzian miałby nastąpić i na ile miałby być poważny. Równie dobrze mogła to być przejażdżka w maszynie sprzed kilku lat na jakimś podrzędnym torze, jak najbliżej siedziby teamu, aby zaoszczędzić na kosztach. – Życie mnie nauczyło, że dopóki nie zobaczyłem i nie dotknąłem, wolałem uważać – podkreśla Robert, gdy w 2008 roku pytam go, kiedy uwierzył, że może wejść do Formuły 1. – Wygrywając sezon w World Series, wiedziałem więc, że w ramach nagrody, kiedyś – ponieważ nie było określone kiedy – będę w stanie zrobić przynajmniej parę kółek za kierownicą bolidu F1.

Okazja do pojechania w Szanghaju, nawet w najsłabszym aucie, była zbyt dobra, aby ją zmarnować, a ponadto decyzja opierała się też na absolutnym przekonaniu co do umiejętności kierowcy, który zawsze niezwykle szybko wczuwał się w kolejne poznawane maszyny. Ten start wciąż jednak niósł ze sobą ryzyko. Wyróżnienie się w takich okolicznościach – w tak krótkim czasie i w raczej trudnym w prowadzeniu, bo najgorszym samochodzie – było wyzwaniem ambitnym, wręcz ekstremalnym.

Problem polegał też na tym, że krakowianin nie posiadał superlicencji, która uprawnia do wyjazdu na tor w stawce Formuły 1 podczas oficjalnego weekendu Grand Prix. Aby ją dostać, musiałby przejechać 300 km w prywatnych testach. – Robert ma wystąpić w piątkowych treningach przed Grand Prix Chin. Oprócz niego po torze będą jeździli kierowcy Formuły 1, jak Michael Schumacher czy

Fernando Alonso. Dopuszczenie nowego zawodnika jest więc dla nich kwestią bezpieczeństwa. Chcą mieć pewność, że razem z nimi nie pojedzie ktoś przypadkowy – tłumaczył Daniele Morelli.

Innym sposobem na uzyskanie superlicencji było otrzymanie jej na zasadzie uznaniowej – i wydawało się, że w przypadku mistrza tak wysokiej kategorii (de facto trzeciej w Europie pod względem osiągów maszyn i poziomu sportowego) będzie to raczej formalność. Zgodnie z procedurą podanie o przyznanie superlicencji dla Kubicy – którego podstawą były świetne wyniki w World Series by Renault – wysłał do FIA zespół Minardi. Rozpatrzyć je miała pięcioosobowa komisja Międzynarodowej Federacji Samochodowej, a ewentualna korzystna decyzja musiała zostać podjęta jednogłośnie. Tak się nie stało, co dla wielu stanowiło spore zaskoczenie, bo wcześniej w Stambule, także w barwach teamu Minardi, w obu treningach wystąpił jeden z rywali Polaka z WSbR – Enrico Toccacelo. Różnica polegała na tym, że Włoch rok wcześniej został wicemistrzem Formuły 3000, czyli serii uznawanej za przedsionek Formuły 1, zanim zastąpiło ją GP2. A fakt, że ten sam Toccacelo w Formule 3.5 był daleko za Kubicą... nie został wzięty pod uwagę.

FIA zabroniła więc Polakowi występu w Szanghaju. Niektórzy odpowiedzialnością za taki werdykt obarczali też firmę Renault, która nie zapewniła mistrzowi swojej flagowej serii automatycznego dostępu do wyścigów rangi Grand Prix. Takie prawo przysługiwało zawodnikom wielu słabszych kategorii, nawet tych, które... już nie istniały. Kuriozalny był fakt, że superlicencję otrzymywał na przykład mistrz włoskiej Formuły 3, gdzie ścigali się przede wszystkim hobbiści. W innej z uprawnionych kategorii startowało zaś zaledwie sześciu zawodników.

Zamiast do Chin Polak pojechał więc na francuski tor Paul Ricard, gdzie po raz pierwszy wziął udział w testach serii GP2. Jeżdżąc bolidami przygotowanymi przez ekipę Durango, w dwóch porannych sesjach dwukrotnie był czwarty. Drugiego dnia po południu wyjechał na tor maszyną w barwach teamu Super Nova International i uzyskał dziesiąty czas. – Podobało mi się. To bardzo fajny samochód. Można powiedzieć, że silnikowo jest szybszy od mojego obecnego bolidu Formuły Renault 3.5. Ponadto ma lepsze hamulce, skrzynię biegów i bardzo dobrą aerodynamikę. Mimo tego tak naprawdę jego prędkość jest porównywalna z autem WSbR z powodu opon. U nich ogumienie jest rowkowane, na wzór Formuły 1, podczas gdy u nas używa się slicków, które są bardziej przyczepne. Czy będę się w nim ścigał? Nie wiem. Jest to jedna z opcji – przyznał kierowca.

Tydzień później, 23 października Kubica przystąpił jeszcze do ostatniej rundy World Series by Renault. I tu zaskoczenie: po niezwykle równym sezonie, mając na koncie 4 wygrane, 11 miejsc na podium w 15 wyścigach i tylko jeden nieukończony występ, na torze Monza Robert ani razu nie dojechał do mety. Od początku weekendu zmagał się z autem – złymi ustawieniami i potężnymi wibracjami pod koniec długich prostych, za które odpowiadała brudna piasta koła. W piątkowym treningu był 15. W czasówkach było trochę lepiej, ale wyścigi pokazały czarno na białym, jak duże ryzyko niesie ze sobą start z dalszych pozycji. Kubica szybko przebił się z 11. pola na szóste miejsce tylko po to, aby przy próbie wyprzedzenia Colina Fleminga wylądować na poboczu łuku Lesmo. – Fleming blokował mnie już wcześniej, kilkakrotnie zmieniając tor jazdy przed zakrętem. Gdy w końcu znalazłem się przed nim, wypchnął mnie z trasy – tłumaczył na mecie Robert. Protegowany Red Bulla za podobne wyczyny na pierwszym okrążeniu dostał karę przejazdu przez boksy. Po incydencie z mistrzem WSbR sędziowie szykowali kolejne sankcje, ale Fleming ukarał się sam, wypadając z toru.

W drugim wyścigu nadzieje na dobry rezultat prysły już w pierwszej szykanie, kiedy to Celso Miguez postanowił zahamować dopiero na tyle Dallary Polaka. Sam stracił przednie skrzydło, ale w starciu ucierpiał też samochód Roberta. – Początkowo, widząc w lusterku uszkodzoną oponę, miałem nadzieję, że wystarczy zmienić koła. Ale po wyjeździe z boksu okazało się, że samochód nadal prowadzi się fatalnie, i w połowie okrążenia zjechałem z toru. Lewy tylny wahacz był strzaskany – relacjonował krakowianin.

To nie miało już większego znaczenia. Kubica był mistrzem, z dorobkiem 154 punktów. Choć długo oczekiwany sukces w końcu nadszedł, Polak wciąż nie wiedział, co czeka go w przyszłości. Nic nie wskazywało, że za kilka miesięcy podpisze kontrakt, który otworzy mu drogę na tory Formuły 1.

Podczas rozmowy podsumowującej sezon World Series by Renault był jednak w wyjątkowo dobrym nastroju. W końcu udało mu się pokazać swój pełny potencjał. – Nasz wspólny sezon był bardzo udany, a wiadomo, że kiedy są wyniki, to pracuje się bardzo dobrze ze wszystkimi mechanikami i inżynierami. Ale to jest taki sport, że się przychodzi i odchodzi. Najlepszy kontakt miałem chyba ze swoimi mechanikami. Generalnie jednak, choć nie zawiązujemy przyjaźni na długie lata, jestem na dobrej stopie ze wszystkimi ekipami, w których jeździłem. Wiele im zawdzięczam, ale wiadomo, że na 99 procent nie pojadę kolejnego sezonu w World Series by Renault, bo to mijałoby się z celem – opowiadał.

Robert nigdy nie planuje odpoczynku, więc zapytany o plany wakacyjne odparł: – Ja mam cały rok wakacje. Bardzo lubię to, co robię, i nie mam od czego odpoczywać. Nie czuję ani chęci, ani potrzeby leżenia przez tydzień na piasku i drapania się po tyłku.

– Regularnie biegam, chodzę na siłownię. W wolnych chwilach i przy odpowiednich warunkach jeżdżę na rowerze górskim. Lubię jeździć na nartach i kiedyś Robiłem to bardzo często, ale ten sport to duże ryzyko poważnej kontuzji, która mogłaby na przykład wykluczyć mnie nawet z połowy sezonu. Ponadto w kontrakcie mam zapisane, że nie mogę uprawiać sportów o wysokim stopniu ryzyka.

Lubię także pójść do hali kartingowej, dla relaksu. Do niedawna intensywnie grałem w bowling. Tak jak każdy normalny człowiek w moim wieku lubię odpoczywać w domu, oglądać telewizję. Grywam też w rajdowe gry komputerowe – wyliczał.

Co charakterystyczne, nawet w prywatnym życiu, realizując hobby, Polak jest bardzo zaangażowany i dąży do osiągnięcia jak najlepszego rezultatu. Jako bowlingowiec amator przystępował do zawodów rangi krajowej, a podczas mistrzostw Polski w rajdowej grze wideo Colin McRae Rally 2005 był najszybszy.

Głodny jazdy Kubica podjął też ryzykowną i niepraktyczną decyzję, aby na koniec roku wrócić na ukochany tor – jeszcze raz zmierzyć się z ulicami Makau. To krok o tyle nierozsądny, że – po pierwsze – w pewnym sensie wiązał się z degradacją do niższej serii, czyli Formuły 3. – Z pozoru wygląda to trochę dziwnie, bo wracam do niższej kategorii – przyznawał Robert, gdy pytałem go o to posunięcie. – Do startu mocno namawiał mnie jednak właściciel ekipy, Trevor Carlin. To dlatego że mam w środowisku opinię specjalisty od torów ulicznych.

Po drugie – mając za sobą rok przerwy w startach bolidami Formuły 3, na trudnym torze, jako mistrz wyższej w juniorskiej hierarchii World Series by Renault, miał więcej do stracenia. Po trzecie – miał co prawda jechać w doskonałym brytyjskim zespole Carlin, ale z silnikiem Mugen-Honda, który – nie było co do tego wątpliwości – pod względem osiągów wyraźnie ustępował dominującym Mercedesom. Różnica w porównaniu z poprzednimi startami polegała na tym, że tym razem kierowca zupełnie nie musiał się martwić o budżet – miał być asem w rękawie, dżokerem, którego Carlin (jego kierowcy Will Power i Andreas Zuber walczyli z Polakiem o zwycięstwa w World Series) chciał wystawić w nieoficjalnych mistrzostwach świata Formuły 3, aby zwiększyć swoje szanse na zwycięstwo. I prawie się udało!

W międzyczasie potwierdzono też datę pierwszego testu Kubicy w F1. Wiadomości były znakomite: Polak miał dostać do dyspozycji bolid nowego mistrza świata Fernando Alonso, do tego podczas oficjalnych sprawdzianów F1 na torze Catalunya pod Barceloną. Robert jak zawsze studził oczekiwania. – Nie wiem, czy będzie to jakiś większy i poważniejszy test, bo oficjalnie to nagroda – zastrzegał.

Dzięki testom przygotowawczym na malutkim torze Pembrey krakowianin zaaklimatyzował się do powrotu w mniejszym i dwa razy słabszym bolidzie. Był bardzo zadowolony ze współpracy z personelem i chwalił ustawienia swojej maszyny. Tydzień później w Makau w tym samym samochodzie wywalczył drugie pole startowe.

– Wynik jest dobry, choć... jesteśmy trochę zawiedzeni – twierdził szef ekipy Carlin. – Nie zdołaliśmy ustawić bolidu tak dobrze, jak się dało. W samochodzie Roberta wciąż brakuje odrobiny przyczepności i prędkości na prostej. Cały czas nad tym pracujemy i mamy zamiar zapewnić mu dobrze przygotowaną maszynę, którą będzie mógł wygrać te zawody!

– Trevor Carlin to duża postać w brytyjskim motorsporcie – wspomina Czachorski. – Bardzo mnie ujął tym, że będąc szefem dużego i poważanego zespołu, osobiście sam wykonywał wiele prac, które powinni robić mechanicy. Na przykład sprzątał w zespole czy dokonywał drobnych napraw. Bardzo dbał o swój team. Z takimi ludźmi Robert zawsze dobrze się dogadywał, bo oni wierzą w talent, ciężką pracę i zaangażowanie.

Występ Kubicy w finałowym wyścigu był tyleż błyskotliwy, co rozczarowujący. Pojechał perfekcyjnie. W bolidzie, który nie powinien umożliwić walki z maszynami wciąż dominującej w F3 Euro Series ekipy ASM, napędzanymi przez motory Mercedesa, wyszedł nawet na prowadzenie. Mimo to ponownie musiał zadowolić się drugim miejscem. Po wypadku wyścig zneutralizowano, a za samochodem bezpieczeństwa wyprzedzony wcześniej Lucas di Grassi zniwelował stratę do lidera, po czym skorzystał z bardzo długiej prostej oraz mocniejszego silnika i odzyskał prowadzenie – okrążenie przed metą! Na rekontrę Kubicy zabrakło czasu. Trzeci był Sebastian Vettel.

Traf chciał, że na tym samym torze, w ten sam weekend w Makau odbywała się ostatnia runda sezonu Mistrzostw Świata Samochodów Turystycznych. Zwyciężył w nich Andy Priaulx z BMW, które... dopiero co kupiło zespół w Formule 1 i od sezonu 2006 wchodziło do MŚ F1 jako BMW Sauber. Imponujący występ Polaka śledził szef nowego teamu fabrycznego Mario Theissen. Kilka tygodni później Niemiec zaproponuje Kubicy stanowisko trzeciego kierowcy, jeżdżącego bolidem F1 w testach oraz piątkowych treningach podczas weekendów Grand Prix. Ryzykowna decyzja Polaka o powrocie do niższej kategorii, za to w wyścigu najwyższej światowej klasy, koniec końców przybliżyła go więc do celu. Na tym etapie Robertowi pozostał już jednak tylko test w F1 – nagroda za wywalczenie tytułu mistrza World Series by Renault. Dalsza przyszłość była wielką niewiadomą.

ROBERT KUBICA:

„Nie mam żadnych marzeń pozasportowych, ponieważ w moim życiu wszystko związane jest ze sportem. Pragnę być zawodnikiem Formuły 1 jak każdy młody kierowca wyścigowy. Tam jeździ elita. To szczyt sportów samochodowych".

V-Power
V-Power

FORMUŁA 1

Ja chcę wiedzieć, kim jest Robert Kubica! Nie chcę więcej czytać o oponach, ustawieniach i ilości paliwa w zbiorniku. Umów się, pojedź do niego do domu, otwórzcie butelkę wina. Porozmawiajcie o ŻYCIU! – zagrzewał mnie do boju ówczesny zastępca, a w późniejszych latach redaktor naczelny „Przeglądu Sportowego" Marcin Kalita. Byłem zobowiązany, bo to on jako pierwszy w redakcji naprawdę uwierzył w to, o czym przekonywałem od lat – że w tym upartym młodym chłopaku z Krakowa drzemie niewiarygodny potencjał, który może zaprowadzić go do Formuły 1. Dzięki Marcinowi na ostatnim etapie tej drogi Roberta nie musiałem się już martwić o budżet na wyjazdy i mogłem podążać za nim po europejskich torach przez cały sezon 2005, śledząc jego walkę o mistrzostwo w World Series by Renault – bój o tytuł, który doprowadził Polaka prosto pod drzwi z napisem „Formuła 1".

Jak jednak spełnić żądanie szefa? Jak wypić wino ze zdeklarowanym abstynentem? Jak rozmawiać o życiu z człowiekiem, którego całym życiem, odkąd sięgał pamięcią, były wyścigowe wózki i bolidy? Jak z fotoreporterem i dyktafonem wejść do domu kierowcy, który tak pilnie strzegł ostatnich strzępków swojej prywatności – co stało się jeszcze trudniejsze w 2006 roku, gdy pojawił się w samej Formule 1? To była „misja niemożliwa". W tamtych czasach z Robertem wciąż dało się oficjalnie rozmawiać niemal wyłącznie o wyścigach – ale tym razem były to już wyścigi na najwyższym światowym poziomie, którego nigdy wcześniej ani potem nie osiągnął żaden inny Polak.

I

W bolidzie mistrza

Obserwując karierę Roberta w kategoriach juniorskich, od dłuższego czasu byłem przekonany (i przekonywałem innych), że aby awansować do F1, potrzebuje on tylko tej jednej szansy. Że talent, umiejętności i profesjonalizm tego zawodnika stoją na tak wysokim poziomie, że wystarczy mu jeden test w bolidzie najwyższej kategorii, aby królowa sportów motorowych już nie wypuściła go z rąk. Jeden dzień jazd na torze testowym Formuły 1.

Byłem w błędzie – wystarczyło pół dnia.

Na początku listopada 2005 roku młody Polak zawitał do brytyjskiej siedziby ekipy Renault, aby przymierzyć się do kokpitu. – Duże wrażenie robi to, ilu ludzi pracuje, żeby tylko dwa samochody Formuły 1 mogły szybko jeździć. Baza w Enstone zatrudnia 500 osób, podczas gdy personel przygotowujący silniki F1, ulokowany we Francji, to 250 pracowników. Jeśli chodzi o sam bolid, uwagę zwraca kierownica, która najeżona jest przyciskami i pokrętłami. Za jej pomocą można zmienić bardzo wiele ustawień, choćby działanie systemu kontroli trakcji czy też mechanizmu różnicowego. Całość jest dosyć trudna do ogarnięcia i mam do nauki parę stron instrukcji – mówił Kubica.

Historyczny dzień – dzień wielkiej szansy – nadszedł 1 grudnia. Pierwszy przejazd maszyną najwyższej, wymarzonej kategorii, i to w jakich okolicznościach – podczas oficjalnych dni testowych Formuły 1 na torze Catalunya! Do tego w bolidzie Fernando Alonso, świeżo upieczonego mistrza świata, który właśnie przejął pałeczkę od Michaela Schumachera.

Gdy przyjechałem na tor dzień wcześniej, Kubica przywitał mnie w żółto-niebieskiej kurtce, która przysługuje każdemu członkowi zespołu Renault F1. Jak zwykle był opanowany, miał niewielkie oczekiwania. Doświadczenie nauczyło go, że w świecie wyścigów lepiej jest być mile zaskoczonym niż srogo zawiedzionym. Dopiero po latach wyjawi, że przed wyjazdem na tor miał poważne obawy, ale nie dawał tego po sobie poznać. – To była jeszcze stara konfiguracja, czyli z bardzo szybkimi dwoma ostatnimi zakrętami. Daniele Morelli, mój były menedżer, zdał sobie sprawę, że byłem wystraszony. Zapytał, co się dzieje, a ja powiedziałem mu, że nie jestem w stanie tego zrobić (przejechać ich na pełnym gazie – przyp. red.). Wyglądają na zbyt szybkie.

Potem jednak wsiadłem do samochodu i zrobiłem to. Ekstremalnie dobrze. Miałem jednak dużo szczęścia, że jechałem tym właśnie samochodem! Gdybym mógł zbudować bolid dla siebie, prawdopodobnie byłby w dziewięćdziesięciu procentach właśnie taki – wspominał Robert.[34]

Kubica wsiadał do topowej maszyny o mocy dwukrotnie wyższej niż osiągana przez jego dotychczasowy bolid Formuły Renault 3.5. To ogromny skok, choć największym zaskoczeniem były oczywiście niesamowicie skuteczne hamulce, niezmiennie szokujące każdego kierowcę, który po raz pierwszy prowadzi taki pojazd.

Dostał wtedy do dyspozycji pół dnia, ponieważ na sesję popołudniową zaplanowano przejazdy innego kierowcy – Giorgio Mondiniego – w ramach nagrody za zdobycie przezeń mistrzostwa Formuły Renault V6 w 2004 roku (z połączenia tej kategorii z World Series by Nissan powstała Formuła Renault 3.5, koronna kategoria World Series by Renault, którą wygrał Kubica). Mondini spisał się bardzo dobrze – był ledwie 1.5 sekundy wolniejszy od wyznaczającego czasy referencyjne Francka Montagny'ego, ogromnie doświadczonego etatowego kierowcy testowego Renault. Kubica natomiast... zniszczył system.

Pierwsze okrążenia na zimnym, a więc i śliskim torze pokonywał stosunkowo powoli, przyzwyczajając się do samochodu. Po drodze ominął Juana Pablo Montoyę, który nie mógł sobie za bardzo poradzić z brakiem przyczepności i co chwila wyjeżdżał poza jezdnię. Ostatecznie McLarena Kolumbijczyka zabrała laweta. Kubica zaś zawsze dojeżdżał do garażu Renault o własnych siłach.

Podczas kolejnych, coraz dłuższych przejazdów krakowianin robił się coraz szybszy i z zaskakującą regularnością zdejmował kolejne sekundy z osobistego rekordu na Catalunyi. W pewnym momencie zaczął odjeżdżać na torze Davidowi Coulthardowi, który od 1994 roku regularnie startował w Formule 1. Do godziny 13.00, kiedy test mistrza WSbR został zakończony, Polak pokonał aż 41 okrążeń i zdołał zaskoczyć cały testowy personel Renault F1, łącznie z testerem francuskiego teamu, który jeździł w takim samym, doskonale sobie znanym bolidzie.

To właśnie czasy Montagny'ego miały być punktem odniesienia dla rezultatów młodych kierowców. Inżynierowie Formuły 1 sprawdzali już niejednego juniora i wiedzą, jak trudny jest dla debiutanta przejazd w tak szybkim i zaawansowanym samochodzie. Przed pierwszym testem na Catalunyi dają każdemu „żółtodziobowi" około 5 sekund zapasu – jeśli jego strata do testera zmieści się w tym przedziale, to jest nieźle. Polak po przejechaniu pierwszych w życiu kilometrów w ultranowoczesnym samochodzie F1 uzyskał w gronie zawodowców szósty czas, ze stratą 17 tysięcznych sekundy do Ralfa Schumachera, za to przed Coulthardem czy Markiem Webberem i z przewagą niemal setnej sekundy nad Franckiem Montagnym! Co więcej, w sesji porannej doświadczony Francuz był wolniejszy od Kubicy, choć miał aż cztery zestawy nowych opon – tymczasem debiutant zdołał uzyskać lepszy czas tylko na jednym komplecie ogumienia! Etatowy kierowca testowy poprawił wynik Roberta dopiero po południu. Tego dnia przejechał 88 kółek.

– Nie pamiętam, aby kiedykolwiek wcześniej jakiś debiutant w naszym teamie był aż tak szybki – przyznał Christian Silk, główny inżynier testowy Renault podczas spotkania z dziennikarzami. Mówił to bez cienia ekscytacji, bez emocji, prostym, technicznym, konkretnym językiem. Nie opisywał zjawiska, nie opiewał sukcesu. Beznamiętnie stwierdzał fakt. Długo rozwodził się przy tym na temat trudności, jakie każdemu nowemu zawodnikowi sprawia przejazd samochodem F1.

– Po pierwsze nasze bolidy są bardzo szybkie, a po drugie – wyjątkowo skomplikowane technicznie. Najpierw staramy się nauczyć kierowcę obsługi samochodu Formuły 1. Kierownica usiana jest pokrętłami i przyciskami, a podczas przejazdu podstawowe funkcje zawodnik musi obsługiwać samodzielnie. Żartujemy sobie, że kiedy kierowca po raz pierwszy wyjeżdża z garażu, to wszyscy mechanicy muszą pozostać na stanowiskach (wokół auta – przyp. red.), bo i tak trzeba będzie jeszcze raz odpalać silnik. Tak jest zazwyczaj, ale Robert ruszył od razu. Jest bardzo inteligentny i szybko ogarnął podstawowe funkcje samochodu. Pod koniec testu uzyskał rewelacyjny rezultat – informował inżynier Renault. – Szczerze mówiąc, początkowo nie mogłem uwierzyć, że osiągnął aż tak dobry czas. A byłby co najmniej o pół sekundy szybszy, gdybyśmy założyli mu nowe opony. Gdyby zależało to ode mnie, zostawiłbym go w bolidzie już do końca dnia i zaprosił na kolejne testy. Ciekawi mnie, co mógłby zrobić dalej, kiedy w końcu poznałby auto F1 – dodał.

– Było fajnie, choć i trudno – relacjonował Kubica inauguracyjne jazdy bolidem F1. – W kokpicie jest bardzo dużo przycisków, a ich rozkład na kierownicy był nieco inny niż w instrukcji, którą wcześniej dostałem do nauki. Ogólnie bolid F1 zrobił na mnie duże wrażenie. Najbardziej to, jak szybko można nim jechać w szybkich łukach oraz jaką ma przyczepność. Także hamulce są bardzo dobre, ale z nimi nie miałem większych problemów. Już po kilku kółkach wiedziałem, gdzie trzeba hamować.

– Zapamiętałem tę historię z kierownicą. To nie szczególnie budujące uczucie, gdy po raz pierwszy wsiadasz do bolidu Formuły 1 i masz pokazać, co potrafisz – wspomina Czachorski.

Historyczny pierwszy test Polaka w F1. Robert Kubica wsiadł do bolidu ówczesnego mistrza świata Fernando Alonso.

Czy Kubica pokazał pełnię swoich możliwości?

– Tak naprawdę nie walczyłem o czas. Starałem się po prostu poznawać lepiej samochód i zostawiłem sobie margines błędu. W garażu czekał na mnie jeszcze jeden komplet opon i dopiero na świeżej gumie planowałem pojechać najszybciej, jak potrafię. Niestety pod koniec sesji porannej Ralf Schumacher miał awarię silnika i na ostatnim łuku rozlał się olej. Nie było więc sensu wracać na tor, bo i tak nie poprawiłbym czasu.

Pierwszy test Roberta Kubicy w Formule 1 zakończył się wielkim sukcesem – Polak uzyskał rewelacyjny czas, a do tego w nowym środowisku zaprezentował pełen profesjonalizm. W teamie wyścigowym – i to tak potężnym jak Renault F1 – czuł się jak ryba w wodzie. Jak stwierdził Joan Villadelprat, właściciel zespołu Epsilon Euskadi z bogatą przeszłością w F1: „Kubica to urodzony kierowca Formuły 1".

Po latach Robert przyznawał, że tego dnia dopisało mu także szczęście: – Samochód nie był łatwy w prowadzeniu, ale odkryłem, że mam podobny styl jazdy, jak Fernando (Alonso – przyp. red.) na oponach Michelina, a ten bolid został zaprojektowany właśnie pod niego. Miesiąc później, gdy po podpisaniu umowy z BMW prowadziłem Saubera, zdałem sobie sprawę z tego, jak wielkie wtedy miałem szczęście. To był szok. Ten sam tor, miesiąc odstępu, a nie mogłem zrobić niczego, co robiłem wcześniej. Jechałem jak absolutny żółtodziób. Blokował się tył, nie mogłem zatrzymać samochodu, a w Renault było to tak łatwe. To był najlepszy bolid, jakim kiedykolwiek jeździłem.[35]

– Renault zachowało pokerową twarz w kontakcie z mediami, ale prawda jest taka, że Robert rozwalił system. Renault miało jednak już podpisane kontrakty, a BMW dawało większe gwarancje. Wybór był dość oczywisty. Sprawy potoczyły się błyskawicznie. Dziewiętnaście dni po teście doszło do ogłoszenia kontraktu. Ten test był tak silnym argumentem, dał Daniele tak silne narzędzia, że doszło do debiutu Roberta w F1 – podkreśla Czachorski.

Pół dnia za kierownicą mistrzowskiego Renault R25 otworzyło Kubicy ostatnie drzwi do Formuły 1. Już nie musiał się obawiać o budżet. Nie musiał przebijać się przez juniorskie kategorie. Dostał propozycję angażu w ekipie F1. Co ciekawe, mógł nawet wybierać...

MARCIN CZACHORSKI:

„Po tych jazdach był natychmiast w Formule 1. Te pół dnia zrobiło wszystko! Ciekawe jest to, że we wszystkich kluczowych momentach kariery Roberta, ostatecznie decydowały nie warunki biznesowe, nie sponsor, tylko jego talent".

II

Pierwszy Polak w F1

Wyjeżdżając z Barcelony, Robert nie znał jeszcze swoich planów na sezon 2006. – W sobotę lecę do Paryża, gdzie odbędzie się Race of Champions („Wyścig Mistrzów", czyli impreza skupiająca zawodników z różnych sportów motorowych – przyp. red.). Nie będę startował, ale mam do odebrania nagrodę za zdobycie mistrzostwa World Series. Co będę robił potem, nie mam pojęcia – mówił.

– Wszystkie miejsca w Formule 1 są już zajęte, a przyszłoroczne składy właśnie zostały ogłoszone. Dopiero za rok, przed sezonem 2007, ma się zwolnić kilka foteli – opisywał sytuację menedżer Kubicy Daniele Morelli. – Robert trochę za wcześnie wygrał mistrzostwo World Series. Łatwiej by było, gdyby był drugi lub trzeci, bo wtedy mógłby pozostać w Formule Renault 3.5 i zawalczyć o tytuł w 2006 roku. Dzięki występowi w Makau mógłby też bez problemu znaleźć dobry angaż w Japonii, np. w Formule Nippon, i tam byłby gwiazdą. To jednak nie jest droga do Formuły 1. Musimy się ścigać w Europie – podkreślał.

Kubica wciąż nie miał atutu, który otwierał drogę do F1 absolutnej większości zawodników. Nowy mistrz świata Fernando Alonso debiutował w niej dzięki poparciu koncernu Telefonica i dopiero po płatnych startach w zespole Minardi został zauważony przez ekipę Renault F1. Najwięcej szczęścia miał Kimi Räikkönen – podczas pierwszego testu Fin spisał się tak imponująco, że pomimo bardzo małego doświadczenia w wyścigach bolidów – po ledwie dwóch sezonach w Formule Renault 2000 – został zakontraktowany przez team Petera Saubera. Rok później Szwajcar sprzedał utalentowanego młodzika do topowej ekipy McLarena.

Ten sam Sauber uwierzył potem w talent Kubicy, który do świata Grand Prix wszedł, podobnie jak Räikkönen, bez zaplecza finansowego, bez nazwiska, bez ojca miliardera czy wieloletniego wsparcia ekipy Formuły 1. Zadecydował całokształt dotychczasowej kariery: opinie z kartingu, które ugruntowały jego pozycję wśród juniorów, mistrzostwo w World Series by Renault i idący za nim, rewelacyjny test w Formule 1, a także występ w Macau Grand Prix – bo choć Polak zajął drugie miejsce, cały padok wiedział, że startował wyraźnie słabszym bolidem, i widział, że prowadzenie w wyścigu stracił w pechowych okolicznościach. Co więcej, jazdę Polaka obserwował także Mario Theissen, szef nowej ekipy fabrycznej – BMW – która w 2006 roku oficjalnie wchodziła do Formuły 1, przejmując zespół Saubera.

Kluczowe były działania Daniele Morellego. Menedżer Kubicy od lat opowiadał Peterowi Sauberowi o swoim młodym kierowcy, a był dobrze znany w szwajcarskim teamie choćby dlatego, że w latach 1999 i 2000 startował tam jego majętny, a przy tym naprawdę solidny podopieczny, Brazylijczyk Pedro Diniz. – Dużo i dobrze mówiłem o Robercie, a najciekawsze jest to, że była to sama prawda... z wyjątkiem jednego kłamstwa – śmiał się Morelli, gdy omawialiśmy kulisy awansu Polaka na szczyt.

– Co to było? – spytałem z zaciekawieniem.

– Chodziło o wzrost. Gdyby wiedział, że Robert ma 184 centymetry, pewnie z góry odrzuciłby jego kandydaturę.

Na to samo zresztą zwrócił uwagę założyciel ekipy, kiedy zapytałem go, co pomyślał, gdy po raz pierwszy spotkał Kubicę. – Mówiąc szczerze, pierwszą rzeczą, jaką zauważyłem, był fakt, że jego wzrost nie był zgodny z tym, co deklarowano wcześniej – przyznał Szwajcar. – Mówiono mi, że Robert mierzy 180 centymetrów, czyli dokładnie tyle co ja, więc z miejsca spostrzegłem, że jest ode mnie wyższy.

Wzrost był problemem o tyle, że kokpity bolidów F1 projektowane są pod kierowców. Im wyższy zawodnik, tym więcej miejsca musi mieć w środku, co wymusza kompromisy, jeśli chodzi o aerodynamikę oraz rozmieszczenie komponentów pojazdu, w którym zawsze jest ciasno. Osobnym problemem jest większa masa zawodnika, która sprawia, że w porównaniu z niższymi rywalami ma on mniejsze pole manewru – jeśli w ogóle jakiekolwiek – przy wyważaniu bolidu. Lżejszy kierowca ma do dyspozycji więcej balastu.

– Nikt w zespole, łącznie z Mario Theissenem, nie znał Kubicy osobiście, ale jego nazwisko było znane. Nagle wydarzyło się jednak coś, co sprawiło, że zobaczyliśmy w pełnym świetle, z kim mamy do czynienia – pierwszy test w Formule 1 na torze Barcelona. Kubica pozostawił bardzo dobre wrażenie w ekipie Renault, nawet wśród najważniejszych postaci teamu, i dostał od nich propozycję drugiego testu, pod warunkiem że podpisze list intencyjny, że zostanie drugim testerem Renault. Myślę, że ten fakt był także sygnałem dla Theissena, który postanowił mu się bliżej przyjrzeć – oceniał Sauber. – Sam uważam, że jego umiejętności mogą go uczynić jednym z najlepszych kierowców Formuły 1. Współpracowałem wcześniej między innymi z Michaelem Schumacherem, Kimim Räikkönenem oraz Felipe Massą i mogę powiedzieć, że Robert posiada wszystkie najważniejsze cechy kompletnego kierowcy wyścigowego. Ma duży talent, silną psychikę, jest mocny fizycznie oraz dysponuje bardzo dużą wiedzą techniczną.

Na święta 2005 roku polscy fani sportów motorowych dostali najlepszy możliwy prezent. 20 grudnia ogłoszono wspaniałą wiadomość: Kubica został zatrudniony przez zespół Formuły 1!

Zgodnie z regulaminem każda z ekip F1, która ukończyła poprzedni sezon poza pierwszą czwórką mistrzostw świata konstruktorów, miała prawo wystawiać do piątkowych treningów dodatkowy, trzeci bolid. Na liście teamów, które w tamtym roku mogły korzystać z tego rozwiązania, znalazły się: Honda, Red Bull, Williams, Midland, Toro Rosso oraz BMW Sauber. Kubica został właśnie trzecim kierowcą BMW, co oznaczało, że przed każdym z osiemnastu Grand Prix miał pomagać regularnym zawodnikom w przygotowaniu ustawień bolidu do kwalifikacji oraz wyścigów – ze szczególnym wskazaniem na wybór najlepszych opon, w czym spisywał się doskonale. Był też kierowcą rezerwowym, a więc mógł wskoczyć do kokpitu w przypadku niedyspozycji zawodnika pierwszego składu. Gdy wszystkie fotele na sezon 2006 i tak były już zajęte, objęcie takiej funkcji – i to w takim teamie – było szczytem marzeń.

– Od dawna obserwowaliśmy karierę Roberta, a jego osiągnięcia z ostatnich lat zrobiły na nas wielkie wrażenie – przyznał Theissen. – Kubica ciężko pracował na swoje sukcesy, bez żadnego większego wsparcia. Jesteśmy przekonani, że Polak ma ogromny potencjał i wkrótce pojawi się w stawce Formuły 1. Cieszymy się, że to my dajemy mu możliwość zaistnienia w świecie Grand Prix. Jako trzeci kierowca Robert będzie zdobywał doświadczenie, a przy okazji pomoże kolegom z teamu w przygotowywaniu samochodów.

– To dla mnie fantastyczna szansa – cieszył się Kubica. – Udowodnię, że na nią zasłużyłem. Dla młodego kierowcy takiego jak ja rola trzeciego zawodnika to prawdziwe błogosławieństwo. Pragnę podziękować wszystkim osobom, które pomagały mi przez te lata – dodawał Polak, który dopiero co skończył 21 lat. Od debiutu w polskim kartingu w ciągu 11 lat dotarł do Formuły 1!

Dla BMW, które wycofywało się ze współpracy z Williamsem, aby po zakupie Saubera założyć własny team, zatrudnienie Kubicy było z kolei inwestycją w przyszłość – ale też ryzykiem, bo ekipa powierzyła bardzo odpowiedzialne zadanie młodzieńcowi, którego nawet nie przetestowała we własnej maszynie. W dniu podpisania kontraktu Robert miał na koncie ledwie 41 okrążeń przejechanych bolidem Formuły 1 – w Barcelonie, z Renault. O ten sam wakat zabiegali m.in. mistrz amerykańskiej serii IRL Dan Wheldon oraz wieloletni tester McLarena, były kierowca Formuły 1, bardzo doświadczony i inteligentny Alexander Wurz (wśród atutów którego była na przykład doskonała znajomość torów F1). Niemcy dosłownie sprzątnęli

Polaka sprzed nosa ekipie Renault F1, która też chciała współpracować z Kubicą, ale oferowała stanowisko czwartego kierowcy i starty w GP2. Manewr BMW przywodzi na myśl sezon 1991, kiedy to Flavio Briatore (w 2005 roku szef zespołu Renault F1) podkupił Eddiemu Jordanowi młodego debiutanta z Niemiec Michaela Schumachera.

– Już wtedy było wiadomo, że Jacques Villeneuve nie pojeździ długo w Formule 1 – wyjaśniał Artur Kubica w rozmowie z „Dziennikiem". – Szefowie zespołu zakładali, że rozstaną się z Kanadyjczykiem po sezonie 2006. Robert zachwycił ich, wygrywając World Series by Renault. Kapitalną robotę zrobił również jego menedżer Daniele Morelli. Peter Sauber uwierzył w potencjał syna, z kolei Mario Theissen uwagę na Roberta zwrócił już w Makau.

Kubica zapewniał, że nie liczy na debiut w sezonie 2006. – Może to zabrzmieć kontrowersyjnie, ale zdecydowanie nie. Taki debiut wiązałby się z pechem kolegi z zespołu, a ja nikomu nie życzę nieszczęścia. Nie bądźmy pazerni. Rola trzeciego kierowcy to już i tak bardzo dużo, a jeśli wypadnę wystarczająco dobrze, to wystartuję w 2007 roku. Czeka mnie ciężka i bardzo odpowiedzialna praca – mówił na warszawskiej konferencji prasowej zaraz po ogłoszeniu nawiązania współpracy z zespołem F1.

Z dnia na dzień Robert stał się najbardziej rozchwytywanym polskim sportowcem. Wszystko, czego potrzebował wcześniej, aby droga na szczyt była łatwiejsza, nadeszło... gdy dzieło zostało dokonane. Podczas spotkania z dziennikarzami sala konferencyjna była wypełniona po brzegi. Przed stołem ustawiono rząd kamer, a telewizja prowadziła transmisję na żywo. Kiedy Kubica zasiadł na swoim miejscu, długo zasłaniał go szereg fotoreporterów, a od ścian wciąż odbijały się światła fleszy. Przed stołem leżeli z mikrofonami pracownicy stacji radiowych. Krakowianin był początkowo lekko oszołomiony tym wybuchem popularności.

– Wszystko działo się bardzo szybko. Gdyby trzynaście miesięcy temu, po raczej nieudanym sezonie w Formule 3 Euro Series, ktoś powiedział mi, że za rok będę trzecim kierowcą BMW, uznałbym to za żart – mówił. – Dla każdego młodego kierowcy, takiego jak ja, kontrakt ekipą fabryczną, jak BMW Sauber, musi być czymś wyjątkowym. Rola trzeciego kierowcy pozwala mieć nadzieję, że doświadczenia zdobyte przeze mnie na wszystkich torach Formuły 1 zaowocują już w niedalekiej przyszłości. Chodzi o to, żeby zostać w F1, a nie o roczną przygodę.

16 stycznia 2006 roku Robert wziął udział w pierwszej w życiu prezentacji bolidu Formuły 1. Do Walencji przyjechało ponad 500 gości z całego świata, a dla BMW Sauber F1 Team była to wielka chwila. Na scenie pojawił się pierwszy bolid BMW Sauber F1.06 oraz jego trzej kierowcy: faktyczny

lider ekipy, bardzo solidny, szybki i niezawodny Niemiec Nick Heidfeld (BMW zabrało go ze sobą z Williamsa, aby mieć w składzie rodaka), były mistrz świata Jacques Villeneuve i on, 21-latek z Polski. Obu kolegów z ekipy przewyższał o głowę.

Podczas prezentacji Villeneuve w pierwszej kolejności mierzył się z pytaniami o niepewną sytuację. Już wcześniej pozycja Kanadyjczyka była zagrożona, ale w kieszeni miał dwuletni kontrakt, podpisany przed sezonem 2005 jeszcze z Sauberem, zanim Szwajcar sprzedał team BMW. Zerwanie go wiązałoby się z wielomilionowym odszkodowaniem. Od początku było wiadomo, że na Jacques'u ciąży presja oczekiwań. – Moim największym rywalem będzie oczywiście Nick. Czy spodziewam się konkurencji także ze strony Roberta? Jego zadanie będzie inne – mówił Kanadyjczyk. – W zeszłym roku bardzo często zdarzało się, że trzeci kierowca był szybszy od regularnych zawodników, ponieważ może używać więcej nowych opon i nie musi oszczędzać silnika – dodał.

W końcu, 25 stycznia podczas testów w Barcelonie, Kubica po raz pierwszy zasiadł za kierownicą Saubera, rozpoczynając przygotowania do sezonu 2006, a w dalszej perspektywie do debiutu. Do pierwszego Grand Prix zaliczył w sumie dziewięć dni testowych. W dzisiejszej Formule 1, przy drakońskich restrykcjach, byłoby to niemożliwe.

Kolejny krok postawił w Bahrajnie, 10 marca, po raz pierwszy wyjeżdżając na tor F1 podczas weekendu Grand Prix. Skupiał się wówczas na swoim głównym zadaniu, czyli przygotowaniu bolidu tak, aby kierowcy teamu mogli zrobić z niego najlepszy możliwy użytek podczas sobotnich kwalifikacji i niedzielnego wyścigu, co oznacza, że tempo i czasy okrążeń nie znajdowały się na liście priorytetów. Kilka razy Polak nie oparł się jednak pokusie, aby przy okazji pokazać także swoje możliwości. Po raz pierwszy najlepszy czas treningu, w gronie 28 kierowców, uzyskał już w inauguracyjnej sesji sezonu.

Spisał się świetnie, lecz kiedy kierowcy szykowali się do niedzielnego wyścigu, jego męczył już głód jazdy. – Po raz pierwszy od jedenastu lat jestem na torze, lecz nie wystartuję w wyścigu – mówił ze smutkiem w tamto popołudnie.

Robert cierpliwie czekał na swój moment, nie licząc na pecha innych. Kiedy podczas weekendu GP San Marino, czwartego w sezonie 2006, problemy zdrowotne dotknęły Heidfelda, Kubica zapewniał ze stoickim spokojem: – Mam nadzieję, że Nick poczuje się lepiej i będzie mógł wystartować. Nie chcę się ścigać tylko dlatego, że ktoś się rozchorował. Liczę, że i na mnie przyjdzie pora w odpowiednim czasie. Nie w ramach rezerwy. Ostatnie sezony nauczyły mnie, że nie można za bardzo się spieszyć.

Na Imoli opowiadał mi, co odczuwa w związku ze wzrostem rozpoznawalności: – Osoby, które pracują ze mną, wiedzą, że nie zależy mi na popularności. Nie interesuje mnie to. Pragnę tylko być coraz lepszy na torze wyścigowym. To jest najważniejsze. Reszta rzeczy, które się z tym wiążą, to taki deser, a ja nie jadam deserów.

Żyjąc na walizkach, na torze pojawiał się podczas prywatnych testów oraz kolejnych piątkowych sesji przed wyścigami. W kolejnych tygodniach do kolekcji osiągnięć dodał najlepszy czas w 2. treningu przed GP Wielkiej Brytanii oraz swój największy popis w roli kierowcy piątkowego – na półmetku sezonu, w 9. rundzie mistrzostw świata.

F1 zawędrowała wtedy w miejsce, które w karierze Kubicy zawsze będzie miało szczególne znaczenie – na bardzo trudny uliczny tor, którego nitkę wytyczono na sztucznej wyspie w Montrealu. To trasa typu start–stop: z dłuższymi prostymi przedzielonymi wolnymi zakrętami i szykanami. Wymaga ogromnej precyzji i pewności siebie, ponieważ wychodząc z kolejnych wiraży z gazem w podłodze, kierowcy miejscami wyjeżdżają prosto pod betonowe ściany. Nie ma wyasfaltowanych poboczy czy trawnika. Nawet drobny błąd może się skończyć uderzeniem w mur.

To była miłość od pierwszego wejrzenia. Kubica pokochał tor im. Gilles'a Villeneuve'a. Na nieznanej sobie trasie, w bardzo trudnych warunkach (nieużywany na co dzień do wyścigów asfalt był brudny i śliski), jechał jak gdyby w innej lidze. W pierwszym treningu wyprzedził drugiego Anthony'ego Davidsona, doświadczonego trzeciego kierowcę Hondy, o... 1.9 sekundy. To prawdziwa przepaść. W drugiej, bardziej wyrównanej sesji, gdy regularni kierowcy jeździli więcej, Polak znów był na szczycie tabeli czasów, a 0.13 sekundy za jego plecami znalazł się... Fernando Alonso, czyli lider mistrzostw świata, w mistrzowskim bolidzie Renault.

Tymczasem zagęszczała się atmosfera wokół Jacques'a Villeneuve'a, który podczas wyścigu na torze nazwanym na cześć jego ojca wylądował na ścianie. To był początek końca jego kariery w Formule 1. A wokół Polaka w padoku robiło się coraz więcej szumu.

Podczas Grand Prix Francji, 11. rundy sezonu, zmianę nastawienia do Roberta znakomicie obrazowały opinie Dietera Renckena, doświadczonego i doskonale rozeznanego w kwestiach polityki i biznesu Formuły 1 dziennikarza, który publikował m.in. na łamach brytyjskiego „Autosportu". Jeszcze w Bahrajnie dosyć nonszalancko potraktował on wyczyn krakowianina, który uzyskał najlepszy czas w swoim pierwszym w życiu treningu: „To bardzo dobrze – dzisiaj Kubica, jutro Doornbos". Na Magny-Cours nie porównywał już Polaka do trzeciego kierowcy Red Bulla. Podobnie jak większość kolegów po fachu, którzy Formułą 1 zajmowali się od dziesięcioleci, był przekonany, że Robert zadebiutuje już w 2007 roku.

– Kubica będzie się ścigał nie tylko dlatego, że jest bardzo dobry – stwierdził Dieter podczas naszej rozmowy we Francji. – Chodzi też o Mario Theissena. To bardzo ambitny człowiek, którego dalekosiężne plany sięgają daleko poza zespół Formuły 1. Zatrudniając Roberta, Theissen podjął wielkie ryzyko, więc teraz będzie chciał skorzystać z tej decyzji. Jeśli nie wystawi Polaka do wyścigów w przyszłym roku, będzie to równoznaczne z przyznaniem się do błędu, którego nie popełnił.

Tymczasem Daniele Morelli o planach na przyszłość mówił najmniej, jak się da: – Na razie mamy kontrakt na dwa lata, który w przyszłym sezonie gwarantuje Robertowi stanowisko testera. Prowadzimy negocjacje, ale na obecnym etapie nie mogę zagwarantować, że w sezonie 2007 Kubica zadebiutuje w wyścigu.

Ten moment nastąpił jednak dużo szybciej, do czego mocno przyczyniły się wydarzenia z weekendu Grand Prix Niemiec oraz urażona duma byłego mistrza świata.

Na torze Hockenheimring Kubica był znów najszybszy, tym razem w drugiej sesji. – Nie ma to dla mnie żadnego znaczenia. To były treningi. Jak będę w wyścigu szybszy od Schumachera, to co innego – mówił mi po wyjściu z samochodu. Villeneuve zaś podczas tego weekendu najpierw zderzył się z Heidfeldem, eliminując kolegę z ekipy z jego domowego wyścigu, a potem w kuriozalny sposób stracił panowanie nad swoją maszyną i poleciał na ścianę. Od tego momentu sprawy potoczyły się szybko.

Dwa dni po GP Niemiec, we wtorek 1 sierpnia o godzinie 19, zespół BWM Sauber wydał oświadczenie: Robert Kubica zadebiutuje w wyścigu Formuły 1 6 sierpnia 2006 roku. Potwierdzony początkowo na jeden start, krakowianin ostatecznie został w głównym składzie aż do wycofania się BMW z rywalizacji pod koniec 2009 roku. W przejęciu bolidu – nie na jeden występ, ale do końca sezonu 2006 – pomogła Polakowi... duma Villeneuve'a. Kanadyjczyk obraził się na team za zastąpienie go Kubicą i zrezygnował z dalszych startów. „W zeszłym tygodniu zespół poinformował mnie o chęci rewizji opcji na przyszły sezon, co wiązało się ze sprawdzeniem Roberta Kubicy w warunkach wyścigowych na Węgrzech", głosiło jego oficjalne oświadczenie wydane po GP Węgier. „Nie zaoferowano mi przy tym żadnej gwarancji, że odzyskam swoje miejsce (...). Dlatego też postanowiliśmy się rozstać za obopólną zgodą, z efektem natychmiastowym".

– Po dziesięciu latach spędzonych na torach F1 i zdobyciu mistrzostwa świata nie byłem gotowy na to, że zostanę odstawiony na kilka Grand Prix tylko po to, aby szefowie zespołu mogli sprawdzić, jak sobie radzi inny kierowca. Nie chodziło o to, czy mógłby pojechać szybciej czy wolniej ode mnie, bo to normalna sprawa. Po prostu nikt, kto osiągnął w tym sporcie to, co ja, nie zgodziłby się na takie potraktowanie – tłumaczył po latach Kanadyjczyk w wywiadzie dla „Autosportu".

Jacques wolał więc odejść przed czasem, ale na własnych warunkach. Do dziś zresztą nie zapomniał tej zniewagi. Już jako ekspert telewizyjny, stały bywalec padoku, znany z bardzo zdecydowanych, ciekawych, ale też ostrych opinii, zawsze był wielkim przeciwnikiem ponownego zaangażowania Roberta w Formule 1. W 2017 roku, podczas weekendu GP Włoch, gdy Polak szukał drogi powrotu, Kanadyjczyk nie wytrzymał i wylał z siebie wszystkie żale do krakowianina: – Szczerze mówiąc, nie rozumiem tego. Jakiemu kierowcy oferuje się powrót po sześciu latach? Żadnemu. Wygrał wyścig, jak Maldonado, ale potem co zrobił? Poza tym nie jest w stu procentach sprawny! Myślę, że gdyby nie jego problemy, nigdy nie dostałby drugiej szansy. To moim zdaniem wstyd! Jest wielu kierowców, którzy bardziej zasługują na drugą szansę. Trudno mi to zaakceptować.

Zbiegiem okoliczności swój pierwszy wyścig Formuły 1 Robert, jeszcze jako kierowca gokartowy, oglądał właśnie z trybun Hungaroringu i... był to wyścig, w którym, w drodze po mistrzostwo świata, zwyciężył Villeneuve. – To było na Węgrzech w 1997 roku. Nie spodobało mi się i uznałem, że jeśli wrócę na wyścig F1, to tylko jako kierowca – wspominał Polak.

Gdy lata później miał wreszcie spełnić to marzenie, do Budapesztu przybyły dziesiątki tysięcy kibiców z Polski. – Myślę, że wiele osób z mojego kraju jest tutaj z powodu mistrzostw Europy w pływaniu, więc być może część z nich w ten weekend przyjdzie także na Formułę 1. Z pewnością jednak znajdą się kibice, którzy przybędą dlatego, że wystąpię w wyścigu – mówił na oficjalnej czwartkowej konferencji prasowej Kubica.

Pytany o drogę do F1 wspominał trudne czasy: – Z pewnością najważniejszym momentem był ten, kiedy rodzice, szczególnie mój ojciec, postanowili zabrać mnie do Włoch w 1998 roku. Pomagało mi wiele osób – inaczej by mnie tu nie było – ale w swoim kraju miałem bardzo małe poparcie, a było ono szczególnie potrzebne, kiedy przeszedłem do formuł juniorskich i poszukiwaliśmy budżetu. Polscy sponsorzy nie byli zainteresowani. Ludzie śmiali się z tego, że pragnę się dostać do Formuły 1, ale ostatecznie udało mi się i jestem z tego dumny.

Robert szykował się do odkrywania weekendu Grand Prix z nowej perspektywy. Ostatnim wyścigiem, w którym wziął udział, był ten w Makau w poprzednim roku. – Chciałbym wysiąść z bolidu po wyścigu, który ukoń-

6 sierpnia 2006 Robert Kubica debiutował w Formule 1. 51 okrążeń Grand Prix Węgier przejechał na oponach na mokrą nawierzchnię. Miejscami nie było śladu po bieżniku.

czę, i móc powiedzieć, że zrobiłem dobrą robotę. Nie będzie to łatwe, ale miejmy nadzieję, że się uda – stwierdził Polak, gdy po treningach zapytałem go o oczekiwania przed debiutem. – Nie myślałem, że już tutaj będę mógł wystartować w wyścigu. Ale cóż, do odważnych świat należy. Wszystko będzie dobrze. Nie może być źle.

I nie było. W kwalifikacjach Kubica awansował do finałowej sesji (co prawda dzięki karom czasowym, jakie po piątkowych treningach dostali walczący o tytuł Alonso i Michael Schumacher), gdzie okazał się szybszy od doświadczonego kolegi z ekipy – wywalczył 9. pole startowe, a Heidfeld był 10. (obaj awansowali dzięki karze dla Jensona Buttona). W niedzielę los zafundował Polakowi iście ekstremalny debiut. Grand Prix Węgier słynie z krętej, technicznej, wyczerpującej trasy, która w połączeniu z letnimi upałami wyciska z kierowców siódme poty. Tego dnia jednak aura zrobiła wszystkim psikusa – wyścig na Hungaroringu rozpoczynał się w rzęsistym deszczu. W wykonaniu Polaka można go podzielić na dwie fazy.

W pierwszej, przy źle dobranych ciśnieniach w oponach, zmagał się z problemem dogrzania ogumienia. Co prawda na starcie awansował na 6. pozycję, aby pierwsze okrążenie zakończyć na 7., ale na kolejnym kółku obrócił się na szykanie i spadł na 16. miejsce. Był 11., kiedy po kolejnej przygodzie wylądował na ścianie, zrywając przednie skrzydło, co zmusiło go do zjazdu do boksu po nowy nos, przedwczesne tankowanie (już po 18 okrążeniach) oraz nowy komplet opon. Tym razem już z trafnie dobranymi ciśnieniami.

To odmieniło losy wyścigu. Nagle Robert zaczął jechać znacznie szybciej i pewniej. Wróciwszy na tor na 15. pozycji i zdublowany, skorzystał z błędu Nico Rosberga, który uszkodził swojego Williamsa, i rozpoczął pogoń za rywalami. Udało mu się rozprawić z Ralfem Schumacherem w Toyocie oraz... Felipe Massą. Wyprzedzając kierowcę Ferrari, a więc ekipy walczącej o oba mistrzostwa świata, awansował na 8., punktowane miejsce.

Ostatecznie Kubica zameldował się na mecie na 7. pozycji, na totalnie zniszczonych oponach deszczowych, których nie zmieniono podczas drugiego pit stopu, gdy tor już przesychał – co być może przyczyniło się do... dyskwalifikacji Polaka! Kontrola techniczna wykazała zbyt niską masę bolidu. Do przepisowego minimum zabrakło dwóch kilogramów. Niedowaga pojazdu wynikała z tego, że po uderzeniu w barierę uruchomiła się gaśnica. Niki Lauda zarzucał potem naszemu kierowcy, że zjeżdżając do parc ferme, nie zgarnął z pobocza leżących tam skrawków gumy, które dociążyłyby jego maszynę. Kubica tłumaczył jednak, że to i tak nie rozwiązałoby problemu, i to z kilku powodów: – Osiemdziesiąt procent wyścigu przebiegało na mokrym torze, a w takich warunkach kawałki gumy nie odpadają z opon, ponieważ ogumienie się tak nie ściera. Poza tym nie wydaje mi się, aby dało się zebrać dwa kilogramy na oponach, które były do końca zdarte. Żeby guma się przyczepiła, opona musi być przyczepna, a po 51 okrążeniach na tym samym komplecie na powierzchni nie ma już żadnej mieszanki, więc trudno jest coś do niej przykleić.

Za zwycięzcą, Buttonem, na mecie zameldowali się Pedro de la Rosa i... Heidfeld. Kubicy tym bardziej towarzyszyło więc poczucie niedosytu – choć punktowane miejsce w debiucie poczytywano za jego wielki sukces. Prędkość i pewność, z jaką jechał po zmianie opon, pozwalały myśleć, że gdyby nie zła decyzja podjęta jeszcze przed startem, też mógłby walczyć o miejsce na podium. – To był trudny wyścig. Popełniałem błędy, ale i warunki nie były zbyt łatwe. Jazdę utrudniał fakt, że nie mam dużego doświadczenia w regulowaniu elektroniki samochodu, aby zoptymalizować osiągi w deszczu. Zdołałem ukończyć wyścig i zdobyć dwa punkty. Rezultat był lepszy niż moja jazda, ale jestem zadowolony – mówił Polak po opuszczeniu maszyny, zanim dowiedział się o dyskwalifikacji. Nie mógł jednak odżałować pomyłki z ciśnieniami. – Kiedy zmieniliśmy opony, jechałem najcięższym bolidem, a mimo to na kolejnych okrążeniach byłem jednym z najszybszych kierowców na torze. Trochę szkoda. To nauczka na przyszłość – podsumował.

Niedosyt z Hungaroringu Polak powetował sobie miesiąc później – w drugim „domowym" wyścigu na najszybszym torze Formuły 1, Monzie. Grand Prix Włoch było pamiętne z dwóch powodów. Po pierwsze już w trzecim starcie w F1 Robert stanął na podium. Po drugie na „pudle" zameldował się wtedy symboliczny zestaw kierowców. W świątyni Ferrari bohater włoskiej ekipy, zwycięzca tamtego wyścigu Michael Schumacher ogłosił przejście na sportową emeryturę. Obok stali: jego następca (wtedy jeszcze w McLarenie) Kimi Räikkönen i przedstawiciel nowej siły w F1 – Kubica.

Bolidom BMW Sauber generalnie wiele brakowało do samochodów czołówki, ale sprzyjała im wyjątkowa ze względu na konfigurację Monza, gdzie stosuje się bardzo niski docisk aerodynamiczny, bo głównym atutem tych aut był mocny silnik. Z drugiej strony ich kierowcom nie pomagał układ hamulcowy, który pod względem stabilności znacznie ustępował najlepszym maszynom. Mimo to Heidfeld wywalczył doskonałe trzecie pole startowe. Kubica był siódmy, a po anulowaniu czasu Alonso awansował jeszcze o jedną pozycję.

W niedzielę po zgaśnięciu czerwonych świateł Robert wystrzelił jak z procy i przedzierając się po wewnętrznej stronie toru, w pierwszy, prawy zakręt szykany wszedł na czwartej pozycji. Po przejechaniu kilku metrów, na wyjściu z lewego zakrętu zrównał się z Heidfeldem i wykorzystując lepsze ustawienie na torze, bez problemu pokonał doświadczonego kolegę z ekipy BMW, wywożąc go do zewnętrznej krawędzi.

– W pierwszą szykanę trzeba wejść szybko, ale trzeba też z niej szybko wyjechać. Ja przed pierwszym prawym zakrętem zwolniłem odpowiednio wcześnie, aby potem na wyjściu móc wcześniej docisnąć gaz, i dzięki temu wyprzedziłem Heidfelda, który pojechał trochę za szybko – opowiadał mi potem Robert. To było twarde, choć całkowicie zgodne z zasadami fair play zagranie. Niemiec dostał od Polaka kolejne ostrzeżenie – miejsce Villeneuve'a w drugim bolidzie BMW Sauber zajął wyjątkowo szybki kierowca. Z jednej strony partner z ekipy, z drugiej... pierwszy przeciwnik, bo dysponujący teoretycznie taką samą maszyną.

Kubica wyszedł na trzecią pozycję, której na następnych okrążeniach bronił przed Felipe Massą. Na utrzymywanie tempa liderów – Kimiego Räikkönena oraz Michaela Schumachera – nie miał szans, ale dzięki wysokim prędkościom, jakie osiągał na długich prostych, oraz doskonałej jeździe mógł skutecznie odpierać ataki drugiego kierowcy Ferrari, który dwa tygodnie wcześniej wygrał w Turcji swoje pierwsze Grand Prix.

Symboliczna chwila w nowym rozdziale kariery Roberta nastąpiła na 18. okrążeniu. Po pit stopach będących z przodu rywali Polak znalazł się na prowadzeniu! Biało-czerwona flaga przy nazwisku Kubicy i cyfrze „1", wyświetlana na ekranie, gdy realizator pokazywał lidera wyścigu, budziła wzruszenie, a przy tym wyglądała wręcz abstrakcyjnie dla każdego fana znad Wisły, który przez lata śledził Formułę 1, nie spodziewając się, że kiedyś przyjdzie mu dopingować rodaka.

Krakowianin stracił oczywiście prowadzenie po własnym pit stopie – a potem także trzecie miejsce, gdy na wyjeździe z alei serwisowej wyprzedził go Alonso w znacznie lepszym bolidzie Renault. Hiszpan walczył o mistrzostwo świata i musiał zdobyć jak najwięcej punktów, aby zminimalizować stratę do prowadzącego Schumachera. Z Włoch wyjechał jednak bez żadnej zdobyczy, ponieważ 10 okrążeń przed metą w jego maszynie eksplodował silnik. Na trzecim miejscu, za „Schumim" i Räikkönenem, metę przekroczył więc Kubica!

– Podium jak podium. Najlepiej byłoby być na środkowym miejscu! – bagatelizował swoim zwyczajem sukces, gdy rozmawialiśmy po wyścigu. – Było fajnie, choć niełatwo. Myślę, że pokazałem tutaj, że potrafię jeździć szybko nie tylko na jednym okrążeniu, jak niektórzy kierowcy testowi. Potrafię jeździć też równo i szybko przez cały wyścig, szczególnie jeśli samochód jest dobrze ustawiony i mamy dobre opony. To tor, na którym łatwo popełnić błąd. A utrzymać tempo najlepszych kierowców Formuły 1 na całym dystansie też nie jest łatwo, szczególnie debiutantowi.

– Czego powinniśmy oczekiwać w kolejnych weekendach? Zapewne niektórzy nowi fani liczą, że wygrasz.

– Powinni oczekiwać tego, że załapię się do pierwszej dziesiątki i że zawalczę chociażby o jeden punkt. Monza jest specyficznym torem, ale niestety w pozostałych trzech Grand Prix będziemy potrzebować czegoś więcej i sądzę, że wrócimy tam, gdzie nasze miejsce – zakończył Robert.

Miał rację. Do końca sezonu jeszcze dwa razy znalazł się w dziesiątce, ale punktów nie zdobył (trafiały do czołowych ośmiu kierowców). Zrobił jednak wystarczająco dużo, aby dostać kontrakt na regularne starty w sezonie 2007.

– Nie potrafię wymienić żadnych słabych punktów Roberta. Starałem się je znaleźć od dawna, ale do dzisiaj mi się to nie udało. Jest po prostu niezwykle mocnym zawodnikiem. Co prawda w testach przed Grand Prix Włoch na Monzie wypadł z toru, ale tak naprawdę był to jego pierwszy błąd w tym roku – stwierdził Mario Theissen, gdy podpytywaliśmy o naszego kierowcę podczas wizyty w siedzibie BMW w Monachium oraz w fabryce Saubera w po-

Michael Schumacher oklaskiwał Polaka, gdy ten w Grand Prix Włoch 2006 po raz pierwszy w karierze stanął na podium w F1.

bliskim Hinwil. – Przyznaję, że zakontraktowanie Kubicy przed rozpoczęciem sezonu było dużym ryzykiem. Szybko udowodnił nam jednak, że wart był zainteresowania. Wystawienie go w Grand Prix Węgier było już znacznie mniej ryzykowne niż zatrudnienie w roli testera na początku tego roku.

Stało się jasne, że krakowianin zdał najważniejszy egzamin – jeszcze przed końcem pierwszego sezonu w F1, w którym miał być „tylko" trzecim kierowcą, na dobre zadomowił się w Formule 1. Podpisanie umowy na minimum jeden kolejny sezon potwierdzono na torze Interlagos przed ostatnim wyścigiem w 2006 roku.

– Nie było tak naprawdę żadnych negocjacji na temat przyszłorocznego kontraktu dla Roberta – zdradził menedżer Daniele Morelli. – Wszystko odbyło się jeszcze w roku 2005, kiedy podpisywaliśmy pierwszą umowę z BMW. Wszystkie warunki i ramy czasowe, wedle których wciąż działamy, zostały ustalone już wtedy. Zawarliśmy klauzule dotyczące warunków, na jakich Robert będzie testował, oraz tego, w jaki sposób może awansować na miejsce wyścigowe. Decyzja należała do zespołu, a my teraz niczego już nie negocjowaliśmy.

Na torze Interlagos można było odnieść wrażenie, że najmniej podekscytowany potwierdzeniem angażu na sezon 2007 jest sam zainteresowany.

Kubica komentował tę informację ze stoickim spokojem: – To niczego nie zmienia w moim życiu. Jestem oczywiście bardzo zadowolony, że udało mi się pozostać także na przyszły rok i zapewnić sobie miejsce wyścigowe. Miejmy nadzieję, że przejeżdżę pełny sezon.

Pierwszy raz w karierze już w październiku wiedział, co będzie robił w następnym sezonie. – We wszystkich poprzednich miałem problemy ze zgromadzeniem budżetu na kolejne starty. W Formule 1 też nie jest łatwo i wszystko może się szybko zmienić. Można szybko pójść w górę, a zaraz potem spaść na dno – mówił. – Wszyscy młodzi kierowcy marzą, żeby startować w Formule 1 – i podobnie było ze mną. Mam nadzieję, że potrwa to dłużej.

ROBERT KUBICA:

„Nie jestem gwiazdą. Mam 21 lat i w tym roku doszedłem do Formuły 1. Do gwiazdorstwa jeszcze daleka droga. Poza tym zupełnie mnie to nie interesuje. Ja chcę jedynie być tak dobry, jak się da w tym, co robię".

III

Strach w Montrealu

Po fenomenalnym roku 2006, podczas którego Kubica ugruntował swoją pozycję w środowisku Formuły 1, nadszedł jeden z najtrudniejszych sezonów w jego wyścigowej karierze. Zapamiętany głównie z powodu spektakularnego wypadku w Grand Prix Kanady. Po raz pierwszy od debiutu w gokartowych mistrzostwach świata Robert zaliczył sezon, w którym ani razu nie stanął na podium. Na ten stan rzeczy złożył się szereg okoliczności. Po pierwsze zespół BMW Sauber, choć rozwijał się prężnie, a poprzedni rok zakończył na 5. pozycji w rankingu konstruktorów, był jeszcze zbyt słaby, aby rywalizować z najlepszymi: McLarenem oraz Ferrari. Po drugie kłopotliwa okazała się zmiana dostawcy opon. Kubica doskonale radził sobie z ogumieniem Michelina, który jednak odszedł z Formuły 1, a przesiadka na wyroby Bridgestone'a okazała się wyzwaniem. Brytyjski analityk Mark Hughes dowodził, że o ile francuskie opony idealnie pasowały do stylu jazdy Kubicy, o tyle japońskie wymagały od niego kompromisów przy prowadzeniu bolidu. Sam kierowca opowiadał podczas testów o różnicy wynikającej z przesiadki na inne ogumienie, ale ostatecznie, po zakończeniu trudnego sezonu, nie do końca przywiązywał do niej wagę. – Kwestię opon nadmuchano, ponieważ komuś chyba bardzo pasowało, żeby mówić wszystkim, że mam problemy z ogumieniem. Tak naprawdę jednak to po dwóch pierwszych testach problem został rozwiązany – mówił.

Trzecim czynnikiem wpływającym na ten sezon była zaostrzająca się wewnętrzna rywalizacja między liderem ekipy Nickiem Heidfeldem a jego znacznie młodszym, ale już niezwykle szybkim polskim kolegą. Między kierowcami BMW Sauber nigdy nie doszło do otwartego konfliktu. Co więcej, trudno oprzeć się wrażeniu, że darzyli się dużym szacunkiem, a z dala od toru na swój sposób Nick i Robert nawet się lubili. Na niezliczonych imprezach PR-owych, na które wysyłał ich zespół, potrafili się naprawdę dobrze razem bawić. – W przypadku znajomości z Robertem najlepiej sprawdza się rozdzielenie dwóch rzeczy: tego, jakie są nasze relacje na co dzień i tego, co się dzieje na torze wyścigowym – opowiadał mi Heidfeld, gdy w 2009 roku pytałam o Roberta.

W rywalizacji wewnątrzzespołowej pojawiały się jednak zgrzyty. Niemiec nieraz korzystał ze swojej pozycji, uprzywilejowanej choćby z racji większego doświadczenia, lepszej znajomości zarówno Saubera, jak i BMW oraz – jak można się podejrzewać – narodowości.

Na początku Nick nie był zadowolony z wyboru Kubicy na stanowisko trzeciego kierowcy. – Do tego potrzebna jest osoba, która zna tor, nie popełnia błędów i potrafi utrzymywać regularne tempo. Dlatego sądziłem, że potrzebujemy kogoś innego i mówiłem o tym otwarcie – przyznał, gdy rozmawialiśmy po GP Węgier 2006. – Nie znałem Roberta i nie wiedziałem, czego oczekiwać. Na szczęście okazało się, że wykonywał swoją robotę tak, jakby miał już to doświadczenie. Nigdy nie popełnił błędu w piątek i szybko uczył się torów, których wcześniej nie znał, więc spisywał się bardzo dobrze. Jeszcze przed pierwszym wyścigiem, podczas testów prywatnych zobaczyłem, że Robert jest bardzo szybki. Najbardziej pomocny był przy wyborze opon.

Pierwsze napięcie między nimi nastąpiło jeszcze w 2006 roku, w Japonii. Gdy po pit stopie Polak błyskawicznie odrabiał stratę do Niemca, ten postanowił go blokować. Nie byłoby w tym nic aż tak dziwnego, gdyby BMW Sauber nie walczyło w tym momencie z Toyotą o pozycję w rankingu konstruktorów. Gdyby więc Nick przepuścił Roberta, ten miałby szansę dogonić i pokonać choćby jednego z kierowców rywali. Zamiast tego Kubica na dobre utknął za plecami Niemca, który konsekwentnie ignorował zakodowane polecenia od zespołu, aby go przepuścić. Nie po raz ostatni...

– Trochę to przykre, ponieważ uważam, że nawet startując z 12. pozycji mogłem dojechać do mety na wyższej pozycji, niż zrobił to Heidfeld – tłumaczył mi Robert po wyścigu, w którym Toyota zmniejszyła stratę do BMW Sauber z 5 punktów do 1. – Traciłem za nim sekundę na okrążeniu i gdybym mógł go wyprzedzić, to myślę, że walczyłbym z Toyotami. Z reguły jak się jeździ w jednym zespole, to puszcza się o sekundę szybszego kolegę. Ale jeśli ktoś nie chce tego zrobić, to cóż... nie jest to moja wina. Takie są wyścigi.

Tymczasem Niemiec, w rozmowie z rodzimym magazynem „Auto Motor und Sport", dawał wyraz rosnącej frustracji: – Zazwyczaj jestem od niego szybszy i odkąd ścigamy się razem, zdobyłem więcej punktów. Jeśli więc Kubica jest taki dobry, to jaki jestem ja?!

W 2007 roku takich sytuacji miało być więcej. Tym bardziej że team zrobił duże postępy.

Podczas prezentacji najnowszego bolidu Kubica znów stanął na scenie, w blasku fleszy i świetle reflektorów, obok trzech kolegów z ekipy: Nicka Heidfelda, Sebastiana Vettela (kierowcy piątkowego i rezerwowego) oraz Timo Glocka (drugiego rezerwowego i testowego). Oprócz Polaka, team zatrudniał w składzie trzech Niemców. – Nie ma w tym celowego działania, po prostu zawsze szukamy najlepszych dostępnych zawodników – zapewniał Mario Theissen. Dysproporcja musiała jednak działać na wyobraźnię – podobnie jak bardzo mocna pozycja Vettela.

Już pod koniec sezonu 2006 widać było, że zespołowi bardzo zależy na dobrych występach młodego Niemca. Do typowych praktyk należało, że pod koniec prac nad przygotowaniem bolidu wracał na tor w lekkim pojeździe, na nowych oponach, starając się uzyskać jak najlepszy czas okrążenia. Jeszcze bardziej mogło dziwić zachowanie zespołu w kolejnym sezonie, gdy nie mając już możliwości wystawiania trzeciego auta do piątkowych treningów, planował, aby swój bolid choć na jedną z sesji udostępniali Vettelowi regularni kierowcy. – Gdyby decyzja należała do mnie, to jeździłbym w piątki ile się da, podobnie jak Robert. Nie podoba mi się to – nie ukrywał niezadowolenia Heidfeld. Co prawda po trzech pierwszych rundach sezonu team zrezygnował z tego zwyczaju, ale był to doskonały przykład wewnętrznych zależności, których na co dzień nie widać, a które potrafią sterować losami pojedynczych osób (jak kierowcy), a nawet całych ekip – przypadłość nie tylko BMW Sauber, ale zjawisko powszechne i odwieczne za kulisami i wielkiego, i małego ścigania.

W dwóch pierwszych wyścigach Robert nie zdobył punktów, podczas gdy Heidfeld dwukrotnie był czwarty. W Australii w kwalifikacjach zespół się pomylił i zbyt późno zaplanował ostatnie okrążenie pomiarowe Polaka, a potem, w wyścigu w aucie krakowianina zepsuła się skrzynia biegów, gdy jechał po czwarte miejsce, przed kolegą z teamu. – Jego szczęście, a mój pech. To tylko od tego zależy – podkreślał Kubica na mecie. W Malezji był 18., czyli ostatni. – W zasadzie dzisiaj wszystko poszło nie tak – począwszy od źle działającej skrzyni biegów, aż do pękniętej opony. Lepiej będzie jak najszybciej zapomnieć o tym wyścigu – podkreślał. Kuriozum polegało na tym, że w kwalifikacjach zespół popełnił dokładnie ten sam błąd, co w Australii – zbyt późno wypuścił Polaka na tor. Przez to do wyścigu ruszał z 7., a Heidfeld z 5. pola. We wszystkich treningach i na początku kwalifikacji to Polak był szybszy... aż do ostatniej sesji.

Po starcie doszło też do lekkiej kolizji między kierowcami BMW Sauber. Atakowany Nick po prostu „zamknął drzwi", przyciskając Roberta do krawędzi, ale oba samochody kontynuowały jazdę. Jednak w maszynie Kubicy zaszwankowało radio, więc kierowca nie mógł zawiadomić mechaników o narastających problemach z hamulcami i powietrzu ulatniającym się z przedniego koła. Kiedy zjechał na wcześniejszy pit stop, ekipa nie była gotowa. To była komedia pomyłek. Auto robiło się coraz trudniejsze do opanowania, a zawodnik wciąż balansował na krawędzi wypadnięcia z drogi. W końcu wykręcił efektowny piruet. Wtedy już jechał na ostatniej pozycji.

Pierwsze punkty Robert zdobył w trzeciej rundzie. W Bahrajnie był szósty, podczas gdy lider ekipy po raz trzeci z rzędu dojechał tuż za podium.

Tym razem w aucie Polaka nie domykała się klapka wlewu paliwa, co spowalniało bolid. Pierwszy bezproblemowy weekend nadszedł w Barcelonie. To tam Kubica pierwszy raz pokonał Heidfelda w kwalifikacjach i na mecie był czwarty. Tymczasem Niemcowi nie dokręcono koła podczas pit stopu, a w wyścigu to w jego aucie padła skrzynia biegów. Tendencja się odwróciła i okazało się, że team potrafi zapewnić weekend bez wpadek także Kubicy.

Po wyścigu Heidfeld stwierdził, że na miejscu Roberta mógłby wywalczyć podium. Cieszył się też, że jadą do Monako, bo tam najbardziej liczy się talent kierowcy. Właśnie w Monte Carlo Kubica, pomimo problemów z hamulcami, stawił się na mecie tuż przed kolegą z ekipy – na piątym miejscu, a mogło być znacznie lepiej. Zespół zaplanował tylko jeden pit stop i na finałowy przejazd w kwalifikacjach mocno zatankował bolid Kubicy, podczas gdy zdroworozsądkowa strategia, obrana przez większość rywali (w tym Heidfelda), zakładała przejazd lżejszymi autami tylko po to, aby w czasówce osiągnąć wyższe pole startowe. Wyprzedzanie na bardzo wąskich ulicach Monte Carlo graniczy z niemożliwością. Decyzja teamu była tym bardziej zaskakująca, że Robert – w swoim żywiole – na ulicznej trasie był niezwykle szybki i na drugim etapie czasówek uzyskał doskonały, trzeci rezultat. Tymczasem w niedzielę startował z 8. pola, tuż za Heidfeldem, i w ciężkim bolidzie tracił mnóstwo czasu za kierowcami, którzy byli znacznie wolniejsi, ale obrali lepszą taktykę na kwalifikacje.

– Nasza strategia była zbyt konserwatywna, bo nie wierzyliśmy, że mamy tak szybki samochód. Straciliśmy szansę na lepszy wynik. To był błąd i teraz musimy przemyśleć nasze postępowanie – tłumaczył potem Mario Theissen.

W końcu nadszedł jeden z najbardziej pamiętnych wyścigów w karierze Kubicy. Grand Prix Kanady. Przerażająca eksplozja karbonu, który w kontakcie z betonowym murem rozprysł się na miliony kawałków. Przecinający nitkę toru wrak, z bezwładnym ciałem Kubicy w środku i straszne minuty w oczekiwaniu na jakiekolwiek wieści o kierowcy po tak koszmarnym uderzeniu. Robert miał jednak niewiarygodne szczęście w nieszczęściu.

Ten weekend od początku układał się fatalnie. W pierwszym treningu krakowianin nie przejechał nawet jednego mierzonego okrążenia. Szczęśliwie nie doszło do zapłonu paliwa, które wyciekało z jego bolidu. W drugim miał poważne problemy z hamulcami, a w trzeciej, ostatniej przed kwalifikacjami sesji prawie nie jeździł, ponieważ początkowo tor był zbyt brudny, a potem sesję przerwano. Niedostrojone, więc niestabilne auto dało Polakowi 8. pole startowe w kwalifikacjach, podczas gdy Heidfeld był trzeci.

Horror rozegrał się w ułamkach sekund. Na 27. okrążeniu w wyścigu Robert zawadził o tylne koło Toyoty Jarno Trullego w lewym łuku, pokonywanym na pełnym gazie. Z prędkością około 230 km/h trafił w betonową ścianę. W momencie uderzenia przeciążenie wyniosło 75 g...

Do wypadku doszło w wyniku nieporozumienia. Trulli, którego nawet nie powinno być w tym miejscu, bo nie zatrzymywał się przy wyjeździe z boksu, nie zauważywszy czerwonego światła (przewinienia nie było, bo w ostatniej chwili zapaliło się mu zielone), chciał puścić Kubicę, ale w tym samym momencie Robert odbił w tę samą stronę i trącił tył maszyny Włocha. Przednie skrzydło BMW wpadło pod koła i od tej pory Polak był już tylko pasażerem. Nie mógł skręcić, nie mógł zahamować. Jego bolid pojechał prosto i podbity na krawędzi trawnika wzbił się w powietrze. Masywny, wysoki na metr mur, w który z największym impetem uderzył bolid, złożony był z potężnych betonowych segmentów. Przesunął się o około pięć centymetrów, a przy stalowym mocowaniu, łączącym go z kolejnym fragmentem, beton pękł. Wrak odbił się w kierunku toru, uderzył w ziemię, obrócił wokół własnej osi i po przecięciu drogi wpadł na stalową barierę. Już po chwili pojazd otoczyła obsługa medyczna. Kubica tylko na moment stracił przytomność. Po kilku minutach został wyjęty z kokpitu i przetransportowany do centrum medycznego przy torze.

Kolejne piętnaście minut to przerażające oczekiwanie. Przed garażem BMW zgromadziły się dziesiątki reporterów, czekając na jakąkolwiek informację. Dopiero po kwadransie z budynku wyłonił się Jörg Kottmeier, szef komunikacji BMW Sauber, i z poważną miną złożył pierwszy meldunek: – Robert żyje, a jego stan jest stabilny. Czy jest przytomny, nie powiem. Jego stan jest stabilny. To na razie tyle.

Z kolejnymi minutami nadchodziły kolejne wiadomości. – Rozmawia z lekarzami. Wydaje się, że jest OK, ale teraz zostanie przewieziony do szpitala w Montrealu – zdradził Daniele Morelli.

Tuż po zakończeniu wyścigu, jako reporter Polsatu, rozmawiałem z Trullim. Był absolutnie przerażony. Zobaczył w telewizyjnej powtórce wypadek Roberta. – Kiedy ostatni raz go widziałem, był za mną, po lewej stronie. W innej części toru. Musiał się jednak przesunąć na drugą stronę, ponieważ uderzył w moje prawe koło. Prawa tylna tylna opona była nacięta. Nie miałem pojęcia, co się dzieje. Poczułem po prostu uderzenie z tyłu – relacjonował kierowca Toyoty. – Nie obchodzi mnie, co działo się w dzisiejszym wyścigu, nie obchodzą mnie neutralizacje i moje wypadnięcie. Nie obchodzi mnie nic poza stanem Roberta. Jestem w wielkim szoku! Musimy to wszystko poważnie przemyśleć. Dopóki nie zdarzy się wypadek, wszystko jest dobrze. Ale jak się zobaczy coś takiego... To przerażające. Sam kąt uderzenia był też bardzo niebezpieczny. Nikt nie spodziewał się takiego wypadku. Potem w wyścigu myślałem tylko o nim. Ja też jestem człowiekiem... – mówił z przejęciem Trulli.

T10

Nie tylko ten rywal Kubicy był poruszony. Kiedy czekałem na wieści w siedzibie BMW Sauber, pojawił się zaniepokojony Alonso. Pytał Theissena, co z Robertem. – Kubica przeszedł już pierwsze badania i wygląda na to, że nic mu się nie stało. Nie złamał nawet jednej kości! To cud! – cieszył się szef BMW Sauber. Zaraz potem podszedł do mnie jeden z mechaników Kubicy. – Lucky boy – rzucił z szerokim uśmiechem.

W szpitalu Świętego Serca w Montrealu dostępu do Polaka broni ochroniarz. Odwiedzają go ludzie z BMW Sauber, od mechaników po szefostwo. Kubica jak zawsze dowcipkuje. – To prawdziwy cud! – mówi mi Morelli. – Wygląda na to, że Robertowi nic się nie stało. Jest w dobrym stanie, w pełni przytomny i boli go tylko kostka. Nic poza tym. Kiedy zobaczyłem to uderzenie, byłem przerażony.

Był z nim też Riccardo Ceccarelli, pracujący jako lekarz Toyoty, ten sam, który opiekował się Kubicą w 2003 roku po wypadku drogowym. – Kiedy szedłem do centrum medycznego, spodziewałem się najgorszego. Wypadek wyglądał makabrycznie, ale Robert był w pełni przytomny. Skarżył się na ból stopy, dlatego podejrzewaliśmy, że doznał złamania. Poza tym wszystko wskazywało, że czuje się dobrze. Nawet nie był w szoku. Jakby nic się nie stało! Mógł zginąć. Byłem bardzo zaskoczony, widząc w jak doskonałym jest stanie.

Włoch ocenił stan Roberta na podstawie wyników badań: – Jedynie skręcił kostkę, to wszystko. Teoretycznie będzie mógł przystąpić do następnego wyścigu.

W poniedziałek pod szpitalem zgromadzili się liczni przedstawiciele mediów. – Spokojnie, niedługo wyjdzie i będziecie mogli z nim porozmawiać, ale tylko dwa zdania – podkreślał Kottmeier. Najpierw z dziennikarzami spotkał się jednak lekarz, który czuwał nad naszym zawodnikiem po wypadku: – Podczas wyścigu siedziałem na wieży kontrolnej i kiedy zobaczyłem w telewizji tę kraksę, byłem przekonany, że jedziemy po ciało – opowiadał dr Ronald Denis, który czuwał nad kanadyjskimi służbami medycznymi z ramienia organizatora. – Gdy dotarłem na miejsce wypadku, okazało się jednak, że kierowca oddycha i mówi, porusza rękami i nogami. Teraz czuje się świetnie, to niewiarygodne! Za chwilę wyjdzie stąd o własnych siłach. Nic mu się nie stało. To niesamowite, jak mocne są współczesne bolidy Formuły 1. Czy przystąpi do następnego wyścigu? Decyzja nie zależy ode mnie.

Wkrótce potem, w samo południe drzwi szpitala przekroczył Kubica. Polak szedł powoli, lekko utykając. Dwie kanadyjskie telewizje pokazywały jego wyjście na żywo. Wygłosił zaledwie minutowe oświadczenie: – Jak widzicie, jestem w całkiem dobrym stanie i mam nadzieję, że kiedy znajdę się w Indianapolis, doktor FIA pozwoli mi wystartować w wyścigu. Wiem, że miałem mnóstwo szczęścia po tak ciężkim wypadku. Czy go widziałem? Obserwowałem wszystko na żywo, za kierownicą, i to wystarczy.

Wie, że zdarzenie było bardzo poważne. – FIA mocno forsuje temat bezpieczeństwa. Wykonali kawał dobrej roboty. Pięć, dziesięć lat temu po takim wypadku prawdopodobnie byśmy już nie rozmawiali – powie potem.

Po krótkiej rozmowie z mediami Kubica zawrócił do szpitala, wyszedł innym wyjściem i pojechał do hotelu. Sam prowadził auto. W środę poleciał do Indianapolis. – Czuję się świetnie i nic mnie nie boli! – zapewniał podczas czwartkowego spotkania z mediami. – Jestem cały i zdrowy. Prawie jak nowy. Jakby nic się nie stało. Nie widzę więc powodu, dla którego miałbym nie pojechać w USA. Czuję się bardzo dobrze, ale oczywiście nie do mnie należy ostateczna decyzja w tej sprawie.

– Czy bezpośrednio po wypadku byłeś w szoku?

– Po zobaczeniu zdjęć byłem o wiele bardziej zaszokowany niż tuż po kraksie. Kilka lat temu miałem wypadek, na zwykłej drodze, i wtedy od razu wiedziałem, że coś jest nie tak, ponieważ nie mogłem poruszać swobodnie ręką. Teraz w Montrealu od razu po zatrzymaniu sprawdzałem, czy wszystko jest OK. Poruszałem rękami i nogami, ale czułem jedynie delikatny ból kostki. Nic więcej. Wiedziałem więc, że prawdopodobnie nic mi się nie stało.

Stwierdza, że właściwie mógłby wyjść z bolidu o własnych siłach, ale zdawał sobie sprawę, że może być w szoku i nie czuć obrażeń. Dlatego czekał. W prawe ramię parzył go płyn wylewający się z auta, jednak generalnie nic mu nie było.

– Wszyscy mówili mi, że najgorzej będę się czuł następnego ranka po wypadku, że rozboli mnie głowa, szyja i w ogóle wszystko. Więc tuż po przebudzeniu w poniedziałek rano wstałem z łóżka i zacząłem się ruszać. Nie czułem żadnego bólu. Nic – opowiadał.

Gdy Kubica pojawił się w padoku toru Indianapolis, po kontuzji kostki nie było śladu. Mimo to nie został dopuszczony do wyścigu. W czwartek po południu dziennikarze długo czekali na wyniki rutynowej kontroli. Polak spędził w centrum medycznym prawie dwie godziny, choć zazwyczaj testy tego typu (czasy reakcji, koordynacja, percepcja) trwają cztery razy krócej. Musiał dorównać... samemu sobie, bowiem podstawą do porównania były wyniki identycznych prób, które zaliczył przed pierwszym wyścigiem sezonu 2007.

Kiedy w końcu Kubica wyszedł z centrum medycznego, werdykt lekarzy poznaliśmy zanim wypowiedział pierwsze słowa. Zdradzała go kwaśna mina Polaka. – Niestety nie wystartuję w Grand Prix USA. W pewnym sensie jestem nawet zadowolony, ponieważ tej decyzji wcale nie oparto na mojej aktualnej kondycji – podkreślał kierowca. – Przeszedłem bez problemów wszystkie kontrole. Lekarze stwierdzili jednak, że od wypadku w Kanadzie do piątkowych treningów w USA minie tylko pięć dni i w razie drugiej kraksy będę szczególnie narażony. Nie chcieli ryzykować. Ja natomiast czuję się świetnie, a mimo to jutro wracam do domu. Jestem oczywiście rozczarowany – dodawał Robert.

W padoku mówiło się, że decyzja wynikała z obaw o restrykcyjne prawo stanu Indiana – gdyby Kubica miał kolejną kraksę, organizator wyścigu byłby narażony na poważne konsekwencje.

Krakowianina zastępuje Sebastian Vettel, który w debiucie zdobywa punkt, co budzi spekulacje, jakoby wkrótce młody Niemiec miał zająć na stałe fotel w zespole. – Śpię spokojnie i nie mam takich obaw. Nie wydaje mi się, żeby taki zespół jak BMW Sauber umieszczał na stałe w bolidzie kogoś, kto jest… trochę wolniejszy – uciął spekulacje Polak przed kolejnym wyścigiem.

Po latach wrócił do dramatycznych wydarzeń z GP Kanady 2007. – Ten wypadek dał mi znacznie większą rozpoznawalność. Nawet ludzie spoza środowiska motorsportowego go widzieli, bo był tak niewiarygodny. Gdy znalazłem się w szpitalu, przyszedł lekarz, który go widział. Powiedziałem, że nic mi nie jest. Uznali, że to niemożliwe. Myśleli, że zwariowałem. Zrobili badania, doktor wrócił, przyznał mi rację, lecz ponieważ on zobaczył to uderzenie, chcieli wszystko powtórzyć. Trudno było w to uwierzyć – wspomniał.[36] Do kolejnego wyścigu, Grand Prix Francji, został już bez problemu dopuszczony i wyrównał swój najlepszy wynik sezonu. Zajął czwarte miejsce, takie samo jak tydzień później, w Wielkiej Brytanii. Natomiast podczas GP Europy, szalonego wyścigu na torze Nürburgring, doszło do kolejnego starcia na linii Kubica – Heidfeld.

Nick zaliczył słaby start i Robert bez problemu go wyprzedził. Pod koniec głównej prostej Niemiec opóźnił hamowanie i przez chwilę połowa jego auta była przed samochodem Polaka. Zbyt szybko wszedł jednak w pierwszy, prawy zakręt i od razu stracił przewagę. Na wyjściu przyciśnięty do krawędzi nie odpuścił, tylko po raz pierwszy uderzył przednim kołem w bok bolidu Kubicy. Ta krótka przygoda nie ostudziła jego zapału. Kilkanaście metrów dalej szaleńczym manewrem podjął kolejny atak na wejściu w drugi, lewy zakręt. Nie było tam miejsca na dwa auta, więc Nick jadąc połową bolidu po trawie po raz drugi przyłożył w samochód kolegi z zespołu. Tym razem skutecznie. Robert wpadł w poślizg. Obaj spadli na koniec stawki, a ich maszyny zostały uszkodzone. – Jeśli spytacie Roberta, to powie pewnie, że to moja wina, a ja mówię, że to był jego błąd. Nie zostawił mi miejsca – bronił się Nick. Kubica skomentował incydent krótko: – Wszystko było widać na ekranie. Zostałem uderzony w tył samochodu przez kolegę z ekipy – powiedział.

Do końca sezonu zdobył w sumie 39 punktów, zajmując 6. miejsce w klasyfikacji MŚ, tuż za Heidfeldem, który miał 61 oczek oraz dwa podia na koncie: w Kanadzie i na Węgrzech. Mało kto dziś pamięta jednak, że w przedostatnim wyścigu sezonu, Grand Prix Chin, Kubica wyszedł na prowadzenie, wyprzedzając kierowców Ferrari.

W tamten weekend od początku miał trudną przeprawę. Po piątkowych przygotowaniach skarżył się na ustawienia auta, a w trakcie sobotniego treningu cały świat mógł usłyszeć, jakie stosunki panują w zespole BMW Sauber. Realizator transmisji wyemitował rozmowę radiową między Polakiem a jego inżynierem wyścigowym, którego zadaniem jest jak najlepsze dostrojenie bolidu. – To już przecież przerobiliśmy! Nie ma sensu robić w kółko to samo! Pora podjąć decyzję, jak ustawimy bolid! – strofował kierowca inżyniera, który po raz kolejny chciał testować te same ustawienia.

– Tak właśnie wygląda nasza współpraca przez cały rok. Czasami trzeba nakierować ludzi, kiedy nie wiedzą, za co się brać – tłumaczył potem Robert. Bez wątpienia na przebieg sezonu negatywnie wpłynęła trudna relacja z inżynierem wyścigowym Polaka, którym był Mehdi Ahmadi. To dla kierowcy najbardziej zaufana osoba, odpowiedzialna za kierunek prac podczas dostrajania bolidu, a także jego oczy i uszy – teoretycznie wielka pomoc podczas wyścigu, gdy zawodnik skupia się na jeździe, podczas gdy inżynierowie mają znacznie więcej danych o jego przebiegu. Z Ahmadim Robertowi nie współpracowało się jednak najlepiej.

Podczas kwalifikacji Kubica uzyskał dopiero dziewiąte pole. – Mogło być znacznie lepiej. W dwóch pierwszych fazach było dobrze, aż za dobrze, więc ostatecznie coś musiało się nie udać – stwierdził kierowca. Tuż po czasówce widziano jego inżyniera, jak po wyjściu z garażu gwałtownie gestykuluje, mówiąc do siebie w kółko to samo: „Spieprzyliśmy to, spieprzyliśmy to..."

W niedzielę jednak Robertowi sprzyjała aura. Wyścig był mokry, ale asfalt przesychał i gdy Polak zjechał na swój jedyny zaplanowany pit stop, zaryzykował, wyjeżdżając na oponach na suchą nawierzchnię. Przez chwilę wydawało się, że popełnił błąd. Nad środkowym sektorem toru ponownie się rozpadało i kierowca walczył, żeby się na nim w ogóle utrzymać. Wkrótce jednak rozpogodziło się i z okrążenia na okrążenie Kubica jechał coraz szybciej. Zawodnicy czołówki zostali na ogumieniu deszczowym i Polak wyprzedził Heidfelda oraz bolidy Ferrari, prowadzone przez Felipe Massę i lidera Kimiego Räikkönena! Na prowadzeniu utrzymał się niecałe dwa okrążenia. W środkowym sektorze pomiarowym ustanowił rekord przejazdu, a już w ostatnim... zjechał na pobocze. Zawiódł układ napędowy – siadła hydraulika, co oznaczało, że Robert nie mógł zmieniać biegów.

Czy był w stanie wygrać Grand Prix Chin? Zdania były podzielone. Tuż po wyścigu założyciel teamu Peter Sauber przekonywał mnie, że Polak mógł być co najwyżej drugi, ponieważ musiał zjechać na jeszcze jedno tankowanie. – Fakt jest jeden: odpadłem z wyścigu na prowadzeniu, jadąc o sekundę szybciej niż kierowca za mną. Więc wynik mógłby być dość dobry. Podium, a może i coś lepiej – mówił Robert.

– Zespół twierdził, że miałeś za mało benzyny.

– A mi się wydaje, że nie. Miałem na pokładzie spory zapas paliwa, ponieważ na pit stop zjechałem dużo wcześniej niż było w planie.

Tak czy inaczej, zadziwiające były zapewnienia zespołu, że jego kierowca z pewnością wygrać nie mógł, podczas gdy z zasady większość ekip dowodziłaby czegoś odwrotnego, nawet gdyby w praktyce faktycznie nie było to możliwe. Po raz kolejny dała znać o sobie korporacyjna polityka teamu, która zemści się w kolejnym roku. Tymczasem sezon 2007 Polak zakończył piątym miejscem w GP Brazylii, gdzie do mety dojechał tuż przed Heidfeldem, którego dwukrotnie wyprzedził na torze.

– To był udany rok dla naszego zespołu, lecz nie do końca dla mnie – podsumował zakończony sezon Kubica. – Teraz koncentrujemy się już na następnym. Mam nadzieję, że nie będę miał już tylu problemów, a wtedy będę zadowolony.

ROBERT KUBICA:

„Nauczyłem się w tym roku wiele, lecz nie jeśli chodzi o jazdę. Bardziej, jeśli chodzi o otoczkę i to, jak to się wszystko kręci. Formuła 1 jest sportem i tego sportu trochę jest – to te 1,5–2 godziny w niedzielę. Reszta dzieje się z daleka od kamer, poza torem...".

IV

Zwycięstwo! I koniec

To mógł być ten rok. Wygrywając Grand Prix Kanady, Kubica wyszedł na prowadzenie mistrzostw świata kierowców. Choć po torach jeździły cztery jeszcze szybsze bolidy – dwa McLareny i dwa Ferrari – przebieg sezonu wskazywał, że Polak miał szansę, aby zostać mistrzem. Po pierwsze, utrzymywał bardzo regularne tempo i nie popełniał błędów. Po drugie, ostateczny zdobywca tytułu, Lewis Hamilton, pogubił mnóstwo punktów po licznych wpadkach, a drugi w klasyfikacji Massa, który przegrał mistrzostwo ledwie jednym punktem, także poniósł spore straty po części z własnej winy, po części po błędach Ferrari. Po trzecie wreszcie, zespół BMW Sauber zrobił kolejne, duże postępy, nie tylko, jeśli chodzi o osiągi nowego bolidu, który czołowym konstrukcjom ustępował niewiele, ale także zdolności operacyjne. Działy inżynierskie pracowały prężnie i skutecznie. Miały moce przerobowe, aby w wyścigu technologicznym – najważniejszym wyścigu w Formule 1 – stawić czoła najlepszym. W walce o tytuł dla Kubicy zabrakło jedynie wiary, chęci i... serca. Mistrzostwa już w sezonie 2008 nie było w biznesplanie.

Sytuacja Kubicy zdecydowanie się jednak poprawiła. Polak dostał nowego inżyniera wyścigowego, Antonio Cuquerellę, z którym dogadywał się zdecydowanie lepiej. – Żałuję, że nie było go w 2007 roku. Już sam wyjazd z boksu jest dużo łatwiejszy niż z poprzednim inżynierem! Nie mówię nawet o kwestiach technicznych. Dogadujemy się bardzo dobrze i nadajemy bardziej na tych samych falach. A inżynier wyścigowy to osoba najbliżej kierowcy. To moje oczy w boksie, kiedy ja jestem na torze. Ma duży wpływ na ustawienie bolidu oraz współpracę pomiędzy całym sztabem ludzi a mną – mówił Kubica.

Kluczowe były jednak kłopoty Heidfelda. W nowym bolidzie Niemiec miał problemy z dotrzymaniem kroku Robertowi. Chodziło o styl jazdy i kwestię optymalnego wykorzystania opon. Niewykluczone, że miało to związek z wprowadzonym od sezonu 2008 zakazem używania elektronicznych systemów kontroli trakcji, co położyło większy nacisk na działanie mechanicznych komponentów bolidu – jak zawieszenie czy mechanizm różnicowy – a od kierowców wymagało zmiany techniki jazdy i większego wyczucia podczas wciskania gazu. Wcześniej o takie sprawy „martwiła się" elektronika, teraz to zawodnik musiał bardziej dbać o tylne opony, które pod mniej wyczuloną stopą się przegrzewały. Nick miał z tym problemy, więc na pierwszy plan siłą rzeczy wyszedł Kubica. Bo ekipie zależało przede wszystkim na wypełnieniu narzuconego przez centralę planu: wygraniu jednego wyścigu. Kto to zwycięstwo odniesie, miało znaczenie drugorzędne.

Na początku 2008 roku, w trakcie premiery najnowszego bolidu Renault, padły pamiętne słowa z ust Fernando Alonso. Kierowcy wyścigowi nie zwykli szczególnie komplementować rywali. Tym bardziej zaskakująca była wypowiedź Hiszpana podczas oficjalnej konferencji w Paryżu. Poproszony o opinię na temat Kubicy, w sali po brzegi wypełnionej dziennikarzami z całego świata, Fernando odpowiedział: – Roberta znam bardzo dobrze i pamiętam go jeszcze z czasów kartingu. Dla mnie to najlepszy kierowca w Formule 1 i prędzej czy później zostanie mistrzem świata.

Taki był status Polaka w tym sporcie po jednym pełnym, choć nieudanym sezonie 2007 i podium z 2006 roku. Jeszcze przed pierwszym zwycięstwem, jeszcze przed zdobyciem pole position.

– Mi tego nigdy nie powiedział! – śmiał się Kubica, gdy przytoczyłem mu komplement Hiszpana. – Alonso nie jest typem człowieka, który mówi coś dla poprawności politycznej czy żeby posłodzić. Gdyby to powiedział inny kierowca, podzieliłbym to przez pięć, ale Fernando znam dość dobrze i wiem, że mówi to, co myśli. To miłe. Miejmy nadzieję, że kiedyś faktycznie będziemy świętować mój tytuł, ale do tego jeszcze długa droga. Kilka, kilkanaście lat, a może i w ogóle mistrzem świata nie zostanę... – mówił 23-letni kierowca Formuły 1.

Jadąc do Australii, zespół nie spodziewał się tego, co finalnie pokazał stoper. Wcześniej, w testach, team był rozczarowany, bo po symulacjach w fabryce nadzieje były większe. Mimo wytężonej pracy podczas zimowych przygotowań, Kubica przyznawał, że ekipa jest trochę z tyłu. Tymczasem w Melbourne, podczas pierwszych kwalifikacji, wywalczył drugie pole startowe i... nie był szczególnie zadowolony. To z powodu drobnego błędu, który popełnił, walcząc o pole position z Lewisem Hamiltonem w McLarenie. Na wyjściu z szybkiego łuku Polaka wyniosło na trawę, przy prędkości 250 km/h. – Miałem dwa wyjścia. Albo odpuścić i bezpiecznie wrócić na tor, lecz to oznaczałoby anulowanie okrążenia, albo wcisnąć gaz do oporu i mieć nadzieję, że jakoś się uda. Wybrałem to drugie – relacjonował po wyjściu z bolidu. Zabrakło 0.155 sekundy. – Straciłem tam około 0.3 sekundy i w konsekwencji pole position. Musiałem ryzykować i ostatecznie się nie opłaciło – dodawał Polak. Jego szef był jednak pod wrażeniem. – W takiej sytuacji nie odpuścił gazu! To było coś! – nie krył podekscytowania Mario Theissen. Już w pierwszym Grand Prix sezonu jego kierowca, w jego maszynie, walczył o pierwsze pole startowe. Z McLarenem!

W wyścigu sprawy miały się jednak znacznie gorzej. Kiedy Polak próbował trzymać tempo prowadzącego Hamiltona, w jego maszynie przegrzewały się tylne opony, a wkrótce doszły problemy z dostawą mocy. Zespół podjął też dość niefortunną decyzję strategiczną, która oznaczała kolejne straty, a ostatecznie Kubica nie dojechał do mety, uderzony w tył podczas... trzeciej neutralizacji, czyli w momencie, gdy bolidy jechały powoli prowadzone przez samochód bezpieczeństwa i kiedy nie wolno nikogo ani atakować, ani wyprzedzać. Zagapił się Kazuki Nakajima. Choć w tym chaotycznym, trudnym strategicznie i mocno losowym GP Australii krakowianin nie popełnił żadnego błędu, nie zdobył nawet punktu. Jednak drugie miejsce Heidfelda pokazywało pozycję BMW Sauber!

Już tydzień później, w Malezji, to Robert stanął na drugim stopniu podium. Z ledwością, bo odchudzony do granic możliwości (w stosunku do swojej normalnej wagi zszedł o 7 kilogramów), w piekielnym upale wystartował... z przeziębieniem. – Malezja to najtrudniejsze Grand Prix, a ja miałem 38,8 stopnia gorączki. W takim stanie większość ludzi zostaje w łóżku, a ja musiałem wsiąść do samochodu i przejechać półtoragodzinny wyścig. Szczególnie trudne były ostatnie okrążenia. Woda w pokładowym bidonie zrobiła się tak gorąca, że chyba następnym razem zaparzę tam sobie herbatę – żartował.

Jego zespół potwierdził przynależność do czołówki. – Na ten rok wyznaczyliśmy sobie dwa cele. Pierwszym było podjęcie walki z dwiema czołowymi ekipami i przynajmniej w dwóch pierwszych wyścigach byliśmy w stanie to robić. Drugim celem jest odniesienie w tym sezonie pierwszego zwycięstwa w Formule 1 i jestem przekonany, że nam się to uda – podkreślał Theissen.

„Pole on pole!" – anglojęzyczne media jak echo powtarzały grę słowną, możliwą w jednej tylko sytuacji: „Polak na (pierwszym) polu" – brzmiało tłumaczenie komunikatu, który poszedł w świat po kwalifikacjach do Grand Prix Bahrajnu. Kubica po raz pierwszy w karierze wygrał czasówkę w Formule 1. Pokonując Felipe Massę o 0.027 sekundy, wywalczył pole position.

– Na moim drugim przejeździe spłaszczyłem oponę na 9. zakręcie. Miałem spore wibracje i samochód ściągało na jedną stronę, więc nie oczekiwałem, że po tym błędzie zdobędę pierwsze pole – opowiadał Kubica, a z tych uwag potem naigrywał się trzeci w kwalifikacjach Hamilton. – Ale oczywiście jestem szczęśliwy – kontynuował. – Chłopcy ciężko pracowali, pokazując, że nie wolno się poddawać i trzeba naciskać tak mocno, jak się da, nawet jeśli pojawiają się problemy – dodawał, wychwalając swój zespół. To były szczytowe momenty jego kariery w Formule 1. Nigdy wcześniej ani później nie miał już do dyspozycji auta tak dobrego, jak F1.08 w pierwszej fazie sezonu 2008.

W niedzielę w Bahrajnie, po zgaśnięciu czerwonych świateł kierowca zareagował błyskawicznie, ale jego bolid przez moment stał w miejscu. – Już kiedy rozpoczynałem okrążenie rozgrzewkowe, poczułem, że coś jest nie tak. Tylne koła kręciły się w miejscu – opowiadał po wyścigu. – Na starcie pozycję stracili i Robert, i Nick. Podejrzewamy problem techniczny – potwierdzał Mario Theissen. Kubica spadł na drugie miejsce, które stracił pod koniec następnego okrążenia. – Na sześciu zakrętach rozlany był olej, a ja nie dostałem informacji na ten temat. Byłem przekonany, że przebiłem oponę, ponieważ bolid zaczął się bardzo ślizgać. Już mówiłem do zespołu, że zjeżdżam zmienić gumy, a mechanicy szykowali się do pit stopu – opowiadał. Zanim zrozumiał, że ogumienie jest w porządku, było już za późno i Kimi Räikkönen też wyprzedził Roberta.

– Trzecie miejsce przed startem bralibyśmy w ciemno, bo bolidy Ferrari są szybsze od naszych. Poza tym jest to dla mnie drugie podium z rzędu, a w sobotę zdobyłem swoje pierwsze pole position! Żałuję za to problemów w Australii. Gdyby nie one, to nie tylko zespół byłby liderem mistrzostw świata, ale także ja na 95 procent prowadziłbym w tabeli kierowców – mówił Kubica.

Jego rozemocjonowany szef wspominał sobotnie popołudnie. – Czułem, że zostałem wynagrodzony. Pamiętam pewne komentarze z przeszłości, negatywne opinie na temat Roberta. Słyszałem je nawet na początku tego roku. Wspaniale, że w Bahrajnie zademonstrował swoją siłę. Udowodnił, że podjąłem dobrą decyzję. Wkrótce może stać się jedną z gwiazd Formuły 1 – zapewniał Theissen. Uważał, że kluczem do lepszych wyników jest inne podejście Kubicy. – Jest bardziej otwarty, pozytywny i zmotywowany. Lepiej współpracuje z zespołem i myślę, że teraz jest już w pełni gotowy na wygranie wyścigu, jeśli tylko pozwoli mu na to samochód. To pole position da mu więcej wiary nie tylko w siebie, lecz także cały zespół – miał nadzieję Theissen.

Równocześnie coraz głośniej spekulowało się na temat przyszłości Roberta, którym interesowały się największe zespoły Formuły 1. Najczęściej wymieniano wtedy Renault oraz Ferrari. Na liście najbardziej pożądanych zawodników widniały cztery nazwiska: mistrza świata Kimiego Räikkönena, byłego dwukrotnego mistrza świata Fernando Alonso, wicemistrza Lewisa Hamiltona oraz... Kubicy. Na tym etapie postrzegany już jako jeden z kandydatów do tytułu. – Myślę, że walka o mistrzostwo będzie zacięta. Wygląda na to, że rozegra się pomiędzy Ferrari, McLarenem i być może Robertem Kubicą. On też wykonuje teraz doskonałą robotę i może być bardzo groźny – przyznawał Massa przed Grand Prix Monako. Wymienił dwa zespoły i jedno nazwisko.

O Polaku opowiadał też były kierowca rezerwowy BMW Sauber, a w 2008 roku zawodnik Toyoty, Timo Glock. – Czasami grywamy w pokera i kiedy obserwujesz jego grę, widzisz, że bardzo podobnie wykonuje swoją pracę na torze. Nie pokazuje ci, co ma w kartach. Podobnie w wyścigach. Czasem podczas treningu trzyma w kieszeni jeszcze jedną, dwie dziesiąte sekundy zapasu, a kiedy stawka wzrośnie, na przykład w kwalifikacjach, wtedy odkrywa karty.

Seria dobrych wyników trwała. W Hiszpanii i Turcji Polak dwukrotnie był czwarty, a kolejny popis dał na jednym ze swoich ukochanych torów, na ulicach Monte Carlo. Choć na mecie stawił się na drugiej pozycji po starcie z piątego pola, czuł pewien niedosyt. W szalonym, po części mokrym, pełnym wypadków i błędów wyścigu, niezwykłe szczęście dopisało jego zwycięzcy – Hamiltonowi. Już na początku popełnił błąd i po trąceniu bariery uszkodził w swoim McLarenie oponę. Musiał zjechać na bardzo wczesny, nieplanowany pit stop. Mechanicy maksymalnie zatankowali mu bolid, a wyścig ułożył się tak nietypowo, że dzięki neutralizacji, na dystansie Brytyjczyk zyskał taktyczną przewagę. Na tym nie skończyła się szczęśliwa passa Lewisa. – Kiedy zaparkowałem pod podium, zobaczyłem, że Hamilton nie ma już powietrza w tylnym kole. Gdyby wyścig trwał do końca... – relacjonował później Kubica. Dystans GP Monako skrócono o 2 okrążenia, aby zmieścić się w maksymalnym czasie dwóch godzin.

Także dla Polaka wyścig był niezwykle trudny. – Zdarzyło się po drodze kilka cudów, które pozwoliły mi dojechać do mety – przyznawał. – Z mojej perspektywy wyglądało to bardzo ryzykownie. Było wyjątkowo ślisko. Parę razy myślałem, że zaraz zakończę jazdę na barierze, ale jakoś udawało się wyjść z tych najtrudniejszych sytuacji. Druga pozycja wynagrodziła wysiłek i mój, i całego zespołu w ten trudny weekend. Wykorzystałem sto procent możliwości bolidu i swoich – podkreślał polski kierowca. A już wkrótce miał odnieść największy sukces w Formule 1. Następne w rozkładzie jazdy było Grand Prix Kanady.

„Ku-bi-ca, Ku-bi-ca!!!" – skandowały tysiące kibicowskich gardeł na stadionie piłkarskim w Klagenfurcie. Zanim reprezentacja Polski wyszła na murawę, aby stawić czoła Niemcom w Euro 2008, trybuny dobiegły ekscytujące wieści z Montrealu. Dopiero co Robert zwyciężył w Grand Prix Kanady, pokonując swojego niemieckiego partnera, Nicka Heidfelda.

Triumf był tym bardziej symboliczny, że krakowianin wracał na tor, na którym rok wcześniej miał przerażający wypadek. Od początku weekendu wciąż odpowiadał na to samo pytanie, które musiałem zadać i ja: – Czy po zeszłorocznej kraksie w Montrealu czujesz obawy przed powrotem do Kanady?

– To pytanie zadawano mi już z tysiąc razy. Teraz po raz tysiąc pierwszy odpowiem „nie"! Nie czuję żadnych obaw. A Montreal to wciąż mój ulubiony tor – odparł.

Bardzo szybka, uliczna trasa, gdzie po najmniejszym błędzie nie ma po prostu gdzie się ratować – „tor kierowców". Choć przewagę prędkości wciąż miały bolidy McLarena i Ferrari, na obiekcie im. Gilles'a Villeneuve'a Polak wycisnął ze swojego BMW „przysłowiowe" w tym sporcie 110 procent.

W kwalifikacjach ustąpił jedynie Hamiltonowi. – Liczyliśmy, że w Kanadzie będziemy bliżej czołówki, ale drugie miejsce Roberta było dla nas wielkim zaskoczeniem – kiwał głową z niedowierzaniem dyrektor techniczny Willy Rampf. Nick Heidfeld był dopiero ósmy.

Na starcie Polak, nie bez trudu, obronił drugą pozycję przed Räikkönenem. Z przodu, okrążenie po okrążeniu, oddalał się Hamilton, ale Robert wciąż był drugi, gdy po awarii bolidu Adriana Sutila sędziowie zneutralizowali wyścig. Dzięki temu zredukował stratę, a kierowcy czołówki wykorzystali okazję i gęsiego zjeżdżali pod garaże po paliwo i świeże opony. Podczas wyjazdu na tor doszło jednak do wielkiego zamieszania. Ku zaskoczeniu zawodników, na końcu pasa serwisowego wciąż świeciło się czerwone światło. Kubica i Räikkönen, jadąc bok w bok w alei serwisowej, zareagowali na czas i zatrzymali się. Zagapił się dotychczasowy lider Hamilton, który jechał za nimi i na końcu pasa serwisowego staranował bolid Fina! Zaraz potem w tył jego maszyny wjechał Nico Rosberg w Williamsie.

– Będę musiał chyba podziękować Lewisowi, że uderzył w Kimiego zamiast we mnie – mówił później Robert. Widok był abstrakcyjny i większość obserwatorów w biurze prasowym w zdumieniu patrzyła na monitory, nie wierząc własnym oczom. Kiedy chwilę potem na końcu alei serwisowej zapaliło się zielone światło, Kubica z miejsca ruszył w pogoń za zwycięstwem, choć... na tym etapie wydawało się ono bardzo mało prawdopodobne.

Polak utknął na dziewiątej pozycji, za kierowcami, którzy jeszcze nie wykonali pit stopu. Blokowany przez Sebastiana Vettela, w ciężkim, bo dopiero co zatankowanym bolidzie nie mógł nic zrobić, gdy na czele stawki o wygraną walczył Heidfeld. Niemiec jechał doskonale i gdy po 29 kółkach odbił na jedyne tankowanie, zdążył wyrobić sobie wystarczającą przewagę, aby na tor powrócić tuż przed nosem Kubicy.

Okrążenie później musiał jednak ustąpić pola Robertowi. Nasz zawodnik zaatakował w pierwszym zakręcie, a Niemiec... do dziś żałuje, że nie utrudnił mu bardziej zadania, bo stracił jedyną okazję na wygranie wyścigu F1. – Nie jest łatwo mi o tym mówić – zaczyna, gdy rok później spytałam o Kanadę. – Jest oczywiste, że gdybym bronił pozycji przed Robertem, on by mnie nie wyprzedził i najpewniej ja skończyłbym wyścig zwycięsko, a on byłby gdzieś koło piątego miejsca. A ponieważ mógł mnie ominąć, uzyskaliśmy dublet.

Wtedy nikt jednak nie mógł się spodziewać, że Robert będzie w stanie wywalczyć triumf, bo ze strategicznego punktu widzenia był już na przegranej pozycji. Na prowadzenie wyszedł na 42. okrążeniu, kiedy wszyscy rywale z przodu udali się już na pit stop. Wiedział, że Heidfeld ma wystarczająco dużo paliwa, aby dojechać do mety, a on musi jeszcze raz zjechać. Chcąc wygrać, musiał wypracować odpowiednią przewagę, aby po pit stopie powrócić na tor na pozycji numer jeden. Dokonał tego, utrzymując niewiarygodne tempo w wyjątkowo trudnych warunkach, bo weekend przebiegał pod znakiem kruszącego się asfaltu. Robertowi wystarczyło kilka superszybkich kółek, aby wyrobić sobie bezpieczny bufor i wrócić do akcji na czele. Wygrał w fenomenalnym stylu.

– Kluczowe momenty? Po pierwsze udany start, a następnie oczywiście zderzenie Hamiltona i Räikkönena. Potem tych siedem okrążeń, podczas których udało mi się wypracować ponad 24 sekundy przewagi nad Nickiem Heidfeldem – relacjonował już po dekoracji.

Gdy po godzinie, 36 minutach i 24 sekundach od startu Robert po raz ostatni przecinał linię mety, w biurze prasowym dziennikarze bili mu brawa na stojąco. – Nigdy nie widziałem czegoś takiego, a jeżdżę na Formułę 1 od dwudziestu lat – powiedział mi jeden z zaprzyjaźnionych kolegów po fachu z Brazylii. – Nieraz biliśmy brawo – Laudzie, Sennie, Schumacherowi. Ale nigdy na stojąco...

Kubica tylko przez chwilę mógł w samotności nacieszyć się pierwszym zwycięstwem w Formule 1, schowany w kokpicie bolidu i ukryty za przyciemnioną szybą kasku. Dwie minuty później powoli przedzierał się przez zapełniony ludźmi pas serwisowy, prowadząc bolid do parc ferme, tuż pod podium. Kiedy wychodził z maszyny, mechanicy BMW Sauber krzyczeli, gwizdali i bili brawa. Raz po raz skandowali nazwisko swojego zwycięzcy: „Ku-bi-ca, Ku-bi-ca".

Potem Polak przeszedł bardzo dobrze znaną kibicom Formuły 1 procedurę. Poszedł się zważyć, a następnie udał się na tradycyjną ceremonię. Pierwsze korki od szampana wystrzeliły, zanim kierowcy pojawili się na podium. To mechanicy przynieśli ze sobą trunek, aby jak najszybciej poczuć smak zwycięstwa i spryskać wszystkich naokoło. Wkrótce na podium pojawiła się pierwsza trójka Grand Prix Kanady. Uśmiechnięty od ucha do ucha Kubica, wyraźnie zdołowany Nick Heidfeld i szczęśliwy David Coulthard. Na parę chwil ucichły brawa i okrzyki. Świat F1 po raz pierwszy miał okazję usłyszeć Mazurka Dąbrowskiego.

Nick długo nie mógł przeboleć tego wyniku. Gdy rok później zwróciłam mu uwagę, że przed Grand Prix Niemiec w sondzie na ulubionego niemieckiego kierowcę, który nie wygrał wyścigu, jego nazwisko zostało pominięte, uśmiechnął się szeroko: – Może policzyli mi Kanadę...

Po zejściu z podium Robert musiał wziąć udział w dwóch konferencjach, a następnie zaliczyć jeszcze długą sesję pytań podczas wywiadów dla telewizji. Godzinę później wrócił do garażu, gdzie po raz kolejny został gorąco przywitany przez zespół. Na oczach zgromadzonych naprzeciwko bazy BMW polskich kibiców odbyła się sesja zdjęciowa – kierowcy, szefowie i mechanicy z pucharami, butelkami szampana i tablicami informacyjnymi, które wywiesza się kierowcom, gdy mkną wzdłuż garaży po głównej prostej – „Kubica P1" i „Heidfeld P2".

Zawodnicy i inżynierowie odbyli jeszcze obowiązkową odprawę techniczną w biurze, a potem Robert zaczął się pakować. Zespół gorąco zachęcał go do przedłużenia pobytu w Montrealu. Chcieli, aby przyszedł na wieczorne celebracje, ale Kubica od lat niezmiennie robił to samo. Niezależnie od wyniku, wypełniał pozostałe obowiązki, pakował się i wracał do domu. To samo zrobił po pierwszym zwycięstwie w Formule 1.

Wbrew pozorom po wygranej nadeszły... nowe troski. Polak przeczuwał, że po tym triumfie jego dobra passa może się skończyć. Choć właśnie objął prowadzenie w mistrzostwach, podejrzewał, że po wypełnieniu planu na sezon 2008 zespół może zrezygnować z walki o tytuł. Podczas oficjalnej konferencji prasowej, na oczach całego świata, publicznie apelował do swojej ekipy. – Nie jesteśmy jeszcze najszybszym zespołem i aby pozostawać w czołówce, musimy za każdym razem zdobywać maksymalną możliwą liczbę punktów. Teraz, kiedy prowadzimy w mistrzostwach, powinniśmy zrobić wszystko, aby utrzymać się w walce o tytuł. Być może w przyszłości taka szansa nigdy się już nie powtórzy, więc zespół musi dać z siebie wszystko. Ja na pewno tak zrobię.

Do tej przemowy powrócił po latach, omawiając jeden z najważniejszych dni w dotychczasowej karierze w 2018 roku. – To był najlepszy i najgorszy dzień mojego życia. No, najgorszy może nie... Najgorszy był dla pewnego mechanika, którego spotkałem trzy miesiące temu. Nie widziałem go od ośmiu lat. Spytał, czy pamiętam Kanadę. Powiedział, że to był jego najlepszy i najgorszy dzień w życiu. Spytałem, dlaczego? „Bo to był nasz koniec sezonu". I miał rację. Ja już o tym zapomniałem.[37]

– BMW miało plan długoterminowy i wygrywając GP Kanady, już osiągnęło założenia na sezon 2008. Nie byli zainteresowani zmianą planów. Cel został zrealizowany, więc potem już rozwój techniczny bolidu nie był tak dobry – wspomina Roberto Chinchero. – Zgadzam się, Robert mógłby walczyć o tytuł. Zespół nie był jednak przygotowany do wygrania mistrzostwa.

Zresztą team otwarcie przyznawał, że zmienia priorytety. Zamiast obstawić kandydata do tytułu, inżynierowie koncentrowali się na takich modyfikacjach bolidu, aby ułatwić zadanie Nickowi Heidfeldowi. Choć coraz więcej czasu i środków angażowano w jak najwcześniejsze przygotowania do sezonu 2009, w toku sezonowych testów pojawiały się udoskonalenia, które mogłyby znacząco zwiększyć prędkość modelu F1.08, ale nie stosowano ich w wyścigach!

– Najtrudniejsze było to, że w fabryce mieliśmy podzespoły, które mogły znacznie poprawić osiągi samochodu, ale nie zostały wprowadzone w 2008 roku, bo czekały na sezon 2009. Dla mnie była to szansa zdobycia mistrzostwa i traktowałem ją tak, jakby miała być ostatnia – wspominał Polak w 2014 roku, gdy już jako kierowca WRC.[38]

Po wyścigu w Kanadzie Kubica jeszcze trzykrotnie wchodził na podium. Był trzeci na ulicznym torze w Walencji oraz na włoskiej Monzie i drugi w Japonii.

Robert Kubica i Nick Heidfeld dali BMW Sauber podwójne zwycięstwo w Grand Prix Kanady 2008.

Ten ostatni wynik zaskakiwał szczególnie. Na torze Fuji Robert po raz ostatni wyszedł na prowadzenie w wyścigu F1. Po Grand Prix Japonii pozostawał jedynym z trzech kierowców, którzy dwie rundy przed końcem mają szansę na mistrzostwo. Tracił 12 punktów do lidera klasyfikacji Hamiltona i 7 do drugiego Massy. Wówczas doszło do ostatecznego załamania formy w BMW Sauber.

Weekend Grand Prix Chin od początku układał się fatalnie. W momencie, w którym licząca się w walce o tytuł ekipa powinna dawać z siebie jak najwięcej, team dawał z siebie to, co najgorsze. – Nie mamy żadnych nowych części w bolidzie – przyznawał Polak po piątkowych jazdach. – W zasadzie już od kilku miesięcy nie wprowadziliśmy niczego, co dałoby nam duży skok do przodu. Oczywiście zdajemy sobie sprawę, że w normalnych warunkach nie mamy szans walczyć z Hamiltonem i Massą. Potencjał naszego samochodu jest niższy. Ostatnio mieliśmy problemy, więc cudu w tym wyścigu nie będzie. Ja będę się starał wycisnąć z bolidu wszystko, co się da. Póki jest to matematycznie możliwe, będę walczył. Próbowanie nic nie kosztuje...

Równocześnie trwało typowanie przyszłego mistrza świata. Większość ekspertów obstawiała kierowców McLarena i Ferrari, choć Kubica często pojawiał się w roli czarnego konia, ze względu na swoją bardzo równą dyspozycję i bezbłędną jazdę. – Kto najbardziej zasługuje na ten tytuł? Bez wątpienia

Robert! Tylko on utrzymywał formę godną mistrza świata. Nie popełnił żadnych poważnych błędów. To z pewnością numer 1 – podkreślał brytyjski analityk Mark Hughes, gdy w padoku w Szanghaju prowadziłem ankietę dla „Przeglądu Sportowego". Jako faworytów wymienił jednak Massę i Hamiltona.

Nie pomylił się. Robert, który w pierwszej fazie sezonu walczył o najwyższe pola startowe, tym razem nie awansował nawet do finałowej sesji i ruszał dopiero z 11. pozycji. W niedzielnym wyścigu Polak finiszował szósty, ledwie 4.3 sekundy za Heidfeldem. Było to dziwne o tyle, że puszczając partnera z zespołu, Nick ułatwiłby mu obronę trzeciej pozycji w MŚ. A ponieważ tego nie zrobił, ostatecznie Kubica był czwarty. Zabrakło mu właśnie tego jednego punktu.

To była jednak kwestia drugorzędna. W Szanghaju, po przedostatniej rundzie sezonu, krakowianin stracił matematyczną szansę na mistrzostwo. – Nie będę rozpaczał. Byłem realistą, szanse i tak były bardzo małe – skwitował ten weekend nasz kierowca. – Chcę utrzymać się w pierwszej trójce i mam nadzieję, że się uda. Niestety walczę z kierowcami nie tylko innych ekip.

Ostatni przystanek, w Brazylii, jedynie przypieczętował fatalną końcówkę świetnie rozpoczętego sezonu. Kiepskie przygotowanie bolidu, złe decyzje taktyczne, nieudany pit stop i zbyt późne zmiany opon, w dramatycznym wyścigu przy kapryśnej pogodzie – wszystkie te czynniki sprawiły, że Polak startował dopiero z 13. pola, a dojechał do mety na odległej 11. pozycji. – Osiągnęliśmy cele zespołu, ale moje ambicje były znacznie większe. Po siedmiu wyścigach byłem liderem rankingu mistrzostw świata, ale niestety zacząłem spadać w tabeli, a strata punktowa rosła. Nie byliśmy wystarczająco szybcy, aby zdobyć tytuł – podsumowywał sezon Kubica. – Formuła 1 to sport, w którym wiele zespołów pracuje nad udoskonaleniami. Każdy pragnie zwyciężać. Jeśli więc team przestaje się rozwijać, to nie stoi w miejscu. Zaczyna się cofać, bo inni idą do przodu. Ważny jest regularny, szybki rozwój technologiczny. Jesteśmy tego najlepszym przykładem. Można zacząć dobrze, a po 18 wyścigach skończyć z tyłu. Musimy wyciągnąć z tego wnioski.

Do pytania, czy Robert miał szansę na mistrzostwo 2008, wracamy po dziesięciu latach w rozmowie z Chinchero. – Teoretycznie było to możliwe, ale aby to osiągnąć, potrzebujesz zespołu, który będzie się starał tak samo w drugiej połowie sezonu, jak w pierwszej. Oni na początku wykonali bardzo dobrą robotę, ale Montrealu już to tak nie wyglądało, co oczywiście zupełnie nie podobało się Robertowi. Myślę też, że team za mało wierzył, że jest to możliwe. A trzeba wierzyć. To było typowe podejście wielkiej firmy. Korporacyjne. Zespół wyścigowy tak nie działa. Tymczasem BMW zachowało się jak firma. To był błąd.

Pomimo straconej szansy na mistrzostwo, Kubica był już powszechnie uznawany za jednego z najlepszych kierowców i regularnie wymieniany w transferowych spekulacjach, dotyczących obsady foteli we wszystkich największych ekipach, a także w kilku słabszych. Już w połowie roku nasilały się plotki o zainteresowaniu ze strony Ferrari. Niektórzy w padoku przekonywali, że Włosi chcą u siebie Polaka za wszelką cenę. Część mówiła, że Robert jest „najbardziej włoskim kandydatem na mistrza świata, jakiego może mieć Ferrari". Zapału dziennikarzy nie studził nawet fakt, że formalnie na oba fotele zespół miał już zakontraktowanych kierowców na sezon 2009 – Räikkönena i Massę. Z kolei brytyjski „Autosport" po zakończeniu sezonu przekonywał, że na 2010 rok Kubica jest przymierzany do maszyny McLarena. W artykule „Rage Against the Machine" (ang. „Bunt przeciwko maszynie") Jonathan Noble analizował często napięte stosunki, które panowały w niemieckim zespole. Zdaniem autora w trakcie ostatnich negocjacji team chciał związać Kubicę wieloletnią umową, ale Polak stawiał twarde warunki i zgodził się tylko na roczny kontrakt, aby mieć swobodę wyboru po zakończeniu sezonu 2009. „Przyszłość Kubicy jest świetlana. Od BMW zależy, czy będzie ona wspólna" – podsumował rozważania Noble.

Na tym etapie wiadomo było, że kolejny sezon Robert także spędzi w BMW, co ogłoszono jeszcze przed GP Japonii, 6 października. Już wówczas krakowianin nie krył zaniepokojenia systemem KERS, innowacją, której wprowadzenie już w 2009 roku forsowało m.in. BMW, a która okazała się jednym z największych mankamentów kolejnego modelu. – Jeździłem prototypową wersją samochodu z tym systemem i jeśli inżynierom nie uda się znacznie odchudzić bolidu, to przyszły sezon będę miał z głowy – przyznawał Kubica. Przeczucie go nie myliło...

RUBENS BARRICHELLO:

„Mam nadzieję, że Robert odniesie wiele sukcesów. Jest tak brzydki, że mu się to należy! Uwielbiam go, bo jest prawdziwy. A widzisz, my kierowcy... każdy z nas ma maskę. Musimy chronić się przed wieloma rzeczami, które dzieją się wokół nas w Formule 1. Więc zawsze miło jest, kiedy widzisz w człowieku, że pod jego pancerzem bije prawdziwe serce".

V
Sezon do zapomnienia

Odpuszczając walkę o mistrzostwo świata w 2008 roku, tylko dlatego, że nie było ono w planie, zespół BMW stracił niepowtarzalną szansę. Kubica wygrywając w Kanadzie, wyrobił „normę", natomiast licząc się w walce o tytuł, wychodził przed szereg, na co team nie był gotowy. Wszyscy szefowie ekipy do końca życia będą po cichu żałować tamtej decyzji, a oficjalnie zapewniać, że mistrzostwo w sezonie 2008 było nie do zdobycia. A jednak, gdyby nie zabrakło wiary i przede wszystkim chęci, Mario Theissen mógłby być dumnym szefem zespołu, którego zawodnik został najlepszym kierowcą świata – i być może do dziś pracowałby w Formule 1. To samo mógłby o sobie powiedzieć dyrektor techniczny Saubera, Willy Rampf. Tymczasem w 2009 roku zarządzana przez nich ekipa stoczyła się na dno. Po trzech latach bardzo prężnego postępu, w nową erę techniczną w F1 wkraczała z ogromną stratą do czołówki, a pod koniec sezonu BMW zupełnie wycofało się z F1, pozostawiając na placu boju Saubera.

Na to załamanie złożyło się kilka czynników. Niekorzystna okazała się daleko idąca zmiana regulaminu technicznego. Całkowicie gładkie opony, w miejsce rowkowanych, które królowały przez 11 ostatnich lat, oraz brutalna redukcja elementów aerodynamicznych. Poszerzenie przednich skrzydeł i podniesienie oraz zwężenie tylnych, co zresztą zeszpeciło auta do tego stopnia, że Niki Lauda, nie bez racji, naigrywał się z estetyki nowej F1, porównując bolidy do kosiarek. Niezależnie od wrażeń wizualnych, problem polegał przede wszystkim na tym, że samochody na sezon 2009 należało zaprojektować praktycznie od zera. Poprzednie, wieloletnie doświadczenia i nauki w dużej mierze można było wyrzucić na śmietnik. Wyścig technologiczny zaczynał się od nowa, a zespół Roberta i start, i środek, i finisz roku miał po prostu fatalny.

Kolejna poważna zmiana dotyczyła układu napędowego. F1 miała stać się bardziej eko, bardziej na czasie, bardziej... modna, a kierowcy mieli zyskać 82 KM elektrycznego „kopa" na czas 6.6 sekundy na okrążeniu. Cena, jaką przyszło za to zapłacić, była jednak zdecydowanie za wysoka. Na nowe wyzwania, zacierając ręce, czekali jednak inżynierowie, przede wszystkim ci z BMW, które zablokowało propozycję odłożenia debiutu hybrydowych układów napędowych o rok. Ten opór zemścił się okrutnie, bo system KERS, odzyskujący energię kinetyczną podczas hamowania, okazał się totalnym fiaskiem. Był skomplikowany od strony technicznej i zwiększał ryzyko przy obsłudze bolidu. Zdarzały się przypadki porażenia prądem i pożary podczas prac z chemikaliami. Na jaw wyszło kilka takich incydentów – między innymi w ekipach Red Bulla i BMW Sauber, którego mechanik, rażony prądem, spędził kilka dni w szpitalu. Kierowcy mieli zalecenie, aby w razie awarii auta nie wychodzić z kokpitu na ziemię, tylko z niego zeskakiwać – najlepiej po przejściu po nadwoziu w kierunku przedniego skrzydła, na czubek nosa.

Dodatkowy osprzęt, który mocno podbijał masę, wymagał przestrzeni, czyli zwiększenia powierzchni samochodu, co oznaczało, że w jeszcze gorszej sytuacji znajdowali się wysocy kierowcy, na czele z Kubicą. Poważnym problemem był fakt, że najcięższym zawodnikom brakowało balastu, którym dociąża się bolid, umieszczając ciężarki w kluczowych miejscach podłogi, co pozwalało lepiej go wyważyć. Niżsi zyskiwali jeszcze większą przewagę.

– Już w zeszłym roku było na limicie i w pewnym momencie bardzo schudłem, może nawet za bardzo. Teraz jednak nawet niżsi kierowcy są na diecie, więc przewaga wynikająca z mniejszej wagi jest oczywista, a ja nie mogę nic z tym zrobić. Schudnę tak bardzo jak się da, ale nie mogę też przesadzić. Muszę mieć wystarczająco sił, aby wytrzymać dwugodzinny wyścig przy dużych przeciążeniach – tłumaczył polski kierowca.

Potężne konsekwencje miało też pęknięcie bańki spekulacyjnej w USA i idący za tym ogólnoświatowy kryzys gospodarczy. Najmodniejszym słowem stała się oszczędność, a włodarze wielkich koncernów mieli coraz większy kłopot z uzasadnianiem wydatków na Formułę 1 – idących w setki milionów dolarów rocznie (na przykład na jednorazowe nakrętki na koła, każda po 1200 dolarów od sztuki) – podczas gdy redukowano etaty, a nawet zamykano fabryki. Wielki eksodus pociągnął pod koniec sezonu i Toyotę, i BMW, które nie mogło nawet obronić obecności w elicie wynikami. Pierwszy ruch, jeszcze w 2008 roku zrobiła jednak Honda, która uznała, że lepiej jest sprzedać cały swój dobytek szefowi teamu Rossowi Brawnowi za symbolicznego funta i dać mu roczny budżet na poziomie 100 milionów dolarów, niż wyłożyć 350 milionów na sezon lub ponosić koszty zamknięcia przedsięwzięcia. A Brawn miał już nie tylko zaprojektowany bolid, mocniejszy silnik Mercedesa, który w ostatniej chwili zastąpił motor Hondy, ale i potężny technologiczny atut w zanadrzu, który stał się prawdziwym przebojem sezonu. Był to tzw. podwójny dyfuzor, zwiększający docisk aerodynamiczny auta.

W tle odbywała się ostra walka o władzę i wpływy między ekipami a dzierżącym prawa komercyjne Berniem Ecclestone'em oraz jego odwiecznym sojusznikiem, prezydentem FIA Maxem Mosleyem, którego pozycją mocno zachwiał skandal seksualny, ujawniony w 2008 roku. Zespoły chciały więcej udziału w zyskach i więcej wpływów. Mówi się, że aby utrzeć nosa fabrycznym tuzom, włodarze Formuły 1 wyjątkowo przychylnie potraktowali ekipę Brawna. BMW było po drugiej stronie barykady. Było zespołem fabrycznym...

Nie dlatego jednak wielki plan korporacji spełzł na niczym. Team był po prostu fatalnie przygotowany do sezonu, dlatego jego kierowcy z trudem walczyli o punkty, zdobywając po drodze tylko dwa, zaskakujące podia – drugie miejsce Heidfelda w szalonym GP Malezji oraz drugie Kubicy w przedostatnim wyścigu w kalendarzu, Grand Prix Brazylii. Polak zakończył rok z 17 punktami, na 14. pozycji w rankingu kierowców. O dwa więcej zdobył 13. Nick Heidfeld.

Tym razem nie było głośnej muzyki, laserowych efektów i tancerzy na scenie. Podczas premiery modelu F1.09 nowy bolid nie wyłonił się w kłębach dymu zza kurtyny ani nie wysunął z podłogi. W dobie oszczędzania team BMW Sauber zaplanował skromną prezentację na torze testowym imienia Ricardo Tormo pod Walencją. Kiedy goście zaczęli opuszczać miejsce premiery, rozpoczęły się pierwsze, ostrożne próby.

– Nasze cele na ten sezon wyznaczyliśmy cztery lata temu. Powiedzieliśmy, że po trzech latach będziemy walczyć o mistrzostwo. W każdym kolejnym sezonie realizowaliśmy wszystkie założenia. W 2006 roku regularnie zdobywaliśmy punkty, w 2007 stawaliśmy na podium, a w 2008 odnieśliśmy zwycięstwo. Nie ma więc powodu, abyśmy rezygnowali z najważniejszej i najtrudniejszej ambicji. Chcemy walczyć o mistrzostwo z najsilniejszymi ekipami – zapowiadał dzień później Mario Theissen. Rzeczywistość jednak koszmarnie odbiegała od planu.

Już piątkowe treningi w Australii były niepokojące. – To nie jest mój samochód – mówił przez radio swojemu inżynierowi Robert Kubica podczas drugiej sesji. Rządziły bolidy z podwójnymi dyfuzorami: Williamsy, Toyoty oraz najlepsze z najlepszych Brawn GP. Żaden z nich nie miał systemu KERS, w który wyposażone były za to maszyny Ferrari, McLarena, Renault oraz jedno BMW, Heidfelda, który był lżejszy, więc nie tracił tyle z powodu wagi osprzętu. Wolniejsze w zakrętach od aut z większymi dyfuzorami, przynajmniej zyskiwały dodatkowe 82 konie mechaniczne na prostych. Kubica miał auto klasy C, bo BMW Sauber nie posiadało podwójnego dyfuzora, a w bolidzie Polaka nie było także KERS.

Co ciekawe jednak, pierwszy wyścig przyniósł powiew nadziei. Przynajmniej zespołowi, bo Kubica już wiedział, że jest ona ułudą. Nietypowy przebieg Grand Prix Australii i ryzykowna, acz skuteczna strategia sprawiły, że pod koniec wyścigu Robert błyskawicznie doganiał kierowców z przodu, mając teoretyczną szansę nawet na doścignięcie i zaatakowanie lidera, Jensona Buttona. Najpierw musiał jednak pokonać drugiego Sebastiana Vettela. Niemiec, podobnie jak Button, jechał na zużytych, miękkich oponach, więc Polak, na świeżym, twardym ogumieniu, błyskawicznie zbliżał się do kierowcy Red Bulla, zyskując nawet 3 sekundy na okrążeniu. Vettel skazany był na przegraną w tym pojedynku, ale Kubicy bardzo zależało na czasie, bo przed metą mógł jeszcze dopaść lidera. Dlatego wykorzystał pierwszą dogodną sytuację. Chwilowa utrata kontroli nad bolidem przez

Sebastiana była zaproszeniem do ataku w kolejnym zakręcie. Wyprzedzany od zewnętrznej Niemiec w pewnym momencie odpuścił jednak hamulec, nie zmieścił się w wirażu i uderzył w jadącą obok maszynę BMW Sauber. Zniszczenia były tak duże, że obaj zawodnicy zaraz potem wypadli z toru. – Przepraszam, przepraszam. Jestem idiotą – mówił do szefów przez radio Vettel, choć przed dziennikarzami bronił swojego manewru. – Robert zostawił mi za mało miejsca, a ja byłem z przodu – tłumaczył, ale mijał się z prawdą. Po prostu nie mieścił się w torze. Nie był w stanie skręcić. Sędziowie zakwalifikowali tę kolizję jako „incydent wyścigowy", uznając winę obu zawodników, ale ukarali Sebastiana grzywną 50 000 dolarów za to, że próbował jechać dalej z oderwanym kołem, zamiast zatrzymać bolid. Kierowca tłumaczył, że takie polecenie dostał od zespołu.

Po wyścigu Kubica, zazwyczaj opanowany, tym razem był wyraźnie poirytowany zagraniem Vettela. Obawiał się, że mogła być to ostatnia w tym roku szansa na wygranie wyścigu. – Jestem przekonany, że ta kolizja kosztowała Roberta zwycięstwo, a Sebastiana trzecie miejsce – twierdził Theissen.

Z Australii zespół wyjeżdżał zadowolony z przebiegu pierwszego weekendu – w końcu w sobotę Polak wywalczył doskonałe 4. pole startowe, a w wyścigu jechał na 3. pozycji z szansą na zwycięstwo. Szefowie ekipy zdawali się nie dostrzegać faktu, że pomogła neutralizacja w dogodnym momencie oraz odwrócenie strategii (na koniec wyścigu Kubica miał dużo lepsze ogumienie). Ogólne wnioski z weekendu były więc mylne, a w drugim wyścigu, w Malezji, ekipa tylko utwierdziła się w przekonaniu, że w jej najnowszej maszynie tkwi duży potencjał. Co prawda Robert zakończył jazdę już na drugim kółku, gdy z silnika buchnęły płomienie – a problemy zaczęły się jeszcze przed startem – ale na podium stanął Heidfeld. Tym razem włodarze teamu nie chcieli dostrzec, że walka toczyła się w fatalnych, deszczowych warunkach i w przerwanym z powodu zbyt dużej ilości wody GP Malezji, Niemiec znalazł się na drugiej pozycji tylko na jednym okrążeniu – 31. z zaplanowanych 56. Dokładnie na ostatnim, które policzono do klasyfikacji przedwcześnie zakończonego wyścigu. Na kolejnym kółku, już za samochodem bezpieczeństwa, Nick stracił sporo czasu po wypadnięciu z toru.

W Chinach pierwszy raz spróbowano użyć KERS w maszynie Kubicy, jednak usunięto system z bolidu po pierwszym dniu przygotowań. Dodatkowy zastrzyk mocy nie pokrywał strat związanych ze wzrostem wagi pojazdu. – To było ryzykowne. Szczególnie z mojego punktu widzenia, używanie KERS-u w bolidzie przy mojej masie wiązało się z wielkimi ograniczeniami. A my dziewięćdziesiąt procent testów zimowych poświęciliśmy na przygotowanie tego systemu. To była zła decyzja – mówił potem Kubica.

W deszczowym wyścigu żaden z kierowców BMW Sauber nie zdobył punktów, a już fakt, że Kubica dojechał do mety, mimo kolizji z Jarno Trullim, w którego Toyotę uderzył z ogromnym impetem, urywając przednie skrzydło, graniczył z cudem. – Dziwię się, że poza tym nic nie stało się mojemu bolidowi, bo uderzenie było spore – mówił na mecie, po czym zgodził się z dziennikarzami, że jego bolid jest „mocny jak czołg". – Może dlatego jest taki ciężki – dodawał zgryźliwie. Faktycznie. Samochód ważył tyle, że nawet lżejszy o 10 kilogramów Heidfeld miał problemy z jego wyważeniem.

Toporność nazbyt ciężkiego modelu F1.09 była widoczna gołym okiem. – To tak jakbyś porównał Windowsa 95 do Visty – zauważył jeden ze stałych bywalców padoku, zestawiając BMW Sauber z misternie rzeźbioną, aerodynamiczną sylwetką Red Bulla RBR5 (który czekał, aż inżynierowie opracują własną wersję podwójnego dyfuzora). Podczas gdy ambitniejsze ekipy przyspieszyły z rozwojem technicznym maszyn, ekipa Polaka przespała ten moment, szykując swoje poprawki dopiero na początek sezonu europejskiego. Wszystko szło nie tak.

Kolejny weekend zakończył się jeszcze gorzej. W Bahrajnie zawodnicy BMW Sauber stanowili tło dla większości stawki, przewijając się na szarym końcu. Robert był przedostatni, Nick, który po starcie wpadł na bolid kolegi z teamu, zaraz za nim (Polak znalazł się zresztą w kleszczach, z drugiej strony uderzony przez Heikkiego Kovalainena). Obaj kierowcy BMW zmuszeni byli wykonać nieplanowany pit stop, ale i bez tego tempo było fatalne. W ten weekend w obu maszynach zainstalowany był KERS, który inżynierowie za wszelką cenę starali się na stałe wprowadzić do użytku. W kolejnej rundzie, w Hiszpanii, zrezygnowali.

Po szóstej rundzie sezonu – upokarzającym GP Monako, gdzie żaden bolid BMW Sauber nie wyszedł z pierwszej fazy kwalifikacji, a do tego niemiłosiernie się psuły – dorobek Kubicy wciąż wynosił zero. Pierwsze punkty sezonu (2) kierowca zdobył dopiero w siódmym wyścigu, na początku czerwca, w Turcji. Rok wcześniej o tej samej porze prowadził w mistrzostwach świata, po zwycięstwie w Kanadzie.

Dopiero od 11. rundy, Grand Prix Europy, zaczął punktować względnie regularnie, choć wciąż w kratkę. W tym czasie szefostwo BMW Sauber przyznało w końcu, że ich system KERS był niewypałem i ogłosiło, że nie będzie używany już do końca sezonu. Bolid wciąż jednak był wolny i nawarstwiały się problemy techniczne oraz operacyjne. Team pogrążył się w głębokim kryzysie. W GP Węgier, 10. z 17 planowanych rund, Kubica, przy zapełnionych polskimi flagami trybunach, był 19. w czasówce (najgorszy wynik w karierze), a na mecie dopiero 13. Trzy dni później, 29 lipca, BMW potwierdziło informację, która w padoku gruchnęła tuż przed weekendem. Po sezonie 2009 koncern z Monachium wycofywał się z Formuły 1. Wiadomość była szczególnie bolesna dla Saubera, który musiał podjąć walkę o przetrwanie. Mniej dla Kubicy, którym i tak interesowała się większość ekip, nawet jeśli część miała już zajęte fotele. – W padoku nie ma zespołu, który nie chciałby mieć go w kokpicie swojego bolidu – zapewniał jeszcze w połowie czerwca Mark Hughes.

Z miejsca zaczęto wiązać Polaka z Ferrari, które straciło już do końca sezonu Felipe Massę. Podczas kwalifikacji na Hungaroringu Brazylijczyk został uderzony w głowę kawałkiem sprężyny, która odpadła z bolidu Brawn, prowadzonego przez Rubensa Barrichello. Skoro więc BMW ogłosiło rozbrat z Formułą 1, a Ferrari od dłuższego czasu wykazywało zainteresowanie Kubicą, wydawało się, że szybki transfer w trakcie sezonu to logiczne rozwiązanie. Do tego jednak nie doszło. Krakowianin resztę roku przejeździł w BMW, szukając nowego teamu.

– Nie spieszy mi się. Czekam, aby zobaczyć, który zespół będzie się lepiej rozwijał do końca sezonu. To może być kluczowy czynnik w moim wyborze. Większość ekip już teraz ma zakontraktowanych kierowców, więc dużego wyboru nie ma – mówił nasz kierowca przed Grand Prix Europy w Walencji.

Ostatecznie zawarł porozumienie z zespołem Renault, choć i za tą umową kryła się skomplikowana polityka padoku Formuły 1. Francuski producent rozważał wycofanie z F1 całej ekipy, do czego nie mogli dopuścić jej włodarze. Postawiono ultimatum. Renault chciało jednego z trzech ich zdaniem najlepszych kierowców w stawce. Jeden, Fernando Alonso, właśnie miał opuścić skład, aby przejść do Ferrari, wraz z dziesiątkami milionów euro osobistego sponsora, banku Santander. Drugi, Lewis Hamilton, był wciąż związany z McLarenem, ale trzeci, Robert Kubica, był wolny!

Umowę negocjował Flavio Briatore, na tym etapie wielki fan talentu Polaka. Co prawda Włoch jeszcze w trakcie sezonu wyleciał i z Renault, i z Formuły 1, jednak zanim do tego doszło, zdążył porozumieć się z naszym kierowcą. Już podczas weekendu Grand Prix Singapuru 2009 w padoku Formuły 1 przyjmowano za pewnik, że w sezonie 2010 szeregi francuskiego zespołu faktycznie wzmocni Kubica. Wiadomość oficjalnie ogłoszono po kolejnym wyścigu, GP Japonii. – Wygląda na to, że straciliśmy już Roberta – przyznał jeszcze w trakcie weekendu na Suzuce John Howett, prezydent teamu Toyota, który w ostatniej chwili włączył się do rywalizacji o podpis Kubicy. Co ciekawe, japoński zespół wycofał się z Formuły 1 po zakończeniu sezonu.

– Z radością dołączę do Renault w sezonie 2010 – ogłosił Kubica 7 października. – Czuję, że z tą ekipą mam specjalny kontakt, ponieważ w 2005 roku zostałem mistrzem World Series by Renault. Dzięki temu dostałem szansę na test z zespołem Renault w Barcelonie, który ostatecznie doprowadził mnie do debiutu w Formule 1.

– Robert ma roczny kontrakt, co jest bardzo korzystne, ponieważ jeśli się okaże, że zespół nie spełnia oczekiwań albo coś nie działa poprawnie, będzie mógł zmienić stajnię. Jeśli jednak decydujesz się na takie rozwiązanie, musisz być bardzo pewny siebie, bo zazwyczaj kierowcy wolą podpisywać dłuższe umowy. Ale to cały Kubica. Wie, że sobie poradzi. Ostatecznie, jeśli nie układa ci się współpraca z zespołem, kontrakt staje się tylko kartką papieru. Ile jest warta, pokazał przykład Kimiego Räikkönena, który miał przecież umowę na przyszły rok z Ferrari, ale na jego miejsce sprowadzono Alonso – oceniał sytuację Roberto Chinchero.

Gdy przyszłość zarówno BMW, jak i Kubicy była już ustalona, nadeszła pora na niespodziewane, ostatnie podium Polaka w barwach ekipy, która otworzyła mu drzwi do Formuły 1. Niespodziewane, zarówno z racji fatalnie przebiegającego sezonu i jeszcze gorszej jego końcówki, bo na tym etapie w zespole panowała fatalna atmosfera, a inżynierowie i mechanicy popełniali poważne błędy. Do Grand Prix Brazylii Polak startował dopiero z ósmego pola, ale linię mety przedostatniej rundy sezonu 2009 przeciął na drugiej pozycji! – Kluczem były kwalifikacje i decyzja o zostawieniu ustawień na suchy wyścig oraz mniejszego docisku aerodynamicznego. To postawiło mnie w trudnej sytuacji w czasówce, kiedy tor był bardzo mokry. Mimo to udało mi się zakwalifikować na ósmym miejscu – podkreślał Kubica. Z jednej strony pomogły mu także błędy rywali, z drugiej przeszkadzały problemy techniczne, bo po ósmym okrążeniu musiał ograniczyć obroty silnika.

W końcu nadszedł ostatni weekend BMW w Formule 1. Kończące sezon Grand Prix Abu Zabi. Na piątek i sobotę Polak przygotował specjalne malowanie kasku, z napisem „Wielkie dzięki dla BMW Sauber F1 Team". W niedzielę wrócił do swojego starego, ale... ozdobionego autografami członków zespołu. Kwadrans przed startem mechanicy, zgromadzeni wokół bolidu zaparkowanego na polu startowym numer 7, robili sobie pamiątkowe zdjęcia ze swoim kierowcą. W wyścigu zespół i tak zrobił to, co zdarzało się wielokrotnie. Ponownie zawiódł.

Kubica bronił 13. pozycji w mistrzostwach przed kolegą z ekipy. Podczas treningu Niemiec, siedząc w garażu, powiedział przez radio do swojego inżyniera:
– Nie rozumiem, jak Robert jest w stanie przejechać takie okrążenie!

Był zdziwiony tempem Kubicy, który miał za plecami mocno zużyty, więc słabszy silnik, a wcześniej stracił połowę treningu. Nickowi bardzo zależało, aby w ostatnim wyścigu wyprzedzić w tabeli punktowej Polaka, co poprawiłoby jego notowania u potencjalnych pracodawców. Przed weekendem skarżył się rodzimym dziennikarzom, że wciąż nie ma pracy, choć jest szybszy od kolegi z ekipy.

Robert mógł dojechać do mety na Interlagos dwie pozycje za Nickiem i nawet przy równej liczbie punktów utrzymałby 13. miejsce w mistrzostwach (tak długo, jak Niemiec nie awansowałby na 4. lokatę w wyścigu). Na szczęście dla Heidfelda, Polak miał problemy. – Pierwszy etap wyścigu był bardzo dobry i byłem w stanie utrzymywać tempo prawie takie, jak Barrichello. Po pit stopie coś

Krótki pożar podczas pit stopu w Grand Prix Bahrajnu 2009.
To był ostatni sezon BMW w F1.

stało się z bolidem. To bardzo dziwne, bo tor robił się coraz szybszy, a ja jechałem coraz wolniej – powiedział Kubica. Nie miało to jednak większego znaczenia. Bardziej niepokoił fakt, że jego przyszła ekipa, Renault, była trzecia od końca w rankingu konstruktorów, dwie pozycje za BMW, dla którego sezon ułożył się przecież fatalnie.

Martwiła też przyszłość osamotnionego Saubera. Po zakończeniu wyścigu mechanicy i inżynierowie BMW stali pod garażami pijąc piwo. Nikt z nich nie wiedział, czy Sauber jeszcze kiedykolwiek wystartuje w Formule 1. Przynajmniej w ostatnim wyścigu sezonu awansowali na szóste miejsce w rankingu konstruktorów, wyprzedzając Williamsa. – To trudny moment dla wszystkich ludzi, których losy wciąż są niepewne. Nie tylko dla osób z Saubera, ale na przykład dla tych z departamentu silnikowego, w Monachium. Dlatego cieszę się, że mam już zabezpieczoną przyszłość w zespole Renault. Jestem z tego dumny. Czekam na nowe wyzwania – mówił Robert.

Kubica podsumował cztery lata, spędzone w BMW Sauber: – Jeśli chodzi o atmosferę, naszą współpracę i moją wizję tego, jak to powinno wyglądać, w 2006 roku było znacznie lepiej niż w 2007. Rok 2007 był dla mnie okresem przejściowym i wyczerpującym. Dużo problemów technicznych, ale nie tylko.

Wystarczy wrócić do dwóch pierwszych czasówek... W ubiegłym roku, gdybyśmy mieli większą motywację i bardziej wierzyli, że mamy szansę na tytuł, szansę, która może się już więcej nie powtórzyć, to może trochę inaczej podeszlibyśmy do drugiej części sezonu. Trudno. Kiedy wówczas dosyć otwarcie mówiłem o pewnych rzeczach, wielu ludzi w ogóle nie zrozumiało o co mi chodzi, z czym mam problem i że w ogóle coś jest nie tak. Ja tylko mogę powiedzieć, że konsekwencje tamtej decyzji widać było w tym sezonie.

– W tym roku wielkim rozczarowaniem był wypadek z Vettelem w Grand Prix Australii – kontynuował Kubica.

– Pamiętam, że byłeś wściekły – wszedłem mu w słowo.

– Zazwyczaj takie sytuacje przyjmuję ze spokojem, ale wówczas doskonale wiedziałem, że straciłem wielką szansę. Już wtedy spodziewałem się, że będziemy mieli poważne problemy z osiągami bolidu, co się potem sprawdziło. Jeśli więc teraz prześledzisz jeszcze raz mój wyścig w Melbourne wiedząc, co działo się w późniejszych Grand Prix, zrozumiesz, dlaczego byłem wkurzony. W Australii walczyliśmy o podium tylko dlatego, że poszczęściło nam się ze strategią, a w Malezji Nick skończył na podium, ponieważ wyścig przerwano w dogodnym momencie i wyniki policzono po tym jedynym okrążeniu, kiedy był drugi. Gdyby przerwano jazdę dwa kółka wcześniej, byłby dziewiąty. Tak więc zależy, jak się ocenia takie wyniki. Ja oceniałem realnie, że za każdym razem byliśmy na pograniczu punktów, a zespół uznał, że w obu wyścigach łapaliśmy się na podium.

– Ludzie mówili, że jesteś marudą, ale miałeś rację.

– Widocznie prawda jest bolesna. Wiele osób mówi, że jestem zawsze negatywnie nastawiony, ale być może to oni są zbyt pozytywnie nastawieni? Fakt. W wielu przypadkach zaniżam wartość pewnych osiągnięć i być może zaniżam też szanse na osiągnięcie innych rzeczy, ale robię to celowo, aby nabrać jeszcze więcej motywacji i nigdy nie być zbyt pewnym, że się uda. Jeśli uwierzysz, że jesteś najlepszy i że na pewno wygrasz, jest to moment, w którym tracisz mobilizację, ambicję i pęd do pracy. Nie jesteś już tak nakręcony, żeby do czegoś dojść.

ROBERT KUBICA:

„Z jednej strony jest mi przykro, że BMW odchodzi. Z drugiej jednak jestem bardzo dumny z tego, że zapewniłem sobie miejsce na przyszły rok w dobrej ekipie, Renault".

VII
Ostatni wyścig

Ósme miejsce w klasyfikacji końcowej sezonu może nie robić takiego wrażenia, co czwarte sprzed dwóch lat, trzy miejsca na podium – co siedem w sezonie 2008, wśród których było zwycięstwo w Grand Prix Kanady, zero okrążeń na prowadzeniu, co 68 sprzed dwóch lat. A jednak pod wieloma względami ostatni dotąd rok startów w Formule 1 był w wykonaniu Roberta także najlepszym. Bo zawsze w sporcie samochodowym punktem wyjścia do ocen są okoliczności – to, ile jesteś w stanie wyciągnąć ze sprzętu, jaki masz do dyspozycji.

– Dziesięć najlepszych miesięcy mojej pracy w Formule 1 to były czasy Renault. To długi temat. Potrzebowalibyśmy kolejnej godziny... Moja reputacja po tym sezonie była znacznie wyższa niż wiele osób myśli – wspominał 33-letni Kubica w podcaście „Beyond The Grid". To był drugi rok nowej Formuły 1 technicznej, więc także okres wprowadzania nowych, zaskakujących rozwiązań. McLaren zaskoczył rywali tzw. Kanałem F – układem aerodynamicznym, który pozwalał kierowcy częściowe „wygaszenie" tylnego skrzydła po zatkaniu dziury w kokpicie. Dzięki temu na prostych skrzydło generowało mniejszy, zbędny w tych miejscach docisk aerodynamiczny i stawiało niższe opory, więc bolid lepiej się rozpędzał. Każdy, kto mógł, dążył w tym roku do powielenia tego pomysłu. Tymczasem Red Bull postawił na tzw. pompowany dyfuzor, który wykorzystywał wypadające z silnika spaliny, aby zwiększyć prędkość przepływu powietrza w tym zainstalowanym w podłodze systemie kanałów powietrznych. Ten mechanizm z kolei zwiększał docisk bolidu w zakrętach. Renault na początku sezonu nie miało żadnego z nich, ale oba patenty udało się wprowadzić w trakcie mistrzostw. Dobrym rozwiązaniem było też porozumienie wszystkich ekip, aby w sezonie 2010 nie stosować w bolidach systemu KERS pomimo faktu, że zezwalał na to regulamin. Nowością, która objęła wszystkich było wprowadzenie zakazu tankowania w trakcie wyścigów. Teraz kierowcy rozpoczynali zmagania w znacznie cięższych (o około 150-160 kilogramów!), bo zatankowanych na cały dystans maszynach, co zmieniło oblicze ścigania, a przede wszystkim strategie. Było mniej niespodzianek, ponieważ w kwalifikacjach każdy jeździł z minimalną ilością paliwa. Wcześniej, do wyścigu zawodnicy startowali z benzyną, która pozostała w zbiorniku po finałowej części czasówki, co dawało większe możliwości taktyczne. Jadąc w kwalifikacjach z mniejszą ilością paliwa, można było pokonać rywali w szybszych, ale mocniej zatankowanych autach i startując z wyższego pola podjąć atak na pozycje, które w nowym systemie były już poza zasięgiem. Drugą kluczową zmianą było wprowadzenie nowego systemu punktowego. Zamiast pierwszych ośmiu, punktowało pierwszych dziesięciu kierowców, a premie były znacznie wyższe. Poprzednio 10-8-6-5-4-3-2-1. Od sezonu 2010, po dziś dzień za zwycięstwo zgarnia się 25 oczek, a kolejni na mecie zawodnicy dostają ich 18-15-12-10-8-6-4-2-1.

Największa zmiana z punktu widzenia Polaka zaszła jednak w jego własnej ekipie. Po pierwsze spowodowało ją odejście Briatorego, który był świetnym szefem, który miał duże wpływy polityczne (przyjaźnił się z Berniem Ecclestone'em) i mocne przełożenie na sponsorów. Sam był celebrytą Formuły 1, widywanym z topowymi modelkami: Naomi Campbell, Heidi Klum oraz poślubioną w czerwcu 2008 roku Elisabettą Gregoraci. Przede wszystkim jednak Flavio wiedział, że najważniejsi w zespole są kierowcy i wokół nich obudowywał struktury prowadzonych przez siebie ekip. Chwilę przed utratą praw w Formule 1 (dostał formalny zakaz pojawiania się w padoku) – postawił na Kubicę, którego bardzo lubił i szanował. Po drugie, ważniejsze, sprawdziły się plotki, krążące po padoku jeszcze w 2008 roku. Renault – idąc śladami Hondy, BMW oraz Toyoty – też chciało wycofać się z Formuły 1. Francuzi szukali nowego właściciela, a w procesie sprzedaży teamu Robert był jednym z najważniejszych elementów układanki. Pod koniec 2009 roku Renault rozpoczęło stopniową sprzedaż swojej stajni, dzięki czemu ich wkład na sezon 2010 spadł o połowę. Nowy właściciel, firma Genii Capital, kontrolowana przez biznesmena Gerarda Lopeza, nabywał nie tylko team Formuły 1, z jego siedzibą i sprzętem oraz gwarancję dostaw silników Renault, ale także w pełni przygotowany do sezonu zespół z czołowym kierowcą w fotelu. Nowym szefem został 36-letni Francuz Eric Boullier, bez doświadczenia w Formule 1, ale z ambicjami i chłodnym, praktycznym ale też pokornym podejściem do nowego wyzwania. Wcześniej prowadził ekipy kategorii juniorskie, m.in. znaną francuską stajnię DAMS.

Premiera nowego bolidu była znacznie skromniejsza od poprzednich prezentacji Renault, bo odbywała się na torze wyścigowym Walencja, tuż przed rozpoczęciem testów. – Chcemy wrócić do czołówki i jak najszybciej walczyć o podia. Taki cel na początku roku jest oczywiście zbyt optymistyczny. Dysponujemy niezbędnymi zasobami, aby w trakcie sezonu systematycznie wprowadzać zmiany i z każdym wyścigiem rosnąć w siłę. W ostatniej fazie mistrzostw chcemy regularnie rywalizować o pierwszą trójkę – zapowiadał nowy szef. – Pamiętam, kiedy w zespole zjawił się Fernando, od razu zorientowaliśmy się, że jest świetny. To samo tyczy się Roberta, szczególnie, jeśli przyjrzeć się jego dotychczasowym dokonaniom. Nie jest jeszcze mistrzem świata, ale nie mam wątpliwości, że posiada potencjał, aby podążyć ścieżką Fernando i zdobyć tytuł. Mam nadzieję, że z Renault – dodawał Bob Bell, były szef techniczny, który pozostawał w strukturach ekipy na wysokim stanowisku.

W Walencji poznaliśmy też ostatecznie nowego partnera Polaka. Wcześniej spekulowano, że drugi fotel zająć może... Nick Heidfeld, jednak ostatecznie Niemiec został na lodzie, bez kontraktu, a do kokpitu wrócił dopiero na pięć ostatnich Grand Prix, w barwach Saubera. U boku Polaka debiutował natomiast Witalij Pietrow – pierwszy rosyjski kierowca Formuły 1. Bardzo pewny siebie, dobrze wyszkolony i wspierany przez rodzimych sponsorów.

Co ciekawe, przygodę z wyścigami zaczynał bardzo późno, w wieku 17 lat, pomijając starty w kartingu. – Kiedyś przejechałem się samochodem startującym w wyścigach aut turystycznych. To była Łada. Bardzo mi się spodobało i zacząłem jeździć. Nawet nie myślałem o Formule 1. Nie wiedziałem, kto to jest Schumacher. Dopiero potem zacząłem się tym interesować i postanowiłem zostać profesjonalnym kierowcą – opowiadał 25-letni zawodnik z Wyborga, który pierwszy sezon startów zaliczył w 2001 roku w Pucharze Łady oraz rallycrossie. Od kilku lat szlifował umiejętności w serii GP2, uznawanej za przedsionek Formuły 1. Po czterech latach odniósł spory sukces. – Nie dziwi mnie fakt, że kierowca, który został wicemistrzem serii GP2, awansował do Formuły 1 – podkreślał Kubica. – Wiele osób zapomina, czego tam dokonał, a woli patrzeć na to, skąd pochodzi, oraz fakt, że może przyciągnąć sponsorów. Nie będzie mu łatwo, ale wygląda na mądrego faceta i sądzę, że wykona dobrą robotę.

Wyboru bronił też Lopez. – Ktoś taki jak Witalij może wnieść około siedmiu procent rocznego budżetu, a nie jest to kwota, która zapewni zespołowi zwycięstwa lub nawet przetrwanie. My mieliśmy propozycje od kierowców, którzy mogli przynieść ze sobą dwa razy więcej pieniędzy niż Pietrow. Przede wszystkim chodziło nam o jego umiejętności!

Kubica, choć wiedział, że szanse na zawojowanie całej stawki są raczej marne, znalazł się w dobrym środowisku – Renault było w praktyce brytyjskim teamem, z siedzibą w Enstone i dużej mierze miejscowym personelem. Zespołem, który do niedawna zdobywał tytuły i współpracował z Alonso, jednym z najlepszych kierowców w historii F1, pogromcą Michaela Schumachera. Może nie tak prężnym i bogatym, jak Red Bull, Ferrari, McLaren, czy Mercedes, ale wciąż bardzo dobrze zorganizowanym i złożonym z osób, które naprawdę znały się na prawdziwym ściganiu i – w przeciwieństwie do BMW Sauber – chciały osiągać jak najlepsze rezultaty.

– Dni spędzone w fabryce oraz na torze testowym przekonały mnie, że w tej ekipie jest wielu ludzi, którym naprawdę zależy na tym, abym czuł się komfortowo w tym samochodzie – mówił z entuzjazmem Kubica w trakcie zimowych przygotowań. – Oni naprawdę wkładają maksymalny wysiłek w to, aby wszystko działało jak najlepiej. Dla kierowcy to zawsze wspaniałe uczucie, kiedy widzisz, że twój team tak bardzo się stara i daje z siebie wszystko, aby ci pomóc. Tak powinno być zawsze – dodawał Polak.

Także struktura Renault nie była tak korporacyjna, a szybkość reakcji oraz zdolność podejmowania szybkich decyzji są kluczowe w sporcie tak dynamicznym, jak Formuła 1. Sposób działania nowej ekipy Polaka był znacznie lepiej wpisany w naturę ścigania, a w związku z tym zbieżny z naturą samego kierowcy. Kubica znalazł się wśród swoich. – Dialog jest znacznie prostszy. Jeśli trzeba coś zrobić to wszyscy, razem ze mną działają, aby jak najszybciej to poprawić – mówił.

Wciąż jednak był to dopiero ósmy team poprzednich mistrzostw świata, do tego w nowych rękach i z nowym szefem. Zespół, który stracił połowę finansowania z koncernu-matki i pod wieloma względami nie mógł rywalizować z czołowymi, bogatymi teamami. Dlatego już przed rozpoczęciem sezonu, w przeddzień pierwszych treningów w Bahrajnie, można było odnieść wrażenie, że po entuzjastycznych wypowiedziach, jakie przeważały podczas testów, Polak nieco ochłonął i teraz bardziej przypominał kierowcę, którego pamiętaliśmy z czasów BMW Sauber. – W połowie przygotowań, w Jerez byliśmy z przodu. Może nawet zbyt z przodu – mówił z przekąsem do polskich dziennikarzy, po czym dodał: – Niestety potem w Barcelonie czasy okrążeń nie były rewelacyjne. Nie mieliśmy tam zbyt wielu nowych części...

W pierwszym wyścigu nie zdobył punktów. Po starcie z 9. pola obrócił się podczas incydentu w sekwencji pierwszych zakrętów po kontakcie z maszyną Adriana Sutila. Do mety dotarł na 11. pozycji, pierwszej, za którą w nowym systemie nie przyznawano punktów, i z maszyny wysiadł wycieńczony, bo nie działał system dostarczający kierowcy picie podczas jazdy.

Wiedział już z grubsza, na czym stoi. Model Renault R30 z pewnością do najszybszych w stawce nie należał, ale miał też swoje mocne strony – wysokiej klasy zawieszenie i układ jezdny, stabilne hamulce, czy w końcu nie najmocniejszy, ale relatywnie oszczędny, płynnie pracujący silnik. Był przyjazny dla kierowcy i w dobrych rękach, w nietypowych okolicznościach i najtrudniejszych torach, potrafił zaskakiwać. Od czasu do czasu można w nim było zdziałać mały cud. – Patrząc na suche dane, czyste numery, to w 2010 roku z Renault powinniśmy kończyć każdy wyścig poza pierwszą dziesiątką, a były tory, na których walczyliśmy nawet o dwa pierwsze rzędy w kwalifikacjach i kończyliśmy na podium. Dlaczego? Ponieważ ten bolid był bardzo łatwy w prowadzeniu, co pozwalało kierowcy na przenoszenie tych numerów na inny poziom. Właśnie dzięki temu samochodowi czasami byłem w stanie walczyć o pozycje, na których nie powinniśmy się znaleźć – 34-letni już Kubica w Częstochowie, pod koniec 2018 roku wraca pamięcią do swojego ostatniego sezonu w Formule 1.

Pierwszy mały cud zdarzył się dwa tygodnie później, w Australii. Trudny, uliczny dość szybki tor, wyjątkowo niepogodna jak na Melbourne wczesna jesień, trafna decyzja taktyczna i kierowca wyścigowy, który nie boi się ryzykować, jadąc na gładkich oponach po wilgotnym torze. W przewidywalnym, dobrze wyważonym bolidzie i z profesjonalnym zespołem wyścigowym za plecami, po starcie z dziewiątego pola Polak stanął na drugim stopniu podium, ustępując jedynie Jensonowi Buttonowi w McLarenie. Wjeżdżając na metę trzymał za sobą ogon bolidów znacznie szybszych niż jego Renault. Jako jedyny nie popełnił żadnego poważniejszego błędu i perfekcyjnie wykorzystał warunki, panujące w dramatycznym wyścigu, który widzom zaoferował wszystko – mokry start, kolizje i potężne kraksy, taktyczną walkę i ostre pojedynki koło w koło. Dzień wcześniej jednak, w kwalifikacjach szybsze od Renault były bolidy Red Bulla, Ferrari, McLarena, Mercedesa oraz... jeden Williams. Niedzielny wynik zupełnie nie oddawał więc układu sił. – Chcę bardzo podziękować chłopakom za ich wysiłek, ale musimy pozostawać realistami. Nie jesteśmy wystarczająco szybcy, aby walczyć o podium w normalnych wyścigach – zastrzegał Kubica po zejściu z podium. Nie mniej zadowolony był więc z czwartego miejsca tydzień później w Malezji, które też przekraczało teoretyczne możliwości jego maszyny. Prosto z Chin, gdzie był piąty, wrócił do Europy, aby z Jakubem Gerberem na prawym fotelu swojego Renault Clio S1600 wystartować w pierwszej rundzie mistrzostw Europy – włoskim rajdzie Mille Miglia, a następnie w Rally del Taro. Takie okazjonalne starty stały się regułą w 2010 roku. Kubica był w swoim żywiole. Jeździł, ile się dało. – Wiesz... moim zdaniem to nie jest tak, że on jeździł bolidem Formuły 1 po to, żeby być najlepszym kierowcą. Po to, żeby być najlepszym kierowcą, jeździł samochodem rajdowym. Żeby być kompletnym. Nieraz było tak, że mówił mi: „Słuchaj, ja siódmy weekend z rzędu siedzę w samochodzie sportowym. I jest mi z tym dobrze. Rozwijam się" – wspomina ten czas Gerber. I opowiada sytuację z rajdu Mille Miglia. – Robert ma niesamowitą pamięć i po zapoznaniu i obejrzeniu nagrań potrafił zapamiętać większość oesów. Ale czasami mówił też: „Tego nie pamiętam, jest trudny, powtarzają się podobne miejsca". I na tym rajdzie zepsuł się interkom. Więc pokazywałem mu te trudniejsze miejsca – żeby tam hamował, a na palcach – bieg. Choć generalnie było widać, że w ogóle nie było mu to potrzebne, przejechał ten oes praktycznie cały z pamięci. Siła mózgu tego człowieka była niesamowita. Od tamtego czasu rzadko bywałem na oesie w stanach takiego transu, że zjeżdżając na metę niewiele z danego oesu pamiętałem. Byłem tak skupiony na czytaniu. To były świetne chwile, świetne starty.

Także na torach współpraca układała się pomyślnie. Polak był prawdziwym liderem zespołu. Pracowitym i oddanym. – On zostaje na torze czasami jeszcze długo po północy. Nawet, jeśli następnego dnia musi wystartować w wyścigu. Zawsze chce wszystko przeanalizować i zrozumieć. Zawsze ma sugestie i zawsze chce wiedzieć, co się dzieje. Jest bardzo wymagający. Dla przykładu, po przejechaniu wspaniałego wyścigu w Australii, który ukończył na drugim miejscu, miał listę rzeczy, z których nie był zadowolony – tak długą, jak twoje ramię – opowiadał szef inżynierów Alan Permane, w analizie Marka Hughesa, opublikowanej w „Autosporcie". „Kubica i Renault są stworzeni dla siebie" – zatytułował swój artykuł angielski analityk.

– Wiedziałem już wcześniej, że jest szybki, ale tym, co zaskoczyło mnie najbardziej – obok jego etyki pracy – jest jego niezawodność. On po prostu nie popełnił jeszcze żadnego błędu – tak podczas testów zimowych, jak i w trakcie weekendów wyścigowych. Nie zaliczył nawet wpadki tak drobnej, jak choćby zwykły poślizg i obrócenie bolidu, poza incydentem w Bahrajnie, kiedy został uderzony w pierwszym zakręcie. Od samego początku jest niesamowicie szybki, a mimo to nie myli się – podsumował zalety Kubicy Permane.

– Jest jak świeży powiew powietrza w tym teamie. Wniósł ze sobą nowe pokłady motywacji w ważnym momencie. Bo brak dobrych wyników przytłaczał ekipę i pozbawiał ludzi woli walki. Nie było nikogo, kto by ich prowadził. Byli zdani sami na siebie. Z poprzednimi kierowcami ciężko im się pracowało. Byli bardzo aroganccy i nie prowadzili teamu w odpowiednim kierunku – dodawał Boullier.

Wkrótce też jego kierowca wrócił na podium Formuły 1. Fani do dziś odtwarzają okrążenie kwalifikacyjne do Grand Prix Monako. Kubica przeciskał się milimetry od ścian wąskiego i krętego toru ulicznego w Monte Carlo, aby wywalczyć drugie pole startowe. Ustąpił tylko Markowi Webberowi, w dominującym Red Bullu, który właśnie wychodził na czoło Formuły 1. – To wspaniały dzień dla całego teamu Renault. Pięć miesięcy temu zespół nie był pewien, czy będzie istniał, a teraz jesteśmy tutaj w Monako w pierwszym rzędzie na starcie – cieszył się Polak. W niedzielnym wyścigu był trzeci, tracąc na starcie pozycję na rzecz Vettela. – Początkowo myślałem, że popełniłem błąd i zbyt agresywnie operowałem gazem, ale po rozmowie z inżynierami dowiedziałem się, że mieliśmy mały problem ze sprzęgłem. Po raz pierwszy miałem do dyspozycji samochód, który jest bardzo dobrze przystosowany do jazdy po takim torze. W poprzednich sezonach jeździłem bolidami, które praktycznie w ogóle nie pasowały do charakterystyki Monte Carlo. Teraz zyskałem dużą swobodę za kierownicą. Dzięki temu przez cały weekend jechałem blisko limitów, nie przekraczając ich i nie popełniając praktycznie większych błędów – tłumaczył Kubica. Wyliczył, że podczas całego weekendu w księstwie dosłownie ocierał się o ściany, dotykając barier kilkanaście razy.

W sezonie 2010 jeszcze raz wrócił na podium, w 13. rundzie sezonu – Grand Prix Belgii. Na uwielbianym przez kierowców, najdłuższym w kalendarzu i niezwykle malowniczym torze Spa-Francorchamps. Właśnie tam, cierpiący na niedobory docisku aerodynamicznego bolid uzbrojony został w końcu w wynalazek McLarena – Kanał F. Polakowi bardzo zależało na jak najwcześniejszym wprowadzeniu go, ale w pierwszej kolejności inżynierowie pracowali nad skomplikowanym systemem dmuchanego dyfuzora, który wprowadzili do użytku cztery weekendy wcześniej, w Walencji. W końcu jednak i Kubica dostał do ręki magiczne urządzenie, które dawało nowe możliwości jego maszynie, zwiększając prędkości nie tylko na prostych. Później nie raz przyszło mu wspominać momenty, gdy z jedną ręką na kierownicy, a drugą przytkniętą do otworu w kokpicie, pędził przez kultową sekwencję potwornie szybkich i ryzykownych łuków – Eau Rouge.

Wyposażony w nową broń Robert wywalczył trzecie pole startowe w trudnych, deszczowych kwalifikacjach. Nie przejechał nawet ostatniej próby, bo pod koniec okrążenia w jego maszynie zgasł silnik. W równie zdradliwych warunkach w wyścigu, przy zmiennej pogodzie, dojechał do mety na trzeciej pozycji... tracąc drugie miejsce po swoim błędzie w trakcie pit stopu.

– Przed odbiciem do alei serwisowej, która jest bardzo wąska myślałem sobie „OK. Zachowaj spokój, bo jest mokro". Byłem bardzo, bardzo spokojny, ale musiałem też zmienić kilka ustawień na kierownicy, aby dostosować bolid do jazdy na oponach deszczowych. W normalnych warunkach nie robisz takich rzeczy i tych przycisków nie używasz w wyścigu. Słuchałem więc przez radio, co trzeba robić. Musiałem się dokładnie przyjrzeć kierownicy, aby wszystko znaleźć i przez to się trochę zdekoncentrowałem. Przegapiłem punkt hamowania i zorientowałem się, że jest już za późno. Zblokowałem przednie koła i nie zmieściłem się na stanowisku. Przednim skrzydłem zgarnąłem kilku mechaników, ale na szczęście nikomu nic się nie stało – tłumaczył kierowca. Po Grand Prix Belgii pojechał... na kolejny rajd. Nie było już więcej podiów, ale były przebłyski. – Patrzymy na przyszłego wielokrotnego zwycięzcę wyścigów – mówił były zawodnik Formuły 1, a obecnie ekspert telewizyjny David Coulthard, komentując jazdę Kubicy w Grand Prix Singapuru. Z powodu przeciętej opony Robert musiał zjechać na nieplanowany pit stop i spadł z 6. na 13. miejsce. Na ekstremalnie trudnym, śliskim, wyboistym i krętym torze ulicznym Marina Bay miał za to świeży komplet opon. W ciągu dziesięciu okrążeń Robert przesunął się o sześć pozycji, wyprzedzając kolejnych rywali na torze, na którym było to prawie niemożliwe.

Dwa tygodnie później, na słynnej japońskiej Suzuce nie dojechał do mety. Po starcie z trzeciego pola przedarł się na drugie miejsce, gdy na trzecim kółku z jego bolidu odpadło prawe tylne koło. Na szczęście jechał wolno, bo trwała neutralizacja. Zawiodła nakrętka.

Ten weekend do teraz wspomina Alan Permane, wciąż w szeregach Renault, gdzie pełni funkcję dyrektora operacyjnego. – W kwalifikacjach na Suzuce 2010 przejechał okrążenie, jakiego nigdy więcej nie widziałem u żadnego innego kierowcy. Zjechał do boksu całkowicie biały na twarzy. Przeraził samego siebie – wspominał inżynier, cytowany przez Andrew Bensona z BBC Sport. Na niebezpiecznym, pełnym bardzo szybkich łuków torze Kubica walczył o pozycje, jadąc bolidem z uszkodzoną podłogą, na czym musiał ucierpieć docisk aerodynamiczny i balans bolidu. Było to odważne i ryzykowne posunięcie. – Nigdy nie widziałem kierowcy, który dałby z siebie tak wiele na okrążeniu. To był cały on, jest całkowicie oddany, w stopniu, którego większość pozostałych nie potrafiłaby nawet zrozumieć...

W swoim ostatnim wyścigu Formuły 1, zanim wypadek rajdowy brutalnie przerwał jego dotychczasową karierę na szczycie sportu samochodowego, Kubica zajął piąte miejsce – dość zaskakujące, po najgorszej w sezonie czasówce, w której uzyskał 11. dopiero pole startowe.

– Najlepszy moment tego roku? – pytam, gdy po Grand Prix Abu Zabi podsumowujemy sezon 2010. – Odcinek specjalny Col de Turini (Kubica wygrał ten legendarny OS Rajdu Monte Carlo podczas Rallye d'Antibes – przyp. red.). Żartuję. Cieszyłem się z paru naprawdę dobrych wyścigów. Na przykład z podium w Australii. Nie oczekiwaliśmy go, ale było ważne dla całego zespołu. To była dla nas wielka ulga.

Jak porównywał swoją pozycję w BMW Sauber i Renault? – Wchodząc do BMW miałem inne CV niż w momencie, gdy przechodziłem do Renault. Tam byłem młodym kierowcą testowym, trochę znikąd. Renault natomiast wiedziało już dobrze, kogo bierze i sami zainteresowali się moją osobą. Być może dlatego to, co mówiłem miało dla nich większe znaczenie i bardziej się tutaj z liczono z moim zdaniem. To normalne. Tak jak w każdej firmie. Jak zaczynasz pracę i pierwszego dnia się mądrzysz, to twój szef może przytaknąć, ale niekoniecznie cię posłucha. Jeśli jednak przychodzisz z pewnym doświadczeniem i dobrą reputacją, to wiadomo, że wtedy będą cię chętniej słuchać – podsumował kolejny etap kariery.

Renault kończyło sezon na piątej pozycji w mistrzostwach. O trzy wyżej, niż rok wcześniej. 136 zdobył ósmy w klasyfikacji kierowców Kubica, a pozostałych 27 trzynasty Witalij Pietrow. – Można powiedzieć, że Robert Kubica ocalił Renault w minionym sezonie. Bez jego talentu i prędkości, rezultaty ekipy wyglądałyby blado, a piąte miejsce w mistrzostwach mogłoby się znaleźć jedynie w sferze marzeń – można było przeczytać na oficjalnej stronie internetowej Formuły 1.

Przed końcem roku znów wracał za kierownicę rajdówki, dając popis na technicznych, wymagających trasach Rajdu Var. W 2009 roku zajął tu 29. miejsce, a teraz był czwarty w klasyfikacji generalnej. Zwyciężył w swojej klasie za kierownicą Renault Clio S1600 i zrobił ogromne wrażenie, wygrywając oesy w rywalizacji z zawodnikami w znacznie nowszych, mocniejszych i lepszych pojazdach. Był to skądinąd abstrakcyjny widok. Niedzielnym rankiem, w rzęsistym deszczu i przejmującym chłodzie, najpierw słychać zawodzenie wchodzącego na najwyższe obroty, małego, wysilonego silnika. Wkrótce z jesiennej szarugi wyłania się białe, niepozorne autko napędzane na przednią oś, które w zasadzie można by już zgłosić do klasy historycznej. Kubica wciska hamulec, aby rozpocząć ostre, precyzyjne i piekielnie trudne na mokrym, zimnym asfalcie hamowanie do zakrętu. Skręt, cięcie, wyjście do zewnętrznej krawędzi drogi już z gazem w podłodze, w pędzie do kolejnego wirażu. W takich okolicznościach, ku absolutnemu zaskoczeniu doświadczonych rywali, Kubica wygrał wszystkie trzy odcinki specjalne ostatniego dnia zmagań.

Konkurenci w znacznie szybszych i lepszych w takich warunkach samochodach czteronapędowych klasy S2000 oraz WRC załamywali ręce... Wśród nich był Bryan Bouffier – były mistrz JWRC (2007), mistrz Francji (2010), wicemistrz Europy (2013), zwycięzca Rajdu Monte Carlo w (2011 r. – gdy była to runda IRC) i zdobywca 2. pozycji w sezonie 2014, gdy słynne „Monte" znalazło się już z powrotem w kalendarzu WRC. – To imponujące! Bo ja dawałem z siebie wszystko – kręcił głową trzykrotny (2007–09) mistrz Polski rodem z Francji, który w tamtej edycji Rallye du Var jechał znacznie szybszym Peugeotem 207 S2000. – Przyznał, że on już szybciej nie potrafi, a Bryan to nie jest ktoś, kto się uzewnętrznia – wspomina Gerber.

– Oczywiście, że byłem zaskoczony. W ten weekend Robert był bardzo szybki. Jeśli nie będzie w stanie zdobyć szybkiego bolidu w Formule 1, to może przerzuci się na rajdy... – zastanawiał się piąty na mecie Sebastien Ogier – wówczas jeszcze junior Citroëna, a w momencie wydania tej biografii sześciokrotny rajdowy mistrz świata.

– Rallye du Var to osobna historia. Bo to, co widać na papierze to jedno. Ale to, co się działo w samochodzie... Jakie ja musiałem trudy znosić, żeby dotrzymać mu kroku... – zamyśla się dziś Gerber. – Było widać pełen szacunek do Roberta. Zresztą on nie jest człowiekiem, który się kojarzy tym ludziom w jakikolwiek sposób negatywnie. Jest duszą towarzystwa, opowiada dowcipy, niesamowite historie. Ja musiałem się z włoskiego podszkolić, żeby chociaż zrozumieć, co mówi w towarzystwie. Bo zawsze było dużo śmiechu, a ja siedziałem z taką skrzywioną miną i nie wiedziałem z czego się śmiejemy. Robert jest szanowany w Formule 1, szanowany w WRC.

Kubica podkreślał, że rajdy to przede wszystkim frajda i nie mają wpływu na jego przyszłe wybory, a znów coraz głośniej mówiło się, że prędzej czy później Polak przejdzie do Ferrari. – Nie wybieram zespołu, w którym będę startował kierując się tym, czy będę mógł występować w rajdach, cze nie. Dla mnie obecnie jest to rodzaj bonusu za to, że jeżdżę w Renault. Tak jak w grze dostaje się bonus punktowy za jakąś udaną kombinację... A tak na poważnie rajdy nie wpływają na żadną moją decyzję o mojej karierze w Formule 1.

Miał za sobą najbardziej intensywny sezon. – W tym roku wystartowałem w 19 wyścigach Formuły 1 i jeździłem w testach, a do tego pojechałem w dziewięciu rajdach, więc siedziałem w samochodzie częściej, niż raz na dwa tygodnie. Bardzo mnie to cieszy, choć nie było łatwo. Czasami prosto z Grand Prix jechałem na zapoznanie przed rajdem. Jest to męczące, pod koniec dnia jednak satysfakcja bierze górę nad zmęczeniem – zapewniał Polak. Trzy tygodnie potem wystartował jeszcze w malutkim włoskim rajdzie Rally Il Ciocchetto.

– Przyjemność z jeżdżenia samochodem rajdowym miał niesamowitą – wspomina wspólną jazdę Gerber. – A że ludzie uważali, że to niepotrzebne? Może ci, którzy nie wiedzieli, w jaki sposób go to rozwija, jaki czuł się spełniony. Nie wiedziałem natomiast wtedy o jego pomyśle na życie. Bo kiedyś stwierdził, choć nie pamiętam już, komu to powiedział, że chce zostać jedynym człowiekiem na świecie, który zdobędzie tytuł najlepszego kierowcy Formuły 1 i mistrza świata w rajdach samochodowych. Było to jego marzeniem. Może dlatego chciał jak najwięcej jeździć w rajdach... Bo z jednej strony możliwość jazdy w klasie WRC pojawiła się już przed nim za naszych czasów, z drugiej Formuła 1 była jego światem, dążył do tego, żeby jeździć w Ferrari, co miało się zdarzyć. Więc wiedział, że najdroższe mu cele były na wyciągniecie ręki. Dlatego nie odpuszczał, cały czas chciał być w aucie wyczynowym, żeby się rozwijać.

1 lutego 2011 roku Kubica pojawił się na swojej ostatniej premierze nowego bolidu w roli kierowcy wyścigowego. W międzyczasie zespół już zmienił nazwę, bowiem Renault odsprzedało pozostałych 25 procent udziałów, zupełnie wycofując się z ekipy, ale zostając dostawcą silników. Nazwę teamu zmieniono na Lotus, co było o tyle kuriozalne, że w stawce startował już zespół o dokładnie tej samej nazwie, więc dwie firmy toczyły spór o prawa do legendarnej w Formule 1 marki...

Takie problemy jednak Roberta szczególnie nie zajmowały. Polak zacierał ręce przed powrotem do kokpitu, za kierownicą najnowszej maszyny, zaprojektowanej na sezon 2011. – Siedzenie w domu już mnie trochę męczyło. Po trzech, czterech tygodniach odpoczynku miałem chęć znowu zasiąść w kokpicie, szczególnie nowego bolidu, ale trzeba było jeszcze trochę poczekać. Fajnie, że teraz wszystko zaczyna się od nowa i wracamy do tego, co lubię najbardziej, czyli jazdy.

Szefowie ekipy w oficjalnych wypowiedziach liczyli, że nowy - jeszcze niesprawdzony na torze – samochód umożliwi walkę o miejsca na podium i zwycięstwa. – Falom optymizmu dam się ponieść, jak po piątkowych treningach przed pierwszym wyścigiem w Bahrajnie będziemy wiedzieć, że jesteśmy w stanie walczyć o te pozycje. Pięć lat temu może dałbym się ponieść od razu, ale ostatnie sezony wiele mnie nauczyły. Wiem teraz, jak szybko może się zmieniać sytuacja w Formule 1. Jak optymistyczne potrafią być dane z fabryki, a potem jak brutalna rzeczywistość na torze. I vice versa – mówił Polak.

Drugiego dnia testów w Walencji, Kubica po raz pierwszy zasiadł za sterami nowej maszyny, a trzeciego ustanowił najlepszy czas czterodniowej sesji. Wyjęty z kontekstu, bo nigdy nie mówią całej prawdy o układzie sił, wciąż jednak cieszył

W Grand Prix Abu Zabi 2010 Robert Kubica po raz ostatni przed wypadkiem wystartował w wyścigu Formuły 1.

oczy. Polak był przede wszystkim zadowolony z przygotowań. Zapewniał, że po całkowitej zmianie właściciela team ma się lepiej. – Przygotowania do nowego sezonu przebiegały znacznie sprawniej niż dwanaście miesięcy temu. Nowy sponsor dał nam stabilizację, pewniejszą przyszłość dla ludzi w fabryce. Spisali się bardzo dobrze podczas zimy – podkreślał Robert.

Wyjeżdżając z pierwszych testów najnowszego auta Kubica miał wszystko, o czym mógł marzyć 26-letni kierowca wyścigowy. Stabilną, silną pozycję w Formule 1, fotel w dobrej ekipie, która – jak się zdawało – zaprojektowała obiecującą maszynę na nowy sezon. Uznawany za jednego z absolutnie najlepszych kierowców w stawce, dla którego kolejnym krokiem miało być Ferrari i który od roku prowadził podwójne życie w świecie motorsportu, romansując z rajdami...

ERIC BOULLIER:
„Myślę, że Robert miał wszystko, żeby pewnego dnia być mistrzem świata. Prędkość, warsztat, oddanie, zrozumienie, charyzmę. Był liderem, był w stanie skonsolidować zespół wokół siebie. Wszystko było na miejscu".

Przed wypadkiem, ostatniego dnia testów w Walencji, Robert Kubica uzyskał najlepszy czas.

WYPADEK

Wielu ludzi zastanawiało się, dlaczego Robert Kubica w ogóle zabrał się za rajdy. Mówiono o niepotrzebnym ryzyku. O narażaniu zdrowia i życia.

Jako naród poznaliśmy Roberta, dopiero gdy znalazł się na szczycie. Nie wiedzieliśmy, ile wyrzeczeń i pracy kosztowała go droga na ten szczyt. Pewnie dlatego w naszych głowach powstało proste równanie: Kubica = kierowca Formuły 1. Koniec kropka. Po co te nieszczęsne rajdy? Mało kto potrafił zrozumieć, że dokładnie ta sama pasja w jakże wielu trudnych momentach pozwalała mu kontynuować wspinaczkę na wyżyny motorsportu. Że gdyby nie ten pęd ku... pędowi, determinacja, która skłaniała go do startów między innymi w rajdach, Polak nigdy nie dotarłby do Formuły 1.

Roberta poznałem w czasie, kiedy można było dopiero nieśmiało marzyć, że może kiedyś, za wiele lat, przebije się do F1. Wtedy był po prostu młodym kierowcą wyścigowym, a przede wszystkim wielkim fanem sportu samochodowego. Żarliwa pasja, potężne zaangażowanie – to coś, czego w człowieku nie da się ot tak wyłączyć.

Wiele lat później, kiedy w 2010 roku islandzki wulkan odciął nam najprostszą drogę do domu, wraz z Robertem zastanawialiśmy się, jak wrócić z Grand Prix Chin. Kubica robił wszystko, aby jak najszybciej znaleźć się we Włoszech. Wcale nie było mu spieszno do jego czterech ścian, gdzie mógłby odetchnąć przed kolejnym trudnym weekendem w F1 – we wtorek rano, po lądowaniu w Europie, popędził prosto na rajd. Niemal bezpośrednio z bolidu przesiadł się do rajdówki. Pięć weekendów z rzędu spędził na przemian na torach wyścigowych i odcinkach specjalnych.

Bo szybka jazda jest treścią jego życia.

Jak więc wymagać, aby z wielkiego pasjonata czterech kółek stał się „tylko" zawodowym kierowcą F1, który w przerwach między wyjazdami na tor pozuje do zdjęć, składa autografy, kolekcjonuje jachty i regularnie sprawdza stan konta? Jak żądać, aby w chwili, kiedy stał się zawodnikiem rozpoznawalnym na całym świecie, przestał słuchać głosu serca?

W niedzielny ranek 6 lutego 2011 roku, wraz z innymi pasjonatami sportu samochodowego, Kubica robił to, co kocha.

SCOLARI

I

Godziny strachu

Kiedy dotarłem do szpitala w ten poranek, lekarze wcale nie martwili się złamaniami Roberta. Podstawowe pytanie brzmiało, czy on przeżyje, czy nie. Pierwsze półtorej godziny było po prostu przerażające. Czekaliśmy tylko na wiadomości, czy jeszcze żyje. Spodziewaliśmy się najgorszego – wspomina Roberto Chinchero. Przyjaciel Kubicy, wraz z jego menedżerem Daniele Morellim kilka godzin po wypadku czuwał przed drzwiami oddziału intensywnej terapii szpitala Santa Corona w miejscowości Pietra Ligure. Trzy dni wcześniej, w Walencji Polak za kierownicą najnowszego Lotusa-Renault ustanowił najlepszy czas pierwszej w roku, czterodniowej zimowej sesji testowej, przygotowującej do sezonu 2011. Teraz walczył o życie. Nikt nie zdawał sobie jeszcze sprawy, że skala obrażeń, jakich doznał, wykluczy odzyskanie dawnej sprawności.

Okoliczności feralnego występu w Ronde di Andora, który zakończył jego pierwszą karierę na szczycie sportów motorowych, Kubica zdradził dopiero w lipcu 2018 roku, w oficjalnym podcaście Formuły 1. – Rajd, w którym miałem wypadek, miał być ostatnim w moim życiu – bo wiedziałem, że w zespole, dla którego miałem jeździć w kolejnym sezonie, nie będę miał pozwolenia na starty w rajdach – mówił.

To był ułamek sekundy. Zbieg fatalnych okoliczności, który ten ostatni wypad na rajdowe odcinki specjalne zamienił najpierw w walkę o życie, a potem w mozolny powrót do zdrowia. Który kierowcę u szczytu kariery, powszechnie uznawanego za jednego z najlepszych zawodników Formuły 1, kierowcę, który po podpisaniu umowy ze Stefano Domenicalim miał w 2012 roku startować w Ferrari jako partner Fernando Alonso, na wiele miesięcy przykuł do łóżka. W mgnieniu oka z wyścigowego Olimpu strącił do Tartaru – w najmroczniejsze czeluści piekła. Dziś to wcale nie powrót do F1 jest życiowym sukcesem Kubicy – jest nim fakt, że po tak potężnym upadku Robert się podniósł. Stanął na nogi, aby stać się silniejszym, dojrzalszym i szczęśliwym człowiekiem – niezależnie od tego, jak dalej miała się potoczyć jego kariera. Potem wielokrotnie stwierdzi, że w drodze powrotnej najważniejszy z przełomów zaszedł w jego głowie. To wszystko jednak nie musiało się wydarzyć...

Ironia losu polega na tym, że Polak, wiedziony przeczuciem, chciał z uczestnictwa w rajdzie Ronde di Andora zrezygnować. Ostatecznie jednak nie usłuchał intuicji. – To były dziwne okoliczności. Zaoferowano mi start w tych zawodach, ponieważ zespół miał wyrzuty sumienia, że miałem tak wiele awarii w poprzednich rajdach, które razem przejechaliśmy – mówił kierowca po latach.[38] – Pamiętam, że obudziłem się w Walencji, w środę. Trwały testy i pomyślałem: Nie chcę jechać na ten rajd. Byłem już po teście, musiałem polecieć do Mediolanu, jechać tu i tam, i powiedziałem sobie, że nie chcę tego robić. Zadzwoniłem do tego faceta, a on zaczął opowiadać, że już zorganizował opony i odcinek testowy. Był tak szczęśliwy, że to wszystko załatwił, że zrezygnowałem z powiedzenia mu, że nie chcę wystartować. A potem wydarzyło się to...

To miał być zwyczajny rajd. Krótki występ w małej lokalnej imprezie na krętych włoskich asfaltach – dla kierowcy takiego jak Kubica swego rodzaju niedzielny relaks w przerwie między testami Formuły 1. Skończyło się wielkim nieszczęściem.

Sytuacja, jakich wiele w tym sporcie. Początek rajdu, piąty kilometr pierwszego oesu. Około 8.30 samochód stracił stabilność na wilgotnej, być może oblodzonej nawierzchni i podbiciu, które stworzył rosnący pod asfaltem korzeń. Skoda S2000 to bardzo nadsterowne auto, które potrafi niespodziewanie zarzucić tyłem. Tak też stało się tym razem.

Podobnych przygód kierowcy rajdowi i wyścigowi mają bez liku. Także Kubica, który nieraz błyskawiczną kontrą wyprowadzał rozpędzony bolid Formuły 1 z jeszcze większych opresji – bo przy znacznie wyższych prędkościach. Tym razem było inaczej. Bardzo ciasno. Po poślizgu samochód oparł się o barierę i wygiął ją na zewnątrz. Wtedy nadział się na kolejną, a ta przebiła się przez samochód i przeszła na wylot.

Takich barier jest wiele na drogach całego świata. Odgradzają je od przepaści, czasem ratują życie. Tym razem nie były połączone i ta przerwa między jedną a drugą miała kluczowe znaczenie – tam właśnie rajdówka nadziała się na stalową konstrukcję, która wbiła się do środka samochodu. Tak powstały najcięższe obrażenia kierowcy. Rok później, w Rajdzie Sycylii, w podobnych okolicznościach bariera wbije się w auto Craiga Breena. Uderzenie nastąpi z prawej strony, a pilot Gareth Roberts zginie.

W Ronde di Andora pilotowi Jakubowi Gerberowi szczęśliwie nic się nie stało. Wyszedł z samochodu oknem. Kubica został, uwięziony w aucie. – Patrzyłem na notatki i nie zauważyłem momentu, w którym samochodem zarzuciło. Dopiero w momencie uderzenia zobaczyłem, że Robert złapał się za rękę i po chwili stracił przytomność – relacjonował Kuba.

Chwilę później do tego samego punktu trasy dotarła kolejna załoga. Mauro Moreno zobaczył, że z pilotem jest wszystko w porządku. Kubicę zawołał kilka razy po imieniu. Nie usłyszał odpowiedzi.

– Pomoc pojawiła się bardzo szybko, bo to wydarzyło się blisko punktu SOS. Sam odcinek też nie był długi, miał ze 13 kilometrów. Najpierw przyjechały dwie karetki, potem straż – opowiadał mi Gerber, gdy prawie 8 lat później spytałam go o ten najtrudniejszy w karierze dzień. Wydostanie Roberta zajęło dużo czasu. – Barierka stawiała opór i też przecież trochę ważyła. Poza tym wycięcie kogoś z auta cywilnego to jedno, a z rajdówki, gdzie jest klatka ze stali chromowo-molibdenowej, to co innego – podkreśla Jakub.

W tym czasie był przesłuchiwany przez policję, rozmawiał z ludźmi z zespołu, także z Robertem. – Co chwila mnie wołał: „Wszystko z tobą dobrze?". Był tak słaby, że nie pamiętał, że parę minut wcześniej już mnie o to pytał – wspomina.

Kiedy po długich staraniach Robert został uwolniony, trafił do ambulansu. – Ja już tam nie zaglądałem. Karetka długo nie ruszała, więc wiedziałem, że go reanimowali. No i zaraz potem przeleciał nad nami śmigłowiec, żeby pokazać się, że jest i szuka miejsca – kontynuuje pilot. Następnie karetka zawiozła polskiego kierowcę do helikoptera. Wszystko trwało jednak przynajmniej godzinę, a w tym czasie kierowca tracił coraz więcej krwi. Zdjęcia wyglądają przerażająco: poobijany, z dużym zasinieniem wokół oka od uderzenia w kierownicę, intubowany, podłączony pod kroplówkę, niesiony na noszach przez ratowników...

– Nie spodziewasz się, że bariery nie będą połączone, tylko dostawione do siebie, że jedna wbije się, omijając silnik. Wiesz, można by próbować tysiąc razy i za każdym razem scenariusz takiego wypadku byłby inny – zamyśla się Gerber.

– Byłem w Genui z przyjacielem – wspominał ten dzień doktor Mario Igor Rossello, specjalista od chirurgii ręki, który został wtedy wezwany do szpitala. – Zadzwonili do mnie: „Słuchaj, Robert Kubica jest transportowany w helikopterze. Ale poczekaj jeszcze, bo nie wiemy, czy jak wylądujemy, to wciąż będzie żył". To był początek...

Pietra Ligure to nadmorskie miasteczko, do którego zjeżdża się z drogi ekspresowej stromymi serpentynami – trochę jak do pobliskiego, choć znacznie większego Monte Carlo. Ogrom kompleksu szpitalnego zaskakuje. To niemalże miasto w mieście. Szpital powstał w latach trzydziestych i początkowo specjalizował się w leczeniu gruźlicy. Na rozległym, oddzielonym szlabanem terenie, pomiędzy wąskimi drogami i alejkami znajduje się wiele budynków, a wśród nich – oddział intensywnej terapii i dobrze wyposażony oddział ortopedyczny.

To tu wylądował helikopter z Kubicą. Ratownicy nie mieli wyboru. Ryzyko, że organizm pacjenta nie wytrzyma dalszej podróży, było tak duże, że zrezygnowali z lotu do pobliskiej Genui. – Gdyby dotarł do szpitala piętnaście, dwadzieścia minut później, prawdopodobnie nie przeżyłby z powodu utraty krwi – tłumaczy doktor Riccardo Ceccarelli.

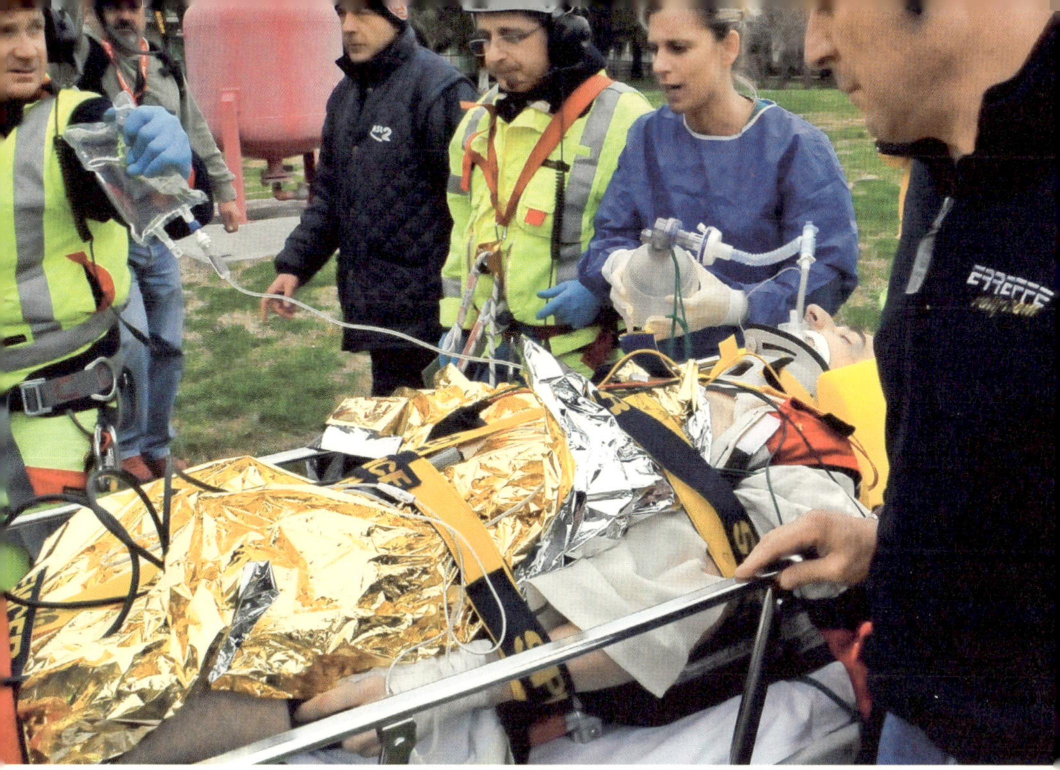

Dramatyczne zdjęcia z wypadku Roberta Kubicy obiegły cały świat.

Kubica znajdował się w stanie wstrząsu krwotocznego. Jak przyzna potem szef oddziału intensywnej terapii dr Giorgio Barabino, pierwsza godzina była krytyczna.

– Robert stracił 5 litrów krwi. Cała krew krążąca została zastąpiona. Szybko trzeba było zatrzymać krwawienie, zrobić transfuzję, utrzymać ciśnienie oraz podstawowe funkcje organizmu. Na szczęście doskonałemu anestezjologowi udało się utrzymać go przy życiu i ustabilizować stan na tyle, żeby przeżył wielogodzinne operacje mające na celu ratowanie jego ręki. W takich wypadkach, gdy nie można pozwolić sobie na kilkugodzinne znieczulenie pacjenta, gdy zagrożone jest życie, decydujemy się na szybką amputację, by powstrzymać krwawienie i ustabilizować stan ogólny. Decyzja musi być podjęta natychmiast. Dlatego fakt, że Roberta udało się ustabilizować, był kluczowy. Anestezjolog ma tu wielkie zasługi – relacjonuje Rossello.

Przez siedem godzin lekarze walczyli najpierw o życie, a potem o sprawność pacjenta. Zajmowały się nim równolegle dwa zespoły medyczne. – Sytuacja była tak tragiczna, że gdybym nie był kierowcą Formuły 1, profesjonalnym sportowcem, prawdopodobnie nie stałbym tutaj ze swoją ręką. Lekarze podjęliby bardziej ekstremalne decyzje – powiedział Robert już w 2018 roku, w padoku Formuły 1, podczas spotkania z kibicami na Węgrzech.

Profesora Rossello odwiedziłam w Savonie. Opisuje mi wyzwania tamtego dnia. Wspomina, że gdy pacjent był już stabilny, celem stało się uratowanie jego ręki. – Od początku miałem przeczucie, że się uda. Uraz był bardzo rozległy i poważny, ale ukrwienie kończyny wystarczające, by jej „przeżycie" nie było zagrożone. Problem polegał na tym, że wszystkie nerwy były przecięte i mięśnie w obrębie przedramienia zostały kompletnie zniszczone. Musiałem zrekonstruować rękę. To była niezła układanka. Zadziałało – mówi.

To, jakiego pacjenta operuje, w pełni dotarło do niego później. – Dopiero po operacji zdałem sobie sprawę... – kiedy wyszedłem z sali i pierwszymi ludźmi, jakich zobaczyłem, byli Fernando Alonso i szef Ferrari Stefano Domenicali – wspomina Rossello. – Fernando był bardzo, bardzo zmartwiony, emocjonalny. Był przyjacielem Roberta. Dalej flesz za fleszem, dziennikarze, telewizja, wszędzie mikrofony. A na zewnątrz cały parking zastawiony vanami wielkich telewizji – CNN, Sky, BBC... Musiałem wchodzić do szpitala tylnym wejściem. To było szaleństwo. Do tego tysiące maili. Aż zablokowała mi się skrzynka. Na początku jednak nie myśleliśmy o tym. Mieliśmy po prostu pacjenta, którym trzeba się było zająć.

W poniedziałek kierowca został wybudzony ze śpiączki farmakologicznej. – Jest przytomny. Rozmawia i rozumie, co się stało. Pierwsze, o czym pomyślał, to jego pilot – relacjonuje dr Giorgio Barabino, szef oddziału intensywnej terapii. Lekarze byli zaskoczeni, jak szybko ich ciężko poszkodowany pacjent nabiera sił. Cieszyli się, że czuje ból, bo to oznaczało, że nerwy funkcjonują. Zdumiewał ich fakt, że Robert może poruszać palcami dłoni.

– W porównaniu do tego, co było 24 godziny temu, czuję wielką ulgę – mówił menedżer Kubicy Daniele Morelli. – Najgorsze za nami.

JAKUB GERBER:

„Bardzo to przeżyłem. Bałem się, że stracę chłopa w sytuacji, w której nie powinienem, bo to się nie powinno zdarzyć".

II

Formuła 1 czeka

Dlaczego Kubica w ogóle jechał w tym rajdzie? Dlaczego tak się narażał? Dlaczego było mu wolno? Te pytania wybrzmiewały w tamtym czasie coraz głośniej.

Możliwość startów w rajdach zagwarantował sobie sam kierowca, podpisując kontrakt z zespołem Renault, gdy jego szefem był jeszcze Flavio Briatore. – Nie czuję się winny – mówi Kubica w 2014 roku.[39] Odpowiada na uwagi, że brał udział w rajdach zamiast skoncentrować się na F1. – Gdyby ktoś mi powiedział, jak to się skończy, nigdy nie startowałbym w rajdach! Zależało mi na tym, bo dawały mi coś ekstra. Czołowi kierowy F1 są mniej więcej na tym samym poziomie, więc szukałem czegoś, co dałoby mi przewagę. Na przykład jeśli zaczyna padać i tor jest w połowie suchy, a w połowie mokry, podczas testu nie będziesz po nim jeździł. Ale podczas weekendu wyścigowego musisz – analizuje. Potem przywołuje też konkretną sytuację: – W swoim drugim wyścigu w Renault, w Australii, byłem drugi, choć zupełnie nie było to nasze miejsce w szeregu. Ale jako pierwsi założyliśmy gładkie opony na wysychającym torze i zyskaliśmy z osiem pozycji – opowiada. To była najwyższa lokata uzyskana przez Renault w tamtym sezonie.

Odpowiedzi na trudne pytania, tuż po wypadku, udzielił też Gerard Lopez, właściciel ekipy Polaka. – Może się mylę, ale głęboko wierzę, że kierowcy wyścigowi powinni być tacy jak każda inna istota ludzka. Życiem Roberta jest jazda – gokartem, rajdówką, bolidem Formuły 1. Sądzę, że ściga się, nawet pchając wózek w supermarkecie. Nie można odbierać komuś jego pasji i oczekiwać, że będzie się czuł dobrze w życiu prywatnym i jako zawodnik. Nie chcemy robota – naciskasz przycisk i prowadzi samochód Formuły 1, naciskasz znowu i nie robi nic. I on, i my wiedzieliśmy, jakie ryzyko wiąże się z rajdami, a teraz razem ponosimy konsekwencje wypadku. Ale równie dobrze mógłby wyjść z domu i zostać potrącony przez autobus. W życiu nigdy nie wiesz, co się wydarzy – stwierdził biznesmen z Luksemburga.

W tym samym duchu wypowiadał się Eric Boullier. – Robert ma duszę wyścigowca, tak jak i ja. Kochamy ten sport. Inni mogą sobie wydawać oceny z pozycji kanapy, ale dla niego starty w rajdach były bardzo ważne, i ja to rozumiem. Obaj się na to zgodziliśmy – mówił po spotkaniu ze swoim kierowcą. Do szpitala przyjechał w towarzystwie Witalija Pietrowa, drugiego zawodnika Renault, oraz jego menedżerki. W niewielkiej poczekalni widać było po nim niepokój, ale z rozmowy z Polakiem wyszedł pełen nadziei. – Wiedziałem, że Robert doszedł do siebie. Między innymi dlatego, że już zaczął narzekać – żartował.

Z Boullierem spotkałam się w 2018 roku, kilka dni przed tym, jak traci pracę w McLarenie. Przywoływał swoje wspomnienia sprzed 7 lat. – Moja pierwsza reakcja była taka: czy wypadek był na tyle poważny, że skończy się jakimś złamaniem? Dopiero kilka godzin później zrozumieliśmy, że to kwestia ratowania życia. Że to zupełnie inna historia. Wtedy momentalnie człowiek przestawia się z myślenia o ściganiu. Zapomnijmy o wyścigach – tu ktoś, kogo znasz, z kim jesteś blisko, walczy o życie!

Mówił, że kiedy on przyszedł do Renault, Robert już miał podpisany kontrakt. Zapewnił sobie w nim możliwość jeżdżenia po odcinkach specjalnych.

– A pan jako szef teamu pozwoliłby na starty w rajdach?

– Cóż... Tak i nie. Przede wszystkim nalegałbym na pewne gwarancje co do tego, gdzie chce się ścigać, w jakich warunkach chce to robić. Nie można zabronić kierowcy robienia czegoś poza Formułą 1, ale musi się to odbywać w odpowiednich warunkach, jeśli chodzi o bezpieczeństwo.

Wizyta w szpitalu była dla niego wyjątkowo trudnym przeżyciem. – Najbardziej traumatyczne doświadczenie, z jakim trzeba się zmierzyć. Widzisz kogoś, kogo znasz, kto z tobą pracuje, ściga się dla ciebie, w przypadku Roberta także kogoś, kto miałby wielką przyszłość w Formule 1... – mówi.

Ta przyszłość, to – Kubica przyzna po latach – starty w Ferrari, gdzie miał być kolegą z zespołu Fernando Alonso. Hiszpan jako jeden z pierwszych stawił się w szpitalu na wieść o wypadku Roberta, choć nawet nie mógł z nim wtedy porozmawiać. W Santa Corona w kolejnych dniach pojawili się m.in.: były szef Renault Flavio Briatore, inny zawodnik F1 Vitantonio Liuzzi, właściciel teamu Lotus Gerard Lopez i prezydent FIA Jean Todt.

– Kiedy tylko dowiedzieliśmy się o wypadku, od razu wsiedliśmy w samolot. Lekarze wpuścili nas na pięć minut. Powiedzieliśmy mu, że zrobimy wszystko, żeby go nie zawieść – wspominał Witalij Pietrow w blogu na stronach „Motorsportu".

Boullier wspomina, że tego feralnego dnia doliczył się 120 rozmów telefonicznych. – Otrzymałem mnóstwo SMS-ów, e-maili i telefonów od osób ze środowiska Formuły 1, a także spoza niego. Nawet od inżyniera Roberta z World Series by Renault Davida Luffa. Prezydent FIA Jean Todt i Bernie Ecclestone byli jednymi z pierwszych, którzy pytali nas, jak mogą pomóc. Jestem im bardzo wdzięczny – mówi.

Kilka dni po wypadku w szpitalu w Pietra Ligure pojawił się także bardzo znany w środowisku wyścigowym profesor Gerard Saillant, który operował już wielu kierowców i jest delegatem medycznym FIA. Robert przechodził kolejne operacje. Lista urazów była długa: łokieć, ramię, prawa noga...

Mnie także udaje się z nim zobaczyć. Kiedy go odwiedziłem, leżał już w innym pokoju, przeniesiony z oddziału intensywnej terapii. Mogłem się z nim na chwilę spotkać między kolejnymi wizytami lekarzy.

Robert jest refleksyjny. Mówi spokojnie i powoli, przyciszonym, lekko zachrypłym głosem, z krótkimi przerwami na złapanie oddechu. – Dzięki startom w rajdach stałem się lepszym kierowcą. Może nie tyle w samej Formule 1, co ogólnie. Kierowcą bardziej kompletnym – stwierdza. – Nie jest tak, że jeździłem tam po kilkanaście razy w roku tylko po to, żeby realizować pasję.

– Nie wystartowałem w Rajdzie Monte Carlo, więc do sezonu chciałem się przygotować w małych zawodach, może dwóch takich jak te. Chodziło o koncentrację. Ale niestety... Czekają mnie jeszcze operacje, a potem rehabilitacja. Zrobię wszystko, co w mojej mocy, aby jak najszybciej wrócić – zapewnia. – Takie sytuacje mogą cię tylko wzmocnić. Nie tyle jako kierowcę, co ogólnie. Mogą cię zmienić. Na pewne rzeczy zaczynasz patrzeć inaczej.

W piątek 11 lutego Kubica znalazł się na stole operacyjnym tuż po siódmej rano. Chirurdzy najpierw zajęli się jego prawą stopą, a następnie musieli wyciągnąć tytanową szynę, pozostałość po wypadku w 2003 roku. W końcu postanowili zabrać się za uraz łokcia, choć początkowo planowali to na poniedziałek. Wszystko trwało łącznie około 10 godzin, a chirurdzy byli zbyt zmęczeni, aby dokończyć skomplikowaną rekonstrukcję. – Operacja przebiegała dobrze i wszystko, co miało być przez nas zrobione, wykonaliśmy właściwie – mówił włoski chirurg dr Francesco Lanza podczas konferencji prasowej w szpitalu Santa Corona, stale obleganym przez media.

Lekarze studzili jednak entuzjazm i zastrzegali, że stan pacjenta nadal jest poważny. Że trzeba zaczekać kilka dni, zanim okaże się, jak postępuje regeneracja po wykonanych w pierwszej kolejności operacjach.

Dr Igor Rossello na tym etapie przewidywał, że odzyskanie funkcjonalności ręki zajmie rok. Boullier nie akceptował tych prognoz. – Lekarze zawsze zakładają najgorsze scenariusze. Dojście do zdrowia zajmie mniej niż rok, ale na tym etapie trudno powiedzieć ile. Na pewno Roberta nie będzie przez kilka miesięcy – mówił BBC. Nikt z zewnątrz nadal tak naprawdę nie rozumiał, jak rozległe i poważne były urazy.

Tymczasem w hiszpańskim Jerez, gdzie trwała druga tura zimowych testów, wszyscy myśleli o Kubicy. Widać było, jak bardzo jest lubiany w środowisku Formuły 1. Każdy bolid nosił na sobie jakieś przesłanie dla Polaka. „Szybkiego powrotu do zdrowia, Robert", głosił wielki, złoty napis w języku polskim na pokrywie silnika auta Lotus Renault. Pozdrowienia znalazły się także na przednich skrzydłach Ferrari i McLarena. Słowa otuchy skierowały do niego wszystkie testujące ekipy. Był to może i drobny, ale jakże ważny w tak trudnym dla Roberta czasie gest.

– To nie jest coś, co się zwykle widzi w Formule 1. Na torze w Barcelonie, na wielkim ekranie powitalnym znajdował się napis: „Wracaj do zdrowia, Robert. Czekamy". Wtedy zrozumiałem, jak wielu ludzi w Formule 1 go kocha. Bo choć kierowcy tacy jak Robert, Lewis czy Vettel to całkowicie różne osobowości, mają jedną wspólną cechę: pojawili się znikąd. Nie są synami ważnych ludzi. To bardzo ważne dla tego sportu. Formuła 1 jest nie tylko dla dzieci miliarderów czy byłych kierowców, nie tylko dla bogaczy – a ludzie to kochają – podkreśla Chinchero.

W świecie F1 bardzo szybko zapomina się nawet o mistrzach świata, ale w tamtym momencie brak Roberta był mocno odczuwalny i dla kibiców, i dla jego rywali. Fani wysyłali do szpitala kwiaty, słodycze, kartki z pozdrowieniami, a nawet obrazy. Na torze zaś, podczas kolejnych testów, kierowcy nagrali mu wzruszające pozdrowienia.

– Robert jest jednym z najlepszych przyjaciół, jakich mam w padoku. To osoba, która pod względem charakteru, tego, jak żyje Formułą 1, jak ją rozumie, jest bardzo podobna do mnie – mówił Fernando Alonso. – Jestem przekonany, że wróci. Ma bardzo silny charakter. Jeśli ktoś potrzebuje roku, aby dojść do siebie, albo ośmiu miesięcy, to Robertowi wystarczy połowa tego czasu, bo on jest supermanem. Wszyscy za tobą tęsknimy! – dodał.

– Robert, bardzo nas wystraszyłeś, a dla ciebie to musiał być koszmar – zaczął Brazylijczyk Rubens Barrichello. – Jest coś, o czym powinieneś był pomyśleć: może podczas ostatniej operacji powinieneś sobie odrobinę zmniejszyć nos. To by było doskonałe rozwiązanie dla twojej urody! – żartował ówczesny zawodnik Williamsa.

Kierowcy McLarena Lewis Hamilton i Jenson Button pozdrawiali Polaka razem. – Właśnie gadaliśmy, że bez ciebie będzie trochę łatwiej, bo nie będziemy musieli cię wyprzedzać. Zawsze sprawiasz, że samochód robi się tak szeroki, jak się da – mówił Hamilton.

– Jestem przekonany, że jest ci fajnie na morfinie, ale skończ z tym, bo my tu na ciebie czekamy – wtórował mu z uśmiechem Button.

Żartował też mistrz świata Sebastian Vettel. – Mam nadzieję, że nie wydasz wszystkich pieniędzy, grając w pokera z innymi pacjentami. Zostaw coś na swój powrót do Formuły 1, żebyśmy my mogli się odegrać.

Kolega Vettela z ekipy Red Bulla Mark Webber odwiedził Kubicę w szpitalu. – Mówiłem mu m.in. o psychologicznej walce, jaką przyjdzie mu stoczyć z samym sobą w nadchodzących miesiącach – mówił Australijczyk.

Ta walka miała się rozpocząć wkrótce po ostatnim dużym zabiegu na tym etapie leczenia, który miał miejsce dziesięć dni po wypadku – drugiej operacji łokcia. Polak leżał na stole osiem godzin. Choć łokieć znajdował się na ostatnim miejscu na liście priorytetów, nie oznaczało to, że jego uszkodzenia były najmniejsze. Aby go naprawić, lekarze musieli jednak czekać, aż pacjent będzie mógł być położony na brzuchu.

Po operacji doktor Ceccarelli planował dalsze kroki. – Musimy czekać na odpowiedni moment, aby rozpocząć rehabilitację nogi, łokcia i ramienia. Ponadto bardzo ważne będzie doprowadzenie do sprawności ręki. Zajmie to dużo czasu, ponieważ trzeba będzie pracować także nad nerwami i mięśniami dłoni – przewidywał. – Bardzo ważne będzie nastawienie Roberta. Jedną czwartą pracy wykonają chirurdzy, a kolejne 25 procent fizjoterapeuci podczas rehabilitacji. Pozostałych 50 procent roboty musi wykonać pacjent, ale Kubica był jak dotąd zawsze bardzo silny w dramatycznych sytuacjach.

– Wszyscy rozmawiali o Robercie: ludzie na trybunach, kierowcy, cały padok. Wiele osób wie, że jestem jego przyjacielem. Nie potrafię policzyć, jak wielu ludzi pytało mnie, co z nim, a ja nie miałem im nic do powiedzenia. Nie jestem lekarzem, a nawet lekarze nie wiedzieli, co się stanie – wspomina Roberto Chinchero. – Pamiętam, że kiedy najgorsze minęło, zacząłem myśleć o Robercie w kontekście sportu – bo straci sezon, a miał kontrakt z Ferrari w kieszeni... Pomyślałem wtedy: „Jeszcze niedawno walczył o życie, jeśli więc już myślimy o nim w kontekście sportu, to jest dobrze" – mówi.

O sporcie myślał też Kubica. Kiedy przyszedł do niego Gerard Lopez, rozpoczęli rozmowę o... aucie. – Wiemy, że czeka go jeszcze mnóstwo bólu i cierpienia, zanim wróci do pełnej sprawności, ale wiesz, jaki jest Robert. Doskonale zdaje sobie sprawę, jak trudne zadanie go czeka. Uważam, że mu podoła, ponieważ już raz tego dokonał i ma silny charakter. Z drugiej strony zaczęliśmy już rozmawiać o ustawieniach nowego bolidu, oponach. Gadaliśmy i żartowaliśmy o innych sprawach. Jest mu przykro – nie z powodu własnych obrażeń, lecz z powodu tego, jak jego wypadek wpłynie na zespół. Dla mnie to godne podziwu, ale nie musi się tym zamęczać. Stało się, co się stało. Robert wie też, że lekarze wykonali bardzo dobrą robotę, utrzymując go przy życiu i wykonując operacje. Myślę, że i on, i my wiemy, że wróci do F1. To najlepsza wiadomość – podsumował właściciel stajni.

Zespół zatrudnił Nicka Heidfelda, byłego kolegę Polaka z BMW Sauber, aby go zastąpił i pojechał obok Witalija Pietrowa. – Zapewne trochę dziwnie się czujesz, widząc mnie w swoim samochodzie Lotus Renault i w swoim kombinezonie. Nie jestem nawet pewien, czy cieszysz się z mojego widoku, ale może będzie to dla ciebie motywacja, abyś szybciej wrócił. Do zobaczenia wkrótce! – brzmiała wiadomość przekazana Kubicy przez Niemca. Nie wiedział, że sam Polak rekomendował jego (lub Vitantonio Liuzziego) na swoje miejsce.

Na pytanie, czy zespół będzie czekał na Roberta, Boullier odpowiedział krótko i zdecydowanie: „Big yes".

Tymczasem w oczekiwaniu na powrót Polaka w mediach pojawiało się coraz więcej spekulacji. Wieści, często zupełnie abstrakcyjne, powstawały we Włoszech, potem efektem kuli śniegowej rozchodziły się w Polsce i Wielkiej Brytanii, a stamtąd na cały świat. Wciąż jednak brakowało tego najważniejszego głosu. Głosu Roberta. – Trzymałem się na odległość – przyzna krakowianin w rozmowie z włoską telewizją Sky, gdy po raz pierwszy pojawi się publicznie. – Nie rozmawiałem z mediami, bo zawsze wolę wypowiadać się jedynie o sprawach pewnych w moim życiu. Wtedy jednak byłem niepewny jutra, więc jak mogłem cokolwiek zapowiadać czy obiecywać? Faktycznie media wymyślały wiele głupot, ale tak już jest.

Wielu chciało w tym momencie konkretów, precyzyjnych terminów, deklaracji. Czy nieobecność Polaka będzie trwała parę miesięcy, czy cały sezon? Bo że więcej – to nie przychodziło do głowy nikomu.

– Wszyscy mówili, że on za kilka miesięcy wróci. A to niewłaściwe podejście. Po pierwsze żyje – początkowo to było najważniejsze. Po drugie musi poradzić sobie z licznymi złamaniami. Był połamany od czubka dużego palca u nogi do barku. Do tego jeszcze inne urazy, np. płuc – wspomina Rossello. – A wszyscy na nas naciskali: Ile? Miesiąc? Trzy? Mówiłem: „Nie, nie, stop!". Wiele razy musiałem uspokajać ludzi. Był także aspekt ekonomiczny. Formuła 1 to biznes, przedsiębiorstwo. Wielu ludzi brało ten wątek pod uwagę...

Kubica został w Pietra Ligure. Tam też rozpoczął rehabilitację. – Stan Roberta poprawia się z dnia na dzień. Pod względem psychologicznym i fizycznym bardzo szybko dochodzi do siebie. Dla nas nie jest to niespodzianka, bo znamy go bardzo dobrze, ale lekarze ze szpitala są tym bardzo zaskoczeni – podkreślał Ceccarelli, gdy miesiąc po wypadku Polaka spotkał się z dziennikarzami na torze Catalunya podczas zimowych testów Formuły 1. Chwalił szpital Santa Corona. – To bardzo dobrze zorganizowana placówka. Każdego dnia towarzyszy nam wielu fizjoterapeutów. Dlatego nie ma sensu teraz przenosić Roberta – mówił Włoch. – Robert rusza palcami oraz ręką w nadgarstku. To dobrze, ale nic więcej nie możemy przewidzieć. Osobie, która nie jest lekarzem, może być trudno to zrozumieć, ale organizm ma pewne zdolności do regeneracji, które różnią się w zależności od człowieka. To trochę tak jak z ustawianiem bolidu: musimy go obserwować dzień po dniu, aby zrozumieć, czego potrzebuje, i dostosować do niego rehabilitację

– tłumaczył Włoch. – Największych obrażeń doznała ręka i wszystko będzie zależało od tego, jak będzie się poprawiał stan przedramienia, łokcia i dłoni.

W drugiej połowie kwietnia na stronach Lotus Renault pojawił się wywiad z Polakiem. Robert zaczął od kilku zdań skierowanych do fanów: – Witajcie wszyscy. Jestem. Wybaczcie opóźnienie, z jakim się z wami kontaktuję, ale wolałem zaczekać do momentu, w którym będę mógł ostatecznie podzielić się z wami pozytywnymi wiadomościami. Przede wszystkim pragnę bardzo podziękować fanom, których wsparcie od mojego lutowego wypadku we Włoszech było po prostu niesamowite. Zostałem zasypany listami i różnymi prezentami – i wygląda na to, że ich liczba wciąż nie maleje. Chcę także podziękować wszystkim ludziom ze świata F1, którzy na różne sposoby okazali mi swoją troskę w trudnej sytuacji, w której się znalazłem – mówił.

Jest wdzięczny kibicom, którzy o nim pamiętają. – Muszę przyznać, że ich reakcja była wzruszająca i bardzo mi pomogła. Naprawdę nie zdawałem sobie sprawy, że aż tak wielu ludzi mnie wspiera. Obiecuję im, że kiedy wrócę, odwdzięczę się, dając z siebie wszystko, co najlepsze – deklarował.

– Zaczynam się czuć o wiele lepiej – informował Robert dziesięć tygodni i cztery dni po wypadku. – Moja rekonwalescencja idzie w dobrym kierunku. Mobilność ręki jest ograniczona, ale to raczej normalne w sytuacjach tego typu, ponieważ zszyte mięśnie wciąż są bardzo słabe, długo pozostawały w bezruchu. Z dnia na dzień wszystko zdecydowanie się poprawia – mówił. Zdradził też najbliższe plany: – Kiedy tylko wyjdę ze szpitala, pojadę do mojego domu w Monako na krótki odpoczynek. Potem przeniosę się do włoskiej kliniki doktora Ceccarellego, gdzie rozpocznę intensywny program rehabilitacji oraz wstępny program delikatnego treningu. Będą połączone, w zależności od tempa, w jakim będę dochodził do siebie.

Jedenaście tygodni po wypadku Kubica opuścił szpital w Pietra Ligure.

ROBERT KUBICA:

„Czerpcie radość z oglądania F1, nawet jeśli obecnie mnie w niej nie ma. Ja postaram się wykorzystać to ciężkie doświadczenie, aby powrócić tak mocnym, jak to możliwe!".

III

Wszystko, by wrócić

Choć leżał w szpitalu, a pierwsze wyścigi odbywały się z dala od Europy, Robert starał się nie spuszczać z oka swojej ekipy, z którą pozostawał w stałym kontakcie. – Szczególnie odkąd zaczął się sezon, dowiadywałem się od inżynierów o tym, co dzieje się w trakcie weekendów wyścigowych. Wysyłają mi raporty z wyścigów, dzięki czemu jestem w pełni poinformowany, tak jakbym znajdował się na torze. Także Eric Boullier jest w kontakcie ze mną i dopytuje się o stan mojego zdrowia – mówił.

Ekipa dobrze zaczęła sezon: na podium stanął najpierw Pietrow, a potem Heidfeld, przynajmniej jeden z nich co wyścig zdobywał punkty. Tymczasem w padoku pojawiły się plotki, które denerwowały szefów ekipy. Pewien brazylijski komentator, sporadycznie pojawiający się na wyścigach, zapewniał swoich kolegów, że zespół Lotus Renault zerwał kontrakt z Robertem Kubicą.

Poproszony o skomentowanie tej pogłoski szef teamu po prostu ją wyśmiał. – To bzdura – powiedział Boullier, zanim jeszcze skończyłem zadawać pytanie. – Nie wiem, skąd biorą się takie plotki. Nie zerwaliśmy z nim kontraktu i chcę, abyś wyraźnie to zaznaczył. My chcemy, żeby Robert do nas wrócił, i ciągle mu to powtarzamy. Muszę tylko wyjaśnić kilka kwestii z jego menedżerem, ale zaraz wylatuję do Włoch, aby się z nim jutro zobaczyć – zapewniał Francuz po wyścigu w Turcji.

Kiedy kończyliśmy rozmowę, dowodzący zespołem Lotus Renault jeszcze raz podkreślił: – Czekamy na Roberta. Przygotowałem dla niego jeden z naszych bolidów z 2009 roku, aby mógł się w nim sprawdzić, jak tylko będzie gotowy do jazdy. Samochód jest gotowy i stoi w warsztacie. Poleć ze mną samolotem, to zobaczysz na własne oczy. Te wiadomości, które przytoczyłeś, to stek bzdur!

Dwa tygodnie później Boullier musiał sprzątać po właścicielu teamu, który zaliczył PR-ową wpadkę i narobił bałaganu. W wywiadzie dla lokalnego radia z Katalonii Gerard Lopez miał stwierdzić, że Kubica nie wróci do Formuły 1 w 2011 roku, a jeśli tak, to co najwyżej zostanie przetestowany w piątkowych treningach podczas weekendów grand prix. Te słowa były jednym z dyżurnych tematów w padoku w Monte Carlo.

Obecny w Monako menedżer Kubicy Daniele Morelli nie uciekał od komentowania rewelacji Lopeza. W grzecznych słowach przekonywał, że wypowiedź właściciela zespołu to bzdura i że nie ma on żadnych podstaw, aby dokonywać takiej oceny. Morelli ani razu nie zapewnił, że Kubica wróci do Formuły 1, ale z jego słów biła wielka pewność. „Kiedy Robert wróci, to po to, aby założyć kombinezon i znów się ścigać"; „Będzie równie dobry, co ostatniego dnia przed wypadkiem".

Kilka tygodni wcześniej dr Riccardo Ceccarelli założył, że okres, po którym będzie można powiedzieć coś więcej o powrocie Kubicy, to pół roku. – Zrozumiemy sześć miesięcy od wypadku. Potrzeba czasu, aby zadziałała natura, choć znając Roberta, wierzymy w jego siłę – mówił Włoch w „La Gazzetta dello Sport". Podkreślał również, że szczególne wyzwanie stanowi ręka. – Odbudowanie nerwów trwa najdłużej. Trudno w pierwszych czterech miesiącach przewidzieć, jak będzie wyglądał proces zdrowienia. Robert ma dobre czucie, ale nie w każdym miejscu. Jednak ręka odzyska właściwą funkcjonalność.

W połowie czerwca na konferencji prasowej Lotto pojawił się Daniele Morelli. Na zakończenie spotkania rzucił do dziennikarzy: – Obiecuję wam, że następnym razem na tym fotelu zasiądzie nie Morelli, lecz Robert Kubica.

Włoch komentował także sytuację po kolejnym zabiegu: – Już teraz widać poprawę mobilności palców dłoni. Sam zabieg był czysto mechaniczny i miał na celu usunięcie zrostów, dlatego poprawa jest natychmiastowa – mówił.

Zanim Morelli wyjechał z Polski, znalazł trochę czasu na rozmowę ze mną.

– Jak czuje się teraz Robert? Pytam zarówno o jego zdrowie, jak i nastrój.

– Jest mu trudno, pod oboma względami, bo od wypadku wciąż minęło niewiele czasu. Teraz koncentruje się na wyjściu z tej sytuacji. Wie, że musi ciężko pracować i cierpieć, ale ma w głowie jasno określony cel – powrót do ścigania. Teraz musimy zdać się na naturę, bo nie jesteśmy w stanie dokładnie przewidzieć, jak zachowa się jego organizm. Dlatego szybkie postępy bardzo mu pomagają, i dotyczy to też jego stanu psychicznego. Fizjoterapeuci muszą studzić jego zapał, aby się nie przeforsował. O dwa tygodnie wyprzedza program, ale jeszcze nie zakończył rehabilitacji – mówił Daniele.

Jako możliwy termin powrotu Kubicy wskazał Grand Prix Brazylii, czyli listopad. – Optymizmem byłoby wymienienie wcześniejszego wyścigu. Powiedziałem o Brazylii tylko dlatego, że to ostatnia, najbardziej odległa runda. Jeśli więc będzie do niej gotowy, będzie też przygotowany na testy zimowe, a to ważny cel do osiągnięcia – stwierdził Morelli, po czym podkreślił, że Robert ma ważny kontrakt i nic nie wskazuje, że w tym sezonie sytuacja się zmieni.

– Sądzę, że nad przyszłością będziemy się zastanawiali najwcześniej we wrześniu. Robert to mocny kierowca i jeśli będzie sprawny i szybki, nie będzie problemu ze znalezieniem miejsca dla niego. A to, czy w Lotus Renault, czy innym teamie, to już sprawa drugorzędna. Nawet teraz nie ma w Formule 1 ekipy, która nie rozważałaby go jako swojego potencjalnego kierowcy w przyszłości – przekonywał menedżer Polaka.

Kubica, choć w tamtym czasie spędzał po 6–8 godzin dziennie z fizjoterapeutami, walcząc o powrót do zdrowia, cały czas był traktowany jak zawodnik Formuły 1.

– Robert na początku był dość niecierpliwy. Po kilku miesiącach zrozumiał, że nie będzie mógł szybko wrócić. Wpadł z stan depresji, demotywacji – wspomina Rossello.

– Co było najtrudniejsze w kolejnych miesiącach po wypadku? Następne operacje?

– Nie. To skomplikowane zabiegi, ale nie różnią się od innych. Największym problemem nie były operacje, lecz prowadzenie pacjenta oraz ludzi dookoła niego. To nie było łatwe. Wszyscy proponowali różnego typu mikrochirurgiczne operacje rekonstrukcyjne. Były różne pomysły. Wszystko bzdury! Głupie rzeczy. Robert nie jest głupi, sam mógł decydować. Także jego ówczesny menedżer Daniele Morelli to mądry człowiek. Wiedzieli, kto wykonuje prawdziwą pracę, a kto tylko gada – mówi Rossello.

– Dochodzenie do zdrowia było tak trudne samo w sobie, że przez pierwszych 16–18 miesięcy nie było bolesne. Nie bolało mnie to, ponieważ toczyłem walkę – wspominał Kubica w 2018 roku, gdy padło pytanie o straconą szansę na starty w Ferrari. Ponad siedem lat po feralnym wypadku wracał do najtrudniejszych momentów. – Koncentrowałem się na powrocie do zdrowia. Przechodziłem ciężki okres. Im więcej czasu upływało, tym trudniej się robiło. Zniknęło podekscytowanie myślą, że jakoś uda się te sprawy rozwiązać. Były momenty, w których zdrowiałem wyjątkowo dobrze, a potem miesiące, gdy odbywały się operacje, które nie były udane, przez co cofałem się o sześć miesięcy, zamiast się poprawiać. W tak trudnych momentach człowiek jest zaangażowany na sto procent, więc nie ma czasu na myślenie w stylu: „Mogłem teraz startować tym bolidem". Gdy oglądałem Formułę 1, brakowało mi ścigania. Nigdy nie patrzyłem na to przez pryzmat tego, że to ja mogłem siedzieć w tym samochodzie. Po prostu tęskniłem za czymś, co było moim życiem. Ostatecznie było to bolesne, ale nie bolało bardziej z tego powodu, że wiedziałem, iż mogłem się ścigać w Ferrari. Jednak jest to dodatkowy ból teraz – przyznawał u progu powrotu do Formuły 1.[40]

W połowie 2011 roku nikt nawet nie przypuszczał, że ten comeback może zająć aż osiem lat. Morelli nakreślał pierwsze kroki przed planowanym jak najszybciej ponownym startem w F1: najpierw jazda autem drogowym, potem test w symulatorze, który pozwala na sprawdzenie reakcji bez obciążenia fizycznego. Nie ma przeciążeń i żadnego dodatkowego ryzyka. Wreszcie test w bolidzie.

– Nie będzie miało znaczenia, czy będzie to auto Formuły 3, czy GP2. Kiedy już raz nauczysz się jeździć rowerem, będziesz to pamiętał do śmierci. Robert ściga się całe życie, więc raczej nie zapomni, jak to się robi – mówił menedżer. – Sądzę, że Robert trochę wyprzedza przewidywania lekarzy, ale wciąż jeszcze nie zakończył procesu powrotu do zdrowia. Dlatego lepiej zachować spokój zamiast zwiastować cuda. Jego droga zakończy się, kiedy sam powie: „Jestem gotowy".

We wrześniu Morelli poinformował, że Kubica wkracza w ostatnią fazę rehabilitacji. Teraz skupiał się na odzyskaniu siły. – Rośnie dzień po dniu. Ta faza potrwa jeszcze cztery tygodnie, a potem, w październiku, naszym zdaniem Robert będzie mógł założyć kask, aby zobaczyć, co będzie w stanie zrobić – dywagował na Monzie. Opowiadał też, jak wyglądają dni rekonwalescenta. Że gra w gry wideo i pobił już wszystkie możliwe rekordy. Że pracuje wiele godzin dziennie. Że ogląda wszystkie wyścigi, a stracił tylko Spa, bo miał wtedy operację.

Wiele osób zastanawiało się, dlaczego Kubica nie przyjechał na Grand Prix Włoch – przecież nie wymagałoby to męczącej podróży i zaburzenia cyklu rehabilitacji. – Robert pojawi się w padoku, kiedy będzie mógł znowu założyć swój kask i kombinezon – stwierdził Morelli. Te słowa okażą się prorocze.

W tamtym momencie, patrząc z zewnątrz i kierując się komentarzami z padoku, można było jednak odnieść wrażenie, że Kubica rozpoczyna wyścig z czasem – bo na tym etapie sezonu, kiedy zespoły starają się finalizować składy na przyszły rok, powinien jak najszybciej pokazać, że będzie w stanie znów zasiąść za kierownicą bolidu Formuły 1.

– Nie mogę przepuścić okazji odzyskania Roberta, ale równocześnie muszę bronić interesów teamu. Muszę w końcu ustalić skład kierowców. Będę elastyczny, ale w połowie lub pod koniec października potrzebuję wyraźnego potwierdzenia (że będzie w stanie się ścigać – przyp. red.) – mówił Eric Boullier. Nie ma mu się co dziwić – to samo mógłby powiedzieć szef każdego z zespołów myślących o zatrudnieniu Polaka. Stanem jego zdrowia z pewnością interesowało się więcej ekip niż tylko Lotus Renault. Nie mogły jednak czekać w nieskończoność.

Kiedy pytam o to Boulliera w 2018 roku, ten odpowiada: – W pewne rzeczy chcesz wierzyć. Naprawdę chcesz wierzyć... Myślę jednak, że koło jesieni wiedzieliśmy już, że to nie będzie możliwe, ale chcieliśmy czekać tak długo, jak się dało.

W październiku 2011 roku doktor Rossello sprawiał wrażenie zadowolonego z przebiegu leczenia i rehabilitacji swojego podopiecznego. – Byłem pozytywnie zaskoczony powrotem funkcji nerwów po ich rekonstrukcji. Dobrze się zregenerowały. Robert był wtedy w stanie ruszać wszystkimi palcami, chwytać przedmioty, podnosić je. Odzyskał też czucie w opuszkach palców. Dobre czucie jest kluczowe – wspomina tamten okres.

Na początku listopada Kubica przeszedł kolejną operację – nadgarstka – a Lotus Renault, choć wciąż czekał na jego deklarację (i wciąż ten okres oczekiwania przedłużał), domagał się jej coraz mocniej. – Nikt nie ma medycznego raportu na temat stanu Kubicy i nikt nie widział, aby prowadził samochód i próbował szybkiej jazdy – mówił Boullier. – Jeśli nie jest w stanie jeździć, musi nam powiedzieć.

Pojawiły się nawet spekulacje, jakże abstrakcyjne z dzisiejszej perspektywy, że ochłodzenie relacji na linii Kubica – zespół wynika z tego, że Polak może trafić do lepszego teamu. Jeden z czołowych publicystów „Autosportu" Jonathan Noble umieścił Kubicę na liście życzeń zespołów takich jak Ferrari i Red Bull.

Noble zaczął od wspomnienia o prawidłach rządzących Formułą 1: to sport, który szybko zapomina o swoich największych bohaterach, aby dalej pędzić do przodu, dyscyplina, w której mało kto dostaje drugą szansę. „Jednak, jak we wszystkim, zawsze są wyjątki. Podczas gdy Formuła 1 szykuje się do ostatniego wyścigu sezonu, człowiek, który stanowi klucz do rynku transferowego w jego dłuższej perspektywie, nie wystartował w tym roku nawet w jednym Grand Prix" – stwierdzał w dalszej części tekstu Anglik. Tak wielka była siła przebicia zawodnika wciąż nieobecnego po wypadku, zwycięzcy jednego wyścigu w Formule 1.

Wreszcie jednak, 23 listopada, potwierdził się najgorszy dla kibiców Kubicy scenariusz. Na stronie internetowej ekipy Lotus Renault pojawił się komunikat zawierający oświadczenie Roberta:

„Chociaż od kilku ostatnich tygodni pracuję bardzo ciężko, doszedłem do wniosku, że wciąż nie jestem pewny, że będę gotów na rozpoczęcie sezonu 2012. Zadzwoniłem do zespołu i poinformowałem o obecnej sytuacji. To była trudna decyzja, ale równocześnie najrozsądniejsza. Wiem, że team musi się przygotować do kolejnego sezonu i że dalsze przekładanie terminów byłoby nie fair. Jeśli chodzi o sprawy osobiste, moja rehabilitacja wciąż przebiega bardzo pomyślnie, a lekarze są pod wrażeniem postępów. Potrzebuję jednak więcej czasu, ponieważ pragnę być w stu procentach gotowy, zanim zacznę robić cokolwiek związanego z jazdą".

W ostatnim zdaniu nie wskazywał jednoznacznie na Formułę 1 – „cokolwiek związanego z jazdą" mogło oznaczać każdą inną serię wyścigową lub rajdy. To możliwie neutralna fraza, która mogła choć na chwilę uciszyć dyskusje o tym, kiedy oraz przede wszystkim w jakich barwach Robert mógłby znaleźć się z powrotem w F1.

Tymczasem spekulacje trwały w najlepsze. W mediach pojawiały się informacje o ciepłych relacjach Kubicy z Ferrari. Doszło do tego, że pod koniec roku szef ekipy Stefano Domenicali musiał w hiszpańskiej prasie dementować pogłoskę, jakoby Polak miał już zaplanowany test w czerwonym bolidzie. – Do tematu Kubicy należy podchodzić z wielką powagą. Dziś, w okresie świątecznym, nawet Robert nie wie, jak potoczy się jego rehabilitacja. Wspieramy go, ale na pierwszym miejscu stawiamy jego zdrowie. Dlatego nigdy nie sugerowaliśmy, że przeprowadzimy z nim test w F1. Do końca wiosny nie będzie nic pewnego. Mam nadzieję, że zobaczę go na torach wyścigowych na pozycji lidera. To nasz przyjaciel. Jest mistrzem... – mówił w wywiadzie dla hiszpańskiej prasy.

Lotus zatrudnił Romaina Grosjeana i Kimiego Räikkönena, a Boullier przyznał, że brak Kubicy położył się cieniem na całym poprzednim sezonie. Uważali tak również koledzy Polaka z toru. – To wspaniały kierowca, który potrafi wydobyć z samochodu wszystko, co najlepsze. Dzięki temu zespół Renault stał się czarnym koniem. Kiedy Robert wypadł, to był ich koniec. Pietrow nie był w stanie poprowadzić teamu, a Bruno Senna (zastąpił Heidfelda na osiem ostatnich wyścigów 2011 roku) pokazał, że nie jest wystarczająco dobry – stwierdził Jarno Trulli.

Kubica miał na głowie inne zmartwienia – nieustannie toczył walkę o powrót do jak najlepszego zdrowia i normalnego życia. Z Włoch docierały niepokojące wieści: poślizgnięcie przed domem, pęknięta kość piszczelowa prawej nogi. Kolejna wizyta w szpitalu. Tym milej brzmiały słowa Fernando Alonso: – Wczoraj z nim rozmawiałem i jestem przekonany, że kiedy Robert już wróci, będzie znowu najlepszym kierowcą w stawce – powiedział dwukrotny mistrz świata.

Pomimo wieści o urazie (który z medycznego punktu widzenia na szczęście nie był aż tak poważny) media i kibice wciąż żyli marzeniem o rychłym powrocie Roberta do Formuły 1. Włoskie portale widziały go w roli kierowcy testowego Ferrari, a może nawet zawodnika, który zastąpi Felipe Massę, choćby w trakcie sezonu. W tej sytuacji ponownie głos zabrał Domenicali – i ponownie był to jeden z najbardziej wyważonych głosów w temacie: – Nie taki jest nasz plan. Widziałem spekulacje na ten temat. Z pewnością Robert Kubica jest wspaniałym kierowcą, który doznał bardzo poważnych uszkodzeń ciała i obecnie wciąż ciężko pracuje, aby wrócić do normalnego życia. Zanim więc zaczniemy się nad tym zastanawiać lub o tym dyskutować, musimy zaczekać i zobaczyć, co się stanie. Z pewnością wyleczenie takich kontuzji zajmuje wiele czasu. Poczekamy i zobaczymy, jak będzie przebiegała rehabilitacja, ale w tym momencie nie ma między nami żadnych ustaleń – zapewnił szef Ferrari.

Fala spekulacji nie opadła, pewne jednak było to, że Robert nie zamierza wracać do Formuły 1, jeśli nie będzie przekonany, że może w stu procentach odzyskać dawną prędkość.

– Mniej więcej po roku doszliśmy do punktu, gdy powiedziałem: „Robert, to wszystko. Nie możemy zrobić więcej. To jest ostateczny rezultat, ostateczne rozwiązanie. Nie da się pójść dalej" – opowiada Rossello. – Nie było mu wtedy łatwo. Pytał innych chirurgów, przeszedł kilka operacji. Wszystko zostało jak wcześniej. Pytałem też kolegów, żeby mieć drugą opinię. Każdy mówił to samo: „Świetna robota, więcej nie ma co robić". Początkowo Robert nie był przekonany, więc próbował różnych rozwiązań. Potem zrozumiał, że miałem rację – że to było wszystko, co dało się osiągnąć. Przestał myśleć o cudach. Zaczął od nowa: to ja, to moja ręka, tyle mogę nią zrobić. I wyszedł z tego.

DANIELE MORELLI:

„Każdego dnia, gdy Robert się budzi i widzi poprawę, ma dodatkową motywację. Przez pierwsze trzy miesiące, kiedy leżał w szpitalu, nie było tak kolorowo. Jednak odkąd wyszedł, postępy są wyraźne. Musimy zachować spokój. Nie liczymy na cud".

IV

Testy w... rajdówce

Nie spełniły się wielkie nadzieje. Kubica nie zaczął sezonu 2012 jako kierowca Formuły 1. Nie sprawdziły doniesienia włoskich mediów, jakoby współpracę z Polakiem podczas premiery najnowszego bolidu miało ogłosić Ferrari. A jednak... Robert już jeździł. I to nie tylko zwykłym samochodem – włoski portal rallyemotion.it przyłapał go za kierownicą rajdówki. W okolicach Genui Polak testował na zamkniętym odcinku drogi swoją Skodę Fabię WRC – wyczynowe, bardzo szybkie i trudne do opanowania auto stworzone do startów w najwyższej kategorii rajdowych mistrzostw świata.

Świat F1 nie zapominał o Polaku. Szef Formuły 1 Bernie Ecclestone zapytany o ocenę Felipe Massy, który w poprzednim roku zawiódł na całej linii, odparł: – Dla Ferrari to kwestia alternatywy. Który z dostępnych kierowców jest szybszy od Felipe? Moim zdaniem żaden. Jestem jednak przekonany, że gdyby nie wypadek w rajdzie, teraz to Robert Kubica siedziałby w Ferrari – oznajmił Ecclestone.

W tym czasie Robert nieustannie pracował nad ręką – zwiększeniem zakresu ruchów, precyzji i siły. Była już wystarczająco sprawna, aby mógł zapanować nad pojazdem klasy WRC i osiągać wysokie tempo. O ile jednak w przestronnej kabinie rajdówki miał możliwość trzymania prawej ręki na kierownicy, o tyle w ciasnym kokpicie bolidu byłoby to znacznie trudniejsze. W autach jednomiejscowych jest bardzo mało miejsca i kierowanie nimi wymaga specyficznego zakresu ruchów rąk, ułożonych wąsko w linii ciała.

W środowisku F1 znaleźli się też sceptycy. Roger Benoit, bardzo doświadczony dziennikarz gazety „Blick", przekonywał, że powrót Polaka nie będzie możliwy. – Robert się nie odzywa? To znaczy, że już nie wróci – powiedział mi, gdy rozmawialiśmy w Monako. To człowiek, który zawsze wyraża bardzo konkretne, stanowcze opinie i wali prosto z mostu. Prosta logika...

Ostatnie miesiące Kubica faktycznie spędził w innym świecie. – Po wypadku nie udało mi się z nim skontaktować i z tego, co słyszałem, inni mieli podobny problem. Ale go nie winię. Trudno sobie wyobrazić, co przechodzi ci przez głowę, co czujesz, pod jaką presją jesteś po takim wypadku – zauważył Nick Heidfeld w „Express Sport".

– W życiu codziennym straciłem kontakt ze wszystkimi, ale to było moje lekarstwo. Jedynie tak mogłem wyjść z punktu, w którym się znalazłem

– wspominał, będąc już kierowcą rozwojowym i rezerwowym ekipy Williams, 33-letni wówczas Robert.[41]

Jednak nawet ci, którzy otwarcie wątpili w możliwość powrotu Kubicy, przyznawali zgodnie: jeśli tylko pojawi się taka szansa i kierowca osiągnie wystarczającą sprawność, znajdą się ekipy, które chętnie mu pomogą – udostępnią bolid, aby przekonać się, czy odzyska dawną, mistrzowską formę. Przez pięć lat startów Robert wyrobił sobie w F1 wyjątkowo mocną markę.

Tak jak kilka miesięcy wcześniej, był to jednak wyścig z czasem – im wcześniej Kubica mógłby zasiąść za kierownicą bolidu, tym łatwiej byłoby mu znaleźć zespół. Zdaniem ekspertów, jeśli zdążyłby się zadeklarować do sierpnia 2012 roku, miałby duże szanse na fotel w jednej z czołowych ekip.

W trakcie wakacji Kubica wrócił na tor, tyle że... za kierownicą rajdówki – i to nie byle jakiej. Na Circuit des Ecuyers we Francji Polak wziął udział w testach ekipy rajdowych mistrzostw świata – Forda. Wcześniej, aby się do nich przygotować, jeździł Fiestą WRC włoskiego zespołu A-Style. – Muszę im podziękować. Dali mi do dyspozycji Fiestę na intensywne testy. Dzięki nim pojechałem potem do Francji, gdzie prowadziłem fabryczne auto – mówił Robert. Na torze znalazł się obok Jariego-Mattiego Latvali i Pettera Solberga, bardzo doświadczonych kierowców Forda (ten drugi to mistrz świata). – Pokonałem wiele kilometrów i muszę przyznać, że jazda samochodem klasy WRC po torze nie jest zbyt fajna. Były to jednak interesujące testy. Byłem zaskoczony swoją odpornością fizyczną – wspominał Polak.

Tego lata spotkał się też z Gerberem. – To były testy Subaru WRC we Francji – opowiadał pilot. – Wiele osób o tym nie wie, bo Robert przeprowadził je w tajemnicy. Przejechaliśmy się po bardzo fajnej trasie. Minęło ponad półtora roku (od wypadku – przyp. red.)... On był cały czas uśmiechnięty. Dla mnie to było szokujące, jak się pozbierał mentalnie. Nic dla niego nie było problemem, mimo że ręka niedomagała. Mówił: „Dobra, to przeniesiemy na tę stronę, to tu, wszystko będę lewą ręką robił, nie ma problemu".

Kubica szukał rozwiązań. – Próbowałem jeździć autem rajdowym ze zmianą biegów z prawej strony i nawet chciałem kupić pewien samochód drogowy, bo myślałem, że pomoże mi w rehabilitacji. Myślałem też, że mógłbym prowadzić rajdówkę z kierownicą z prawej strony, i nawet to sprawdziłem – opowiadał już jako mistrz WRC2 w wywiadzie dla magazynu FIA.

Na tamtym etapie, gdy dopiero wracał, dla Gerbera było jasne jedno: – To, jak szybko jeździł już wtedy samochodem, było dla mnie szokujące. Nic nie stracił z waleczności oraz zmysłu kierowcy wyścigowego i rajdowego.

– Kiedy przechodziłem operacje jedna po drugiej, bardziej skupiałem się na tym, aby się odbić i wrócić do zdrowia. Formuła 1 była ostatnią rzeczą, o jakiej pomyślałem, jednak gdy wróciłem za kierownicę samochodu rajdowego, zdałem sobie sprawę z tego, że jestem tak samo szybki. Od tego wszystko się zaczęło – wspominał rok później Polak, gdy jego rajdowa kariera rozkręcała się na dobre.

Formuła 1 to była wtedy jednak bardzo odległa przyszłość. – Rozmawiamy ze sobą i wiem, jak bardzo boli go to, że jest tak daleko od czegoś, co zawsze było całym jego światem – zdradził Fernando Alonso. – Musi zachować spokój i przede wszystkim odzyskać pełną sprawność, a dopiero potem może myśleć o ściganiu.

– Może w jakimś momencie pomogło mu, że ludzie przestali go o to pytać? – zastanawia się Rossello. – Przyjęli, że nie jest już kierowcą Formuły 1. Może był w tamtej chwili sam, ale może to było pozytywne? Nikt niczego od niego nie oczekiwał – tylko on od siebie. I zaczął wracać. W dobry sposób.

– Nie chcę zagłębiać się w to, co się stało, myśleć, przez co przeszedłem i tak dalej. Muszę żyć z tym, co mam, nie mam wyboru. Kiedy leżysz w szpitalu i poznajesz ludzi, którzy nie mają szans, zaczynasz postrzegać życie zupełnie inaczej. Często nie doceniamy tego, co mamy. Kiedy nie możesz wstać, nawet najprostsze rzeczy przynoszą szczęście. Zaczynasz się cieszyć i doceniać wszystko, co masz. Nawet jeśli nie jest to coś, o czym marzyłeś – stwierdził Kubica w 2013 roku.

Dobiegała końca faza operacji. – Nikt nie wie, ile ich miałem. Powiedziałem to kiedyś w wywiadzie. Było ich więcej, niż jest wyścigów Formuły 1 w jednym sezonie (a w ostatnich latach to przynajmniej 20 – przyp. red.) – opowiadał potem Robert.[42] Ograniczenia jednak zostały. Niektóre niezwiązane z ręką. Jeszcze w lutym 2014 roku Kubica przyznał, że utyka. – Z lenistwa. Moja noga jest trochę krótsza. Powinienem nosić dodatkowe wkładki, ale kiedy zmieniam buty, nie wkładam ich. Tylko dlatego, że mi się nie chce – mówił z uśmiechem w Szwecji reporterowi FIA .

O ograniczeniach najłatwiej zapomnieć... w samochodzie.

ROBERT KUBICA:

„Gdy jadę autem rajdowym czy DTM na torze, nie mam tak dużych ograniczeń. Kiedy jednak kończę jazdę i wracam do hotelu, wtedy je dostrzegam. Trzeba z tym żyć".

V

Drugi debiut w motorsporcie

We wrześniu 2012 roku Robert zaczął nową fazę rehabilitacji. W rajdach...

Na tę wiadomość czekali wszyscy jego fani. Pierwszy raz od półtora roku Polak miał wystartować w zawodach – po miesiącach ciszy, niepewności, gdy wielu już straciło nadzieję, że kiedykolwiek ujrzą go za kierownicą wyczynowego samochodu. Organizatorzy lokalnego rajdu Ronde Gomitolo di Lana oficjalnie ogłosili, że Robert Kubica ustawi się na starcie z włoskim pilotem Giuliano Manfredim. Polak miał poprowadzić Subaru Imprezę WRC wystawione przez belgijski zespół First Motorsport – maszynę, która w latach 2007–08 jeździła w najwyższej kategorii rajdowych mistrzostw świata.

Przed wypadkiem umiejętności rozwijał mądrze, metodycznie. Zamiast od razu wskakiwać do najszybszych maszyn – które bez trudu mógłby zdobyć – sporo czasu spędził m.in. w malutkim i lekkim Renault Clio S1600, za kierownicą którego dokonywał rzeczy niesamowitych – na przykład w pewien chłodny, deszczowy niedzielny poranek 2010 roku wygrał trzy ostatnie odcinki specjalne Rallye du Var. Po przesiadce do jednego z takich samochodów – Skody Fabii S2000 – przydarzyło się Ronde di Andora.

Subaru Impreza WRC z Ronde Gomitolo di Lana było znacznie szybsze od maszyn, w których Robert szlifował umiejętności przed wypadkiem. W przypadku Kubicy ogromne znaczenie miała również sekwencyjna skrzynia biegów, zmienianych – podobnie jak w F1 – za pomocą manetki. Aby ułatwić kierowcy jazdę, manetkę przeniesiono na lewą stronę, pod zdrową rękę.

Biella to malownicze miasteczko położone 100 kilometrów na zachód od Mediolanu. W ten sam weekend niedaleko odbywa się Grand Prix Włoch Formuły 1. Właśnie tam, w Bielli, Kubica postawił pierwszy krok, wracając na rajdowe oesy.

– Przyjechałeś z Monzy? To musi być długi dzień – powitał mnie oficer prasowy rajdu Ronde Gomitolo di Lana. W tym samym czasie na słynnym torze toczyła się rywalizacja w GP Włoch.

Tymczasem Robert znajdował się na odcinku testowym, który przejeżdżał raz za razem.

– Czy jest szybki? Nie martwcie się. Poradzi sobie – zapewniał nas jeden z członków zespołu First Motorsport. Dzień później okazało się, że miał rację, a Kubica jeździ, jakby nigdy nie miał przerwy. Ostro, na limicie i z mistrzowską precyzją. Bariery mija na milimetry, choć wciąż nie jest jeszcze w pełni sprawny. Widać to gołym okiem: lekko utyka, a na prawej ręce ma bandaż i pooperacyjne blizny, pamiątki po koszmarnych miesiącach w szpitalu.

Łatwo dostrzec, że jest w swoim żywiole. W głowie ma tylko rajd. Czasy, opony, wyważenie samochodu. Kiedy wjeżdża na rampę w Subaru WRC, kibice szaleją. „Kubica campione!", krzyczą ludzie. „Jesteśmy z tobą", słychać gdzieś z tłumu, bo na miejsce przyjechało także sporo fanów z Polski.

– Czuję się dobrze. Dziękuję. Jestem bardzo szczęśliwy, że się tu znalazłem – mówił kierowca. – Cieszę się, że wracam. To etap na drodze do odzyskania zdrowia. Chciałem poczuć przypływ adrenaliny w zawodach, teraz mogę to zrobić. Pojadę jeszcze rajd w San Martino, a potem się zobaczy...

Pierwsze publiczne pojawienie się Roberta przyciągnęło oczywiście mnóstwo mediów – z Włoch, Polski, ale też nie tak odległego padoku Formuły 1, gdzie trwała runda mistrzostw świata. – Oczywiście wolałbym być teraz gdzie indziej – przyznawał polski kierowca. – To jednak kolejny etap mojej rehabilitacji. Bardziej aktywny. Mam nadzieję, że wrócę do punktu, w którym się zatrzymałem, ale już to jest dla mnie następnym ważnym etapem – po bardzo trudnych dwudziestu miesiącach ponownie startuję w rajdzie. To dla mnie emocjonalna chwila – zapewniał w rozmowie z włoskim Sky Sports. – Mam nadzieję, że możemy się dobrze bawić, nie patrząc na czasy oesów, ponieważ ostatecznie chodzi o to, aby wrócić do mojego sposobu jazdy i sprawić, aby moje ramię lepiej się goiło. Ponieważ byłem kierowcą od dwudziestu lat, mój organizm przywykł do pewnych reakcji, a te rzeczy mogę poczuć, tylko kiedy prowadzę.

Nie mogło zabraknąć pytania o miesiące, podczas których z dala od fleszy i kamer Kubica dochodził do siebie po wypadku. – Niechętnie wspominam tamte chwile. Było bardzo trudno i nie chcę już do tego wracać. Najważniejsze, że znalazłem siłę, cierpliwość i chęć do pracy, by wyjść z tej sytuacji. Na wiele z problemów nie miałem żadnego wpływu, ale tam, gdzie tylko mogłem, dawałem z siebie wszystko. Wiadomo, że urazy, jakich doznałem, były bardzo poważne, a przede mną jeszcze długa droga. Możliwe też, że nigdy nie odzyskam dawnej formy fizycznej, lecz teraz nareszcie nadeszła ciekawsza, bardziej dynamiczna faza mojej rehabilitacji. Cieszę się, że wreszcie dzieje się coś, co mnie naprawdę kręci, bo od lutego spędzałem czas w szpitalach, salach operacyjnych i na zabiegach rehabilitacyjnych. Nareszcie poczuję trochę zakrętów i zapach paliwa! – cieszył się kierowca.

Były też pytania o Formułę 1. – Nie wyznaczam sobie żadnych deadline'ów ani nie oceniam szans. Czasem w życiu trzeba być zadowolonym, dostając mniej, niż by się chciało. Tak jest teraz, ale jestem szczęśliwy, że się tu znalazłem. Oczywiście zrobię wszystko, aby być w pełni aktywnym w przyszłym roku. W najbliższych miesiącach postanowię, co zrobię dalej. Przeszedłem najróżniejsze testy na torze w szybkich samochodach, ale sam muszę zdecydować, czego najbardziej bym chciał, i przekonać się, czy F1 jest osiągalna, czy nie.

Ronde Gomitolo di Lana to malutki rajd. Cztery próby na tej samej, 9-kilometrowej trasie, 133 zgłoszone załogi, siedem aut klasy WRC. Kubica nie pozostawił rywalom złudzeń. Po pierwszym odcinku specjalnym prowadził z przewagą aż 11 sekund, na drugim poprawił się o 4.4 sekundy – i tak było już do końca: po trzeciej próbie prowadzenie wzrosło do 42.3 sekundy, a po ostatniej jego przewaga wyniosła prawie minutę. Wrócił do ścigania w wielkim stylu, od początku prezentując wysoki poziom i odnosząc zwycięstwo w pierwszym starcie.

W padoku F1 jego powrót wywołał spore poruszenie. – Jestem zaskoczony zainteresowaniem, które tu widać – opowiadał Roberto Chinchero, relacjonujący zawody na Monzie. – To w końcu Grand Prix Włoch, ale wczoraj większość dziennikarzy w biurze prasowym bardziej interesowała się Robertem niż wyścigiem. To wspaniałe, bo Formuła 1 to sport, w którym gdy odpadniesz, po sześciu miesiącach wszyscy o tobie zapominają. Ale nie o Robercie. Trudno mi uwierzyć, że niektóre telewizje, jak Sky czy Rai, wysłały ludzi stąd do Biella tylko po to, aby ci nakręcili jakieś ujęcia z Kubicą. Sądzę, że ta wiadomość ucieszyła całe środowisko.

Nasz kierowca długo czekał na ten dzień, dlatego po zakończeniu występu był bardzo zadowolony. – Kiedy tylko była okazja, wsiadałem do samochodu, żeby pojeździć. Nie było łatwo, ponieważ od dawna mam napięty grafik i niestety te zajęcia nie wiążą się z jazdą. W końcu nadszedł moment na mój drugi debiut za kółkiem i było fajnie. Oby tak dalej. Żyję z dnia na dzień. Nie chcę myśleć o przyszłości. Cieszę się z tego, co było dziś.

A przyszłość... przyniosła decyzję o startach w rajdach. Na poważnie. Polak wyruszył na odcinki specjalne mistrzostw Europy oraz mistrzostw świata.

– Jeżdżę dalej. Dla własnej satysfakcji. Zdaję sobie sprawę z niebezpieczeństw, jakie to niesie, ale wiem też, jakie byłyby zagrożenia, gdyby mnie ktoś zamknął na trzy miesiące i powiedział: „Już nie jeździsz". To mogłoby być jeszcze bardziej niebezpieczne niż moja jazda – mówił mi wiele miesięcy później, w 2014 roku, po tragicznym wypadku Julesa Bianchiego w Formule 1. Kubica miał na rajdówce naklejkę poświęconą Francuzowi. Rozmawialiśmy o ryzyku w sporcie motorowym. – To także styl życia. Coś, co robię od małego – i uważam, że nie ma nic gorszego niż odebranie komuś tego – związków z otoczeniem, frajdy i życiowej satysfakcji. Zabrać kogoś nagle z tego środowiska to najgorsza rzecz, jaka może się wydarzyć. Przeszedłem przez to – opowiadał.

– Z czym Ci się kojarzy słowo „szczęście"? – pytam Roberta w wywiadzie dla magazynu „Esquire" w drugiej połowie 2017 roku, po jego pierwszych testach w bolidzie Formuły 1, gdy rozpoczyna drogę powrotną do elitarnej serii.

– Tak naprawdę... – zamyśla się na dłuższą chwilę. – Szczęście się wiąże ze zdrowiem. Kiedy je mamy, nie doceniamy tego. Jest nam dane. Wydaje nam się, że jak mamy katar czy budzimy się z bólem głowy, to jest koniec świata. I ja też tak miałem, ale w pewnym momencie przeszedłem przez coś, czego nie życzę nikomu. Kiedy zdrowia zabraknie, dopiero wówczas zdajesz sobie sprawę, że największym szczęściem człowieka jest, jeśli je ma. Budzi się rano w stu procentach funkcjonalny i bez żadnych problemów.

– Jest takie powiedzenie: „cierpienie uszlachetnia". Myślę, że masz tu wiele do powiedzenia. Czy faktycznie tak jest?

– Tak. Chyba tak. Myślę, że stałem się dzięki niemu lepszym człowiekiem.

ROBERT KUBICA:

„Ja po prostu nie byłem zadowolony z tego, że jestem dobry. Chciałem więcej i myślałem, że właśnie rajdy mi to dadzą. I naprawdę mi dały. Problem w tym, że cena, jaką przyszło mi zapłacić, była zbyt wysoka".

8 września 2012 roku Robert Kubica wystartował po raz pierwszy od wypadku. Wygrał rajd Gomitolo di Lana.

stilo
stilo
sparco
sparco
OMP

TOTAL
LA TARTE TROPEZIENNE

RAJDY

Gdy wróciłem do rajdów, wiele osób uznało to za szaleństwo. – Nawet nie spytałam o to Roberta – sam zaczyna mówić o rajdach, podkreślając, że nowa dyscyplina bez cienia wątpliwości pomogła mu po wypadku. Najpierw rajdy były formą rehabilitacji, potem źródłem wielkiej satysfakcji ze zwycięstw, w końcu zaś – walką ze sprzętem i stałym powodem do frustracji. Imponujące wyniki przemieszane z wypadkami i awariami, z drobnymi błędami – normalnymi u kierowcy wyścigowego, ale niosącymi wielkie konsekwencje.

W obiegowych opiniach przyjmuje się za oczywiste, że trzy lata Roberta w WRC były porażką. Pytanie „jak dziś wypadł Kubica?" stało się dyżurnym dowcipem barowym. To paradoks, wręcz rażąca niesprawiedliwość – dla mnie te trzy ultratrudne lata startów w najwyższych kategoriach rajdowych najdobitniej dowiodły jego geniuszu. W obcej sobie dyscyplinie osiągnął sukcesy, jakie dotąd nie stały się udziałem żadnego Polaka: mistrzostwo świata WRC2, zwycięstwa oesowe i prowadzenie w klasyfikacji generalnej rajdu, także to na szutrze. Piąta pozycja na mecie Rajdu Niemiec 2013 to najwyższa lokata polskiego zawodnika, odkąd rozgrywa się zawody o mistrzostwo świata kierowców WRC.

– Nie jeździłem w rajdach dla zabawy przed wypadkiem i tak samo nie jeździłem dla zabawy po wypadku. Miałem swój cel. Rajdy mnie sporo nauczyły, dały mi też możliwość zrozumienia tego, co naprawdę chcę robić. Wróciły mnie na właściwy tor... – podkreśla Kubica.

Ostatecznie sport, który niemal kosztował go życie, potem mu je zwrócił.

I

To rehabilitacja

Słyszałem, że kilka dni temu Robert wrócił do rajdów. To wspaniałe! – zazwyczaj zimny, jak na stereotypowego Fina przystało, Mika Häkkinen ożywia się nagle podczas rozmowy w trakcie jego wizyty w Polsce w 2012 roku. Siedzę naprzeciwko jednego z największych rywali Michaela Schumachera, dwukrotnego mistrza świata Formuły 1 (1998, 1999), którego życie też niegdyś zawisło na włosku. Podczas kwalifikacji do Grand Prix Australii na torze Adelaide, ostatniej rundy MŚ sezonu 1995, jego McLaren wypadł z toru i z pełnym impetem uderzył bokiem w betonowy mur osłonięty ledwie jedną warstwą ochronną z używanych opon. Podczas natychmiastowej reanimacji ratownicy uratowali mu życie, wykonując tracheotomię. Fin wrócił do kokpitu już na początku kolejnego sezonu, a po pierwszym starcie brakowało mu sił, gdy starał się samodzielnie opuścić kokpit...

– Jeśli odzyska zdrowie, to przyszłość jest dla niego otwarta – mówi o Kubicy Häkkinen. – Nie wiem, jaki jest jego obecny stan, ale kiedy ja miałem wypadek, zajęło mi dużo czasu, zanim wiedziałem, co chcę dalej robić. Pamiętam, jak było mi ciężko. To coś, o czym pamiętasz każdego dnia. Zostaje w tobie do końca życia. Nie zapominasz o tym po miesiącu czy roku. Niezależnie od tego, co robisz, zawsze gdzieś w tobie tkwią te emocje, bo to traumatyczne wspomnienie. Musisz z tym żyć, bo nie da się od tego uciec.

Gdy dwukrotny mistrz świata opowiadał mi o tym, Robert Kubica szykował się właśnie do drugiego startu po powrocie, w Rallye San Martino di Castrozza. To samo auto – Subaru Impreza WRC 2007 – ale trudniejsza próba. Więcej tras i większe dystanse wymagają jeszcze większego wysiłku i jeszcze lepszego przygotowania. Kubica ma do pokonania pięć odcinków specjalnych o łącznej długości 86 kilometrów. Zaczyna od odcinka testowego, wytyczonego między oponami na dużym placu. Trasa jest bardzo kręta, więc jazda wymaga dużo pracy za kierownicą, co stanowi wyzwanie. I dlatego podoba się Robertowi. To inny wysiłek, praca innych mięśni. Krakowianin żartuje nawet, że może powinien znaleźć jakiś supermarket, zamknąć jego parking i przygotować sobie właśnie taką krętą trasę do treningów.

– Ten shakedown to świetne ćwiczenie. Pomaga w rehabilitacji – cieszy się, choć ma na nim pecha: zahacza prawą stroną o oponę, a druga dostaje się pod auto. Z oponą pod podłogą nie da skręcać, więc samochód wpada

Po powrocie do sportu Polak wygrał m.in. rajd Citta di Bassano.

do pobliskiego rowu, którym płynie potok. – Popełniłem błąd debiutanta! Ale w rzeczywistości więcej szkody zrobiło wyciąganie auta niż wypadnięcie z trasy. Musieliśmy tylko zmienić zderzak. Nic poważnego. Miałem miękkie lądowanie – z uśmiechem mówi później Robert i dodaje, że wypadł w jedynym miejscu, z którego nie dało się wyjechać. Nie przejmuje się tym. Spokojnie szykuje się do właściwych jazd.

Podczas wieczornego superoesu jest bardzo szybki. Niestety – za szybki: popełnia błąd na zakręcie, co kosztuje go stratę dziewięciu sekund, przez co po pierwszym odcinku, zamiast prowadzić, jest siódmy. Jazdę kończy w sobotę, na trzecim odcinku, po przejechaniu 13 kilometrów.

Zdjęcie, które obiegło świat za pośrednictwem Facebooka, działa na wyobraźnię. Niebieskie Subaru z logo „RK" na masce opiera się lewym bokiem na drzewach. Gdyby nie one, auto poleciałoby w dół, po niemal pionowym zboczu. Na prawym boku wyraźny ślad po uderzeniu w przeszkodę. Ani kierowcy, ani jego pilotowi nic się nie stało, ale dalsza jazda była niemożliwa.

– Nie jechałem ryzykownie, ale zakręt, z którego wypadliśmy, był bardzo brudny – tłumaczył później Kubica. Jego auto nie chciało skręcić. Polak próbował się ratować, ale pojazd zahaczył o słup, odbił się i poleciał w przepaść. Samochód zatrzymały drzewa.

Drugi po powrocie do sportu rajd pokazuje, że Kubica jest szybki, ale wciąż musi ostrożnie stawiać kolejne kroki. Stale odpowiada na pytania, dlaczego nie wrócił do sportu na torze. Dlaczego nie F1. – Oczywiście wolałbym wrócić w Formule 1, ale w życiu trzeba się cieszyć z tego, co masz. Na razie mam jeszcze za dużo ograniczeń, aby zasiąść za kierownicą bolidu, i nie mówię tu nawet o bolidzie Formuły 1 – przyznaje w rozmowie z omnicorse.it. – Może teraz źle to wygląda, ale nadzieja umiera ostatnia i nic nie kosztuje. A ja wciąż wierzę, choć twardo stąpam po ziemi. Nie jest jednak tak, że jeśli się nie uda wrócić do F1, to nie będę miał co robić w życiu.

Dwa tygodnie później wraca na oesy. Na starcie włoskiego rajdu Rally Citta di Bassano staje 115 załóg, do pokonania jest 9 odcinków specjalnych, a ich łączna długość to o 30 kilometrów więcej niż ostatnio. Robert znów podnosi poprzeczkę i jest najszybszy w siedmiu z dziewięciu oesów – a niewiele brakowało, by wygrał wszystkie. Szybszy od m.in. Piero Longhiego, dwukrotnego mistrza Włoch, który do tego jedzie Mini WRC – autem o kilka lat nowszym niż Subaru z 2007 roku Kubicy. Na najdłuższej próbie wyprzedza drugiego zawodnika o sekundę na kilometrze. W swoim stylu zły, gdy wybrał niewłaściwe opony – i w swoim stylu całkowicie pochłonięty i zaangażowany, gdy przed odcinkiem wraz z pilotem własnoręcznie je jeszcze nacinali.

Na mecie tryska humorem, długo rozdaje autografy. Ma satysfakcję, bo wytrzymał 120 kilometrów po odcinkach. To, że zdominował rywalizację, schodzi na drugi plan – cały czas powtarza, że rajdy to rehabilitacja. Cały czas kontynuuje też tę klasyczną, pracuje nad funkcjonalnością prawej ręki. – Starty w rajdach mogą mi pomóc w poprawieniu mojego stanu. Są bardziej przydatne przy gojeniu się ręki. Chcę w przyszłym roku przystąpić do mistrzostw, na razie nie wiem, czy na torze wyścigowym, czy w rajdach – tłumaczy Kubica. Potwierdza tym samym wstępne plany na sezon 2013…

Rally Citta di Bassano to ostatni start Roberta w Subaru WRC z 2007 roku. Na horyzoncie już czeka współpraca z Citroënem, która doprowadzi go do tytułu mistrza świata WRC2.

ROBERT KUBICA:

„To rodzaj aktywnej rehabilitacji, nie tylko fizycznej. Współzawodnictwo pomaga mi mentalnie i dodaje morale. Wygrywanie to także dobre lekarstwo".

II

W aucie Loeba

Robert siedzi w samochodzie najwyższej klasy. Tuż za jego głową, na zagłówku kubełkowego fotela Citroëna C4 WRC, wzrok przykuwa wyszyte nazwisko poprzedniego właściciela tego miejsca: „LOEB". W kolejnych egzemplarzach i generacjach takiej rajdówki Sebastien Loeb zdobył cztery ze swoich dziewięciu tytułów mistrza świata. Superszybka maszyna, która była w użyciu jeszcze w 2010 roku i którą... bardzo trudno zdobyć. Citroën wyjątkowo selektywnie dobiera kierowców, którzy mogą spróbować swoich sił w takim cacku. Dla Kubicy to kolejny duży krok naprzód i początek współpracy z doskonale zorganizowanym rajdowym potentatem.

Polak nie może się doczekać, aż usiądzie za kierownicą tego auta. Najpierw chce się „wjeździć" w C4 na asfalcie. Dlatego na wstępie planuje testy. Potem pora na mniejszy rajd – Trofeo di Como. To jednak tylko przygotowanie do najtrudniejszej imprezy, w jakiej Kubica wystartuje po powrocie za kierownicę. W drugiej połowie listopada po raz trzeci w karierze przystąpi do Rallye du Var – ostatniej rundy rajdowych asfaltowych mistrzostw Francji – rajdu długiego, bardzo trudnego i świetnie obsadzonego.

To impreza, którą zna i w której czuje się komfortowo. Kiedyś jednak startował tu bardziej dla zabawy, teraz, w 2012 roku, ma ważniejsze zadanie. Szykuje się do powrotu do profesjonalnego sportu, a do tego czasu chce osiągnąć najwyższy możliwy na ten moment poziom. Cel ma jasny: – Najbardziej zależy mi na przejechaniu jak największej liczby kilometrów na odcinkach – deklaruje.

To zdanie będzie powtarzał jeszcze wiele razy, jak mantrę.

– Najpierw zobaczymy, jak poradzi sobie w tym samochodzie, a następnym krokiem może być już aktualna wersja naszego samochodu WRC – mówi o Kubicy Xavier Mestelan-Pinon, dyrektor techniczny Citroën Racing. W Como Robert przyjeżdża na metę pół minuty przed drugim zawodnikiem. Poznaje auto, ma też trochę problemów technicznych. Drugiego dnia pojawiają się kłopoty z hamulcami – działają tylko tylne. Jedzie płynnie, świetną linią. Osoby stojące przy trasie opowiadają, że niemal ociera się lusterkami o skały. Na jednym z nagrań wideo, które lubią przywoływać fani, widać, jak jego Citroën C4 WRC z niewiarygodną prędkością przejeżdża milimetry obok białej ściany domu stojącego przy asfaltowej trasie. Gdy na nierówności samochód potężnie dobija podłogą do ziemi, spod auta leci snop iskier. W ułamku sekundy samochód znika w wąskiej alejce

– jakby Polak nie jechał w rajdzie, tylko w wyścigu Formuły 1, na obiekcie dwa razy węższym od najciaśniejszego w kalendarzu ulicznego toru w Monte Carlo.

Sam Kubica zaznaczał, że nie chce przeszkadzać lokalnym kierowcom, którzy walczą o Puchar Włoch na asfalcie, i faktycznie – żaden z faworytów nie mógł się na Polaka skarżyć. Był poza zasięgiem miejscowych asów, choć nawet nie jechał na sto procent, bo bardzo zależało mu na tym, żeby dowieźć auto w jednym kawałku. Od jednego z rywali słyszy na konferencji: – Kubica nie dał nam szans, choć miał nie w pełni sprawną rękę. To tak, jakby Alessandro del Piero z zawiązanymi nogami okazał się najlepszym zawodnikiem na boisku.

Taka atmosfera panuje wokół Kubicy, gdy jedzie na Rallye du Var. Dla wielu jest faworytem do zwycięstwa, choć biorąc pod uwagę doświadczenie i osiągnięcia, powinien nim być przede wszystkim 42-letni Freddy Loix w Peugeocie 307 WRC. W CV ma starty w fabrycznych ekipach Toyoty, Mitsubishi, Hyundaia i Peugeota oraz ponad 30 zwycięstw na OS-ach mistrzostw świata i trzy lokaty na podium rajdu.

Ci, którzy wiedzą najlepiej, z jakim wyzwaniem mierzy się Polak, oceniają jego szanse ostrożnie. – Robert nie powinien brać na siebie zbyt wielkiej presji i walczyć o zwycięstwo – radzi kierowca ekipy Ford Jari-Matti Latvala. Sam pojechał na południe Francji w 2011 roku. Wygrał, choć na otwarcie pokonało go kilku lokalnych zawodników. – Francuzi byli szybsi podczas pierwszych przejazdów. A ja myślałem sobie, że nie wiem, jak mógłbym pojechać jeszcze szybciej! – wspomina Fin.

Dlaczego Rallye du Var to takie wyzwanie? Nie tylko z powodu doborowej stawki – 14 załóg w autach WRC lub S2000. Jeśli chodzi o konfigurację, to rajd chwilami przypominający Korsykę, ale szybszy. – Nie ma prostych, tylko wciąż zakręty, zakręty, zakręty. Pamiętam, że zastanawiałem się nad tym, jak ważne są w takim rajdzie notatki pilota. Niezależnie od odcinka, w połowie trasy nie mogłem się połapać, gdzie jestem – mówi Latvala, dziś najbardziej doświadczony kierowca w historii WRC. „Jak ważne są notatki" – warto zapamiętać tę frazę.

Do bazy rajdu w Sainte-Maxime, nadmorskiej miejscowości nieopodal dużo słynniejszego Saint-Tropez, Robert przyjechał we wtorek w południe. Następny dzień, poświęcony na zapoznanie z trasą, spędził w aucie – od 6 rano do 21. To zapoznanie jest tu szczególnie istotne, bo po pierwsze Kubica może i zna ten rajd, ale odcinki zostały zmienione, a po drugie Robert podjął próbę przestawienia się na opis w języku włoskim. W prawym fotelu czwarty raz z rzędu usiadł Emanuele Inglesi.

Gdy Kubica wjechał na rampę przy plaży podczas oficjalnej ceremonii startu, rzucił tylko jedno zdanie: „To będzie fajny rajd". Na czystym niebie świeciło słońce, a temperatura dochodziła do 15 stopni. Warunki idealne.

Pierwszy odcinek wygrał, pokonując Loixa o 10 sekund, drugi – o 13 sekund, trzeci – o 21, czwarty – o 40. Polak był najlepszy na każdej z prób pierwszego i drugiego dnia. W ostatni etap rywalizacji wchodził, mając niewiarygodne 5 minut i 13 sekund przewagi nad kolejnym zawodnikiem!

To wszystko dzieje się pod bacznym okiem ludzi z Citroëna. – Sama prędkość Roberta nie robi na mnie tak dużego wrażenia, bo to nie wszystko. Znacznie bardziej imponuje mi to, jak zna się na rajdach. Jego wiedza na ten temat jest imponująca. I to, jak wykorzystuje te informacje w praktyce – mówi szef juniorskiego teamu Benoit Nogier. – Pojechać tak szybko, jak się da, potrafi wielu kierowców, ale kontrolować czas przejazdu – to już co innego – opowiada. W sobotę rano Robert z góry założył, że na pierwszym OS-ie pojedzie wolniej i ostrożniej. Tak zrobił, a mimo to wygrał. – I to dopiero jest wielka sztuka – mówi Francuz.

Tego samego wieczora Kubicy wybiegł na drogę kot. Nie zdążył przebiec, ale chyba i tak „zaraził" kierowcę pechem. Na odcinku otwierającym finałowy dzień Polak też jest najszybszy, ale następnego nie kończy.

– Pięć lewo – mówi Inglesi na 10. kilometrze próby Collobrieres. Chwilę później auto wypada z drogi i staje w płomieniach.

Po wszystkim okazało się, że pilot, przewracając kartki z notatkami, przypadkowo złapał za dwie naraz. Po wyjściu z wolnego, dwójkowego zakrętu Kubica i Inglesi jechali do krótkiego, trójkowego, przed którym powinni byli wyhamować. Ale w wyniku pomyłki Robert wjechał w niego na pełnym gazie i czwartym biegu. 40-50 km/h za szybko. Na mokrej nawierzchni i przy takiej różnicy prędkości nie mieli szans na uratowanie się. Po jednej stronie była ściana, po drugiej stromy spad. Auto uderzyło w drzewo i poleciało w dół. Zatrzymało się ponad 20 metrów niżej na prawym boku i zaczęło płonąć. Nastąpiła błyskawiczna ewakuacja. Zawodnikom nic się nie stało, ale wartościowe zwycięstwo – i wartościowe auto – przepadły. Pożar wybuchł tak gwałtownie, że załoga nie miała szans go ugasić. Citroën C4 WRC spłonął doszczętnie.

– Jechaliśmy bardzo dobrze. Bez zbędnego ryzyka. Tam, gdzie czuliśmy się bezpiecznie, było szybko, a w zdradliwych miejscach jechaliśmy bardzo rozsądnie. Dziś jeszcze rozsądniej. Mieliśmy pięciominutową przewagę i w zasadzie wieźliśmy się do mety. Niewiele rzeczy mogło nam dziś przeszkodzić. Jedynie awaria albo właśnie coś takiego, co się stało – mówi Kubica kilka godzin później podczas spotkania z mediami. Lekko utyka, ale zapewnia, że nic mu nie jest.

Mimo wszystko nie ma pretensji do pilota. – W rajdach startuje się we dwójkę. Jeśli kierowca się pomyli, to konsekwencje spadają też na pilota. Tym razem było odwrotnie. Takie rzeczy się zdarzają, więc nie ma co za bardzo się nad nimi rozwodzić. Trzeba wyciągnąć pozytywne wnioski, a po starcie mamy ich dużo. Teraz przykrył je jeden błąd – mówi.

Choć Citroën stracił samochód po Loebie, nie stracił szacunku dla wyników Roberta. – Wypadek w Rallye du Var nic nie zmienia, jeśli chodzi o naszą ocenę Kubicy i ewentualną wspólną przyszłość. To, co nam pokazał w ten weekend, robi ogromne wrażenie. Jego tempo i prędkość są świetnie – mówił Yves Matton, szef Citroën Racing. – Zaimponował nam poziom jego profesjonalizmu. Jest dla siebie bardzo wymagający i stara się jak najbardziej zbliżyć do perfekcji. To jeden z powodów, dla których osiągał takie sukcesy w F1. Wiedzieliśmy, jak potrafi być szybki na asfalcie, bo wcześniej pokazywał to w mniejszych rajdach, ale tutaj walczył z kierowcą takim jak Freddy Loix, którego poziom znamy. Ważne było, aby zobaczyć, jak Robert wypada w porównaniu z takimi zawodnikami – dodał.

Coś do powiedzenia na ten temat mieli też sami startujący. Craig Breen, trzeci w rajdzie, późniejszy kierowca fabryczny Citroëna: – Robert był niesamowity. Całkowicie zdominował ten rajd, a poza tym jest jednym z najmocniej stąpających po ziemi ludzi, jakich spotkałem – powiedział Irlandczyk, ówczesny mistrz klasy S2000. – Podczas konferencji prasowej przed rajdem podszedł do mnie, aby pogratulować tytułu w SWRC! Kiedy ktoś z takim doświadczeniem, ktoś taki jak on podchodzi do ciebie, dostajesz lekcję pokory. Fantastycznie byłoby zobaczyć go w rajdach w następnym sezonie. Jest szybki. We Francji otworzył wszystkim oczy – dorzucił.

Kubica zastanawiał się jeszcze, gdzie skierować dalsze kroki, co robić w kolejnym roku, gdy do Międzynarodowej Federacji Samochodowej – śladem Citroëna – zgłosił się Malcolm Wilson, właściciel i szef teamu M-Sport, z prośbą o pozwolenie na modyfikację szykowanego przez nich Forda Fiesty WRC. Chodziło o to, aby umożliwić umieszczenie manetki do zmiany biegów z lewej strony kierownicy, w miejsce lewarka, który znajduje się po prawej stronie. Ta zmiana techniczna miałaby zostać wprowadzona ze względu na tylko jednego zawodnika – Roberta Kubicę. Polakiem, który coraz poważniej myślał o powrocie do profesjonalnej rywalizacji, interesowały się więc dwa zespoły wystawiające swoje maszyny w najwyższej kategorii WRC.

Rajdy czy wyścigi? – to decyzja, którą ma podjąć Kubica. W rajdach byłby nowicjuszem i potrzebowałby długofalowego programu, aby za rok o tej samej porze nie zastanawiać się nad kolejnym sezonem. Wyścigi to powrót do dobrze znanego środowiska, ale takiego, w którym już był na szczycie. – Jeśli wybiorę rajdy, czeka mnie wiele nauki. W wyścigach łatwo byłoby mi znaleźć miejsce w zawodach długodystansowych czy w wyścigach samochodów turystycznych. Moje nazwisko nadal coś znaczy – mówi.

Pierwsze zaproszenie na testy wyścigowe przyjął od Mercedesa. Test auta serii DTM odbył się w styczniu na torze Ricardo Tormo pod Walencją. To w tym miejscu Robert po raz ostatni jeździł bolidem Formuły 1. Wtedy uzyskał najlepszy

W Rallye du Var Robert Kubica wystartował za kierownicą Citroëna C4 WRC.
Zanim wypadł po błędzie pilota, zdominował rywalizację.

czas w pierwszej serii testów przygotowujących do sezonu 2011 – a kilka dni później włoscy lekarze walczyli o jego życie. Teraz, z dala od mediów i ciekawskich kibiców, spotkał się z dużym, fabrycznym zespołem z prestiżowej kategorii wyścigów. – Chcemy dać mu szansę odbycia normalnego testu, w samochodzie wyścigowym z prawdziwego zdarzenia, aby zobaczyć, jak mu pójdzie i jak się będzie czuł. Robert nie jest jeszcze w stu procentach sprawny, po raz pierwszy będzie testował samochód z dociskiem aerodynamicznym – i to będzie dopiero punkt wyjścia. Zobaczymy, jak sprawy potoczą się dalej – mówił Toto Wolff, nowy dyrektor wykonawczy zespołu Mercedesa w Formule 1, a także jedna z czołowych postaci zespołu startującego w DTM.

Kubica bardzo szybko wyczuł nową dla siebie maszynę i pomimo trudnych warunków, bo na mokrym torze, osiągnął tempo czołówki. Nie ujawniono oficjalnych wyników, ale z padoku docierały wieści o wyraźnej przewadze Polaka, w tym nad doświadczonym Garym Paffetem, byłym mistrzem DTM i liderem w rodzinie kierowców Mercedesa. – Ten test miał mi tylko dać wyczucie samochodu – relacjonował Kubica. – W samochodzie DTM czuję się komfortowo. To dobra wiadomość. Bardzo ważna, jeśli masz bardzo mało czasu na zaadaptowanie się do auta – opowiadał Polak, dodając, że w kokpicie nie czuł żadnych ograniczeń z powodu wciąż nie w pełni sprawnego ramienia.

– Świetnie się bawiłem i wiele nauczyłem na temat tej serii oraz Mercedesa kategorii DTM.

Nie ulegało wątpliwości, że po takim debiucie zespół będzie bardzo chciał go mieć. A i ta seria to chyba najlepsze miejsce, w jakim może się znaleźć zawodnik, który na razie nie porusza się swobodnie w ciasnym kokpicie bolidu Formuły 1 – samochody mają szerokie jak na wyścigowe standardy kabiny, bo koncepcyjnie zdecydowanie różną się od jednomiejscowych bolidów. DTM ma też jednak swoje mankamenty. Trudno liczyć na czołowe miejsca w tak mocno obsadzonej i tak specyficznej kategorii. Ci, którym udało się zrobić karierę w Formule 1, na „emeryturze" w DTM przegrywają z kierowcami, którym nawet do niej nie weszli.

Na powrót do Formuły 1 Robert wciąż nie był gotowy. – Za F1 tęsknię bardziej niż rok temu. Wtedy walczyłem o to, żeby w ogóle wrócić do zdrowia. Teraz oglądanie F1 w telewizji jest dla mnie trudne – mówił. – Mógłbym jeździć bolidem F1 na pewnych torach. Mógłbym pojechać test. Mógłbym zrobić kilka rzeczy w F1. Ale dopóki jest ograniczenie, które sprawia, że nie mógłbym jeździć na każdym torze, i nie ma szansy, że mógłbym przejechać cały sezon, nie chcę tego robić, bo wiem, jak czułem się, gdy wróciłem z testu w DTM. To był udany test i miałem dużo frajdy, jeżdżąc po torze, ale potem oczekujesz czegoś więcej. Chciałbyś osiągnąć coś więcej... – wspomina ten czas w 2014 roku w rozmowie z FIA.

Na tym etapie największy problem stanowi stan łokcia oraz nadgarstka. – Musiałem się nauczyć używać lewej ręki, by używać wszystkich przełączników. Prawa jest już natomiast wystarczająco silna, by trzymać kierownicę. Właściwie to, gdy obejrzałem materiały z kamery pokładowej, zdziwiłem się, że prawa ręka jest w stanie wykonywać takie ruchy. Większe ograniczenia odczuwam w życiu codziennym niż podczas jazdy samochodem – przyznawał Robert.

W 2018 roku podzielił się innymi wspomnieniami z tego testu. – Ten sam tor, na którym testowałem po raz ostatni samochód Formuły 1, choć o tym nikt nie myślał. Wystarczyło zobaczyć ten padok, którego obraz miałem w pamięci z czasów, gdy byłem tu jako kierowca Formuły 1, aby poczuć ból. Jazda dawała mi frajdę, ale gdy wróciłem do hotelu, wszystko zaczęło do mnie wracać. Wszystkie te myśli: „Walencja, Formuła 1, bla, bla, bla..." – one nie były dobre, więc powiedziałem sobie: OK. Potrzebna jest kompletna zmiana. Mogę wciąż robić to, co lubię, czyli jeździć a środowisko rajdowe jest kompletnie inne. Nikt mnie tam nie znał z przeszłości, a i ja nikogo nie znałem...[43]

To do niego należała więc decyzja: DTM czy rajdy. – Powrót na tory byłby najłatwiejszą drogą z finansowego punktu widzenia i był to najlepszy sposób na wykorzystanie mojego doświadczenia, ale w jakimś stopniu miałem wrażenie, że to będzie zbyt łatwe – wyjaśniał w 2014 roku. – Podjęcie decyzji zajęło mi dużo czasu. Pomyślałem jednak: Nie jestem już bardzo młody, ale z drugiej

Tempo Roberta Kubicy podczas testów DTM zaskoczyło inżynierów i mechaników Mercedesa.

strony nie jestem też bardzo stary i wciąż jestem głodny. Chcę coś osiągnąć. Ponadto nie chciałem mieć tego uczucia tęsknoty za F1. Kiedy jeżdżę w rajdach, mój umysł jest bardzo zajęty, a to dobrze.[44]

Niezależnie więc od stanu prawej ręki ma to, co w sporcie samochodowym jest najważniejsze – prędkość. Prędkość, która – przez ostatnie półtora roku uwięziona w jego głowie – teraz znów znajduje ujście. Na rajdowych oesach.

4 marca 2013 roku Citroën ogłasza, że w nadchodzącym sezonie będzie współpracować z Robertem Kubicą.

ROBERT KUBICA:

„Wiele osób mnie pyta, czy jestem już kierowcą rajdowym. Za dużo się o tym mówi. Ja wciąż myślę o Formule 1 i w pierwszej kolejności postaram się wrócić tam, skąd przyszedłem".

– z La Provincia di Como

III

Trudniej, czyli lepiej

Willy Rampf, były szef techniczny BMW Sauber w Formule 1, a potem jeden z głównych techników Volkswagena w WRC dowodził mi, że w porównaniu z rajdowcami kierowcy F1 są za kierownicą naukowcami. Zamiast szerokiego, do bólu przewidywalnego asfaltowego toru z określoną liczbą kilkunastu zakrętów przejeżdżanych setki razy – ciągnące się setkami kilometrów wąskie odcinki specjalne, gdzie każdy zakręt jest inny, a warunki zmieniają się po przejeździe każdego kolejnego auta. W miejsce chirurgicznej precyzji i naukowego podejścia do kręcenia kółkiem na torze – jedna wielka improwizacja. Zamiast planowania linii jazdy co do centymetra i superprecyzyjnej realizacji wizji przejazdu od krawędzi do krawędzi toru – ciągła walka o przetrwanie i podróż w nieznane. Często między drzewami, gdy prędkości zbliżają się chwilami do 200 km/h. W miejsce twardego, przyczepnego asfaltu – luźne, szutrowe lub śnieżne nawierzchnie, na których za każdym zakrętem może leżeć wielki kamień, przy takich prędkościach niezwykle trudny lub wręcz niemożliwy do ominięcia. Zamiast leciutkiego, wgniatanego w podłoże siłą powietrza bolidu – ciężka, stalowa rajdówka, która mimo to nader często odrywa się od drogi i potrafi pokonać w powietrzu nawet kilkadziesiąt metrów.

Wiele nowych rzeczy, kolejnych lekcji i kompromisów. Bo po rajdowych trasach nie da się pojechać taką linią, którą zawodnik wyścigowy wybrałby instynktownie, walcząc o setne i tysięczne części sekundy na torze. Którą każdy z nich ma we krwi. Na oesach nie da się jeździć zgodnie z wyścigowymi przyzwyczajeniami.

– Gdzie trzeba mieć większe jaja: w rajdach WRC czy w wyścigach Formuły 1? – spytałem Roberta późnym latem 2017 roku, gdy jego plany powrotu do F1 nabierają konkretnych kształtów. Na tym etapie zdążył się już pożegnać z rajdowym światem i nabrać dystansu do mocnych przeżyć z tras WRC.

– To zależy do czego. Ja, wywodząc się z wyścigów, w rajdach czułem się trochę nieswojo. I nie chodzi tu o samą jazdę, ponieważ jazda to kwestia czasu, talentu, pracy i dążenia do celów. Bardziej chodzi o środowisko. To ono znacznie się różni. A przecież nie było tak, że wycofałem się z Formuły 1, ponieważ mi się nie podobało, przestała mi dawać satysfakcję i szukałem czegoś nowego. Nie jest tak, że nagle mi się znudziło. Tak się moje życie potoczyło. Dlatego też miałem pewne problemy i nie czułem się swojo w tym świecie – przyznał Kubica.[45]

Znalazł się w nowym sporcie, nowej maszynie i nowym środowisku, które od środowiska wyścigowego różni się niewiele mniej niż same rajdy od wyścigów.

Polak postawił więc przed sobą wyzwanie najtrudniejsze z możliwych, choć mógł jeździć w najlepszej kategorii samochodów zamkniętych. Co więcej – w Mercedesie, który prosto z serii DTM wprowadził do Formuły 1 Paula di Restę i który sam posiada tam fabryczną ekipę. Mimo to wybrał rajdy.

Ta decyzja jest dla wielu zaskoczeniem. – Zazwyczaj nie czytam o F1, ale wiem, że Felipe (Massa) powiedział, że nie powinienem teraz jeździć w rajdach i... ma rację – powie później Kubica.[46] – Ale to mentalność Felipe, natomiast dzięki własnej mentalności udało mi się wejść do F1. Nie przyszedłem z kraju, który miał historię w F1, i nie miałem za sobą wielkiego sponsora. Miałem szczęście, że byli obok dobrzy ludzie, którzy pomogli, ale moja kariera stanęłaby, gdy miałem 13 lub 17 lat, gdyby mój charakter, moja mentalność nie pomogły mi w dojściu do F1. Gdy zaczynałem karting na poziomie międzynarodowym, mając 13 lat, jazda była dla mnie wszystkim. Mieszkałem praktycznie w warsztacie, nie chodziłem do szkoły. Całe dnie spędzałem w zespołowej fabryce i warsztacie, z mechanikami. Dla mnie radością życia była jazda.

Dwa lata po wypadku Kubicy w Ronde di Andora magazyn „F1 Racing" zamieścił cover story o jego powrocie. – Z takimi urazami nie odzyskam dawnej sprawności w stu procentach, ale liczę na poprawę. Gdyby ograniczenia rotacji wewnętrznej i zewnętrznej zostały wyleczone w 80 procentach, powiedziałbym „tak" na powrót do Formuły 1 – opowiadał Robert. – Dla mnie najważniejsze jest to, że przekonałem się, iż wciąż mam tempo. Tak. Tysiąc razy bardziej wolałbym być tam niż tu, ale nie jest to możliwe. Jeśli będę miał szczęście, będę dalej pracował i cała układanka się ułoży, może pewnego dnia znów pojadę samochodem Formuły 1 – podkreślał Kubica na początku swojej drugiej kariery w sporcie motorowym. W dyscyplinie, która miała goić rany.

– Rajdy były trochę taką ucieczką od tego, co tak naprawdę kochałem – przyznaje Robert, gdy wracamy do oesowych przygód późnym latem 2017 roku. – W pewnym momencie zauważyłem, że wciąż mam do tego taką pasję i mam tyle dobrych wspomnień, że aż mnie to... krzywdziło. Bolało. Po prostu musiałem sobie znaleźć coś, co sprawi, że nadal będę jeździł i wciąż będę w motorsporcie, ale mnie to zupełnie odizoluje od przeszłości. I taką drogą były rajdy. Celowo.[47]

Było coś jeszcze. Czysty, przeogromny, towarzyszący mu od najmłodszych lat głód jazdy. – Po dwóch latach walki o zdrowie, bo na początku to była walka, wsiadłem od razu do rajdówki, bo potrzebowałem startów. Dwa lata bez jeżdżenia, bez adrenaliny... Dla mnie to tak, jakbym w ogóle nie funkcjonował. Dlatego od razu zdecydowałem się na dość napięty program startów, ale program, o którym byłem przekonany, że jestem w stanie spokojnie to wszystko ogarnąć.[48]

Kubica ma zamiar połączyć udział w mistrzostwach Europy, gdzie zaplanował cztery starty, i mistrzostwach świata, gdzie nastawia się na siedem rund w klasie WRC2, która zastąpiła bardzo mocną i popularną S2000. To minimum, które umożliwia podjęcie walki o tytuł w tej kategorii. Jego auto to Citroën DS3 RRC – model, który debiutował na rajdowych oesach pod koniec 2012 roku. Jest w zasadzie nieco „ugrzecznioną" wersją topowego modelu WRC, z mniejszą mocą i obniżonymi parametrami aerodynamicznymi, przeznaczoną dla kategorii WRC2, ERC (mistrzostwa Europy) oraz lokalnych rajdów. Auto zostało nieznacznie zmodyfikowane: hamulec ręczny Polak pcha, a nie ciągnie, a biegi – zamiast lewarkiem po prawej, jak inni – zmienia przy pomocy łopatki za kierownicą po lewej stronie. To ważny szczegół, bo w toku kariery nieraz zamiast ułatwić, tak naprawdę utrudni mu walkę na oesach. Międzynarodowa Federacja Samochodowa już to sprawdziła, aby upewnić się, że kierowca nie zyska przewagi. – Bieg zmienia się w 50 milisekund, czyli wolniej niż w przypadku zmiany lewarkiem – wyjaśnia dyrektor techniczny Xavier Mestelan-Pinon. Szef Citroën Racing Yves Matton, ogłaszając współpracę z Kubicą, dziękuje FIA za wsparcie.

Przejście z wyścigów do rajdów to bardzo poważna zmiana, z którą nie poradził sobie nawet Kimi Räikkönen. Nie tylko dlatego, że samochód rajdowy diametralnie różni się od bolidu Formuły 1, a odcinki specjalne są czymś zupełnie innym niż zamknięty tor wyścigowy. To także zupełnie odmienny rytm pracy i znacznie trudniejsze przygotowania. Żmudne, szczegółowe zapoznania z trasami w kabinie cywilnego, osobowego samochodu i skrupulatne, maksymalnie precyzyjne opisywanie odcinków specjalnych skomplikowanym kodem. Kodem, który potem, w rozpędzonej rajdówce, rytmicznie i szybko wyrzuca z siebie pilot, aby na jego podstawie kierowca z wyprzedzeniem mógł wyobrazić sobie drogę. Aby pokonując jeden zakręt, „widział" już w głowie następne i mógł zaplanować, gdzie zacznie hamować, w którym momencie skręci i jak je pokona. – 50 lewy 6 krótki wypuść, 30 lewy 4 minus, media dno – dyktuje w ciągu trzech sekund pilot, gdy auto pędzi po wąskiej, brudnej asfaltowej trasie w środku lasu. A to tylko dwa zakręty...

W wyścigówce siedzi się samemu, ale w rajdówce nie mniej ważny od kierowcy jest jego pilot. W sumie – to ogrom nowych wyzwań. W Citroënie świetnie sobie zdają z tego sprawę i mówią to, co sam kierowca powtórzy potem jeszcze wiele razy. – Chcemy, aby Robert maksymalnie wykorzystał ten sezon na zdobycie doświadczenia na rajdowych trasach i żeby ten samochód był na mecie z możliwie najlepszym wynikiem. Stawianie innych celów na tym etapie nie ma większego sensu. Zobaczymy, co będzie się działo wraz z rozwojem sytuacji. Głównym celem będzie zbieranie doświadczeń na trasach mistrzostw świata – mówi Marek Nawarecki, członek ekipy Citroën Racing, w której zarządza działem programu dla klientów i odpowiada za kontakty z partnerami oraz program Citroëna WRC od strony organizacyjnej i budżetowej.

Kiedy Robert szykuje się do startu w Rajdzie Wysp Kanaryjskich, swojej pierwszej rundzie ME, rozwiewa się tajemnica związana z tym, kto zostanie jego pilotem. Na liście zgłoszeń przy nazwisku Kubicy pojawia się Maciej Baran. Doskonale znanego polskim fanom i doświadczonego krakowianina, który do niedawna był pilotem Michała Sołowowa. Razem zdobyli trzy tytuły wicemistrza Europy (2008, 2009, 2012) oraz dwa wicemistrzostwa kraju (2006, 2010).

Baran szybko dał się poznać jako pilot, który bez względu na konsekwencje trzyma stronę swojego kierowcy. Z tego powodu ten stonowany na co dzień człowiek niemal z miejsca został uznany za... skandalistę. Po konferencji prasowej, na której polska załoga przedstawiała swoje plany na sezon, nowy pilot Kubicy dostał niezręczne pytanie: – Pan widział tę rękę, tak? To chyba źle wygląda... – Odpowiedź padła błyskawicznie, bez zastanowienia: – Pana k...a nie widziałem, ale myślę, że jest sporych rozmiarów. Pytanie było cokolwiek nie na miejscu i myślę, że skończyliśmy – odparował Maciej, zamykając temat.

– Nie ma do czego wracać, bo dziś nawet nie pamiętam jak ten gość wyglądał nie mówiąc jak się nazywał – wspomina dziś pilot, gdy spytałam o ten dzień. – Natomiast to nie było tak, że to było jedno pytanie. Oczywiście jedno zostało wycięte i pokazane, ale to było ostatnie pytanie i ostatnia odpowiedź. A padło wcześniej ze trzy razy. Na początku odpowiadałem na nie jak kulturalny człowiek. Za czwartym razem mogłem odwrócić się i odejść, ale próbowałem wykonać jakąś figurę retoryczną, która nie do końca mi się udała. Wiem, że niestety moje dzieci będą to oglądały, wiem, że to oglądało wiele osób. Nie jestem dumny z tego, że wyprowadził mnie z równowagi jakiś dziennikarzyna, który nawet nie miał zaproszenia na tę konferencję. Ale ja jestem zero-jedynkowy. Wtedy ręka Roberta była sensacją, on ją trochę ukrywał, więc czułem się w obowiązku, żeby mu w tym pomóc, stać po jego stronie. Dziś chodzi w koszulkach z krótkim rękawem i nie zwraca na to uwagi. Ale wtedy to były inne czasy.

Baran wspomina ciemne strony tamtego wybuchu zainteresowania polską załogą. – Generalnie ja nigdy nie byłem rozpoznawalnym człowiekiem. Kibice rajdowi jeszcze mnie czasem poznają na ulicy, co jest bardzo miłe. Ale dopiero wtedy, jeżdżąc z Robertem, przekonałem się jak to wygląda naprawdę, jaka to jest klątwa. Ta ilość ludzi, próby zrobienia zdjęcia z ukrycia... Dopiero wtedy zrozumiałem, dlaczego on się tak zachowuje, dlaczego nie dzieli się tym, gdzie jest i co robi. Ogrom ludzi, którzy rzucili się na tę historię, był dramatyczny i przykry. To ciemne strony tego, co się wtedy działo. Przez te wspólne miesiące Robert mi uświadomił, ile nieprawdy jest w mediach. Ile wypowiedzi nigdy nieudzielonych, ile rzeczy, które nigdy się nie wydarzyły... – mówi.

Debiutu na Gran Canarii Baran nie uważał za najtrudniejszy start sezonu (takimi bezapelacyjnie były rundy szutrowe), ale razem z Kubicą nie pojechali do Las Palmas przygotowani tak, jak chcieli, bo dwudniowe testy we Francji storpedowała pogoda. Mimo to już podczas rajdu, Robert wygrał wszystkie osiem oesów pierwszego dnia. Pokonał m.in. Jana Kopecky'ego, renomowanego zawodnika ścisłej europejskiej czołówki, który w 2018 roku zostanie mistrzem świata WRC2. Zdeklasował też Craiga Breena, późniejszego fabrycznego kierowcę WRC w Citroënie, któremu parę miesięcy wcześniej gratulował mistrzostwa SWRC. Komentatorzy rajdowego radia, patrząc na przewagę Polaka, zastanawiali się, jak to w ogóle możliwe. Jako że jego nazwisko wymagało od nich konkretnej ekwilibrystyki językowej, zamiast „Kiubicka" zaczęli mówić po prostu „maestro". – Znów pan wygrał – zaczynał rozmowę reporter na mecie kolejnego oesu. – To nie ma znaczenia – odpowiadał Polak i jechał dalej. Na rajd nie przyjechał po wynik, lecz po naukę. W superszybkim sporcie odbywał kurs ekstremalnie przyspieszony, za co nieraz przyszło mu zapłacić wysoką cenę.

Tę część obrazka kibice już znali – Kubica deklasuje rywali. Drugą niestety też. Wszystko pokazało nagranie z kamery pokładowej. Dziesiąty odcinek specjalny, słoneczna pogoda i kręta, górska droga. Robert jedzie niezwykle dynamicznie, ale też precyzyjnie i płynnie, jak po sznurku. Od krawędzi do krawędzi drogi, bardzo szybko, aż nagle... niepozorne zarzucenie auta na wirażu, ucięte wpół przekleństwo kierowcy. Po chwili, wraz z pierwszym uderzeniem, obraz się urywa. Udział w rajdzie kończy się brutalnie. – Niestety, i nie jest to wymówka, na szybkich sekcjach brakowało przyczepności tylnych kół, szczególnie na zjazdach. To jednak powinienem był wziąć pod uwagę. Trzeba było hamować wcześniej – przyznał potem Kubica, który ze wszystkich swoich przygód na rajdowych trasach zawsze szczerze i szczegółowo rozliczał się i przed sobą, i przed mediami.

Z tą lekcją wyjechał z mistrzostw Europy, aby za trzy tygodnie spróbować swoich sił poziom wyżej. Przed debiutem w rajdowych mistrzostwach świata, na szutrze w Portugalii, ma za sobą w sumie 350 kilometrów pokonanych na luźnej nawierzchni. Kiedy słyszy od jednego z dziennikarzy, że to całkiem nieźle, zaczyna żartować. Pokazuje ręką naokoło, na auta pod namiotami i siedziby wielkich ekip. – Jak się tu rozejrzysz, to zobaczysz, że to bardzo mało. Ale na pewno lepiej niż nic – mówi z uśmiechem. – Ten rajd będzie dla mnie wielkim wyzwaniem. To nowa część mojego życia, bo nigdy nie ćwiczyłem i nie startowałem na szutrze – dodaje już z powagą.

Ten debiut to dla niego droga przez mękę z innych powodów. Pierwszego dnia łapie dwa kapcie i z powodu uszkodzonego ogumienia nie dociera na czas na superoes w Lizbonie. A ten mocno pechowy piątek to tylko wstęp do wręcz tragicznej soboty. Najpierw przegrzewa się system, który ułatwia kierowcy zmianę biegów. Kiedy Citroën go testował, temperatura wynosiła 15 stopni. W upale i przy wielkich przeciążeniach okazuje się zawodny. Polak zamiast łopatką musi więc zmieniać biegi lewarkiem z prawej strony, a dźwignia chodzi bardzo ciężko. Nie działa też hamulec ręczny i zawodzi tylny mechanizm różnicowy. Mechanikom udaje się naprawić auto Kubicy podczas serwisu, ale już na kolejnym oesie problemy wracają. Ostatecznie w pierwszym starcie Robert zostaje sklasyfikowany na szóstym miejscu w WRC2.

– I tak jestem zaskoczony, że potrafiłem utrzymać tempo najszybszych kierowców. Spodziewałem się, że będę tracił znacznie więcej – mówił potem. – Ten debiut to dla mnie wielkie wydarzenie, nawet jeśli mieliśmy pecha – dodał. W kolejnych startach będzie konsekwentnie zdobywał miejsce na podium – aż do końca sezonu w drugiej lidze mistrzostw świata.

W tym roku przed każdym rajdem będzie miał jednak ten sam problem. W tym sporcie doświadczenie jest na wagę złota, a dla niego każda trasa będzie nowa. Na zapoznaniu dwa razy wjeżdża na odcinek i pokonuje go z prędkością około 60 km/h. Potem te same miejsca zobaczy mając na liczniku dwa albo i trzy razy więcej. Tam, gdzie wcześniej było płasko, nagle pojawi się podbicie, tam, gdzie droga wydawała się prosta, może pojawić się lekki łuk... Jeśli chce mieć tempo doświadczonych kierowców, którzy mają za sobą kilka sezonów, oraz sprawdzony i dokładniejszy opis trasy, musi ryzykować o wiele więcej.

Zajmując w debiucie szóste miejsce, Kubica znów podkręcił oczekiwania i kibiców, i środowiska. – Przyjechać na szuter po raz pierwszy i od razu podjąć walkę z najlepszymi w swojej klasie – to bardzo dobry debiut! – mówił Yves Matton. – A asfalt? Na asfalcie będzie walczył o zwycięstwo. Na tej nawierzchni z tego, co pokazują nasze dane, już teraz w stu procentach wykorzystuje możliwości samochodu – podkreślał szef ekipy Citroëna. – Jestem jednak przekonany, że już w pierwszym rajdzie asfaltowym mistrzostw świata Kubica będzie walczył o zwycięstwo.

ROBERT KUBICA:

„Mam dużo do nauki i tak naprawdę byłem zdziwiony swoim tempem. Wiedziałem jednak, co mnie czeka i że na pewno na każdym rajdzie będę płacił spore frycowe".

IV

Mistrz świata WRC2

Kolejne miesiące oznaczają dla Kubicy ciągłe powielanie tego samego schematu. Ogrom wyczerpującej i ciężkiej pracy z dala od domu. Liczne testy, całe dnie na zapoznaniach z trasami. Wieczorem po każdym rajdzie oglądanie raz po raz zapisów wideo z kamer pokładowych, w przyspieszonym tempie, aby rozważyć zmiany w rajdowym opisie, zachować w pamięci choć ogólne pojęcie o przebiegu czekających tras i mieć pewność, że zrobił wszystko, co w jego mocy, aby nadrobić braki w doświadczeniu. – Na części rajdów, które jechaliśmy, byłem kilka razy i dzięki temu było łatwiej. Starałem się pomagać, podpowiadać. Robert miał też swoje pomysły – opowiada Baran i przywołuje jeden z nich: – Przygotowywaliśmy opis, zanim znajdowaliśmy się na rajdzie, korzystając z nagrań odcinków. On oglądał onboardy z oesów, szykował bazowy opis, ja go przepisywałem. Używając tych samych plików wideo, dogrywałem do nich swój głos. Oglądaliśmy je wspólnie, analizowaliśmy, robiliśmy poprawki. To zajmowało mnóstwo czasu i oznaczało dużo pracy między rajdami, ale choć byliśmy na danym odcinku pierwszy raz, pamiętaliśmy większość trasy, bo już ją kilkadziesiąt raz obejrzeliśmy. Nasz opis wystarczyło poprawić, a nie trzeba było go tworzyć od nowa. To był pomysł Roberta na to, żeby spróbować zminimalizować przewagę rywali, którzy dany rajd jechali już któryś raz, co automatycznie stawiało nas na straconej pozycji – wspomina pilot Kubicy. Późniejsze przejazdy po odcinkach, już na pełnym gazie, są wisienką na torcie – kulminacją długich i ciężkich przygotowań, zanim na trasy wyjadą rajdówki.

W swoim drugim szutrowym rajdzie, rozgrywanym na Azorach i będącym rundą mistrzostw Europy, Robert wygrywa pierwszych pięć odcinków. Za nim jest cała doborowa stawka – z Craigiem Breenem, Janem Kopeckym i lokalnym kierowcą Bruno Magalhaesem, trzykrotnym mistrzem Portugalii. Potem traci jednak czas w trudnych warunkach, gdy widoczność jest miejscami ograniczona do 20 metrów, dachuje, wreszcie dociera do mety na szóstym miejscu. Na Korsyce, także w ERC, jest liderem po czterech odcinkach, a na kolejnym przydarza mu się awaria układu paliwowego. Jechał rozważnie, zawiodła technika – to często powtarzany schemat w rajdowej karierze Kubicy.

Pierwsze zwycięstwo w WRC2 odnosi w kolejnym starcie – morderczym i zdradliwym, bo usianym wielkimi kamieniami Rajdzie Akropolu. Wygrywa pierwszych dziewięć odcinków z rzędu (z 14 łącznie), a na mecie ma półtorej minuty przewagi nad drugim w klasyfikacji Jurijem Protasowem. – W końcu, po kilku rozczarowujących startach, gdy nie udało się przywieźć do domu żadnego wyniku, mamy wspaniały dzień – cieszy się. W „Rajdzie Bogów" Kubica stawia kropkę nad „i". O ostatnim dniu mówi, że był on najtrudniejszy w ciągu ostatnich dziesięciu lat jego kariery. Dlaczego? Bo musiał jechać wolno… Byle tylko znaleźć się na mecie! Ale też w Grecji szczególnie rzuca się w oczy fakt, że Robert jest zawieszony między kategoriami: za szybki dla rywali w WRC2 i bez wystarczająco mocnego auta, aby móc nawiązać walkę z zawodnikami koronnej kategorii WRC.

To zawieszenie jeszcze bardziej widać na Sardynii, gdzie Polak wygrywa 14 z 16 odcinków specjalnych w WRC2. Śpi 5 godzin, a kolejnych 17 spędza w samochodzie. Potem znów 5 godzin snu i 12 w rajdówce. Kubica wygrywa klasę, ale nie tylko – po raz pierwszy zdobywa punkty w klasyfikacji generalnej WRC, gdzie jest dziewiąty. Konferencję prasową zaczyna w świetnym humorze. Gdy po włączeniu mikrofonów słychać przeciągłe sprzężenie, rzuca z uśmiechem: – To chyba ja. Mam w ciele dużo metalu.

Podczas tego spotkania z dziennikarzami tłumaczy się też z deklaracji złożonej w Grecji – że nie walczy o mistrzostwo WRC2. – Wiem, że moja odpowiedź na to pytanie wzbudziła duże kontrowersje. Wiele osób mogło pomyśleć, że jestem pijany, ale… spędziłem ostatnie lata, dochodząc do siebie po wypadku i poważnych urazach. Z powodu tej przeszłości patrzę na rzeczy inaczej, bo nie jestem – powiedzmy – w stu procentach sprawny. Priorytetem w tym roku było znalezienie tego, co może najlepiej mi pomóc w rehabilitacji tak szybkiej, jak to możliwe, i najlepszej, jak to możliwe. Po drugie – ważne jest to, czego mogę się nauczyć. Nie można w jeden dzień stać się kierowcą wyścigowym, ale też nie można w jeden dzień stać się kierowcą rajdowym – zauważa.

Kiedy zjeżdża na serwis, obok skrzynek z narzędziami czeka ukryty w papierowej torbie trunek z bąbelkami. To będzie częsty widok w tym sezonie. Zespół świętuje sukces.

Szczególnie dużo satysfakcji daje Robertowi drugie miejsce (i ponownie dziewiąte w generalce) zdobyte w Finlandii – w kultowym, najszybszym w WRC rajdzie, nazywanym „szutrowym Grand Prix". Superszybkim leśnym oesom Finlandii daleko jednak do jakiegokolwiek toru Formuły 1. Po zapoznaniu Kubica mówi, że sam nie wie, czy ma być podekscytowany, czy przerażony tym, co go czeka. Wielu zastanawiało się, czy w pierwszym starcie w tak wymagającej imprezie, w której kierowcy mkną z zawrotnymi prędkościami przez szczyty między drzewami, Polak da radę w ogóle dojechać do mety. O miejscu w pierwszej trójce WRC2 nawet się nie wspominało. Tymczasem oba cele zostały osiągnięte. A Robert, choć nie lubi rozmawiać o oczekiwaniach, po trzecim z rzędu podium w rajdzie mistrzostw świata nie może już uciec od niewygodnego dla siebie tematu. Dla rywali Kubica

To była najbardziej widowiskowa kraksa Polaka. Robert Kubica i Maciej Baran dachowali podczas testów przed Rajdem Polski 2013.

LOTOS

to już nie tylko znany kierowca z Formuły 1, który ma dryg do rajdów, lecz także coraz bardziej realny kandydat do walki o mistrzostwo świata WRC2 – już w tym roku, w pierwszym sezonie startów w profesjonalnych rajdach na najtrudniejszych oesach świata i pierwszym po powrocie do czynnego uprawiania sportu.

Paradoksalnie najlepszy wynik na trasach WRC osiąga w swoim debiutanckim, mistrzowskim sezonie, startując w niższej kategorii. W kolejnej rundzie – asfaltowym Rajdzie Niemiec – prowadząc Citroëna DS3 RRC, auto o mniejszej mocy, ze źle działającym hamulcem ręcznym, zajmuje 5. miejsce w klasyfikacji generalnej. – Piąte miejsce brałbym w ciemno nawet w wurcu – przyznaje po zakończeniu rajdu. – To jeden z ważniejszych startów w moim życiu. Z Robertem ten najfajniejszy. Wspominam go lepiej niż Rajd Katalonii. W Niemczech przed startem prawie każdego oesu mieliśmy w głowie to, ile będziemy wolniejsi od kolegów w fabrycznych samochodach WRC i jak szybko jesteśmy w stanie pojechać. Może nawet zachowywaliśmy się trochę nierozsądnie, próbując walczyć o jak najlepsze miejsce w generalce, będąc w tamtej sytuacji. Ale to było bardzo fajne doświadczenie – wspomina Baran. Za plecami polskiej załogi kończy sześciu zawodników w autach WRC i oczywiście wszyscy rywale z WRC2 (tu Robert wygrał połowę odcinków). Kubica jest już na liście Mattona, który szuka obsady fabrycznych miejsc na sezon 2014.

Ledwie 110 kilometrów obok, na Spa-Francorchamps odbywa się Grand Prix Belgii Formuły 1, a ja kursuję między jedną a drugą wielką imprezą. Nieczęsto się zdarza, że tak blisko siebie odbywają się równolegle dwie rundy samochodowych mistrzostw świata – najwyższych kategorii wyścigów i rajdów. Kimi Räikkönen, który rok wcześniej po dwuletniej przygodzie z WRC wrócił do F1, nie potrafi ukryć zdziwienia, gdy po sobotnich kwalifikacjach informuję go, że Kubica awansował właśnie na 5. miejsce w Rajdzie Niemiec. – Naprawdę? – pyta lekko zaskoczony Fin. – No to niech jeszcze dojedzie na niej do mety – komentuje. Jego najlepszy wynik w rajdowych mistrzostwach świata to także 5. miejsce, w Rajdzie Turcji 2010, tyle że za kierownicą fabrycznej maszyny WRC. Następnego dnia Kubica do mety dojechał, a za jego plecami znaleźli się: drugi Elfyn Evans i trzeci Hayden Paddon. Obaj awansowali później do WRC i obaj wygrali rajd w koronnej kategorii.

Piąte miejsce Roberta w Rajdzie Niemiec 2013 to do dziś najlepszy wynik polskiego kierowcy w walce o rajdowe mistrzostwo świata. Nic więc dziwnego, że jego przyjazd na Rajd Polski, wtedy rundę ERC, sprowadza do Mikołajek tysiące kibiców. – Z tego, co słyszę, pojawią się tam potężne tłumy. I to może być jedyny moment, gdy pozna to uczucie, kiedy startuje się w domu. Jeśli wróci na tory w przyszłym sezonie, prawdopodobnie nie dostanie już takiej szansy... – przewiduje kolejne ruchy Polaka Craig Breen.

Piąte miejsce w Rajdzie Niemiec – w aucie niższej klasy – to najlepszy wynik Roberta Kubicy w WRC.

Nie tylko kibice szykują się „na Kubicę". Czynią to rywale. Z jednej strony europejska czołówka: lider rankingu ERC Jan Kopecky oraz zajmujący kolejne miejsca w ME Breen i były trzykrotny mistrz Polski Bryan Bouffier. Z drugiej – najlepsi krajowi kierowcy, którzy albo rządzili wcześniej, albo brylują aktualnie. Kajetan Kajetanowicz, w drodze po czwarty tytuł mistrza Polski. Michał Kościuszko, który na co dzień jeździ w WRC. Krzysztof Hołowczyc, na chwilę przesiadający się z dakarowej terenówki do Forda Fiesty RRC, Michał Sołowow, drugi senior, który może mieć chrapkę na pokonanie Roberta. A to tylko niektórzy zawodnicy znający trasy tego rajdu jak własną kieszeń. – Mnie trochę dziwi nastawianie się na to, że trzeba być przede mną. To tak, jakbym sobie zaprosił kolegów rajdowców na Monzę. Mielibyśmy się ścigać, a ja bym powiedział, że to oni są faworytami. Pan by w to uwierzył? – pytał retorycznie Robert podczas spotkania z dziennikarzami.

Nie zna rodzimego rajdu. Nigdy nie był w tych okolicach. W ramach przygotowań planuje tu jeden test. A ten kończy się na dachu na przydrożnym pastwisku. Pod Orzyszem Polak przy wysokiej prędkości stracił kontrolę na podbiciach. Auto wykonało trzy wysokie skoki, wyleciało z zakrętu i kilkakrotnie koziołkowało. Tak właśnie w pierwszym sezonie Kubica zaliczył swój zapewne najbardziej spektakularny rajdowy wypadek. Załodze nic się nie stało. Przyczyną tej widowiskowej przygody była awaria tylnego zawieszenia. Już podczas wcześniejszego przejazdu kierowca i jego pilot czuli, że coś jest nie tak, dlatego postanowili wrócić na stanowisko serwisowe w wolniejszym tempie i rozwiązać problem. Nie zdążyli.

Wielkie rajdowe święto w Mikołajkach zepsuła pogoda. Ulewny deszcz zamienił park serwisowy, gdzie stały pojazdy warte fortunę, w wielkie grzęzawisko, a odcinki – w trasy przypominające bardziej rajdy terenowe. – Mam małe doświadczenie i czegoś takiego nie widziałem, ale rozmawiałem też z innymi kierowcami, którzy startują od 20 lat, i oni też takich warunków nie widzieli – przyznawał Robert. Rajd się jednak odbył, a Kubica... urwał koło po uderzeniu w kamień. Do mety odcinka jeszcze dotrwał, ale to był koniec jazdy i koniec występów w tamtym sezonie mistrzostw Europy.

W kolejnym miesiącu Robert wrócił na oesy mistrzostw świata. Na końcu zmagań we Francji, która świętowała pożegnanie mistrza Sebastiena Loeba i powitanie nowego czempiona, Sebastiena Ogiera, na Polaka znów czekał szampan. W serwisie Yves Matton i Marek Nawarecki wznieśli toast ze swoim kierowcą, który od początku do końca rajdu był liderem WRC2, wygrał w tej kategorii 16 z 20 odcinków, a na pozostałych czterech zajął drugie miejsca. Nic dziwnego, że podczas każdego rajdowego weekendu Kubica dostawał to samo pytanie. Zadał je nawet... prezydent FIA. Także Jean Todt, odwiedzając krakowianina podczas Rajdu Francji, chciał się dowiedzieć, jakie są jego plany. Ale Robert tylko ze spokojem i uśmiechem powtórzył, że koncentruje się na tym, co tu i teraz.

Tu i teraz miał przed sobą, już na wyciągnięcie ręki, tytuł w WRC2 – i tej formalności dopełnił w Hiszpanii, odnosząc kolejne zwycięstwo. Ta impreza – podobnie jak poprzednie – była dużym wyzwaniem. Z dróg asfaltowych po dwóch dniach rywalizacji kierowcy wyjechali na śliski, pylisty szuter. Kubica wygrał wszystkie próby na asfalcie, każdą z solidnym zapasem nad rywalami z kategorii WRC2. Do mety jechał już znacznie spokojniej, wykorzystując ogromną, ponadczterominutową przewagę wypracowaną przez dwa pierwsze dni.

Minęło niecałe siedem miesięcy, odkąd zadebiutował w rajdowych mistrzostwach świata. Po przejechaniu w nich siedmiu rajdów osiągnął to, co nie udało się dotąd żadnemu Polakowi – w świetnym stylu zdobył tytuł w WRC2. – To wielkie osiągnięcie. Choć może się wydawać, że było łatwo – powiedział później. Może. W końcu sześć razy stanął na podium, w tym pięć na jego najwyższym stopniu.

– Wszyscy wielcy mistrzowie zdobywają tytuły, nie tylko zapewniając sobie odpowiednią liczbę punktów, ale też pokazując, że potrafią zwyciężać. I to właśnie nam pokazał Robert. Zrobił to w wielkim stylu – cieszył się Yves Matton, który już wcześniej zaproponował Kubicy gościnny start w pierwszym teamie fabrycznym, w aucie WRC, w ostatniej rundzie sezonu – w Walii. Takiego zaproszenia od czołowej ekipy rajdowej ani wcześniej, ani do dziś nie dostał żaden inny Polak.

Zanim krakowianin zdążył się nacieszyć tą nagrodą, znalazł się w trudnej sytuacji, ponieważ przed debiutem w tegorocznej maszynie WRC musiał szukać nowego pilota. Maciej Baran z powodów osobistych zrezygnował z dalszej wspólnej

W Hiszpanii Robert Kubica i Maciej Baran świętowali mistrzostwo WRC2.
Polska załoga w siedmiu startach odniosła pięć zwycięstw.

jazdy. Tak teraz wspomina ten czas: – Sezon 2013 był najtrudniejszym rokiem w moim życiu. Nikt poza mną i moją żoną nie wie, jak było. Do tej pory rajdy były obecne w moim życiu około 150–200 dni w roku. W 2013 to było chyba ze 400 dni... Było to bardzo wyczerpujące. W lipcu dzień przed wyjazdem na Rajd Finlandii urodziła nam się córka, Ola. Zdążyłem jej powiedzieć „cześć" i wyjechałem. Wróciłem, jak już z mamą była w domu. To wielka sprawa – dzieci zmieniają w życiu sporo rzeczy, i od tego momentu było mi trudniej. A oprócz wszystkich peanów na rzecz Roberta, który jest genialnym kierowcą, trzeba też przyznać, że jest bardzo trudny we współpracy. Mnie się zawsze wydawało, że to ja jestem upierdliwy, ale przy nim jestem jak Matka Teresa. Jest bardzo trudny do współpracy, bo jest bardzo wymagający i to na poziomie, którego ja nigdy wcześniej w życiu nie doświadczyłem i chyba niewielu z nas. Ale to chyba inaczej się nie da. Sezon był ciężki, ja po tych zawodach miałem rajdów powyżej uszu, nie czułem się już na siłach. Byłem po ludzku zmęczony miesiącami pracy, tego kotła. Wiedziałem, że osiągnęliśmy to, co się wydawało niemożliwe, pomogłem mu zdobyć coś, co dawało kolejne szanse – opowiada Baran i dodaje: – Równocześnie nie było w tym żadnej dramatycznej historii. Ktoś, kto wie jak wygląda ten sport, wie również, że zmiany pilotów zdarzają się w wielu sytuacjach, na każdym szczeblu rajdowej ligi i z różnych powodów. Oczywiście nie była to prosta decyzja i wiedziałem, że nie ułatwiam Robertowi życia. Ale uznałem, że ja sobie po prostu nie poradzę. Że wszystko, co się dzieje wokół, w mojej rodzinie, nie pozwoli mi na wykonanie w Walii dobrej roboty. Uważałem więc, że to jest lepsze rozwiązanie. Nie chciałem już dalej jechać.

Zaproponował jazdę swojemu bratu Jarkowi, ale on był związany lojalnością i umową z Kajetanem Kajetanowiczem, zaproponował też innego pilota. – Robert w tej kwestii podjął decyzję, która okazała się nie do końca udana. Ja za swoją dostałem mnóstwo złego PR-u. Jacyś przypadkowi ludzie mieli do mnie dużo pretensji, uważali mnie za zdrajcę. Różne, wydawałoby się doświadczone osoby, pozwalały sobie na kretyńskie komentarze. Ale być może, gdybym wtedy pojechał do Walii, Robert zdecydowałby się na podpisanie kontraktu z Citroën Racing na kolejny sezon? I wtedy nie byłoby dzisiaj tej historii z powrotem do F1? Wtedy Robert nie był zachwycony moja decyzją, ale dzisiaj nie ma do mnie pretensji. Przynajmniej tak mi się wydaje – kończy Baran.

Do rajdu zostało dziewięć dni. Kiedy Kubica dowiedział się o odejściu Barana, spytał Citroëna, czy team może wymienić całą załogę. – Nie można nikogo winić i na pewno Maciek miał jakiś ważny powód, żeby podjąć tę decyzję. Uważam jednak, że moment jej podjęcia i poinformowania mnie nie był najlepszy. Szczególnie że zgłaszając się do Rajdu Wielkiej Brytanii, reprezentowaliśmy Citroëna razem. Dlatego jego decyzja nie była za fajna nie tylko względem mnie, ale też względem naszej ekipy. Często piloci narzekają, że nie bierze się ich pod uwagę, ale kiedy się to robi... Przecież w aucie jest nas dwóch i ponosimy wspólną odpowiedzialność za wszystko – mówił Kubica. Okazało się, że wymiana całej załogi nie była już możliwa. – A ja, wysyłając zgłoszenie, podjąłem się już zobowiązania. Jeśli mówię „tak", to chcę i muszę dotrzymać słowa. Wiedziałem, że wiąże się to z dużym ryzykiem i niepewnością w aucie.

Na prawym fotelu podczas niezwykle ważnego rajdu zasiadł więc włoski pilot Michele Ferrara, co dla kierowcy oznaczało bardzo dużą zmianę, nie tylko jeśli chodzi o metody współpracy i styl dyktowania trasy, ale przede wszystkim o język. – Nawet dziś chwilami odzywałem się do Michele po polsku, bo przez ostatni rok w kabinie mojej rajdówki mówiło się tylko w tym języku – przyznał Kubica przed startemi. Rozmowy z inżynierem i mechanikami na temat każdej czynności w aucie czy wokół niego pochłaniały więcej czasu i energii.

Mimo to na odcinkach robili dobre wrażenie. Ósmy, siódmy, szósty czas – Kubica szedł w górę. Na czwartej próbie dachował. – Nie zauważyłem błota i kiedy zahamowałem, zablokowały się przednie koła – relacjonował. Po prostu zaskoczyła go zmiana przyczepności. Auto dotarło do krawędzi trasy i spadając poniżej poziomu drogi, przekręciło się na dach. Resztę dnia Robert i jego pilot spędzili w lesie. To były długie godziny w przejmującym chłodzie. Załoga nie chciała opuścić auta, czekając na przyjazd lawety, a samochód utknął w bardzo niedogodnym miejscu. Do serwisu zziębnięty Kubica dotarł dopiero późnym wieczorem.

Następnego dnia wrócił na trasę, aby odpaść na drugiej próbie. Tym razem na dobre. – To było nieporozumienie z notatkami. Jechałem na pełnym gazie w miejscu, gdzie trzeba było hamować, a kiedy zobaczyłem zakręt, było już za późno – tłumaczył wieczorem w namiocie Citroëna.

– Niestety to był trudny weekend dla waszego kierowcy, ale szczerze mówiąc, to było szalone wyzwanie, wystartować tu w samochodzie WRC z notatkami w nowym języku – rzucił Sebastien Ogier do polskich dziennikarzy. Sam z siebie, bo nikt nie spytał go o ocenę feralnego weekendu Kubicy.

Mistrz świata trafił w sedno. Przed weekendem w Walii Polak znalazł się w sytuacji bez wyjścia. Nie mógł zrezygnować z debiutu w WRC, w najtrudniejszym z rajdów, mimo że zmiana pilota w takiej sytuacji zakrawała na szaleństwo. – Kierowca i pilot rajdowy mają co do zasady dwa marzenia. Pierwsze to w ogóle pojechać w zespole fabrycznym, drugie to pojechać sezon jako fabryczny zawodnik. Ja więc miałem po jednej stronie możliwość wystartowania pewnie jeden jedyny raz w życiu jako fabryczny zawodnik w rajdzie mistrzostw świata albo mieć czyste sumienie i spokój w głowie. Wybrałem to, co było mi bliższe. Mój tata uznał, że zwariowałem, że nie pojechałem na ten rajd. Mój brat zrozumiał, powiedział, że dobrze zrobiłem. Ta decyzja była bardzo ciężka, była jak wycofanie się spod szczytu K2. To była rezygnacja z marzenia. Ale gdybym dziś miał zdecydować ponownie, postąpiłbym tak samo – stwierdza pilot.

Po tym frustrującym występie pytam Roberta, czy bywa, że ma ochotę rzucić to wszystko w diabły. Powiedzieć „basta" i odejść. Odpowiada bez zastanowienia: – I gdzie miałbym pójść? Jakikolwiek problem, nieukończony rajd, jakiś błąd mój czy kogoś innego sprawiający, że kończymy jazdę poza drogą, nie może być trudniejszą chwilą niż to, co przeżyłem po wypadku Ronde di Andora. I teraz miałbym to rzucić? Takie rozwiązanie nie wchodzi w grę – deklaruje Robert.

ROBERT KUBICA:

„Mistrzostwo nie zmieni niczego w moim życiu. Priorytetem jest moje zdrowie i to zabiera 80 procent moich myśli i koncentracji. Jutro jest kolejny poniedziałek. Wracam do pracy nad poprawą stanu ręki i osiąganiem kolejnych celów".

V

Szok w Monte Carlo

W ciągu kilku miesięcy startów Kubica z debiutanta bez doświadczenia w rajdach na najwyższym poziomie przeistoczył się w jednego z głównych kandydatów do fotela w samochodzie WRC.

Yves Matton uważa, że naturalnym krokiem dla Polaka byłyby właśnie starty w najwyższej kategorii, tymczasem Robert ma do rozważenia więcej opcji niż tylko występy z Citroënem. Przyznał to szef teamu M-Sport, wystawiającego do rajdów WRC samochody Forda. – Tak, rozmawiamy z Robertem, ale o przyszłym sezonie dyskutujemy z wieloma kierowcami – powiedział Malcolm Wilson. – Jest wiele opcji na uwzględnienie go w naszym programie. Nie ma wątpliwości, że jest szybki, i sądzę, że ma jeszcze większe możliwości. Jedno jest pewne: jeśli przyjdzie do nas, zaopiekujemy się nim bardzo dobrze – podkreślił Brytyjczyk.

Robert tonuje oczekiwania. We Francji, w motorhomie Citroëna ogląda film na pożegnanie Sebastiena Loeba. – Ciekawy! O liczbie jego zwycięstw i tak dalej. Pojawiło się też pytanie, ile czasu zajęło mu zdobycie pierwszego mistrzostwa. Odpowiedź to, zdaje się, sześć sezonów. Pochodzę z F1 i byłem znanym kierowcą, więc wiele osób zapomina, że ja mam tylko rok doświadczeń w rajdach – zauważa.

Ma trzy możliwości. Pierwsza to starty w rajdach na profesjonalnym poziomie. – Gdyby ktoś mi powiedział, że koleś, który w marcu po raz pierwszy jeździł po szutrze, w listopadzie musi powiedzieć „tak" lub „nie" na ofertę pojechania pełnego sezonu za kierownicą auta z najwyższej półki w profesjonalnym zespole, to na mnie robi to wrażenie – mówi Robert. Bo na stole leży oferta od jednej z najbardziej utytułowanych ekip w historii WRC – od Citroëna.

Druga opcja to jeżdżenie w rajdach na niższym poziomie. Wtedy zamiast trzech kroków w przód zrobiłby jeden. Ale Kubica chce robić postępy jak najszybciej. Drogę, która w przypadku pozostałych kierowców WRC prowadziła niespiesznie od najniższych kategorii – mistrzostw regionalnych – poprzez średnie i coraz wyższe kategorie europejskie oraz niższe w WRC, podróż, którą normalnie planuje się minimum na kilka lat, chce odbyć w ciągu zaledwie paru sezonów. Od razu wskakując na głęboką wodę – próbując sił w najwyższej lidze.

Trzecia możliwość to tory, ale... – Skoro moim celem jest powrót do bolidów, a może się to okazać niemożliwe, to nie chcę wracać do ścigania w autach z dachem – mówi Kubica. – Bo to, co sobie wypracowałem przez ten sezon, nie byłoby do wykorzystania w przyszłym roku. Zasiałem, a nie zebrałem – i zgniło.

Utrzymuje wsparcie Lotosu i wybiera... M-Sport oraz sezon w aucie WRC – w Fordzie Fiesta RS. To niemałe zaskoczenie, biorąc pod uwagę, że obstawia team półfabryczny, wyraźnie słabszy od ówczesnego Citroëna. Kto wie, być może to był błąd, który skierował karierę Polaka w WRC na gorsze tory. – Byliśmy przygotowani na to, że czeka go mnóstwo nauki. Szykowaliśmy się na trudny sezon, w pełni świadomi, że mamy do czynienia z debiutantem – zapewnia nas kilka lat później Nawarecki, gdy zastanawiamy się, co by było, gdyby zamiast półprywatnego Forda Kubica wybrał Citroëna. Także ówczesny szef francuskiej ekipy w toku kolejnych, bardzo trudnych dla krakowianina sezonów nieraz podkreślał: – Mówiłem to w 2013 roku i podtrzymuję do dziś. Robert już wtedy miał tempo, aby zwyciężyć w wybranych rundach WRC. I zrobiłby to. W odpowiednim zespole, w odpowiednim samochodzie. To była kwestia jego wyborów.

Te słowa Belga powtarzam Kubicy w styczniu 2016 roku, gdy dzień po ostatnim starcie w WRC, w skromnym hoteliku nieopodal jednej z dwóch baz rajdu w Gap (druga mieści się w Monte Carlo), długo podsumowujemy jego dotychczasowe rajdowe przygody. – Problemem w tym świecie dla mnie było to, że nie znając go, zbyt profesjonalnie do wszystkiego podchodziłem. To absurdalne, ale taka jest prawda. Decyzja, którą podjąłem pod koniec 2013 roku, brała się tylko i wyłącznie z tego, że miałem pewne umowy, których nie chciałem rozwiązywać, chociaż mogłem na pewno – Polak nawiązuje do współpracy z puławskimi Azotami i przede wszystkim Lotosem. Chciał być wciąż lojalny wobec partnera, który wyciągnął do niego rękę, gdy wracał do sportu. Wyzwaniem – choć do rozwiązania – było pogodzenie interesów dwóch marek paliwowych. Z jednej strony polskiego Lotosu, z drugiej francuskiego Totala, którego logo zajmuje spore połacie na czerwono-biało-złotej karoserii Citroënów DS3 WRC.

– Druga rzecz jest najważniejsza – kontynuuje Kubica. – Zostałem bez pilota. W tym świecie w aucie są dwie osoby i obie są bardzo ważne, więc jak mogłem podpisać umowę z Citroënem, nie mając nikogo na prawym fotelu? Wielu kierowców by ją podpisało, ja tego nie zrobiłem i wiele osób nie zrozumiało dlaczego. Może teraz, z moim obecnym doświadczeniem w rajdach zrobiłbym inaczej, bo nie byłby to aż tak duży problem. Natomiast dwa lata temu było to nie do ogarnięcia.

Zdecydował profesjonalizm. Chodziło o dobre imię. – Ja jako Robert Kubica, który się wychował w świecie motorsportu, nie mogłem sobie na to pozwolić. Nie mogłem ryzykować miesiąc przed pierwszym rajdem mistrzostw świata, nie mając nikogo. Ponieważ ja, podpisując umowę, robię to tak naprawdę także za pilota. Oczywiście on podpisuje swoją, ale to ja odpowiadam za załogę. To ja gwarantuję. A tej osoby nie było. Wielu tego nie zrozumiało i nie zrozumie, ale dla mnie to nie problem.

Robert nie zaprzecza, że ostatecznie to mógł być zasadniczy błąd. – Może jeśli chodzi o sprawy sportowe, negatywnie odbiło się na kolejnych dwóch latach, ale moje wychowanie motorsportowe, nie jako kierowcy, lecz jako człowieka, nie pozwalało na podpisanie umowy z Citroënem. Osiemdziesiąt procent tej decyzji brało się właśnie z tego. Nie ukrywam też, że trochę ze strachu. Nie przed jazdą – ja po prostu nie mogłem zaryzykować, że stawię się na Rajdzie Monte Carlo, nie mając za sobą wcześniej żadnego startu autem fabrycznym, z najlepszym wówczas zespołem (Citroën kończył właśnie 10-letnią dominację w WRC – przyp. red.), pierwszy raz z nowym pilotem. Wsiadam do auta i co? Już Walia dała mi dużo do myślenia...

Kubica zdecydował się więc na starty w WRC z ekipą M-Sport, a nowy szef Polaka Malcolm Wilson był zachwycony. – Od jego wejścia na scenę rajdowych mistrzostw świata na początku tego roku bardzo chcieliśmy mieć go w swoim składzie i sądzę, że możemy spodziewać się po nim wielkich rzeczy w sezonie 2014. Ma chęci i ma w sobie głód, którego nie widać u wielu kierowców – mówił Brytyjczyk. Znał Kubicę od lat. Polak przyjechał do M-Sportu jeszcze jako zawodnik F1, już po pierwszym zwycięstwie w Kanadzie. – Pojawił się z Maćkiem Wodą, który zajmuje się naszym oddziałem w Krakowie. Przyjechał tylko dlatego, że interesował się tym sportem. Nawet wtedy było widać, że bardzo pasjonuje się rajdami – wspominał Malcolm.

Pozostaje jeden znak zapytania. – W rajdówce jedzie się w dwójkę i muszę być pewny, że osoba, która ze mną do niej wsiądzie, podoła temu zadaniu – mówi Kubica.

– Wierzę w zrządzenia losu. Moje życie sportowe jest na nich oparte. Z jednym wyjątkiem... – mówi z uśmiechem Maciej Szczepaniak. Dotąd o tym, z kim tworzył załogę, w dużej mierze decydował przypadek. Pilotem Tomasza Kuchara został po tym, jak jako poszkodowani spędzili razem noc w komisariacie, gdy w ich auta wjechał pijany kibic. Na Janusza Kuliga wpadł w bramie na prologu Rajdu Kormoran, Leszka Kuzaja spotkał w restauracji, a pilotem Michała Kościuszki został, gdy właśnie zaczynał karierę bankowca. Z Kubicą było inaczej. – Tego nie zrządził przypadek. Nie ma co ukrywać, że bardzo zależało mi na tym, żeby spróbować z nim pojechać i zobaczyć, czy nasza współpraca jest możliwa, czy pasowallbyśmy do siebie – opowiada Szczepaniak, najbardziej doświadczony polski zawodnik rajdowych mistrzostw świata, który bezpośrednio przed tym startował na oesach WRC na prawym fotelu Kościuszki. Kontuzjowany w Rajdzie Niemiec Michał (na jednym z odcinków doznał uszkodzenia kręgosłupa) nie kontynuował startów, co otworzyło Szczepaniakowi drogę do współpracy z innym kierowcą. Razem z Kubicą stworzyli bardzo mocną i zgraną załogę. Szczepaniak to pilot, który reprezentuje poziom najwyższej kategorii mistrzostw świata. – Jeśli chce się być dobrym pilotem, to trzeba być osobą jak najbardziej elastyczną, która jak najlepiej dostosuje się do potrzeb kierowcy, z którym startuje. A każdy ma swoje upodobania i potrzeby. Pilot jest narzędziem w rękach kierowcy – podkreślał wielokrotnie. – Zaczynając tę przygodę, byłem pewien, że poradzę sobie z wyzwaniem, choć Robert już na jednym z pierwszych spotkań obiecał mi bardzo ciężką pracę, wiele potu, łez – i dotrzymał słowa. Mówimy jednak o samym szczycie motorsportu. Było to największe wyzwanie sportowe mojego życia i bardzo się cieszę, że było mi dane. Każdy pilot, jakiego znam, marzy o tym, aby podjechać na koniec odcinka specjalnego w mistrzostwach świata i zobaczyć, że ze swoim kierowcą pojechał go najszybciej – zauważa Szczepaniak, gdy rozmawiamy po jego ostatnim starcie w WRC na prawym fotelu Kubicy.

To jeszcze przed nim. Początkowo umówili się na jeden rajd – zimowy Jänner, otwierający mistrzostwa Europy. To miał być przede wszystkim trening przed Monte Carlo, ale układa się niesamowicie. Kubica wygrywa na ostatnim odcinku, na którym odrabia niemal 12-sekundową stratę do lidera Vaclava Pecha. Co więcej, na tej jednej próbie wyprzedza go aż o 30 sekund! Ten OS do dziś uchodzi za jeden z najbardziej spektakularnych w karierze Polaka, choć prowadził Forda Fiestę RRC, czyli (podobnie jak wcześniejszy Citroën DS3 RRC) osłabioną wersję samochodu WRC. Na mecie Robert przeprasza swojego pilota, choć ten wcale nie wygląda na obruszonego ani tym bardziej wystraszonego. – Na trasie trąciliśmy słupek, który wybił z obudowy reflektor, a ten zaczął mi świecić w oczy. Wtedy doszło do zaćmienia. Po raz pierwszy i ostatni w mojej karierze. Po chwili zdałem sobie sprawę, że wyłącznika świateł szukam tam, gdzie znajdował się on w Citroënie, a teraz jadę Fordem. Tu przełączniki są na kierownicy i po ciemku ich nie widać. W tym czasie nie słuchałem Maćka i w czwórkowy zakręt wjechałem zdecydowanie zbyt szybko. Wyjechaliśmy w pole i po kilkuset metrach wróciliśmy na trasę – relacjonował później Kubica.

Mimo tej przygody Robert był bardzo zadowolony ze startu w Austrii, który miał być treningiem, a dał mu prowadzenie w klasyfikacji mistrzostw Europy (w których nie miał zamiaru startować). – W ten weekend bardzo wiele się nauczyłem – stwierdził Kubica, który dzięki doskonałemu wynikowi na zakończenie sezonu odbierze zimowy puchar ERC, zwany „Ice Master" (mistrz na lodzie).

Przed nim pierwszy sezon w aucie WRC. Pierwszy rok na szczycie, pełne mistrzostwa. W nowym teamie, w nowym samochodzie i z nowym pilotem (którym na dobre został Szczepaniak), pierwszy raz w wielu nowych rajdach. Kolejny superekspresowy kurs jazdy. Uczeń jest niebywale zdolny – ale to wciąż uczeń! Dlatego to, co wydarzyło się podczas otwarcia Rajdu Monte Carlo, ponownie zadziwiło świat sportu samochodowego.

Kubica ma wiele miłych wspomnień z Monako. Jeszcze jako dzieciak w gokartach dwukrotnie wygrywał prestiżowy Monaco Cart Cup. Gdy dostał się do Formuły 1, wielokrotnie błyszczał tam w niezwykle trudnym ulicznym Grand Prix. Dwukrotnie stawał na podium, a jego perfekcyjny przejazd okrążenia w 2010 roku z perspektywy kamery pokładowej to jeden z kultowych filmików w kręgach fanów F1. W tamten weekend doliczył się kilkunastu otarć o bariery, ale to była inna jazda, inny pojazd i zupełnie inna dyscyplina...

W tamtym roku, tylko kilka miesięcy wcześniej, Robert miał też wystartować w Rajdzie Monte Carlo, ale wówczas dopadł go pech. Przejechał przez rampę, ale jego auto zepsuło się podczas prologu. Ten rajd jest wyjątkowy, prestiżowy i arcytrudny. Kierowcy WRC uważają, że najtrudniejszy w kalendarzu. Rozrzucony między księstwem Monako, gdzie odbywa się oficjalny start oraz meta, i górskim Gap, wokół którego toczy się rywalizacja. Kręte asfaltowe drogi pokryte śniegiem i lodem, do tego często usiane pułapkami, bo nigdy nie wiadomo, czy na zacienionym fragmencie suchej trasy na załogę nie czeka niewielki zlodzony fragment asfaltu, na którym niezwykle łatwo pożegnać się z rajdem. Warunki zawsze są trudne. Tak też było w 2014 roku.

Wtedy jeszcze załogi, jadąc po odcinku, mogły obserwować międzyczasy. – Dlatego ja pamiętam nawet nie tyle ten moment, gdy wygraliśmy oes, lecz ten, gdy dostaliśmy pierwszy pomiar. W połowie pierwszego odcinka pokazało nam, że prowadzimy o jakieś 16 czy 17 sekund z Sebastienem Ogierem – wspomina Szczepaniak. Obaj z Robertem byli absolutnie przekonani, że to przekłamanie. Kubica sądził, że widzi różnicę nie w stosunku do najszybszego rywala, lecz do Elfyna Evansa, kolegi z M-Sportu, który jechał przed nim. – Nie przyjmowaliśmy wersji, że to jest właściwy pomiar – dodaje Maciek. Tymczasem na mecie okazało się, że to już nawet nie 16, lecz 19 sekund nad mistrzem świata i 14 nad drugim na odcinku Bryanem Bouffierem. Druga próba to kolejny popis, dzięki któremu Kubica po dwóch oesach był liderem rajdu mistrzostw świata, z przewagą 36 sekund nad aktualnym mistrzem, Ogierem, który ukończył odcinek na drugim miejscu. – Pokazał niewiarygodną prędkość. To był niesamowity start. Tak się „przedstawił" – Malcom Wilson nawet dziś mówi o tym występie Polaka z zachwytem.

– Wygrać swój pierwszy oes na Monte Carlo to coś wyjątkowego. W karierze miałem szczególne momenty i ten odcinek był jednym z nich – cieszył się Robert. Zaskoczenia czy wręcz lekkiej konsternacji po dwóch zwycięstwach oesowych tak niedoświadczonego zawodnika nie był w stanie ukryć nawet Ogier.

Monte Carlo to przewrotny rajd. Całą przewagę z dwóch pierwszych oesów Kubica stracił na trzecim, mocno zaśnieżonym. Nie miał opon na śnieg. Jednak w trakcie drugiej pętli wraca na pozycję wicelidera, a pierwszy dzień najtrudniejszego rajdu WRC, w swoim pierwszym starcie, ten nie rajdowy, lecz wyścigowy kierowca kończy na trzecim miejscu w klasyfikacji generalnej. Drugiego dnia Polak przejeżdża tylko dwie próby. Na trzeciej za szybko wjeżdża na bardzo śliski asfalt. Ma ten fragment zaznaczony w opisie, ale na nawierzchni leży jeszcze błoto, co wystarcza, żeby przy stosunkowo niskiej prędkości przód auta uderzył w mostek. Samochód zatrzymuje się na stromym spadzie przy strumyku, między drzewami. – Gdybyśmy dojechali do mety, to byłoby sto procent pozytywów, a tak jest ich teraz mało, ale tak naprawdę razem z Maćkiem jechaliśmy dobry rajd. Nie ryzykowałem. Cały czas myślałem o tym, żeby dotrzeć do Monako – zapewnia Kubica.

Jego szef i tak nie ma wątpliwości: – To najbardziej spektakularny debiut w WRC, jaki widziałem – ocenia Wilson.

Rozpoczynając sezon, Robert zszokował świat sportów motorowych swoją prędkością na pierwszych odcinkach specjalnych. Wypadając z trasy na dziewiątej próbie zrobił natomiast to, z czym należało się liczyć w przypadku każdego debiutanta i nie tylko – Rajd Monte Carlo zawsze zbiera wiele skalpów, nawet pośród najbardziej doświadczonych zawodników ścisłej czołówki. Do momentu wypadku Polak walczył o podium, a tego od debiutanta z tak nikłym doświadczeniem w rajdach (i praktycznie żadnym w kategorii WRC) oczekiwać się nie powinno.

ROBERT KUBICA:

„Gdyby ktoś mi powiedział, że wygram od razu dwa pierwsze odcinki w Monte Carlo i będę prowadził na początku pierwszego dnia, to bym się na to pisał w ciemno. Na początku sezonu moim celem było wygranie w tym roku jednego odcinka specjalnego. Zrobiłem to na pierwszym oesie mistrzostw, więc muszę sobie wyznaczyć jakiś nowy cel".

VI
Mistrzostwa świata, prywatnie

W trzech kolejnych rajdach – a w każdym z nich startował po raz pierwszy – Robert miał przygody. Sklasyfikowany został tylko w Szwecji (24. miejsce), gdzie dotarł do mety, choć trzykrotnie zagrzebał się w śnieżnych bandach, a kibice wyciągali jego rajdówkę. – Kubica wrócił na trasę tuż przede mną. Jechał wolno. To było głupie. Wjechał na drogę trzy sekundy przede mną, a powinien był zaczekać – wściekał się fabryczny kierowca Citroëna, rutyniarz Mads Ostberg, po jednej z przygód Polaka. – Kierowca Formuły 1 – dodał z przekąsem trzeci na mecie Norweg, choć rywal przepuścił go w pierwszym dogodnym miejscu.

W wyjątkowo trudnym Rajdzie Meksyku, na szutrze, Robert był nawet w pewnym momencie czwarty w klasyfikacji generalnej, ale na 13. OS-ie przy stosunkowo niskiej prędkości niepozorny uślizg spowodował, że auto uderzyło w murek i odbiło się do rowu, gdzie obróciło się na dach. Mały błąd z wielkimi konsekwencjami – przygoda, jakich krakowianin będzie miał jeszcze sporo.

Portugalia to z kolei pierwszy rajd, który zna z ubiegłego roku, i bardzo zależy mu na tym, żeby pojechać bez błędu. Ten jednak się zdarza – Kubica źle słyszy komunikat pilota i wyjeżdża poza trasę. Choć samochód nie został uszkodzony, podczas prób powrotu nie wytrzymuje sprzęgło. Robert podejmuje rywalizację kolejnego dnia, aby odpaść już na drugim oesie. – Wypadliście w tym prawym zakręcie, gdzie wystaje ten kawałek drzewa? – tego samego dnia wieczorem pyta Szczepaniaka w hotelowej windzie Mikko Hirvonen, jeden z najbardziej doświadczonych kierowców, czterokrotny wicemistrz świata, który tę edycję Rajdu Portugalii zakończy na drugim miejscu, za Ogierem. – Pamiętam. Wpadłem na nie kilka lat temu…

– W WRC doświadczenie jest wszystkim – dźwięczą mi w głowie słowa Malcolma Wilsona.

Cztery rajdy, zero punktów. Dużo pomyłek, trochę problemów technicznych, bo system zmiany biegów też nie pracuje idealnie i Polak traci zbyt dużo czasu na zmianie przełożeń. – Na pewno system nie był tak dobry, jak ten, którego używamy obecnie, ale był wystarczająco dobry – przekonuje teraz Wilson.

– Te wszystkie wpadki i błędy powodują, że... może głupio to zabrzmi, ale dopiero gdy się upadnie, to można się nauczyć wstawać – podsumowuje niepowodzenia polski kierowca. Rajdowcy podkreślają jego prędkość, ale i brak doświadczenia. – Jest najbardziej utalentowanym kierowcą, obok którego siedziałem. Naprawdę. Ma ogromny talent. To niesamowity facet. Niesamowity – mówi „Autosportowi" Marcus Grönholm, gdy kończy przejażdżkę w jednym aucie z Kubicą przed Rajdem Szwecji. Dodaje jednak: – Z pewnością może uzyskiwać najlepsze czasy odcinków, ale obecnie, bez znajomości warunków na rajdach, niemożliwa jest dla niego walka na szczycie. Każdy kierowca będzie miał więcej doświadczenia niż Robert i tak będzie do końca roku.

Po Portugalii słowo klucz to „reset". – Jest oczywiście jeden prosty sposób, aby się nie rozbić – opowiada Kubica. – Po prostu jedziesz wolniej, ale szczególnie na szutrze musisz starać się obciążać opony, bo jeśli za mocno odpuścisz, problem robi się jeszcze większy i jeszcze trudniej utrzymać się na drodze – mówi. Kiedy kierowca jedzie zbyt wolno, guma przestaje odpowiednio pracować, jest niedogrzana, a ciśnienie w oponach spada – i robi się jeszcze gorzej.

Rajd Argentyny, rozgrywany właśnie na luźnej nawierzchni, Polak kończy z najlepszym wynikiem w tym sezonie – 6. miejscem. We mgle, na trasie, na której miejscami leżało mnóstwo błota i było wyjątkowo ślisko. W samochodzie, który, choć na zewnątrz niedraśnięty, wciąż generował straty czasu z powodu zawodnej skrzyni biegów. Przez cały weekend widać było, że naszemu kierowcy nie w smak jazda na pół gwizdka. Był zrelaksowany, ale jednocześnie ironizował, że do Argentyny przyjechał na wakacje.

– To był jeden rajd, przed którym powiedzieliśmy: „OK, po prostu go skończmy" – opowiada Wilson. – Uzyskał dobry wynik, ale nie był szczęśliwy. Było po nim widać, że nie jest. Nie chciał tak jeździć. Czułem, że tak powinien robić w pierwszych 12 miesiącach, żeby zrozumieć rajdy i zdobyć doświadczenie. Ale to było wbrew jego naturze. Widać było, że ani trochę nie cieszy go ten rajd. Myślę, że gdyby mu wtedy powiedzieć: jeździj w ten sposób do końca sezonu, to by przestał jeździć w WRC w ogóle. Bo jemu się to nie podobało.

Robert może i „zrobił wynik", ale zawsze podkreślał, że nie startuje w rajdach, aby się wozić. A wejście na poziom czołówki i dojeżdżanie do mety w szybkim tempie wiąże się z ryzykiem i płynącą z niego nauką. Nie ma sensu spuszczać nogi z gazu – tak przynajmniej uważa Polak.

Kubica liczył, że dalsza część sezonu będzie odrobinę łatwiejsza, bo z kolejnych rund MŚ nie znał tylko jednej – Rajdu Australii. Wciąż czasami zaskakuje – gdy na Sardynii pojawia się na kameralnym spotkaniu w siedzibie Volkswagena (Robert, Ogier i kilku dziennikarzy), obaj kierowcy siedzą na tle wielkiego monitora z wynikami odcinka testowego i z nazwiskiem „Kubica" na pierwszym miejscu. Polak spiera się przez chwilę z Francuzem o zawodników płacących w Formule 1 i o umiejętności Pastora Maldonado. Ogier mówi, że to „szalony" i „głupi koleś". Robert zwraca uwagę, że jednak wygrał wyścig. Ot, rozmowa dwóch kierowców traktujących się z szacunkiem, wielkich w swoich dyscyplinach, teraz walczących w jednej kategorii, ale będących na zupełnie różnych pozycjach.

– Seb, masz jakieś rady dla Roberta, a może już mu jakieś dałeś?

Ogier: – Rady?

Kubica: – Trzymaj się drogi! (śmiech)

Ogier: – Parę razy rozmawialiśmy, oczywiście jeśli miałby jakieś pytania, mogliśmy pogadać, bo Robert to fajny gość. Myślę, że wie, jak jechać szybko samochodem, już to udowodnił, ale zdaje sobie sprawę, że potrzebuje czasu i doświadczenia. Wszyscy przeżyliśmy takie chwile w karierze w rajdach. Dla mnie to był rok 2009, gdy miałem trochę za dużo wypadków. Zawsze jest trudno znaleźć równowagę i granice. Czasami musisz je przekroczyć i to parę razy, żeby wiedzieć, gdzie się one znajdują. To przydarzyło się Robertowi na początku sezonu.

Kubica z morderczej Sardynii wywozi drugie z rzędu punktowane miejsce – ósme – a mógłby być wyżej, gdyby nie uszkodził koła na kamieniu. Podobna sytuacja przydarza mu się na kolejnej imprezie – Rajdzie Polski (który wrócił do kalendarza WRC). O ten sam kamień zahaczają tam Sebastien Ogier, Thierry Neuville i właśnie Kubica. Dwaj pierwsi jadą dalej, Polak zostaje. – Fart, niefart. Trochę jest niesmak, ale dużo było pozytywów. Jestem zadowolony z jazdy, z tempa. Tym razem naprawdę zabrakło szczęścia – mówi potem Kubica, ostatecznie sklasyfikowany na 20. pozycji. Wcześniej też nie obyło się bez przygód. Na drugim odcinku auto ląduje na dachu, co kosztuje załogę 25–27 sekund. Robert podgryza też jednak czołówkę – trzy razy jest w pierwszej trójce na odcinkach.

Zmienia się także jedna ważna rzecz – Kubica w końcu dobrze się bawi na szutrze. – Mój styl jazdy, jaki wyrobiłem sobie w wyścigach, komplikuje mi życie, gdy startuję w rajdzie. Trzeba wrzucać samochód w zakręty, jeździć bokami, a ja od najmłodszych lat byłem uczony, że kontra to zawsze strata czasu. Muszę więc robić wszystko to, czego unikałem w wyścigach. Nagle kompletnie zmienić swoją jazdę i myślenie – opowiada.

Na szutrze jest jeszcze 34. w Finlandii, 9. w Australii, 11. w Walii, a na mieszanych zawodach w Hiszpanii – 17. Kolejne starty to nowe doświadczenia i... następne błędy. W Finlandii po niezłym początku przestaje się liczyć w walce o punkty w piątek rano, wypadając z trasy na pierwszym oesie. Pierwszy raz dlatego, że na zapoznaniu opisał zakręt jako zbyt szybki. – Szkoda, bo z reguły jeśli były pomyłki w opisie, to polegające na tym, że szybkie łuki miałem opisane zbyt wolno, bezpiecznie – zauważa.

Tęskni za nawierzchnią asfaltową, a i kibice nie mogą się doczekać tych rajdów, pamiętając fantastyczny piąty wynik w Niemczech w poprzednim roku. Pierwsze rozczarowanie przyszło na trzecim odcinku specjalnym. Kubica nie próbuje ukryć powodu wypadnięcia z trasy. – Mała przygoda była związana nie tyle z jazdą, co z ręką. Wyślizgnęła mi się kierownica na wyjściu z nawrotu. Być może trochę za spokojnie do tego podszedłem, bo wyjeżdżaliśmy z nawrotu przy niskiej prędkości. Rozproszyło mnie to. Wypadłem z idealnego toru jazdy na śliską partię. Zakręt się zaciskał, a ja wyjechałem za szeroko i za szybko, podczas gdy kierownica nie była wystarczająco skręcona – relacjonował. Stracił kilka minut i spadł na 34. miejsce. Kolejnego dnia pokazał jednak, że na asfalcie trzeba się z nim liczyć. Wygrał dwa odcinki specjalne, kolejne w WRC, i na koniec dnia awansował do punktowanej dziesiątki. – Fajnie jest wygrywać odcinki, choć trochę pomogły nam pogoda i kolejność przejazdów. Z czasem powinno być tego więcej. Potrzebuję jednak więcej doświadczenia i odpowiednich narzędzi – mówił Robert. Wspomniał o narzędziach i już następnego dnia rano w jego aucie doszło do awarii skrzyni biegów. Nawet nie wystartował do pierwszego oesu. Na dojazdówce, trzy kilometry od odcinka, samochód został na trzecim biegu.

Kolejne zwycięstwo oesowe dorzucił w Rajdzie Francji, w którym nawet gdy zdarzały mu się błędy, to nie miały znaczących konsekwencji, w którym nawet gdy miał jakiś potencjalnie niebezpieczny moment, to wychodził z niego obronną ręką. Przed ostatnim odcinkiem jechał po czwarte miejsce, najlepsze w karierze. Wcześniej w świetnej walce odebrał je Daniemu Sordo w fabrycznym Hyundaiu. Wyjeżdżając na ostatnią próbę, miał nad nim 11 sekund przewagi. Wystarczyło dojechać... Do historycznego wyniku zabrakło 18 kilometrów. Sprawdził się najgorszy ze scenariuszy. Auto wypada z drogi.

– Maciuś, przepraszam cię. Przepraszam – mówi od razu Robert.

– No wiesz, życie. Na razie muszę ochłonąć. Ale przecież nie zrobiłeś tego specjalnie – odpowiada Szczepaniak.

Kubica, kierowca wyścigowy, od dziecka „solista" za kierownicą, myśli jak członek załogi. Wie, rozumie, że po wynik życia jechał nie tylko dla siebie, ale i dla swojego pilota.

– Popełniłem błąd. Źle oceniłem stan przyczepności na wilgotnej partii oesu. Leżało tam sporo naniesionego brudu i już nie zdołałem się z tego wybronić. Bardzo mi żal straconej szansy – przyznał potem Kubica.

– Obaj byliśmy zaskoczeni – dodał Maciej Szczepaniak. – Nie ryzykowaliśmy. Kiedy Robert nacisnął hamulec w zacieśniającym się zakręcie, tył auta uciekł. W poprzednich przypadkach powód przygód był jasny, ale tym razem trudno to wytłumaczyć. Być może opony nie były wystarczająco dogrzane – zastanawiał się pilot Kubicy.

Wypadek był frustrujący tym bardziej, że do tego momentu Robert jechał jeden ze swoich najlepszych rajdów – pomimo ciągłych problemów ze zmianą biegów i permanentnych strat podczas przyspieszania. Zazwyczaj na oesach był „najlepszy z reszty", czyli wolniejszy tylko od kierowców dominującego Volkswagena.

Do końca sezonu nie znalazł się już w dziesiątce i skończył go z 14 punktami. Zanim udał się na dwie małe imprezy rajdowe we Włoszech (obie wygrał), w Walii, gdzie rok wcześniej po raz pierwszy pojechał w najnowszym Citroënie WRC, zajął 11. pozycję.

Cały czas bronił swojego podejścia do sezonu. – Wolę jechać szybko i popełniać błędy, bo dzięki temu więcej się uczę. Negatywne doświadczenia pamiętamy lepiej niż te pozytywne, kiedy wszystko idzie jak po maśle i wydaje ci się, że już wszystko opanowałeś – mówił. – Wciąż uważam, że podjąłem słuszną decyzję. Najważniejsza w tym roku była nauka, a nie wyniki.

Wilson miał inną filozofię: – Możesz sobie wyobrazić, że z punktu widzenia zarządzającego zespołem to było bardzo frustrujące. Szczególnie gdy ktoś ma taki talent i taką prędkość. Bo prędkość Roberta była niewiarygodna. Ale rajdy różnią się od wyścigów. Nie ma możliwości, żebyś po samym zapoznaniu miał takie zrozumienie drogi, jakie uzyskasz na torze, który jeśli chcesz, możesz przejechać 200 razy. Dlatego w rajdach tak bardzo liczy się doświadczenie. I tu Robert był chyba niecierpliwy. To było trudne dla niego, ale taki był jego styl. Zawsze chciał jechać na 100 procent – opowiada.

Gdy zapytałam, czy mieli nerwowe chwile, nie udawał, że nie. – Tak, były. Bo Robert nie miał takiego doświadczenia w rajdach, jakie ja miałem, a oczywiście chciał pewne rzeczy robić po swojemu. Ale to się zdarza non stop. Nie zawsze zgadzasz się ze swoim kierowcą, a kierowca nie zawsze zgadza się z menedżerem teamu... Koniec końców jednak to nie ja miałem kontrolę. To Robert wnosił sponsorów, więc nie było tak, że jechał dla mnie. Nie byłem na takiej pozycji, żeby podejmować decyzje albo na nie wpływać, bo to on miał budżet.

Zaliczając kolejne dni zdradliwego rajdu w Walii, Kubica musiał myśleć głównie o mecie i końcu bardzo trudnego okresu. Trudnego nie tylko z racji przebiegu sezonu i wyników, lecz także przygotowania samochodu. Przez cały ten czas M-Sport nie poradził sobie ze skrzynią biegów, a ten problem kosztował polską załogę nie tylko duże straty czasowe na oesach, lecz także sporo nerwowych sytuacji. – Nic się nie zmieniło. Gdy wychodzisz z nawrotu i trzy razy nie możesz wbić biegu, naprawdę nie jest fajnie – przyznawał Kubica. Choć więc kończąc sezon, nie wykluczał powrotu za kierownicę rajdowego Forda Fiesty, kontynuowanie współpracy z szykującą auto ekipą M-Sport wydawało się coraz mniej prawdopodobne...

ROBERT KUBICA:

„Może to jest i mój problem obecnego rajdowania, ale naprawdę uważam, że wyniki nie mają większego znaczenia. Dla mnie nie zmieniają nic. Jadę dla frajdy i doświadczenia. Jeśli uznam, że pora zacząć jeździć po punkty, to zacznę to robić. To jednak zależy też od tego, jak będę widział moją drogę w rajdach oraz sposób na robienie postępów".

VII
Nic nie może się udać

Czego ci życzyć na 30. urodziny? – pytam.
– Zdrowia! – nie ma wątpliwości Robert. – Bez tego trudno cokolwiek zrobić.

Urodzin raczej nie obchodzi. Najczęściej 7 grudnia jeździł, testował albo miał inne zajęcia, które sprawiały, że nie było go w domu. – Nawet osiemnastki nie wyprawiłem! – śmieje się. Teraz w kolejną dekadę życia wchodzi... między dwoma rajdami, ale jeszcze bez podjętej decyzji co do następnego roku.

Czekanie dłuży się niemiłosiernie. Pierwszy sygnał nadchodzi 19 grudnia 2014 roku, tuż przed północą. „Wysłaliśmy dziś zgłoszenie do Rajdu Monte Carlo. Do zobaczenia na odcinkach specjalnych!", informuje kibiców lakoniczny komunikat. Mógł wrócić do wyścigów, najprawdopodobniej ponownie do kategorii DTM i Mercedesa, postanowił jednak kontynuować przygodę w nowej dyscyplinie.

Wraca do Fiesty, ale nie do ekipy M-Sport. Będzie startował w zespole firmowanym własnym nazwiskiem, co oczywiście na wstępie oznacza wyraźną stratę do teamów fabrycznych. Wspomagać ma go jednak włoski zespół A-Style, z którym pod koniec 2014 roku wygrał imprezę Monza Rally Show. Pokonał wtedy legendę wyścigów motocyklowych Valentino Rossiego – faworyta rajdu rozgrywanego na terenie parku, w którym znajduje się słynny tor Formuły 1. Włoch w przeszłości zwyciężał tu trzykrotnie. Pod koniec zawodów, na mokrej trasie Kubica odrobił 7-sekundową stratę i triumfował z zapasem 12 sekund.

– Jestem zadowolony także z powodu ekipy A-Style, bo to oni tak naprawdę sprawili, że się tu znalazłem. Nie było lepszego sposobu, aby im podziękować – cieszył się wtedy Polak.

Jego późniejsza decyzja o współpracy z włoskim teamem w WRC wywołała w środowisku niemałe zdziwienie.

– Tak. Byłem zaskoczony, bo my byliśmy w stanie zaoferować mu wszystkie narzędzia, żeby mógł wykonywać tę robotę – opowiada mi Wilson. – Nie ma wątpliwości, że jego decyzja sprawiła, że znalazł się pod dużo większą presją. Miał o wiele więcej spraw do zorganizowania! My mogliśmy tę presję z niego zdjąć.

Kubica podjął jednak ryzyko. – Może Robert czuł, że będzie mógł lepiej wszystko kontrolować. Jeśli wynajmujesz auto, tak jak on w 2014 roku, to przyjeżdżasz na rajd dosłownie tylko po to, żeby je prowadzić. Nie wiesz o nim nic technicznie, nie wiesz, jakie problemy może mieć konkretny egzemplarz. A Robert lubi wszystko wiedzieć! Myślę, że uznał, że starty prywatnie dadzą mu więcej kontroli i że to go w jakimś sensie uspokoi – zastanawia się Lewis Allen, inżynier, który współpracował z Kubicą przez większość 2015 roku.

– Po trudnym roku w WRC śpię spokojnie, ponieważ wiem, że aby dojść do mojego celu, potrzebuję czasu, cierpliwości i pracy – mówił nasz kierowca. W nowym sezonie będzie bogatszy o rok doświadczeń, ale na trasach, które najwięksi rywale przejeżdżali już po naście razy, wciąż czyha na niego wiele pułapek. Jak znaleźć złoty środek? Jak nie marnować czasu, a świetne tempo regularnie zamieniać na punkty na mecie?

W drugiej połowie stycznia Polak wrócił na zdradliwe trasy „Monte", a jego kibice czekali na ten występ z wielkimi nadziejami. Doskonale pamiętali wyśmienity start sezonu 2014 i prowadzenie Roberta po pierwszych odcinkach specjalnych. Także i tym razem mogli cieszyć się ze zwycięstw oesowych swojego faworyta, ale Kubica ponownie nie dojechał do mety. Na pierwszy rzut oka mogło się więc zdawać, że rok 2015 zaczął w sposób podobny do tego, jak nieraz wyglądało to w poprzednim sezonie. A jednak ubiegłorocznych sukcesów i przygód oraz Rajdu Monte Carlo 2015 nie ma co porównywać.

Tempo Kubicy na poszczególnych próbach i jego przewaga nad rywalami były znacznie większe niż kiedykolwiek wcześniej. Już nie zwyciężał okazjonalnie, w sprzyjających warunkach. W zupełnie nowym teamie Polak regularnie był szybszy od najlepszych kierowców rajdowych w ich znacznie lepiej przygotowanych i mocniejszych maszynach fabrycznych. Znakomita w wykonaniu Kubicy była sobota, a szczególnie odcinek specjalny nr 10 – najdłuższy, niemal 52-kilometrowy (wyjątkowo długi i wyczerpujący nawet jak na standardy WRC), a zarazem jeden z najtrudniejszych. Na mecie Polak miał ponad pół minuty przewagi nad drugim Krisem Meeke'em, był nawet szybszy od dwóch legend tego sportu: startującego gościnnie Loeba (o 41.2 sekundy) i Ogiera (o minutę i 49 sekund). Na dwóch kolejnych próbach uzyskiwał drugie czasy. Po zdradliwych górskich trasach jechał bardzo pewnie i piekielnie szybko.

Środowisko WRC było w jeszcze większym szoku niż rok wcześniej, kiedy w debiucie krakowianin wygrał dwa pierwsze odcinki specjalne sezonu. Przecież tym razem startował prywatnym i najmniej zaawansowanym technicznie Fordem Fiestą WRC (którego w dodatku nie szykował do jazdy budujący go team M-Sport), a do tego jechał w ekipie istniejącej dopiero od czterech tygodni.

Wystarczyło się przespacerować po parku serwisowym w Gap, aby zrozumieć, jak nierówne szanse w starciu z kierowcami fabrycznymi ma „prywaciarz" z Polski. Popatrzeć na świetnie zorganizowane stanowiska Volkswagena, który wciąż miał najlepszą ekipę i samochody. Albo pójść kawałek dalej, do siedziby Hyundaia, królującego w padoku szklanego „pałacu", gdzie mechanicy pracowali w wielkich, zamkniętych, świetnie wyposażonych garażach. Wszystko tam działało jak w zegarku. Zespół Roberta miał do dyspozycji tylko białą ciężarówkę, wiatę i niewielki biały namiot, gdzie można się było schronić przed zimnem. Żadnej recepcji, rzeczników prasowych, hostess i kelnerek – tylko kucharz i tych kilku ludzi pracujących we wciąż tworzonej ekipie.

– Nikt nie wie, ile dokładnie wynosi różnica między autem prywatnym a fabrycznym – opowiada Maciek Szczepaniak, który został na prawym fotelu rajdówki Kubicy. – Ktoś powie, że 0.3 sekundy na kilometrze, ktoś, że 0.5. Ale teraz weźmy 60-kilometrowy odcinek i pomnóżmy przez te trzy dziesiąte – to daje 20 sekund różnicy z samego sprzętu, ciach, od razu! A potem ktoś, siedząc przed ekranem, mówi: „Uuuu, dwie dyszki dostał. Chyba się nie starał" albo „Chyba się nie nadaje". Wiecie, to tak jest... – dodaje z przekąsem.

A co, jeśli jest to kilkadziesiąt sekund nie straty, ale przewagi – jak w Monte Carlo?

Niestety cieniem na tym rajdzie położyły się dwie awarie. Najpierw alternatora, już w czwartek wieczorem, po której Kubica nie przejechał drugiego odcinka specjalnego i z miejsca przestał się liczyć w generalce. Potem hamulców, przez co przestał jechać w ogóle. Po pokonaniu mety 14. oesu, przedostatniej próby, jadąc jakieś 170-180 km/h, Robert nacisnął pedał, a ten wpadł w podłogę. – Zdążyłem jeszcze powiedzieć słowo na „k" i ostrzec Maćka, że zostaliśmy bez hamulców. Ratowałem się ręcznym. Uderzyliśmy w murek, a mogło się skończyć dużo gorzej – opowiadał Kubica.

Tym, co pokazał wcześniej, po raz kolejny „zniszczył system". I chyba zdawał sobie z tego sprawę.

– Do wygrania rajdu jeszcze mi trochę brakuje. Tempa może nie, ale narzędzi i wszystkiego innego. Wygrywanie oesów ma swoje plusy i minusy. I te minusy są spore, bo wszyscy – nie tylko kibice czy ludzie z zewnątrz, ale też osoby ze środka – zaczynają się przyzwyczajać, że taki powinien być standard, a tak naprawdę standardem dla nas powinno być plasowanie się dużo dalej – podkreślał Robert.

W 2014 roku najlepszym wynikiem Roberta Kubicy i Macieja Szczepaniaka było 6. miejsce w zdradliwym Rajdzie Argentyny.

Wygrywając odcinki w Szwecji i Meksyku, został jednym z trzech kierowców, którzy mieli przynajmniej po jednej zwycięskiej próbie w każdym z trzech pierwszych rajdów sezonu – obok liderów wielkich ekip: Ogiera z Volkswagena i Meeke'a z Citroëna.

W Szwecji szansy na lepszy wynik pozbawiły go problemy techniczne. Najpierw padł mechanizm różnicowy. Potem Kubica dostał pięć minut kary, bo podczas kontroli okazało się, że ciśnienie turbodoładowania motoru w jego aucie było chwilami zbyt wysokie. Nic na tym wzroście ciśnienia nie zyskał, nie była to też wina zawodnika ani jego ekipy – ale kara musiała być.

W Meksyku dachował, a potem miał ciągłe problemy z oponami. Ogumienie innego producenta niż u czołówki – Pirelli zamiast Michelin – miało być szansą na zrobienie czegoś inaczej, być może asem w rękawie, ale włoskie opony bardzo źle znosiły wysokie temperatury w połączeniu z wyboistymi, brutalnymi dla aut trasami. W Meksyku pękały i schodziły z obręczy. Dawało się też zauważyć wyraźnie sygnały kryzysu we współpracy z włoskim teamem A-Style obsługującym maszynę Polaka.

Park serwisowy w Leon dwa dni przed prologiem. Zapada wieczór. O tej porze w tym miejscu trudno spotkać kierowcę. Załogi mają za sobą dzień zapoznania. Sporządzają opisy, sprawdzają nagrania z kamer pokładowych lub wykorzystują ostatnią szansę na odrobinę relaksu przed stresującą i wyczerpującą walką. Ale nie Kubica.

Roberta spotykamy przy stanowisku jego ekipy. Toczy ożywioną dyskusję z mechanikami i inżynierem. Dyryguje pracami, które długo koncentrują się na przednich amortyzatorach. Mechanicy co jakiś czas robią coś przy samochodzie, w czym niekiedy asystuje im kierowca. Manipuluje pod maską, sprawdza efekty poprawek, chodzi z miarką lub kluczem.

Następnego wieczoru, po kolejnym dniu zapoznania, Kubicę znów można spotkać w parku serwisowym. I ponownie nie powinno go tu być. – Z reguły lepiej skoncentrować się na samochodzie w domu, żeby nie trzeba było pracować dzień przed rajdem – mówi z kwaśnym uśmiechem. Tę minę widziałem już setki razy, jeszcze w juniorskich kategoriach wyścigowych, a potem w Formule 1 i w rajdach. Kubica zawsze był wymagający wobec ekip, w których startował. Po stworzeniu własnego teamu to się nie zmieniło. – To nie jest w stu procentach mój zespół – zastrzega pytany o RK WRT.

Polak ma wsparcie w postaci ludzi i zaplecza włoskiej ekipy, ale współpraca idzie w złym kierunku. Krytyczny moment następuje podczas kolejnej rundy WRC. Choć na miejscu, w Argentynie, jest już auto, jego załoga i część ekipy, krakowianin w ostatniej chwili rezygnuje ze startu. Różnice w podejściu do pracy były zbyt duże. Rozstaje się z zespołem A-Style i staje przed kolejnym potężnym wyzwaniem – z dnia na dzień musi zreorganizować rajdowy team. – Nagle w środku sezonu nie miałem samochodu, zespołu i straciłem sporą część budżetu. Zostały kontrakty ze sponsorami i wiedziałem, że jakoś muszę dokończyć ten rok – bo od małego uczono mnie, aby honorować umowy i szanować pracę – tłumaczy potem trudną sytuację, przed jaką postawiła go rajdowa rzeczywistość.

Wytrwale na nowo tworzy zespół, układa te puzzle i w Portugalii, korzystając chwilowo z większej pomocy ekipy M-Sport, po raz pierwszy w sezonie zdobywa punkty – za 9. miejsce. Potem ten wyczyn uda mu się powtórzyć jeszcze dwa razy – co ciekawe, w obu przypadkach na szutrze – w Rajdzie Polski (8. lokata) i Rajdzie Walii (9.). W Portugalii ma także do dyspozycji nowe auto, udoskonaloną wersję Forda Fiesty WRC, którą w pierwszej kolejności, co naturalne, dostali zawodnicy głównego zespołu. – Niestety nie mieliśmy czasu na testy, więc czeka nas sporo pracy. Będziemy się uczyli nie tylko samochodu, ale też nowych odcinków specjalnych – mówi przed weekendem kierowca. Nowych, bo siedziba Rajdu Portugalii została przeniesiona – z położonego na południu Faro wróciła na północ, w okolice Porto.

– W tamtym czasie Robert zajmował się wszystkim. Wystawiał faktury dla M-Sportu, patrzył, których części potrzebuje, i je zamawiał, pracował w warsztacie, otwierał amortyzatory i sam je czyścił, otwierał skrzynię biegów, żeby ją obejrzeć i wyczyścić. Myślał jak mechanik, inżynier, człowiek od logistyki, lotów, od opon, sprzątacz... Ale to czasami nie pomaga na rajdzie. Kierowca powinien mieć spokojną głowę – stwierdza Lewis Allen. Wtedy był młodym inżynierem z dwuletnim doświadczeniem. Do ekipy Kubicy trafił niejako w pakiecie z Fiestą M-Sportu. – Pracować z człowiekiem o takim nazwisku jak Kubica to był dla mnie wielki zaszczyt. Miałem wielką motywację, inni ludzie w zespole też. Byliśmy bardzo dumni, mogąc pracować z Robertem, ikoną motorsportu – wspomina.

Dla młodej ekipy jednym z najtrudniejszych szutrowych rajdów sezonu była Sardynia. W upale i na wyjątkowo nierównych nawierzchniach (Szczepaniak porównywał ich stan do warunków na terenowym Rajdzie Dakar) wrócił problem ze schodzącymi z obręczy oponami, do listy kłopotów doszła też źle działająca skrzynia biegów, a potem, po wymianie, awaria nowej. Na domiar złego – potrącenie betonowego słupka, które wyeliminowało załogę z piątkowej rywalizacji. Typowa przygoda Roberta w sezonie 2015. Uderzenie było niepozorne, lekkie, przy prędkości około 30 km/h, ale tak niefortunne, że wykluczyło dalszą jazdę tego dnia. Wcześniej, gdyby nie problemy z przełożeniami, mogliby objąć prowadzenie w rajdzie po czwartkowym superoesie. – Na Sardynii ujawniły się w nowych Fiestach pewne choroby wieku dziecięcego – mówił Robert, bo skrzynia nie wytrzymała też w aucie Otta Tänaka z M-Sportu.

Dopiero ostatni dzień jest udany. Maciej Szczepaniak, wysiadając z auta, ze śmiechem zwraca się do nas: – Jak wy nie wiecie...

Potem wyjaśnia: – Ja mam tę przyjemność i tę wyjątkową okazję, że wiem. I takich, co wiedzą, jest nas kilkunastu na świecie. Nawet kierowcy, którzy jeżdżą gdzie indziej – oni nie wiedzą. Bo różnica w poziomie między jakąkolwiek inną serią rajdową a WRC jest taka, że średni poziomem zawodnik z auta WRC jest poza jakimkolwiek zasięgiem zawodników z WRC2. Dlatego ja mówię „jak wy nie wiecie", bo dziennikarze, kibice nie mają bladego pojęcia, na czym polega, co trzeba zrobić, żeby o te ułamki sekund na szczycie WRC walczyć. To nie jest żadna ujma, to nie jest pstryczek w nos, że wy nie wiecie, a ja wiem, tylko po prostu jak się nie siedzi w jednym z tych kilku aut WRC, tam w środku, to człowiek nie ma skąd wiedzieć. To są rzeczy, które, jak mówił Ferdek Kiepski, się fizjonomom nie śniły.

Kiedy w kolejnej imprezie – Rajdzie Polski – po raz 20. wsiada do kokpitu z Kubicą, ma już za sobą i wygrane odcinki, i bolesne kraksy, i frustrujące awarie. – Robert to jest gość, który nie potrzebuje mieć łatwiej, on sobie radzi, jak ma trudniej. To, co widzę w środku – a kilkaset odcinków razem już przejechaliśmy – sprawia, że po prostu wiem, że to jest genialny kierowca. Rzeczy, które się dzieją w tym samochodzie, to, jak on go kontroluje... Siedzę w aucie dwadzieścia lat. Miałem przyjemność jeżdżenia z wieloma bardzo szybkimi kierowcami, ale to, co oglądam od dwóch lat, jest fenomenem na skalę światową. Dlatego łatwo mi wysiąść z auta, nawet gdy leży ono gdzieś 10 metrów poniżej drogi, na dachu, i stwierdzić, że nie zmienia to absolutnie mojego nastawienia, że to jest gość, który jest w trójce najszybszych w tej chwili kierowców na świecie. Tak uważam – nie ma wątpliwości Szczepaniak.

Kolejną gorzką pigułkę trzeba było jednak przełknąć w Finlandii, gdzie w połowie piątkowego etapu awaria alternatora strąciła polską załogę ze świetnej – biorąc pod uwagę, jak trudny to rajd – 6. pozycji. Po przepchnięciu samochodu na stanowisko zmiany opon załodze w połowie dnia udało się jeszcze uruchomić motor, aby pokonać... kilkadziesiąt metrów, zanim zabrakło prądu. Gdy następnego dnia Robert jechał już zupełnie treningowo, bezbłędnie i bez problemów, auto wpadło w aquaplaning w koleinie wypełnionej deszczówką, ześlizgnęło się z trasy do rowu i efektownie dachowało przez maskę. To była końcówka ostatniej tego dnia, 18. próby rajdu. Do mety zawodów pozostawały jeszcze dwa niedzielne odcinki.

– To wypadnięcie nie wynikało z błędu kierowcy, tylko z niekorzystnych okoliczności. Ulewa, szutrowa opona, pierwsza załoga na drodze. I tyle. Byliśmy już tylko widzami spektaklu, który miał się wydarzyć – relacjonował Szczepaniak.

– To jeden z najgorszych momentów sezonu. Samochód był zniszczony, potrzebował naprawy nadwozia. W małym zespole nie ma dużych możliwości logistycznych, a nas było siedmiu plus załoga. Do tego dwa vany Mercedesy Sprintery, dwa namioty, rajdówka. Koniec. Zostaliśmy w Finlandii do niedzieli i rozebraliśmy samochód do szkieletu. Potem dwóch chłopaków jechało vanem z Finlandii do Wielkiej Brytanii, do siedziby M-Sportu, zajęło im to prawie trzy dni jazdy non stop. Bo tam samochód musiał zostać naprawiony i odbudowany do kolejnego rajdu, w Niemczech. Chłopaki spędzili nad tym wiele długich nocy – opowiada Allen.

To właśnie w Rajdzie Niemiec pierwszy raz coś poważnie pęka. Na ten występ kibice czekali od miesięcy. To tu dwa lata wcześniej, jadąc autem niższej klasy, Kubica uzyskał najlepszy wynik w swoich startach. Kiedy WRC wraca na nawierzchnie asfaltowe, rosną nadzieje i oczekiwania fanów Polaka, którzy po spektakularnym otwarciu sezonu w Monte Carlo liczą na kolejny błysk załogi. Robert martwi się o działanie hamulca ręcznego, który będzie niezbędny na niezliczonych nawrotach, przeważających na wąskich serpentynach między winnicami, czyli na pierwszym etapie zmagań w tej rundzie WRC. Potem w kość daje mu balans auta, bo jest mocno podsterowne i nie chce skręcać. Nie wie jeszcze, że napotka problem daleko poważniejszy.

Zanim na dobre rozpocznie się rywalizacja, Polak dostaje karę za wymianę silnika. – Jechanie 350 kilometrów dla samej jazdy nie jest czymś, co kocham robić – mówi, gdy już wie, że w przedbiegach stracił szanse na dobry wynik. Postanawia potraktować rajd jak testy. Jedzie bezpiecznie, ale na jednym z odcinków, w winnicach, auto znów nie skręca, kiedy powinno. – Nawet nie zareagowało. Poszedłem prosto, jak ryba – opowiada Robert. Po usunięciu popękanej przedniej szyby, przez którą nic nie widać, Kubica i Szczepaniak kontynuują rywalizację... w goglach. – To chyba okulary spawalnicze. Są na stanie, bo zdarzały się w historii rajdy, w których załogi kończyły jazdę bez szyby. A że nie ważą dużo, to je ze sobą mamy. Całe życie jeździłem z powietrzem wiejącym w twarz, więc dużej różnicy mi to nie robiło. I tak nie naciskaliśmy zbyt mocno – mówi Robert.

Kolejne zwycięstwo oesowe dopisuje sobie na Korsyce, asfaltowym „rajdzie 10 000 zakrętów". Techniczne, wyjątkowo kręte, zazwyczaj ciasne, wymagające chirurgicznej precyzji i wyczucia górskie wiraże na trasach, które dla większości stawki są zupełnie nowe – to okoliczności sprzyjające Kubicy. Można je porównać do zmoczonych deszczem wąskich alejek toru ulicznego Monte Carlo, pokonywanych przez niego niegdyś w bolidzie Formuły 1. Z tym że w Grand Prix Monako jest ledwie 18 powtarzających się zakrętów, a na Korsyce tysiące różnych.

Kłopoty zaczęły się już po dwóch oesach. Robert był najszybszy na pierwszym, ex aequo z Sebastienem Ogierem, co oznacza, że w piątek ponownie znalazł się na prowadzeniu rundy rajdowych mistrzostw świata (to coś, czego nigdy wcześniej ani później nie dokonał dotąd żaden Polak). Niestety w sobotę, na OS 5, w aucie pękły dwie obręcze.

Kubica już w serwisie siedzi w niewielkim namiocie. Przed ekranem laptopa, otoczony mechanikami, raz po raz odtwarza fragmenty nagrania z kamery pokładowej. Widzi, że jechał czysto, bez błędów i sytuacji podbramkowych. Bez uderzeń w jakiekolwiek przeszkody. Nikt nie potrafi wypatrzeć miejsca, w którym pękło drugie koło, co zakończyło udział polskiej załogi w sobotnim etapie rajdu. – Dziwna sytuacja, ponieważ nie złapaliśmy kapci, tylko uszkodziliśmy felgi – mówi kierowca. – Przy pierwszym, nazwijmy to, „uderzeniu" na lewym zakręcie coś tam poczułem. Jeśli chodzi o drugie koło, to nie mam pojęcia, gdzie to się stało. To nie jest normalne. Jasne, można złapać kapcia, uszkadzając felgę i oponę przy jakimś dużym uderzeniu, ale żeby opona była cała, a brakowało 15 centymetrów felgi? Gdy jechaliśmy po drodze i w nic nie uderzyliśmy? Dziwne – powtarza. Wkrótce odkrywa, że jedna z uszkodzonych obręczy była... zupełnie nowa. – Widocznie tak to już ma wyglądać. Sam nie wiem. Jak nie moje błędy, to zawsze coś innego musi się wydarzyć. Ręce już mi dawno opadły – stwierdza.

Choć ostatniego dnia po raz pierwszy zdobył punkty bonusowe za drugie miejsce na końcowej próbie, zwanej Power Stage (nagradzana jest dodatkową premią punktową), to ten czas jest krytyczny w rajdowej przygodzie Kubicy. To początek końca. Czara goryczy się przelała. – Jak nie moje błędy, to jakieś inne problemy – powtarza krakowianin, który na ostatnich odcinkach ma także kłopot z silnikiem. – Jest nowy, założony na ten rajd, ale już zaczął gubić olej i dymić na biało. To nie jest normalne, gdy motor ma niespełna 200 kilometrów przebiegu – wyjaśnia Robert.

Do przejechania pozostają tylko dwie rundy – to już końcówka sezonu 2015, który od początku zbyt często bywa dla niego przeprawą przez piekło.

Kiedy rozmawiamy na mecie Rajdu Korsyki, nieopodal portu w Ajaccio, Kubica dobitnie daje do zrozumienia, że ma dość startów w WRC, przynajmniej w obecnym trybie. Po raz pierwszy przyznaje, że rozważa powrót do wyścigów, o ile w rajdach nie dostanie szansy pokazania się w porządnym samochodzie przygotowanym przez porządny (w domyśle fabryczny) team.

– Masz jakiś pomysł, co chcesz robić? – pytam.

– Mam. Wszystko będzie zależało od tego, jakie będę miał możliwości. Jeśli mam jeździć w rajdach przez cały sezon, to w odpowiednich warunkach, bo do tej pory, w ostatnich dwóch sezonach, to była kwestia mojej chęci. Jeśli mam się ścigać na wysokim poziomie, to wszystko musi stać na wysokim poziomie, co umożliwiłoby rywalizację z czołówką – mówi.

Nie chciał jednak całkowicie rezygnować ze startów w mistrzostwach świata.

– A jeśli nie cały sezon w rajdach, to czy zakładasz mieszanie dyscyplin i starty w wyścigach? – dopytuję.

– Bardzo możliwe. W tej chwili to najbardziej prawdopodobny plan do realizacji. Sądzę, że wrócę do profesjonalnego ścigania się po torze.

– Zniechęciłeś się do rajdów?

– Nie. W rajdach bardzo mi się podoba, ale brakuje mi czegoś, co ma tor. Do tej pory w rajdach, szczególnie w obecnym kształcie, tego nie mam.

– Co to jest?

– Chodzi o profesjonalne ściganie. Od pięciu lat nie jestem profesjonalnym kierowcą, a będąc nim wcześniej przez lata, czuję taką potrzebę. Sądzę, że wykonywałbym lepiej swoją pracę, gdybym wrócił do tego, co robiłem od dziecka, jeśli nie będę miał odpowiednich możliwości w rajdach – podsumowuje.

Kolejne rozczarowanie przychodzi w Hiszpanii. Po następnym wielkim wyczynie. Kierowca, którego domem przez 20 lat były tory, uznawany za specjalistę od asfaltów, wygrywa na szutrze i zostaje liderem Rajdu Hiszpanii. Prowadzi po trzeciej i czwartej próbie, a powinien wygrać także OS 2, na którym mimo niedziałającego hamulca ręcznego traci do zwycięzcy tylko 0.2 sekundy. Jednak na piątym oesie dwukrotnie łapie kapcie. Do tego po zmianie koła nie wraca na trasę tak szybko, jak by mógł. – Kiedy już miałem ruszyć, zobaczyłem, że zbliża się Stephane Lefebvre. Gdybym nie grał fair, to bym ruszył, ale nie chciałem rujnować mu oesu, a mój rajd był już skończony. Puściłem go, więc potem jechaliśmy w jego kurzu – opowiada Polak.

Po południu wygrywa kolejny odcinek, ale na następnym znów ma przebitą oponę, a na ostatnim tego dnia – skrzynia zacina się na trzecim biegu.

– Widocznie tak już musi być w tym sezonie, że nic nie może się nam udać – wzdycha Kubica. – Trudno znaleźć rajd, w którym nie było żadnego problemu. Dziś mogłem zakończyć jazdę dosłownie na drugim zakręcie. Wydarzyło się to, co w Finlandii, nagle auto było nie do opanowania. Dosłownie po starcie, prawy, lewy i byłoby po wszystkim. Wszyscy by mówili, że to mój błąd, a to nie byłaby prawda. Wydarzyły się trzy problemy i każdy z nich mieliśmy już wcześniej. Myśleliśmy, że niektóre zostały już rozwiązane.

– To była nowa generacja Fiesty. Wiadomo było, że pojawią się różne problemy. Ale jak jesteś częścią dużego zespołu, to po każdym rajdzie wymieniasz wszystko, co możesz, tylko dlatego, że możesz, że cię na to stać. Jak jeździsz w małym, musisz podejmować decyzje, która część jest kluczowa, i ją wymieniasz, a z którą jeszcze dasz radę, bo nie możesz sobie pozwolić na zmianę. Robert i tak zawsze odbudowywał, ile mógł – podkreśla jego inżynier Allen.

W Katalonii Kubica jest szczególnie zawiedziony. Do rajdu szykował się trzy tygodnie. – Miałem przeczucie, że może być dobrze. Włożyłem w to wiele pracy – przyznaje.

Gdy wydaje się, że gorzej być nie może, następnego dnia jest zmuszony pokonać część trasy i bez hamulca ręcznego, i bez tylnego prawego. Gdy z kolei poprawia notatki, aby na drugim przejeździe Power Stage były perfekcyjne, umyka mu pełna komenda Maćka i uderza w barierę. – Zastanawiam się, co się jeszcze może wydarzyć. W ten weekend mieliśmy praktycznie wszystko – stwierdza z żalem.

To, że był liderem rajdu i znów pokazał dobre tempo, nie stanowi dla niego pocieszenia. – Mam już dość udowadniania... Jak ktoś chce, to wierzy,

FIA World Rally Championship
grupa azoty
LOTOS
PIRELLI
PIRELLI
K1 RKWRC

W Hiszpanii 2015 Robert Kubica i Maciej Szczepaniak byli liderami klasyfikacji generalnej rajdu.

a jak nie, to nie wierzy. Ja po prostu chciałbym przejechać od czasu do czasu czysty rajd! – mówi.

Maćka Szczepaniaka też pytam, czy nie miał chwil zwątpienia w tym pełnym problemów sezonie. – Wątpliwości miałem – przyznaje. – Najczęściej, gdy stałem obok rozbitego, uszkodzonego czy zepsutego auta. Albo gdy dowiadywałem się przed Rajdem Niemiec, że będę startował do niego z bagażem pięciu minut za wymieniony silnik. Wtedy trudno jest znaleźć motywację. Nawet w takich mniej dramatycznych momentach, gdy trzeci czy czwarty raz z rzędu wstajesz o czwartej rano, a położyłeś się o pierwszej. Kiedy w Rajdzie Wielkiej Brytanii deszcz pada w poprzek i myślisz: Jezu, czy naprawdę nie ma fajniejszych miejsc na Ziemi niż Walia w połowie listopada? Wtedy się zastanawiasz. Natomiast to nie są chwile zwątpienia w Roberta.

Ostatnia runda mistrzostw świata to taki sezon w pigułce. Punkty i trzeci czas na Power Stage, ale i awaria mechanizmu różnicowego (auto straciło napęd na cztery koła), a jeszcze wcześniej przygoda, której konsekwencją jest uszkodzona chłodnica. W 45 minut zespół musi wymienić cały przód auta – od przegrody silnika. Piętnaście minut przed końcem naprawy przy samochodzie pracują i mechanicy, i menedżer teamu, i inżynier. Udaje im się w ostatniej chwili. Kolejny wysiłek ponad miarę.

– Dla mechanika auto jest jak dziecko. Oddycha nim cały sezon, odbudowuje, dba o nie, jego życie przez rok to ten samochód. I gdy widzi go w milionach kawałków, to naturalne, że jest przygnębiony. Ale wiele z kraks Roberta wynikało z bardzo małych błędów, niektóre z braku doświadczenia, bo musisz znać rajd WRC, zanim zaczniesz starać się o jakiś wynik w nim, niektóre z tego, że szukał granic – ale to robi każdy dobry kierowca, bo inaczej nie byłoby tu dla niego miejsca. Żadne nie wynikały z tego, że Robert pojechał głupio. Każdy, kto siedział w tym aucie, wiedział, co on próbuje robić. Każdy, kto był związany z tym sportem, znał rajdy, szanował Roberta. Ludzie z zewnątrz często tego nie rozumieli – mówi Allen.

To on pierwszy odbierał telefon, ilekroć Kubica stanął na trasie, był pierwszą osobą, do której zwracał się kierowca przed wjazdem do parku serwisowego – często z niezadowoleniem, bo na tym odcinku za mały prześwit w aucie, na tym samochód zbyt podsterowny...

– Robert był wymagający, a kiedy coś mu się nie podobało, mówił otwarcie. Pewnie niektórych mogło to urazić i mogą powiedzieć, że nie jest łatwo z nim pracować. Jednak zawsze był fair. A jeśli nie jest łatwo, to tylko dlatego, że on chce, żeby wszystko było wykonane prawidłowo. A to nie jest zła motywacja – opowiada Allen.

W Walii Kubica zdobywa swoje ostatnie punkty w WRC – dwa za dziewiąte miejsce w klasyfikacji generalnej i jeden za trzeci czas na ostatnim oesie.

– Co będę robił w przyszłym roku, tak naprawdę nie wiem. Mam jakiś zamysł. To będzie zależało od sytuacji. Na pewno nie chcę czekać do świąt i wysyłać zgłoszenia na rajd w ostatniej chwili, jak przed tym rokiem. Jeśli jednak mam kolejny sezon jechać tak jak teraz, to nie ma sensu przejeżdżać wszystkich rund – mówi.

Wraca jeszcze w Monte Carlo, zgłasza się na Szwecję, ale ostatecznie tam nie startuje.

– Czy rozdział się zamyka? – pytam, gdy spotykamy się w Gap na początku 2016 roku.

– Bardzo możliwe. Zobaczymy, co przyniesie przyszłość. Jestem pośrodku, między jeżdżeniem dla frajdy a jeżdżeniem profesjonalnym. A bycie pośrodku – to według mnie nigdy nie działa – zwierza się Kubica i dodaje: – W tych dwóch sezonach najbardziej brakowało mi spokoju. W ostatnich latach wydarzyło się wiele spraw, o których nikt nie wie. Pewne sytuacje zostawiają blizny i niektóre z nich muszą się zagoić.

ROBERT KUBICA:

„Przez ostatnie miesiące tak wiele czasu spędziłem w warsztacie! Wykonywałem pięć różnych zawodów i niestety ostatnim była jazda w rajdach".

VIII
Ostatni rozdział

Wracając do wyczynowego uprawiania sportu, Robert, wciąż przechodzący intensywną rehabilitację, wybrał nową dla siebie dyscyplinę – od razu na poziomie mistrzostw świata – po czym praktycznie z miejsca dołączył pod względem prędkości do ścisłej czołówki. Do grona kierowców, którzy na swoją rajdową pozycję pracowali latami, pobierając twarde lekcje i wypadając z tras z dala od oczu tłumów kibiców. Polak zawsze był na świeczniku, a jego startom towarzyszyły duże, wręcz oderwane od rzeczywistości oczekiwania. Niemal nikt nie chciał zauważyć, że w nowym środowisku, w odmiennej od wyścigów dyscyplinie, w wyraźnie gorszym, niefabrycznym aucie, a pod koniec w prywatnej, prowadzonej przez siebie ekipie z budżetem na poziomie kilku procent teamów fabrycznych, Kubica rzeczywiście osiągał sukcesy. Wychodził okazjonalnie na prowadzenie w rajdach mistrzostw świata, także na szutrze. Wygrywał odcinki specjalne i regularnie wciskał swojego Forda Fiestę WRC pomiędzy wyraźnie szybsze, lepiej przygotowane i obsługiwane maszyny.

Wszyscy pamiętają częste, zazwyczaj drobne przygody: urwane koła, pękniętą szybę, poobijane błotniki, i wrzucają je do jednego wora z jeszcze liczniejszymi usterkami technicznymi, które naznaczyły szczególnie ostatni sezon startów w rajdowych MŚ. Rzadziej wspomina się wygrywane oesy i mistrzostwo świata WRC2. Jak w starym dowcipie:

Stirlitz wchodzi do gabinetu Müllera i pyta:

– Czy nie chciałby pan zostać agentem radzieckiego wywiadu? Dobrze płacą!

Zszokowany Müller podrywa się ze złością, a potem podejrzliwie przypatruje się Stirlitzowi. Ten szykuje się do ewakuacji, ale zanim wychodzi, kładzie kartkę na biurku i pyta:

Gruppenführer, czy mógłby pan posortować te wyrazy w kolejności leksykograficznej?

Stirlitz doskonale wiedział, że ludzie pamiętają tylko koniec konwersacji.

A ostatni rozdział rajdowej historii Kubicy był tradycyjnie pechowy.

Kolejna charakterystyczna dla tych czasów przygoda. Trzeci oes Rajdu Monte Carlo 2016, a zarazem pierwsza próba piątkowa. Niska prędkość, zdradliwe miejsce na zaśnieżonej i oblodzonej trasie, w którym o przetrwa-

Rajd Monte Carlo 2016 był ostatnim startem w WRC Roberta Kubicy.

nie powalczy jeszcze niejedna załoga, a Elfyn Evans uratuje się, odbijając się od stojącego tam, opartego o drzewo czerwono-białego Forda Fiesty WRC. Rajdówki Kubicy. Krakowianin wyjeżdżał z prawego zakrętu, ale jego maszyna nie skręciła.

To był ostatni start Roberta na trasach mistrzostw świata. Koniec, który nie zwieńczył dzieła.

– Chciałem tutaj być – podkreśla Polak, gdy rozmawiamy dzień później. – Zdawałem sobie sprawę i mówiłem to tydzień temu, że to taki rajd, w którym możesz wypaść, jadąc 30–40 kilometrów na godzinę, i wykrakałem. Po sześciu suchych kilometrach wjechaliśmy na lód, po którym jeździłem po raz pierwszy w tym aucie. Na testach przed rajdem go nie było. Chyba podtrzymanie turbiny działało bardziej agresywnie niż na poprzednich rajdach. Gdy wjeżdżałem w zakręt, auto przez dłuższy czas ciągle pchało na wysokich obrotach. Na oblodzonej drodze, na oponie na suchą nawierzchnię, nie dało się nic zrobić. Jechaliśmy 38–40 km/h, a uderzyliśmy tak niefortunnie w drzewo, że został uszkodzony uchwyt amortyzatora i skrzyni biegów. Musieliśmy się wycofać.

To już jednak nie ma znaczenia. Wczesnym sobotnim popołudniem, gdy załogi, które przetrwały piątek, walczą na kolejnych oesach Monte Carlo, rozmawiam z kierowcą, który już wie, że jego przygoda z rajdami się kończy. Że potrzebuje zmiany. Coraz poważniej myśli o powrocie na tor. Dzień wcześniej, późnym wieczorem na stanowisku serwisowym zespołu BRC, z którym Polak przystąpił do zawodów, wciąż nie ma biało-czerwonej Fiesty. Mechanicy pojechali już do hotelu. Team nawet nie podejmie próby naprawy. Pod wiatą, na czerwonej macie, na której obsługuje się rajdówki, widać tylko białą linię – obrys podłogi w miejscu, w którym powinna się znaleźć maszyna, zanim zabiorą się za nią serwisanci. Wygląda jak obrys ciała w miejscu zbrodni, na co zwracam uwagę Kubicy.

– Masz horrorowe przemyślenia – śmieje się kierowca. – Każdy człowiek ma w życiu różne historie, momenty. Wiele się wydarzyło przez te trzy sezony. Wiele rzeczy pozytywnych, mnóstwo negatywnych. Nie oceniam tego aż tak drastycznie. Ten rajd pojechałem z własnej woli, ale im bardziej się zbliżał, tym mocniej nachodziły mnie myśli, że nie powinno mnie tu być. Ten start został odebrany jako ostatnia nadzieja, a dla mnie to był bonus, który sobie zafundowałem.

Jeszcze przed rajdem Kubica zapowiadał, że może go czekać dłuższa przerwa od startów. Gdy stwierdzam, że trudno to sobie wyobrazić, odpowiada: – Przeszedłem przez czas, w którym nie startowałem półtora roku, i nie był to najlepszy okres mojego życia, ale bardzo dużo mi dał...

ROBERT KUBICA:

„Uważam, że cisza, brak startów może mi w tym momencie i okolicznościach bardzo dużo dać, jeśli chodzi o moje sportowe życie. Cierpliwości. Będę miał dużo pracy, a czy coś z tego wyjdzie, czy nie – zobaczymy".

IX
Perfekcjonista

Tempo, jakie osiągnął Polak, i pewność siebie, z jaką próbował ścigać światową czołówkę, były wyjątkowe. Dlatego największym szacunkiem Robert cieszył się właśnie pośród elity WRC. Bez sztucznej uprzejmości czy nieznanej temu twardemu sportowi salonowej kurtuazji.

Każdy z garstki najszybszych rajdowców świata doskonale zdaje sobie sprawę, jak dużo trzeba było poświęcenia, czasu, doświadczenia, ryzyka, ile urwanych kół i obrotów przez dach, by osiągnąć poziom umożliwiający wygrywanie oesów. Wielu zwracało też uwagę, że nie wyobrażają sobie walki z kierownicą rajdówki, która szarpie się w wyrytych w szutrze koleinach czy wpada na kolejny napotkany na drodze kamień, przy takich ograniczeniach fizycznych, jakie miał Kubica. – Z dwiema sprawnymi rękami jest wystarczająco trudno – przyznał niegdyś czterokrotny wicemistrz świata Thierry Neuville.

Widzi to też Szczepaniak. – To jest wąskie grono ludzi. I to jest tak, że my czy Kris, czy Sebastien – wszyscy wiedzą, że nikt nie musi nikomu niczego udowadniać. Bo wszystko, co potrzeba, zostało już dawno udowodnione na odcinkach specjalnych. Każdy z tych zawodników darzy dużym szacunkiem rywali, bo wie, jak wiele trzeba zaryzykować, żeby tam być. No a jeśli do tego dołożymy fakt, że Robert ma najmniejsze doświadczenie z czołówki, i do tego ograniczenia... Jestem przekonany, że żaden kierowca WRC nie jest w stanie powiedzieć z czystym sumieniem, że gdyby jego takie dotknęły, toby sobie poradził. I ten szacunek dla Roberta jest jeszcze większy – mówi pilot.

Największym brakiem Polaka, obok oczywistych kwestii sprzętowych, była nieznajomość rund WRC, z których każda znacząco różni się od pozostałych, a które kierowcy rajdowi poznają latami, zbliżając się stopniowo do czołówki. Rozumie to sam Kubica. – Gdy zdobyłem mistrzostwo WRC2, trochę urósł mój apetyt i tak naprawdę rzuciłem się na zbyt głęboką wodę, nie będąc na to przygotowany i bez przekonania, że będę w stanie to ogarnąć. Nie mam tu na myśli jazdy. Chodzi o pewien etap w moim życiu. W pewnym momencie zrozumiałem, że muszę się zresetować i zacząć robić to, co dawało mi satysfakcję, a nie tylko i wyłącznie zaspokajało głód startów. Zrozumiałem, że czułbym się spełniony, gdybym z powrotem został kierowcą fabrycznym. Taki był cel, a że w rajdach nie dało się go zrealizować, postanowiłem wrócić na tor – kwituje burzliwy okres swojej kariery.[49]

Wciąż kocha rajdy. W 2017 roku był pierwszą osobą, która pogratulowała Allenowi, pracującemu wtedy z Ottem Tänakiem, zwycięstwa Estończyka w Rajdzie Sardynii. – Jak tylko Ott przeciął linię mety i wygrał rajd, Robert napisał mi esemesa z gratulacjami. Dosłownie w tej samej sekundzie. Był kilka dni po teście w F1, a oglądał rajd – wspomina Lewis.

Pytany o ostatni sezon Kubicy w rajdowych MŚ, inżynier podkreśla jedno: – Martwił się o każdy drobny szczegół dotyczący zespołu. Myślę, że mógł zatrudnić kogoś, komu bardzo ufa i kogo szanuje. Tak żeby skoncentrować się tylko na jeździe.

Allen nazywa Roberta perfekcjonistą. Podobnie jak Gerber, który spędził z Kubicą najwięcej czasu na początku jego przygody z rajdami. – Trudno się przy Robercie pracuje, bo on jest perfekcjonistą w każdym calu. Kiedyś, gdy zacząłem korzystać z nawigacji satelitarnej, żeby odnaleźć się podczas zapoznania na górzystych włoskich drogach, na których łatwo się zgubić, Robert powiedział: „Nie musisz tego włączać, wiem, gdzie jesteśmy. Ja pomogę. Tu w lewo, potem w prawo". I potem pyta: „A wiesz, jak powstała nawigacja? Zeskanowali mój mózg!" – wspomina z uśmiechem pilot. – Jak wsiadasz do samochodu do kogoś, kto ma bardzo silny charakter i jest człowiekiem precyzyjnym, doskonałym w każdej kwestii, której się podejmuje, to po pierwsze czujesz się spokojny. Ja się czułem. Bo przecież mam cyborga na pokładzie, który w razie czego mi pomoże i zapanuje nad sytuacją, gdybym ja sobie nie poradził. Oczywiście starałem się go nie zawieść i dotrzymać mu kroku, ale wiedziałem, że mam na pokładzie świetnego kolegę, który zawsze powie: „Dobrze jest, nie przejmuj się, damy radę".

W późniejszych latach, w szczególności w ostatnim sezonie startów, w prywatnym zespole, Polak brał na siebie wiele ról i szukał każdego sposobu na poprawienie osiągów auta. Allen na wspomnienie o tym przywołuje sytuację z Rajdu Polski 2015: – Zaczynaliśmy od superoesu. Pięćset metrów dojazdu, krótki odcinek i z powrotem pięćset metrów do parku serwisowego. Zanim wyjechaliśmy, Robert przyszedł do mnie upewnić się, jaka jest nasza waga. Usunęliśmy z auta wszystko, czego nie potrzebowaliśmy – podnośnik, koło zapasowe, wszystko, co nie było niezbędne. Paliwa wlaliśmy tyle, że było na limicie. Policzyłem, o ile auto zrobi się lżejsze po odcinku, ponieważ po nim FIA je ważyła. Robert przejechał oes, dotarł na wagę. Limit wynosił 1200 kg na samochód. A nasz ważył 1202. W rajdach taki „zapas" wagi to tyle co nic. Jak masz 10 kilogramów nadwyżki,

Sezon 2015 to kumulacja problemów małej, prywatnej ekipy RK WRT. Mimo to na Rajdzie Polski Roberta Kubicę dopingowały tysiące kibiców.

to jest bardzo dobrze. Ale zaledwie dwa – to niezwykłe. No i człowiek z FIA mówi: „Wracaj na wagę, wjedź jeszcze raz, sprawdzamy ponownie". A Robert odmówił. „Nie. Nie zrobię tego. W F1 jak jesteś dwa kilogramy powyżej limitu, to oznacza, że masz złego inżyniera". Kiedy się spotkaliśmy, mrugnął do mnie i pyta: „Wiesz, ile ważyło auto? 1202". I przybił mi żółwika. Był zadowolony…

Ten odcinek Kubica ukończył na drugim miejscu. Przegrał tylko z Sebastienem Ogierem, mistrzem świata w Volkswagenie. Analogia do walki Dawida z Goliatem nie oddaje skali zjawiska – tu Dawid jest jeden, a z Goliatów składa się niemal cała reszta stawki WRC.

Tak te sezony ocenia Baran: – W tym czasie, w efekcie drugiej kubicomanii pojawiło się u nas dużo ludzi, którzy nie mieli pojęcia o tym sporcie, ale chcieli być ekspertami. To pierwszy problem. Drugi element to fakt, że dzień bez Kubicy w mediach był dniem straconym. W związku z tym wszystkie informacje, które się pojawiały – przy czym te negatywne były oczywiście bardziej pożądane – budowały taki obraz tej historii, jakby się tam działy jakieś straszne rzeczy. Jeśli jednak ktoś zada sobie trud, żeby przejrzeć nie wyniki końcowe rajdów, ale wyniki na odcinkach i porównać je z wynikami innych kierowców, którzy zaczynają jazdę w aucie klasy WRC, to zorientuje się, że wtedy Robert z Maćkiem Szczepaniakiem, wielokrotnie robili rzeczy, jakie się nigdy nikomu nie udawały. To się wcześniej nie wydarzyło. To były rzeczy absolutnie wyjątkowe. Oczywiście jest wiele zmiennych – opony, warunki, kolejność przejazdów. Ale nikt nigdy nie osiągał takich rzeczy jak ten chłopak – podkreśla Baran. – To wyjątkowy talent, kierowca na miarę legend. Nie tylko rajdów, nie tylko wyścigów, całego motorsportu. To jak Juan Manuel Fangio... Ale żeby to wszystko mogło się udać, potrzebne jest szczęście, którego Robert generalnie chyba nie ma za wiele i potrzebne są dobre decyzje. A próba porwania się z prywatnymi pieniędzmi, z prywatnym zespołem, bez wsparcia w zasadzie od nikogo, na rywalizację z ekipami fabrycznymi jest takim naszym wallenrodyzmem... Czymś, co może się udać na jednym oesie, może w czasie jednej pętli. Ale długoterminowo nie ma prawa się sprawdzić. To praktycznie niemożliwe. Dlatego te sezony 2014 i 2015 były fascynujące dla kibiców, ale też rozczarowujące o tyle, że od początku było wiadomo, że to się nie może udać. Ale Robert w to wierzył. I robił spektakularne rzeczy.

Te sezony to dla Kubicy poważna próba, ale też niezwykle istotny czas na drodze powrotnej do Formuły 1. Czas oczyszczenia i walki. Test charakteru, ale też wyśmienity trening.

W 33 startach w WRC Robert Kubica zdobył 43 punkty i wygrał 14 oesów. Wycofał się z 27,3 procent rajdów. Kris Meeke, doświadczony i bardzo szybki zwycięzca 5 rund WRC, przed rozpoczęciem sezonu 2019 w roli kierowcy fabrycznej Toyoty miał na koncie 35,2 proc. nieukończonych rajdów. Kiedy w trakcie 2018 roku, po zniszczeniu w Rajdzie Portugalii kolejnego egzemplarza wartej około 800 000 euro maszyny klasy WRC, z dnia na dzień został usunięty ze teamu Citroëna (co zespół uzasadniał obawami o bezpieczeństwo załogi), wyliczono nieoficjalnie, że Kris skasował 9 nadwozi, wartych łącznie 7,2 miliona euro. Ten sam Meeke ma na koncie m.in. rekord średniej prędkości uzyskanej na oesie WRC: 126,62 km/h podczas Rajdu Finlandii 2016.

W tym kontekście łatwiej zrozumieć, że wypadki Kubicy były czymś naturalnym. Te incydenty wpadały do jednego worka z masą problemów technicznych, niezależnych od załogi. Z falami krytyki, które pojawiały się po kolejnych rajdach, kierowca zresztą sam się rozprawia podczas naszej rozmowy we Włoszech.

ROBERT KUBICA:

„Czasami wydaje mi się, że w naszym kraju było już stu kierowców Formuły 1 i tysiące rajdowców. A jednak przed pewnym kierowcą z Krakowa takiego zawodnika z Polski w światowym kartingu nie było. Kierowcy, który wygrywał wyścigi Formuły 3 czy w zasadzie każdej juniorskiej kategorii, w której startował, na najwyższym poziomie, nie było. Kierowcy Formuły 1 nie było. Pole position nie było. Zwycięzcy wyścigu F1 nie było. Kierowcy, który wygrał mistrzostwo WRC2, nie było. A kierowca, który wygrywał odcinki specjalne mistrzostw świata, był? Nie było. Kierowcy, który po siedmiu rajdach MŚ pojechał w zespole fabrycznym z najwyższej półki, też nie było. I tak sobie możemy mówić długo, ale u nas patrzy się, czy komuś się powinie noga. Łatwo jest krytykować, nie mając tak naprawdę pojęcia, o czym się mówi. Nie jestem z tych, co lubią się chwalić, i wystarczają mi fakty z mojego życia. Ale to temat może na za dwadzieścia lat, gdy będę starszy i będę tęsknił za tym, co robiłem".

ORIS
SMP RACING

DRUGA DROGA DO F1

Dążę do tego, żeby wziąć z powrotem to, co w pewnym momencie odebrało mi życie, mam nadzieję, że nie na zawsze – powiedział mi Robert po przełomowym teście w Walencji. Po pierwszych, po ponad sześciu latach przerwy, jazdach bolidem Formuły 1. Sam nigdy nie straciłem wiary, ale muszę przyznać, że straciłem... nadzieję. Wiara była, bo „nigdy nie mów nigdy". Jednak im dłużej nie startował w F1, tym mniej stawało się to prawdopodobne.

Padok długo i z wielkimi nadziejami czekał na wieści o Robercie, ale z czasem, gdy coraz bardziej pochłaniały go starty w rajdach, ślad się zatarł. Po pięciu–sześciu latach jego spektakularne występy w Formule 1 były już odległym wspomnieniem. Tu nawet o mistrzach świata zapomina się szybko. W końcu jednak nadszedł ten dzień, ta najważniejsza zmiana. Zmiana, która musiała zajść w samym człowieku. Po trudnej przeprawie w WRC – nie tylko na trasach, lecz przede wszystkim za kulisami – doszło do przesilenia. Pojawiła się wielka potrzeba zmian. Najpierw był powrót na tory wyścigowe i pierwsze, nieśmiałe kroki, jeszcze nie z myślą o Formule 1, ale po prostu o ściganiu – w profesjonalnej ekipie, w jak najwyższej kategorii. Potem Kubica znów wyznaczył sobie najbardziej ambitny cel. Kurs na Formułę 1! Początkowo bez wielkich planów, bez żadnych gwarancji. Stopniowo jednak, test po teście pociąg do F1, do domu, nabierał rozpędu. Mimo upływu lat drzwi do „Jedynki" wciąż jeszcze były uchylone! I tyle mu wystarczyło, aby znów je otworzyć.

I
Znów na torach

Przez wszystkie te lata próbowałem może nie zapomnieć o Formule 1, ale mieć z nią jak najmniej wspólnego, tymczasem tak naprawdę ta myśl, marzenie, żebym znów zasiadł za kierownicą bolidu, nie zgasły. Zawsze gdzieś tam były – zapewnia mnie Robert, gdy w 2017 roku rozmawiamy po jego pierwszym po wypadku teście w F1. – Ludzie mówili, że to niemożliwe, ale dla mnie było... mało prawdopodobne. Mało. Jedno słowo, a tak dużo zmienia. Dopóki sami się nie poddamy, to szansa jest zawsze, a reszta to kwestia naszego wyboru. Tego, jak bardzo się skupiamy na celu. A sport samochodowy to całe moje życie – dodaje. Nigdy całkowicie nie wykluczył powrotu.[51]

Niezależnie, jak bardzo odległa była to perspektywa, jak wielkie były wątpliwości, zawsze miał w sobie tę nadzieję. Nawet w czasach, gdy o F1 mówił, jakby nie było już do niej powrotu. – Miałem w życiu tylko jeden cel, którego realizacja na dziś zatrzymała się w lutym 2011 roku – podkreślał Kubica, gdy rozmawialiśmy kilka godzin po zakończeniu jego pierwszego sezonu w WRC, po Rajdzie Wielkiej Brytanii 2014. – Mój cel życiowy już raczej nie zostanie osiągnięty, jeśli chodzi o sport samochodowy, więc teraz jest nim po prostu obranie drogi, która będzie mi dawała satysfakcję i frajdę.

– To przygnębiające, jesteś dla siebie okrutny! – zaprotestowałem.

– Takie są realia! Skoro pytasz o cel sportowy, to ci mówię: swój cel życiowy miałem w F1. Nie ma jednak sensu się nad sobą użalać – uciął temat Kubica w rozmowie, opublikowanej na łamach miesięcznika „CKM" w 2015 roku.

Pytałem go też o jego słowa, cytowane kilka miesięcy wcześniej w „Daily Mirror", gdzie zdradził, że zrezygnował z testu w Formule 1, bo byłoby to, jak „cios nożem w serce".

– Trochę czasu minęło, a tu nic się nie zmieniło. Stara miłość nie rdzewieje. Nawiązałem do możliwości przetestowania bolidu F1 w 2013 roku. Uważam, że po odpowiednim przygotowaniu spokojnie dałbym radę przejechać dzień testów na torze F1. Problemem byłoby, co zrobić dalej? Stwierdziłem, że to nie ma na razie sensu, bo wiedziałem, że nie będę mógł tego kontynuować. Nie było mi to wtedy potrzebne i nie jest mi potrzebne dziś

– podkreślał w listopadzie 2014 roku. Perspektywa powrotu do Formuły 1 nigdy wcześniej ani później nie zdawała się bardziej odległa. Rany były wciąż zbyt świeże. – Jak byłem mały, to lubiłem sobie zdrapać strupy. Mama zawsze się wkurzała. Ale jakoś teraz za duże te strupy, żebym je mógł sobie tak zdrapywać. Mogłoby bardzo krwawić. Lepiej ich nie ruszać – podkreślił Kubica.[52] Uśmiech na twarzy nie zakrył nutki goryczy.

Jak może boleć samo wspomnienie o wyścigach, sam dźwięk silnika, przekonał się w 2013 roku, gdy między testami a Rajdem Niemiec wybrał się z Trewiru na pobliski tor Nürburgring, na wyścig DTM. Starty w tej serii były jedną z opcji, które rozważał alternatywnie do startów w WRC. Polak umówił się na spotkanie z szefem motorsportowym Mercedesa (najlepszej ekipy Formuły 1), Austriakiem z polskimi korzeniami, Toto Wolffem. – Gdy zacząłem się zbliżać w te okolice, wróciły wspomnienia. Napisałem do Toto, prosząc, abyśmy spotkali się w jego hotelu, ale ten mieścił się zaraz obok toru. Kiedy dotarłem na miejsce, jeździły akurat samochody Auto GP. Gdy tylko usłyszałem ich dźwięk... Spotkałem się z Toto na śniadaniu w hotelu, potem wróciłem prosto do Trewiru – opowiadał.[53]

Polak trzymał się z dala od torów, wsiadał jednak do kokpitu symulatorów Formuły 1! Głośnym echem odbiły się wiadomości o jego wizytach w siedzibie Mercedesa, gdzie pomagał w przygotowaniach maszyn Lewisa Hamiltona oraz Nico Rosberga. Na podstawie symulacji prowadzonych przez Polaka w siedzibie ekipy, tysiące kilometrów dalej, na torze dostrajano bolidy kierowców walczących o mistrzostwo świata.

– To był element rehabilitacji. To było dobre dla mojego ciała i umysłu, a oni byli zadowoleni z tego, co robię. Przejechałem więc kilka sesji, czasem podczas weekendów wyścigowych, pomiędzy końcem treningów a kwalifikacjami. Chciałem to kontynuować, ale wraz z upływem sezonu starty w rajdach robiły się coraz bardziej stresujące. Nie chciałem robić zbyt wielu rzeczy naraz, więc ostatecznie odpuściłem. Szkoda, ale była to właściwa decyzja. Muszę się koncentrować na jednej rzeczy – podkreślał Polak w trakcie pierwszego sezonu w najwyższej rajdowej kategorii WRC.[54]

Kiedy w połowie stycznia 2016 roku przyjechał na swój ostatni rajd WRC, tkwił jeszcze w zawieszeniu – niepewny, czy zostanie w tej dyscyplinie, czy jednak podąży na tory. Tak czy inaczej, zamierzał wrócić za kierownicę, tyle że w jak najbardziej profesjonalnym środowisku i w pełni przygotowany. Za wcześnie, aby spocząć na laurach. – Budżet spokojnie by się znalazł, ale ja dziś, w wieku 31 lat, niestety nie mam jeszcze mentalności, żeby sobie startować dla frajdy, żeby pójść do sponsorów i powiedzieć: „Dobra, ja sobie pojadę, będzie co będzie, pomacham kibicom, przybiję piątkę, wszyscy będziemy uśmiechnięci..." – tłumaczył mi, gdy pytałem, o możliwość gościnnego występu choćby w Rajdzie Polski.

1 lutego 2016 roku Kubica potwierdził, że pomimo wcześniejszego zgłoszenia, nie wystartuje w Rajdzie Szwecji, kolejnej rundzie WRC. Kilka dni później na Twitterze pojawiło się zdjęcie Kevina Ceccona, kierowcy GP2 oraz GP3, który kilka lat wcześniej obok Karola Basza startował w zespole gokartowym Kubicy. Włoch siedzi na gokarcie, a jego wózek pcha Robert. Podpis brzmiał: „Poznajecie mojego mechanika?". W oczekiwaniu na kolejne decyzje, Kubica spędzał bowiem czas tam, gdzie – jak wielokrotnie podkreślał – spędził najszczęśliwsze lata w karierze kierowcy wyścigowego, czyli na torze gokartowym.

W połowie marca zrobił znaczący krok w powrocie na tory. Przyjechał na pierwszy od wypadku wyścig, który jednak od Formuły 1 różnił się niemal tak bardzo jak rajdy. Był to dwunastogodzinny wyścig długodystansowy, za kierownicą Mercedesa SLS GT3. Supersportowego auta drogowego, które zaadaptowano do walki na torach. Dla przeciętnego kierowcy, choćby bardzo doświadczonego i dobrego, jest to wściekłe, narowiste zwierzę, którym trudno już ruszyć z miejsca, a co dopiero płynnie dozować moc, gdy każde zawahanie stopy na pedale gazu kończy się gwałtownym szarpaniem. Dla kierowcy Formuły 1... to dwuosobowa, żeliwna wanna na miękkich, gumowych kółkach. Niewiarygodnie ciężki, wysoki, leniwy i koszmarnie ślamazarny słoń wyścigowy. Trudno znaleźć pojazd, który bardziej różni się od bolidu Formuły 1.

Znów więc spotkaliśmy się na Mugello – tam, gdzie niemal 14 lat wcześniej po raz pierwszy w życiu zobaczyłem Roberta w Formule Renault 2000. Historia zatoczyła koło. – Wracam na tor po długiej przerwie, po ponad pięciu latach! Jadę tu jednak bardziej hobbistycznie – podkreślał Polak, który znalazł się w półamatorskiej kategorii 24h Series. – Spotkasz tu na torze i dentystę, i adwokata, a z drugiej strony wielu profesjonalnych kierowców, pełniących rolę trenerów.

Kubica wystartował z doskoku, na prośbę dobrego kolegi z WRC Martina Prokopa. Czeski biznesmen w ramach spłaty długu przyjął od kontrahenta wyścigowe auto GT3 z osprzętem, postanowił więc pobawić się w wyścigach. Maszynę obsługiwał jego team rajdowy, więc najbardziej doświadczoną osobą w garażu był debiutujący tutaj Robert. – Będzie chaos – śmiał się nasz kierowca. – Przyjechałem tu, aby pomóc Martinowi i jego zespołowi, ale też dla treningu. Jeśli będę w stanie przejechać sześć godzin z dwunastu, będzie to wyczyn!

W kwalifikacjach wywalczył trzeci czas. W wyścigu najpierw, po sześciu kółkach, padło zawieszenie. – Chyba będę musiał pojechać do Lourdes

– żartował Polak po powrocie do boksu, choć wcale nie zamierzał wybierać się na pielgrzymkę. – Nasz wyścig się skończył, ale jesteśmy tu dla doświadczenia. Martin pojedzie i się pouczy, ja też. Świeci słońce, jest fajnie... – dodawał.

Mechanicy naprawili auto, ale wkrótce potem zepsuła się skrzynia biegów. – To, co miałem zobaczyć, zobaczyłem już w treningu. Nie zapomniałem, jak to się robi! Ale umówmy się, w tym samochodzie wszystko dzieje się dla mnie jakby w zwolnionym tempie – śmiał się Robert. – Ja bym nie nazwał tego comebackiem. Przyjechałem tu dla frajdy. Gdyby ktoś spytał o mój dzisiejszy status, jeśli chodzi o ściganie, to jest to stan oczekiwania. Nie jest tak, że sobie siedzę na tyłku i nic nie robię, tylko po prostu czekam, aby coś się zdarzyło.

W kwietniu ogłoszono kolejne, ważne rozstrzygnięcie – koniec współpracy z Lotosem, co w praktyce wykluczało nawet okrojony program startów w WRC. W lipcu Polak zajął trzecie miejsce w Rally Coppa Citta di Lucca, małym włoskim rajdzie. Jechał swoim Renault Clio 1600, z Maciejem Szczepaniakiem na prawym fotelu. To jego ostatni dotąd rajd. Coraz częściej jednak pojawiał się na torach. Nie tylko gokartowych.

Startował w wyścigach, wciąż odległych od Formuły 1, ale coraz szybszych. Ważny był gościnny występ w Renault Sport Trophy, za kierownicą prototypu z dachem. – Ten pierwszy przejazd na Eau Rouge... Kompresja na dole, a potem stromy podjazd i odciążenie. To robi wrażenie – cieszył się Robert po treningu, gdy spotkaliśmy się na torze Spa-Francorchamps. – Nie było mnie tu sześć lat. Czułem się, jak na kolejce górskiej.

Wrócił na podium. Wraz ze zmiennikiem, kierowcą amatorem Christophe'em Hamonem zajęli trzecie miejsce. Co ważniejsze, Polak pojechał do Belgii na zaproszenie Renault, co wiązało się także z powrotem do symulatora Formuły 1. Potem ta sama ekipa otworzy mu drogę do najszybszych bolidów świata...

Na tym etapie jednak, a była to końcówka września 2016 roku, cel wciąż był inny. – Liczę na starty w kategorii na wysokim poziomie – mówił tajemniczo. A jednak los znów spłatał mu figla. Decyzje podejmowane na poziomie korporacyjnym zawęziły Polakowi pole manewru. – Nie ukrywam, że chciałbym, aby wszystko było już dopięte, ale nie jest to takie proste – podkreśla kierowca, gdy rozmawiamy w połowie listopada. – Pewne decyzje są czasami podejmowane poza ludźmi, z którymi prowadzisz rozmowy i snujesz plany. Chodzi mi o odejście Audi z WEC i kategorii LMP1 oraz Volkswagena z WRC, co wstrząsnęło sportem samochodowym – tłumaczył mi Robert.

Decyzja Audi wpłynęła także na inne kategorie. Nagle kilku kierowców z kontraktami w kieszeniach nie miało gdzie wystartować. Równocześnie trzy zespoły, startujące w DTM, ogłosiły, że każdy z nich zredukuje liczbę wystawianych przez siebie aut. W jednej z najatrakcyjniejszych kategorii nagle drastycznie spadła liczba wolnych foteli, za to wzrosła liczba kandydatów na pozostałe...

20 listopada Robert pojawił się na oficjalnych, posezonowych testach WEC – Długodystansowych Mistrzostw Świata – aby przetestować prototyp najwyższej kategorii LMP1, wystawiony przez... najsłabszą ekipę Racing byKolles. Wciąż podkreślał, że nie ma planów na przyszły rok, ale jazdy w Bahrajnie, w problematycznej maszynie, wypadły bardzo dobrze. W pierwszym kontakcie z nowym dla siebie autem uzyskał lepszy czas niż jej regularni kierowcy podczas wcześniejszego wyścigu, czym wywołał w zespole niemałe zaskoczenie.

– Choć nie było mnie tu od bardzo dawna, wciąż w wyścigach mam dobre nazwisko i szczęśliwie za każdym razem, gdy wskakuję do samochodu, potrafię jechać dość szybko. Nawet jeśli mam ograniczenia. A nie jest łatwo w trzy miesiące przeskakiwać z samochodu do samochodu, zupełnie nowego, i z miejsca pokazać dobrą jazdę – zaznaczał Robert, gdy rozmawialiśmy po teście z byKolles.

Z coraz większą ciekawością Polak spoglądał w kierunku WEC. To co prawda inne ściganie niż Formuła 1, nie tylko ze względu na dłuższe dystanse, ale też fakt, że w jednym aucie w wyścigu walczy na przemian kilku zawodników. Są to jednak mistrzostwa świata, z legendarnym, znanym na cały świat 24-godzinnym maratonem w Le Mans. Słowem – wielkie ściganie. – Wszyscy fani motorsportu wiedzą, co to jest. Coś jak Formuła 1 z zakrytymi kołami. Z pewnością jest trochę inaczej niż w F1, ale technologia i konstrukcja samochodów, szczególnie tych fabrycznych, są naprawdę zaawansowane. Zawsze miałem mieszane odczucia co do wyścigów typu endurance. Dziwnie mi, gdy widzę, że mój samochód prowadzi ktoś inny. Do tego jednak można się przyzwyczaić – mówi po pierwszych testach w WEC.

– Nie jest sekretem, że miałem nadzieję na starty w innej serii w przyszłym roku, ale wygląda na to, że będzie trudno. Jestem jednak przekonany co do poziomu WEC i charakterystyki kategorii. Nie jest tak, że się wozisz na luzie przez dwanaście godzin. Musisz naciskać i jest wielka rywalizacja – dodawał Polak. Na koniec 2016 roku zaczynał się więc otwierać na możliwość startów w wyścigach długodystansowych. Sezon, który wielu obserwatorom zdawał się zmarnowany, tak naprawdę okazał się kluczowy. – Zdystansowanie się do tego wszystkiego, zresetowanie samego siebie... – wspomina

W 2016 roku na Mugello Robert Kubica (w Mercedesie SLS) po raz pierwszy po wypadku wystartował w wyścigu - ze znajomym z rajdów Martinem Prokopem.

potem. – Zacząłem trochę od początku. Prawdopodobnie trzeba to było zrobić kilka lat wcześniej i pewnie całe moje życie, i też rajdowa przygoda, inaczej by się potoczyły. Ale po fakcie to każdy jest mądry, więc nauczyłem się, że trzeba myśleć o sobie i o tym, co sam chcesz robić – tłumaczył już po przełomowych jazdach bolidem Formuły 1 w Walencji. Tamten jeden test dodał mu skrzydeł, ale nie doszłoby do niego, gdyby... nie kilka niepowodzeń z wcześniejszych kilkunastu miesięcy.

ROBERT KUBICA:
„Na dziewięćdziesiąt procent w przyszłym roku wrócę na tory wyścigowe".

II

Dzień, który zmienił wszystko

Trudno zgadnąć, kiedy nastąpił ten kluczowy moment, w którym Robert Kubica uznał, że pora na definitywne rozstrzygnięcie: sprawdzenie, czy powrót do wyścigów w bolidach jednomiejscowych jest możliwy, a jeśli tak, to czy możliwe jest odzyskanie dawnego w nich wyczucia i prędkości? Nietrudno jednak wyłapać te momenty, w których Polak zaczął oficjalnie dawać do zrozumienia, że wydarzy się coś niesamowitego! Jeszcze na początku 2017 roku nic nie wskazywało, że sprawy potoczą się w tym kierunku. Krakowianin przyjechał na Rajd Monte Carlo, aby z perspektywy kibica podziwiać najnowszą generację maszyn WRC i porozmawiać ze starymi znajomymi z dyscypliny, której oddał tyle serca. – Szkoda, że nie jestem w stanie brać w tym udziału, lecz już raz, pod koniec sezonu 2015, podjąłem decyzję, że albo będę robił to porządnie, albo w ogóle. Niestety ostatni rok i ostatnie miesiące nie przyniosły mi dobrych wiadomości i nie wiadomo, co przyniesie przyszłość. Wciąż szukam opcji w wyścigach i najprawdopodobniej będę na torze, w jakimś programie, ale może nie zamknie mi to kompletnie możliwości startów w kilku rajdach – mówił.

Pierwszy, bardzo subtelny sygnał, że wkrótce może pojawić się w bolidzie Formuły 1 Robert wysłał do kibiców po przedsezonowych testach kategorii WEC i frustrującym dniu, spędzonym na torze Monza. Na początku lutego Polak zadeklarował przystąpienie do sezonu Długodystansowych Mistrzostw Świata z ekipą byKolles. Jako skromny, prywatny team, nie mieliby absolutnie żadnych szans w rywalizacji z fabrycznymi potęgami: Porsche oraz Toyotą, Kubicy zależało jednak na tym, żeby jeździć. Nie z nudów i niekoniecznie z tęsknoty za prędkością. Chodziło o trening, w warunkach rywalizacji. Wyostrzenie dawno nieużywanych instynktów zawodnika ścigającego się po torze. Bo z dala od toru spędził już wiele lat, a kończąc przygodę z WRC, przyznawał: „Teraz czuję się kierowcą rajdowym". Ten rozdział był już jednak zamknięty. Robert znów zaczął dążyć do tego, aby być możliwie najlepszym kierowcą wyścigowym. Był już gotowy.

Gotowa nie była natomiast maszyna byKolles, podczas oficjalnego prologu na torze Monza, testach, poprzedzających rozpoczęcie sezonu. Zamiast jeździć po torze, samochód stał w garażu, czekając na dostawę kolejnych części zamiennych, a potem mechanicy gorączkowo starali się złożyć konstrukcję w całość. Gdy w sobotę wieczorem w końcu wyjechała na tor, po kilku wolnych, kontrolnych kółkach rozpadło się całe tylne skrzydło... Kubica nie był zachwycony i zupełnie tego nie ukrywał: – Musimy się lepiej przygotować! Nie ma sensu robić wszystkiego na ostatnią chwilę, przyjeżdżać na prolog sezonu i montować auto na torze. To się mija z celem. Jak przyjeżdżamy pojeździć, to mamy jeździć, a jeśli mamy podstawiać auto, żeby ładnie wyglądało, to ja mogę wystawić samochody, które mam w garażu, porobić sobie fotki i też będą ładnie wyglądały...

Skorzystali... fani, którzy bardzo licznie stawili się na torze Monza. Co prawda nie zobaczyli swojego idola w akcji, ale znacznie łatwiej było zdobyć upragnione zdjęcie. – Rozdawałem autografy i pozowałem do fotografii. I tyle zrobiłem – uśmiechał się Kubica. – Dla mnie najważniejsze jest, aby siedzieć za kierownicą. Jeszcze tak jednak nie było, żebym w kwietniu miał więcej kilometrów zrobionych piechotą niż na torze.... – dodawał Polak. Dlatego też nie dziwiło wydane kilka dni później oświadczenie na jego stronie na Facebooku, w którym krakowianin ogłosił wycofanie się ze współpracy z ekipą byKolles i, co za tym idzie, anulował powrót na tor w wyścigach WEC, czym jego fani byli srogo zawiedzeni. Właśnie w tym czasie jednak Robert po raz pierwszy publicznie dał sygnał, że w zanadrzu może trzymać coś znacznie cenniejszego!

– Ta decyzja była trudna, ponieważ poświęciłem sporo czasu i energii w przygotowania do sezonu. Niecierpliwie czekałem, żeby pojeździć – tłumaczy mi Robert. – A jeszcze im więcej myślałem o starcie w Le Mans, tym bardziej mi się to podobało. Niestety z kilku powodów musiałem zrezygnować. Postanowiłem poświęcić czas w stu procentach na inny projekt. Przykro mi z powodu fanów, bo sporo ludzi przyjechało na prolog na Monzie, a ja nawet nie mogłem im się odwdzięczyć jazdą po torze... Myślę, mam nadzieję, że kibice w przyszłości mi to wybaczą. Postaram się o to!

Pięć dni po tym, jak wypowiedział te słowa nadszedł kolejny, niezwykle ważny sygnał, że Robert zaczyna spoglądać w kierunku Formuły 1. 19 kwietnia Polak po raz pierwszy od wypadku zasiadł... w bolidzie jednomiejscowym – juniorskiej kategorii GP3, zbliżonym konstrukcyjnie do samochodów F1. Jedno, centralne miejsce w wąskim kokpicie, odsłonięta głowa i pokaźne skrzydła, z tyłu i z przodu. Wielki krok i wielka zmiana, w porównaniu z maszynami, które objeżdżał przez ostatnie miesiące! Na krętym, technicznym torze Franciacorta Kubica przekonał się, że wciąż doskonale radzi sobie z bolidem wyścigowym. – Zaskoczyło mnie, że po tak długiej przerwie, wyczucie natychmiast wróciło! Odnalazłem wrażenia, które dać może tylko takie auto – cieszył się Polak. Zdaniem Roberto Chinchero, który towarzyszył mu tego dnia, właśnie to był przełom na drodze powrotnej na sam szczyt sportu motorowego. – To było niewiarygodne – wspomina Włoch. – Spędziłem na torach wyścigowych dużo czasu. Dlatego właśnie mój syn teraz kibicuje Interowi, a nie AC Milan, bo ja sam za mało byłem w domu... To był jednak jeden z najbardziej emocjonalnych dni w moim życiu. Atmosfera była wyjątkowa. Na miejscu było tylko kilka osób. Pięć osób w małym garażu, czarny samochód kategorii GP3, jeszcze z silnikiem V6, a nie z turbo, więc brzmiał wspaniale. Gdy pod koniec sesji porannej, w ostatnich 20 minutach, Robert zaczął naprawdę naciskać, używać tarek... Gdy zobaczyłem czas okrążenia, wiedziałem, że wrócił! To było niewiarygodne! Nicola Olivan, czyli inżynier wyścigowy z zespołu Trident, powtarzał: „Cholera, cholera! On jest lepszy od mojego kierowcy wyścigowego! A nie jeździł bolidem przez pięć lat...". Po jazdach wszyscy, z tą garstką mechaników poszliśmy na małe piwo. Siedzieliśmy dwie godziny w niedużym barze we Franciacorta, a on był cholernie zadowolony. Nawet, jeśli temu zaprzeczy, to zapewniam was, że był! Język ciała mówił wszystko!

Na początku maja Polak pojawił się na torze Donington Park, aby przejechać się bolidem elektrycznej Formuły E, co od razu wzbudziło falę spekulacji, że tam właśnie skieruje swoje kroki. – To nawet nie był test, chodziło tylko o to, żeby coś sprawdzić – dementuje Kubica, gdy pytam go o te plotki. – Gdyby życie tak się potoczyło, że w przyszłości miałbym startować w tych mistrzostwach, chciałem po prostu wiedzieć, czy w ogóle byłbym w stanie prowadzić ten bolid.

Ostatni sygnał, ostatnie mrugnięcie okiem Robert wysłał w świat podczas naszej rozmowy na torze Monza – 24 maja 2017 roku, gdy pojawił się na prywatnych testach... prototypu LMP2 (czyli znów kategoria WEC!). – Od razu wyjaśnijmy, nie pojadę w tym roku w Le Mans – zastrzegł. – Zostałem tu zaproszony przez zespół SMP Racing, aby im trochę pomóc w przygotowaniach do startu w tym wyścigu. To ważny etap, jeśli chodzi o moje przygotowania do tego, co nastąpi w przyszłości. Chodzi o to, abym jak najwięcej jeździł. Zajęć mi nie brakuje, a jest to dla mnie dobre, bo łączy się to z moim planem przygotowania fizycznego. Jestem mile zaskoczony, jak pod tym względem rozwija się sytuacja. Sporo pracuję nad czymś, co wkrótce może się wydarzyć, choć nie jest to pewne, więc nie chcę zapeszać, ale jak zostanie klepnięte... będzie fajnie! Widać stałą poprawę, co daje mi sporo siły, aby dążyć do czegoś, co parę lat temu zdawało się niemożliwe... – kluczył wokół tematu Robert. Z tej rozmowy wyszedłem z wrażeniem, że powiedział mi wszystko, co chciałem wiedzieć. Nawet jeśli zabrakło dwóch słów: „Formuła 1"...

Ta wiadomość zelektryzowała całe środowisko motorsportowe. Zaplanowane na 6 czerwca jazdy miały być trzymane w sekrecie najdłużej, jak się dało. Tego dnia jednak każdy fan Kubicy wiedział, że na torze im. Ricardo Tormo pod Walencją, tam gdzie jeździł po raz ostatni przed feralnym wypadkiem, Robert Kubica znów zasiądzie w bolidzie Formuły 1, przygotowanym przez zespół Renault.

W brytyjskiej siedzibie francuskiej ekipy wciąż wspominano rok 2010, spędzony z Kubicą. – Ludzie z Enstone: Bob Bell, Nick Chester oraz Alan Permane znali Roberta jako kierowcę, pracowali z nim i przez te lata, także wówczas, gdy Robert zupełnie zniknął z radaru, utrzymywali z nim kontakt. I zawsze o tym dyskutowali: a co, jeśli jakimś cudownym sposobem byłby w stanie jeździć, jak wtedy – tłumaczył kulisy historycznego testu szef teamu Cyril Abiteboul.

To był słoneczny, upalny wtorek, a w padoku panował wyjątkowy spokój. Robert miał cały tor dla siebie. W garażu nr 40 czekał na niego Lotus E20 z 2012 roku, pomalowany w barwy Renault (w międzyczasie zespół wrócił w ręce francuskiego koncernu). Pośród kilkuosobowej grupki obserwatorów tylko jeden dziennikarz, Anthony Rowlinson z miesięcznika „F1 Racing" oraz siostrzanego tygodnika „Autosport", miał prawo relacjonować ten historyczny dzień. Miał pełen dostęp do informacji, łącznie z komunikacją radiową. I chętnie, na bieżąco dzielił się wrażeniami z podsłuchiwanych rozmów z inżynierami. – Tak, jakby nigdy go nie zabrakło – powtarzał mi jedną z zasłyszanych opinii.

Robert był całkowicie spokojny, a gdy po raz pierwszy pojawił się w garażu, już w kombinezonie i kasku, aby wejść do kokpitu i wykonać pierwszy przejazd, widok był wręcz uderzający. Już sam język ciała i sposób poruszania się wokół bolidu, kontaktu z inżynierami i mechanikami, skupienie w oczach... Zdałem sobie sprawę, że czegoś takiego nie widziałem od ponad sześciu lat. Robert wyglądał, jakby wrócił do swojego miejsca na ziemi. Resztę pokazała jazda. Czysta, bezbłędna, powtarzalna, pewna i szybka. Dyskutując o ustawieniach maszyny i jej zachowaniu na torze Polak zachowywał się jak dawniej: „Zmieniłem balans hamulców o jedno kliknięcie w tył" – mówi przez interkom w trakcie przerwy po trzecim porannym przejeździe złożonym z ośmiu okrążeń. „Blokował się też przód podczas hamowania do jedenastego zakrętu. Zawsze było na krawędzi zblokowania koła. Jest cienka granica pomiędzy dobrym hamowaniem, a zablokowaniem" – przytaczał jeden z raportów Kubicy Rowlinson, w swojej relacji na łamach

„Autosportu". Tymczasem jeździł nieznanym sobie wcześniej bolidem i – co ważniejsze i najbardziej imponujące – na nieznanych sobie oponach.

Tego dnia w piekielnym upale pokonał 115 okrążeń dość krętego, technicznego toru pod Walencją. Dystans półtora wyścigu. Wykonał długie przejazdy z dużą ilością paliwa na pokładzie oraz krótkie symulacje kwalifikacyjne. Próbne starty. I choć nie znając żadnej z używanych mieszanek nie miał prawa przejechać optymalnego, szybkiego kółka, w porównywalnych warunkach, na każdym rodzaju opon i w każdych okolicznościach był szybszy od jeżdżącego dzień wcześniej trzeciego kierowcy Renault... Siergieja Sirotkina. Zespół dokonał jednej modyfikacji, aby dopasować kokpit do potrzeb kierowcy, który nie ma pełnej swobody ruchów prawą ręką. System zmiany biegów za pomocą łopatek za kierownicą zmieniono tak, aby Robert mógł zmieniać przełożenia tylko palcami lewej dłoni. Normalnie kolejne biegi załączane są prawą ręką, a redukowane lewą.

– Dzień poszedł gładko – relacjonował Alan Permane, za czasów startów Kubicy główny inżynier, a od 2011 roku dyrektor operacyjny Renault. – Staraliśmy się skondensować weekend Grand Prix w jednym dniu, co z jego perspektywy było interesujące. Robert odrobinę się zmienił. Jest bardziej wyluzowany i nie był aż tak wymagający, pytając o każdy detal ustawienia samochodu. Jednak jego komentarze i informacje zwrotne były dla nas wszystkich jak podróż do przeszłości. Wskoczyć do samochodu F1 po sześciu latach przerwy to trudna sztuka, a on spisał się wspaniale... – podkreślał Brytyjczyk.

To nie była symboliczna, sentymentalna przejażdżka. Kubica przejechał normalny, intensywny test i zachowywał się jak regularny kierowca Formuły 1. – To miłe uczucie, gdy po tylu latach zasiadasz za kierownicą bolidu F1, a jeszcze milej jest w mojej sytuacji – mówi Robert, gdy kilka dni później już na spokojnie wracamy do wydarzeń z Walencji. – Gdy wiadomo, że w ostatnim czasie na moim życiu mocno odciskały się ograniczenia ciała. Tak naprawdę musiałem się nauczyć funkcjonować od nowa z tymi... modyfikacjami, z nowym set-upem – śmiał się Robert. – I nie ukrywam – ta świadomość, że to mnie aż tak bardzo nie ogranicza, że nie uniemożliwia mi prowadzenia bolidu Formuły 1, jest naprawdę fajna.

– Dlaczego spróbowałeś dopiero teraz? – pytam.

– Trzy, cztery lata temu byłoby łatwiej zorganizować taki test. Albo inaczej: już wtedy były takie możliwości, ale sprawy nie zaszły tak daleko, bo ja za bardzo nie chciałem. Bałem się innego wyniku tych jazd, a ostatnią rzeczą, której chciałem, to „zrobić sobie krzywdę". Było duże ryzyko, że po wejściu do kokpitu, to wszystko może nie zadziałać – wyjaśnia kierow-

W czerwcu 2017 roku w Walencji Robert Kubica po raz pierwszy od wypadku poprowadził bolid Formuły 1.

ca. – Teraz sporo się zmieniło. W kwestiach fizycznych, ale też jeśli chodzi o moje podejście. W ostatnich miesiącach przed testem nabrałem dużo pewności, że jestem w stanie to zrobić i że nie będzie to aż tak straszne. To bardzo pomogło. Każdy widzi, że fizycznie trochę się u mnie zmieniło przez ostatnich kilkanaście miesięcy, ale pracowałem też nad poprawą tego, czego nie widać. Nad tym, co siedzi w głowie, a sądzę, że połowa sukcesów i porażek, nie tylko w sporcie, ale też w życiu, rodzi się właśnie tam. To było bardzo potrzebne i bardzo mi pomogło. To, co działo się u mnie przez ostatnie lata można by było podzielić na kilka scenariuszy i kilka książek. Starałem się sprawiać wrażenie, że wszystko to jest łatwe i że było OK. Ale nie było łatwo i nie zawsze było OK.

Po zakończeniu jazd Kubica usłyszał od mechaników Renault wzruszające słowa uznania: „Ty jesteś kierowcą Formuły 1". – O tym stwierdzeniu można mówić dużo... Ludzie pytali mnie o czasy okrążeń i tego typu sprawy, ale tak naprawdę tego dnia miało to małe znaczenie. Nie robiło różnicy, czy pojechałem 0.2 sekundy szybciej czy wolniej. Priorytety były inne. Po tym, jak zobaczyłem po paru kółkach, że nie jest to aż tak straszne, jak to sobie malowałem, a nawet wręcz przeciwnie, zrobiłem się spokojny, że będę w stanie pokazać, co potrafię. Jeden dzień w Walencji dał mi dużo satysfakcji i wewnętrznego spokoju. Przez ostatnie lata mocno mi tego brakowało, ale to już temat na inną rozmowę – mówił.

Wątpliwości co do ograniczeń fizycznych Roberta wciąż przewijają się tu i tam w padoku F1, w takich czy innych wypowiedziach. Sam kierowca też miał znaki zapytania, ale w Walencji uzyskał wiele odpowiedzi. – Wiem, że mam ograniczenia, ponieważ żyję z nimi, ale z drugiej strony staram się, aby moje myśli nie były nimi ograniczone. Jeśli coś więcej wydarzy się w przyszłości, to będzie kolejne potwierdzenie, że pomimo nich jestem w stanie robić rzeczy, które robiłem dawniej. To dziś jest dla mnie najważniejsze! – podkreślał.

Do tematu wracamy, w połowie lipca, gdy Robert ma już za sobą kolejne jazdy bolidem Renault. – Były momenty, gdy myślałem, że będę musiał spróbować innej drogi, ale tak naprawdę jakoś automatycznie, może bezwiednie wracałem na ten właściwy tor. Tor, który jest moim życiowym kompanem od małego... – zdradza Kubica. – Nie wiem, czy ja tak tylko miałem, ale często po ciężkich chwilach, po ciężkich wyścigach, gdy wracałem i otwierałem drzwi do domu, nagle ogarniało mnie uczucie spokoju. Czułem się zrelaksowany, pomimo faktu, że byłem bardzo zmęczony. I w czerwcu, wjeżdżając do padoku w Walencji, na mój pierwszy po latach test w F1 – mówię szczerze – po raz pierwszy od dawna poczułem w sobie właśnie ten wewnętrzny spokój. Powrót do domu. Może po prostu brało się to z tego, że ta nadzieja i ten cel zawsze we mnie żyły. Nawet, jeśli otwarcie o tym nie rozmawiałem, zdając sobie sprawę, że to nie zależy tylko ode mnie. Nie byłem pewny, czy się uda.[55]

Jak się okazało, nieudane próby znalezienia fotela w innych kategoriach ostatecznie skierowały myśli Kubicy w stronę Formuły 1! – W takim momencie myślisz sobie, że nic nie dzieje się bez przyczyny i te trudne miesiące ubiegłego roku, gdy wydawało się, że wszystko będzie fajnie, a tu nagle nastąpił zwrot o 180 stopni i okazało się niewykonalne... Właśnie dzięki temu byłem w stanie przetestować bolid Formuły 1 i byłem w stanie przekonać się, że powrót nie jest tak niewykonalny, jak mi się wcześniej wydawało. Był to punkt zwrotny w ostatnich latach – opowiada Robert.

O przygotowaniach Kubicy opowiadał także Chinchero. – Nie śledziłem jego kariery w rajdach, ale w tamtych czasach ważył ponad 80 kilogramów. Gdy okazało się, że za około sześć tygodni może przetestować bolid Formuły 1, stwierdził: OK. Mam szansę jeździć Renault i muszę zrzucić 8-9 kilogramów. Powiedziałem mu, że to niemożliwe, a on wstawał o 6:30, jadł ryż, bresaolę i przejeżdżał 200 kilometrów na rowerze, a potem wracał do domu w porze lunchu, brał prysznic, jadł sałatę i szedł na siłownię. Siła mentalna tego faceta to coś, czego nie widziałem u żadnego innego człowieka. Jest bardzo inteligentnym facetem, najbardziej inteligentnym kierowcą, jakiego w życiu spotkałem, ale decydująca jest siła jego psychiki!

ROBERT KUBICA:

„Czasami wyobrażałem sobie, jakie mogę czuć emocje przed ponownym wejściem do kokpitu. W żadnym scenariuszu nie pojawiły się pewność i spokój, jakie mi faktycznie towarzyszyły, gdy wsiadałem do niego w Walencji. To najbardziej mnie zdziwiło i było najfajniejszym uczuciem. Mówi się, że wszędzie dobrze, ale w domu najlepiej".

III

Z Renault do Williamsa

Po zakończeniu jazd w Walencji Alan Permane studził nadzieje kibiców. – To był jednorazowy test dla Roberta – zastrzegał, jednak ostatecznie... Zespół chciał zobaczyć więcej. Tego dnia Kubica pojechał po prostu zbyt dobrze, aby przejść nad tym do porządku dziennego.

Wkrótce znów zasiadł w kokpicie Lotusa E20, tym razem na pokazowych przejazdach podczas kultowego Festiwalu Prędkości w Goodwood. Z prawdziwym testem nie miało to jednak nic wspólnego. – Umówmy się, sześć czy siedem lat temu nie chciałoby mi się tam jechać, ale teraz cenny jest każdy kilometr – przyznał Robert. I było ich coraz więcej. Z jednego planowanego testu w Walencji zrobił się cały program. 12 lipca po raz kolejny Polak pojawił się w tej samej maszynie sprzed pięciu lat na torze Paul Ricard. Był to oczywisty sygnał coraz większego zainteresowania Renault. – Podczas gdy pierwszy dzień testów w Walencji był niczym więcej, jak szansą ponownego zaznajomienia z wrażeniami, jakie daje jazda, drugi test sprawdzi możliwości powrotu na najwyższy poziom sportowy – przyznał podczas weekendu GP Austrii szef zespołu Cyril Abiteboul.

– Może to zabrzmieć dziwnie, ale nie jestem 18-letnim żółtodziobem, który chce się dostać do F1 za wszelką cenę – zastrzegał Polak w rozmowie z brytyjskim magazynem „Auto Express". – Chcę być w F1 tylko, jeśli będę na sto procent pewny, że jestem w stanie wykonać robotę. Taki jest cel! Z pewnością nie mogę od razu zacząć się ścigać w F1. Gdyby ktoś zadzwonił i poprosił, abym się ścigał za tydzień, nie zrobiłbym tego. Nie dlatego, że nie czuję się do tego zdolny. Po prostu czuję, że nie mogę się spieszyć. Po wypadku dużo pracowałem nad moim komfortem psychicznym i były to najszczęśliwsze miesiące moich sześciu ostatnich lat. Chciałbym więc, aby trwały tak długo, jak to możliwe, a wskakiwanie do kokpitu zbyt wcześnie niosłoby ze sobą zbyt wielkie ryzyko.

Relację z przejazdów Polaka zdawali na bieżąco... kibice na trybunach. Kubica pokonał kolejnych 90 okrążeń w bolidzie Formuły 1 poprzedniej ery technologicznej. Zrobił kolejny krok i wiedział, jaki powinien być następny. – Moje wątpliwości co do własnych możliwości zniknęły w ciągu tych dwóch dni testów. Już nie obawiam się, że nie będę na odpowiednim poziomie, ale przede mną jeszcze droga do pokonania. Robię wszystko, aby zmaksymalizować swoje szanse. Nie wiem jednak, co się stanie w przyszłości. Nie chcę wracać po nic. Chcę wrócić na wysokim poziomie. Nie prowadziłem jeszcze obecnego samochodu F1. Potrzebowałbym dwóch dni testów w najnowszym bolidzie. To by zwiększyło moje szanse o tysiąc procent – cytował Kubicę francuski „L'Equipe".

Dotychczasowe testy Polak odbywał w maszynie dawnej ery. Z silnikiem V8, który dodatkowo miał zmniejszoną moc (co zwiększało jego żywotność) i na oponach demonstracyjnych. Nadszedł czas, aby sprawdzić, jak odnajdzie się w nowej Formule 1. Zupełnie innej. W znacznie cięższych, szerszych i dłuższych bolidach, niż te, którymi ścigał się do 2010 roku. Na szerszych i bardzo trudnych w kontrolowaniu oponach i z o wiele bardziej rozbudowanym, więc skutecznym pakietem aerodynamicznym. Z mocniejszymi, hybrydowymi silnikami 1.6 turbo z podwójnym systemem odzyskiwania energii – kinetycznej oraz przy wykorzystaniu gazów wylotowych z silnika.

Robert na tyle zainteresował szefów Renault, że postanowili go sprawdzić w takiej właśnie maszynie, podczas oficjalnych testów Formuły 1 po Grand Prix Węgier. Był to ogromny, niezwykle ważny krok naprzód. – Niekoniecznie będzie tak, że jeśli testy wypadają pozytywnie, on będzie jeździł w Renault w przyszłym roku. To trochę bardziej skomplikowane sprawy – od początku zastrzegał Abiteboul. Jego team otworzył jednak Kubicy inne możliwości szukania drogi powrotu. Po raz kolejny w karierze Polaka kluczową rolę odegrało Renault.

– Przecież mówiłem, że jeśli tu wrócę, to z kaskiem w ręku – Robert wita z uśmiechem zaprzyjaźnionego dziennikarza po przyjeździe na tor Hungaroring. Poprzednie sesje były prywatne. Tym razem, na oficjalnych testach po padoku wciąż kręci się wielu dziennikarzy, którzy zostali po zakończeniu wyścigowego weekendu. Wszyscy niezwykle zaciekawieni, zazwyczaj uradowani możliwością spotkania Kubicy, gdy kręci się na zapleczu Formuły 1 – między garażami, biurami inżynierskimi i siedzibą kateringową, w czarno-żółtych, służbowych barwach fabrycznej ekipy F1. Zanim z dnia na dzień zniknął z padoku, Kubica był bardzo lubiany i szanowany. Teraz wrócił starszy, dojrzalszy, niby ten sam, kochający wyścigi, niezmiernie uparty, konsekwentny i wymagający, a równocześnie jakże inny człowiek. W miejscu młodzieńczego zapału, żelazny spokój dorosłego mężczyzny, który niejedno w życiu przeszedł, aby osiągnąć stan wewnętrznej równowagi. Człowieka, który nie ma już nic do ukrycia i nic do stracenia.

– Robert jest bardzo zrelaksowany – wita mnie dobrze znany kolega po fachu, jeden z francuskich dziennikarzy, którzy od dekad jeżdżą na wyścigi Formuły 1. I od razu rusza rozmowa, jak za dawnych lat. Szybko skupia się na transferach z tym wyjątkiem, że po raz pierwszy od bardzo dawna w młynie pojawia się nazwisko „Kubica". – Czytałeś? Ponoć Renault oferuje Jolyonowi Palmerowi wykupienie jego kontraktu, aby zwolnić fotel jeszcze przed końcem sezonu. A na jego miejsce przymierzają albo Roberta, albo Carlosa Sainza – dzielę się najnowszymi plotkami z padoku Formuły 1. – Nie jestem pewien, czy zdecydują się na Roberta, nawet jeśli ten test pójdzie dobrze – nie kryje obaw mój rozmówca, także wielki fan talentu, a przede wszystkim osobowości Kubicy. – Jest jeszcze jedno nazwisko, Esteban Ocon. Podobno chcą go odzyskać. Poza tym niepokoją mnie reakcje Abiteboula, bo gdy mowa o Robercie jest jakiś taki... niezdecydowany – dodaje francuski dziennikarz. Jego wrażenia okażą się słuszne, ale najpierw Kubica wrócił na tor w tegorocznym modelu bolidu F1.

2 sierpnia główną trybunę toru Hungaroring naprzeciwko garażu Renault zdominowały biało-czerwone barwy. „Forza Robert", „Witaj w domu", „Robert jesteś bohaterem, jesteś dumą i radością", „Robert Kubica, najlepszy kierowca na świecie", „Gigant pośród zwykłych kierowców wyścigowych" – czytam na kolejnych flagach napisy – po angielsku – aby wszyscy po drugiej stronie toru mogli zrozumieć.

Podczas próbnych jazd, które w trakcie sezonu przyciągają na tor pojedyncze osoby, polscy kibice tworzą atmosferę małego wyścigu. Nazwisko Roberta skandują raz po raz - od rana do wieczora. Pod koniec dnia odśpiewują francuskiej ekipie niezwykle wzruszające „Merci, Renault", w rytm popularnej kibicowskiej melodii. Mechanicy, inżynierowie, kierowcy wychodzą z garaży, aby z uśmiechem obserwować ten fenomen. Takie rzeczy podczas dni testowych w Formule 1 się nie zdarzają.

W 40-stopniowym upale Polak pokonał 142 okrążenia, czyli ponad 622 kilometry krętego, bardzo technicznego toru. O dwa kółka przekroczył dwukrotny dystans Grand Prix Węgier, uzyskując czwarty czas dnia, a szósty dwudniowej sesji, w której po torze jeździło 21 kierowców. Tym samym rozwiał resztki wątpliwości, co do swoich fizycznych możliwości. Trudno o bardziej ekstremalny test, nawet dla regularnych, doświadczonych zawodników F1. To było wspaniałe, nowe otwarcie w zupełnie nowej dla niego maszynie, z dwoma drobnymi potknięciami.

W trakcie jazd Robert zaliczył jeden obrót, ale bardziej zapadł w pamięć jego pierwszy wyjazd z garażu. Prawe koło bolidu trąciło krawędź drzwi. Po chwili na ziemi z hukiem wylądowała szeroka tabliczka z nazwiskiem kierowcy, który parkował w tym miejscu podczas weekendu wyścigowego: Nico Hülkenberg. – Zaliczyłem prawdopodobnie jedną z największych wpadek w F1. Tak mocno koncentrowałem się, aby nie potrącić ludzi przed garażem, że zapomniałem, że samochody są dłuższe i szersze – śmiał się Robert już na początku konferencji prasowej.

Podczas testów takich spotkań z mediami się nie robi, ale zainteresowanie było tak duże, że Polak spotkał się z dziennikarzami nie w padoku, a w wypełnionej po brzegi sali konferencyjnej toru. – Było gorąco, a za kółkiem dużo się działo! Te samochody są szybkie. Największym problemem było to, że nie mają nic wspólnego z bolidami, którymi się ścigałem, czy testowałem ostatnio. Konstrukcja aut F1 jest teraz kompletnie inna. Nie chodzi tylko o silnik czy szersze opony. Samochód Renault z 2017 nie ma prawie nic wspólnego z bolidem z 2012 roku.

– Jutro z łatwością mógłbym testować dalej, więc przygotowanie fizyczne jest dobre. Gdyby ktoś mi powiedział trzy miesiące temu, że przejadę tu 140 kółek, brałbym to w ciemno, ale jak już się udało, to zawsze chcesz więcej. Musimy być zadowoleni. Ja jestem! – mówi Kubica.

Mijały tygodnie, po czterotygodniowej przerwie Formuła 1 wróciła do akcji w Belgii, ale wieści na temat powrotu Polaka przycichły. – Jesteśmy naprawdę wdzięczni Renault za tę szansę i chcemy tylko zrozumieć, czy są jeszcze dalsze możliwości. To tylko punkt wyjścia. Nie wywieramy żadnej presji na Renault. On wykonał swoją robotę, decyzja należy do zespołu – zaznaczał reprezentujący Polaka Alessandro Alunni Bravi.

Tymczasem szef teamu, zgodnie z opinią francuskiego kolegi po piórze, wciąż nie był przekonany. – Czy definitywnie odpowiedzieliśmy sobie na pytanie, czy może on znów się ścigać? Nie – powiedział Abiteboul. – Mamy pewne sygnały, potwierdzenie, że jest fantastycznym profesjonalistą, jest nadzwyczajnie utalentowany oraz ma ogromny głód ścigania i powrotu do profesjonalnych wyścigów, niezależnie czy będzie to F1, czy jakaś inna kategoria. W kwestii tego, czy może się ścigać w F1, wciąż trzeba jednak wykonać pewną pracę.

Za kulisami dopinano trwającą od miesięcy roszadę. Renault miało się zgodzić na przedwczesne rozwiązanie umowy na dostawę silników dla ekipy Toro Rosso, aby w sezonie 2018 mógł je przejąć McLaren. Z kolei używane przez brytyjski team układy napędowe Hondy miały trafić do Toro Rosso. Elementem bardzo skomplikowanej umowy był natychmiastowy transfer Carlosa Sainza z małego włoskiego teamu do Renault, w miejsce wciąż zawodzącego Palmera. Oprócz nazwiska wnosił wsparcie sponsora, niemałe już doświadczenie i solidny, choć nie najwyższy poziom.

Coraz więcej znaków wskazywało, że Kubica nie wróci jeszcze w sezonie 2017. Zanim jeszcze oficjalnie potwierdzono wieści, że wspólna droga Roberta z Renault znów dobiega końca, 11 września brytyjski ekspert Mark Hughes zasygnalizował, jakie mogą być dalsze kroki krakowianina. – Jak rozumiemy (Robert Kubica) na własne życzenie został zwolniony z krótkoterminowego kontraktu z Renault, który wiązał go od początku programu powrotnego. Dzięki temu może odpowiedzieć na zainteresowanie innych stron (uznaje się, że chodzi o Williamsa i Saubera) – informował na łamach „Motorsport Magazine". Zaraz potem nadeszły wieści, że team menedżerski Polaka wzmocnił... aktualny jeszcze mistrz świata z 2016 roku i stary znajomy jeszcze z torów gokartowych Nico Rosberg! Były zawodnik Williamsa, którego ojciec Keke w 1982 roku w tych samych barwach zdobył mistrzostwo świata. Pod koniec września Niemiec odwiedził nawet Polskę, aby spotkać się z ministrem sportu i turystyki Witoldem Bańką. – Przyjechałem tu, ponieważ wielką rolę odegrać może wsparcie waszego kraju dla Roberta. Chcę dopilnować, aby je miał – przyznał Rosberg na antenie telewizji Eleven Sports. O ostatnich doniesieniach rozmawiam z Robertem kilka dni przed tą wizytą.

– Dlaczego zakończyliście współpracę z Renault?

– Wybrali Carlosa Sainza na przyszły rok. Każdy ma prawo do własnych decyzji. Uważam, że całokształt tej przygody z Renault i tak należy oceniać pozytywnie. W ostatnich trzech miesiącach miałem okazję pojeździć w trzech testach, w tym ostatnim, oficjalnym na Węgrzech i za to należy podziękować. Miałem przede wszystkim okazję zasiąść po sześciu latach za kierownicą bolidu Formuły 1. To były wspaniałe wrażenia i jestem za nie wdzięczny. Co najważniejsze były to miesiące bardzo produktywne, jeśli chodzi o dręczące mnie wątpliwości, co do moich ograniczeń. Zadawałem sobie pytania, czy będę w stanie jeździć autem Formuły 1 i czy nadal potrafię to robić, jak należy. Na wszystkie te kwestie odpowiedzi były pozytywne. Potrzebowałem tego bodźca w moim życiu!

– Czemu Renault nie wzięło Roberta? – pytam Chinchero podczas naszego spotkania w Mediolanie, w styczniu 2019 roku. – Musisz trafić na człowieka, który powie: „OK. Zróbmy to. To mój zespół, moje ryzyko, a ja wierzę w tego faceta. Wierzę w Roberta". A Renault to firma. Masz tam prezesa koncernu, dyrektora technicznego, dyrektora sportowego, szefa teamu, doradcę i tak dalej. A to było ryzyko, którego nikt nie chciał wziąć na siebie – twierdzi Włoch. – Nikt nie mógł mieć pewności. Robert wykonał dobrą robotę w testach, szczególnie na długich przejazdach. Nie było fantastycznie, gdy zakładano mu nowe opony na krótkie przejazdy, ale to nie wynikało z jego prędkości. Wszystko było nowe, a każdy potrzebuje trochę czasu, aby poznać ogumienie Pirelli. Więc moim zdaniem spisał się niewiarygodnie, ale... chodzi o walkę w gronie 20 najlepszych kierowców świata.

Do testu i rozstania z Renault Kubica wrócił, gdy rozmawialiśmy w maju 2018 roku w Barcelonie. – Są sprawy, nad którymi według mnie nie można się zastanawiać. Tylko że przed podjęciem decyzji ludzie automatycznie to robią. I kiedy się zastanawiają, to potem zawsze wychodzą jakieś „ale". Trochę tak było w ubiegłym roku. Myślę, że każdy musiał dodać swoje trzy grosze. I każdy musiał dodać swoją analizę. Znajomi pokazali mi artykuł, w którym ktoś napisał, że podczas testów na Węgrzech na którymś zakręcie na jakąś część sekundy puszczałem kierownicę. Skwitowałem to tak: „Widocznie dobrze sobie radzę, jeśli ludzie tylko tę jedną rzecz dostrzegli". I dobrze maskuję to wszystko.

– Wciąż uważam, że do pewnego momentu Renault rozważało wystawienie mnie w wyścigu w swoim bolidzie, ale prawda była taka, że tak długo, jak testowałem bolid z sezonu 2012 myślałem, że mogę się ścigać z łatwością. Byłem

Oficjalne testy po Grand Prix Węgier - Robert Kubica w barwach Renault ustanowił szósty czas.

przekonany, że spiszę się bardzo dobrze. W nowych autach wszystkiego musiałem się nauczyć od nowa. Wszystko, co wiedziałem z czasów, gdy się (poprzednio) ścigałem, musiałem skreślić. Wszystko jest inne. Nie chodzi o prędkość, tylko sposób jazdy, to jak czujesz bolid i jak reagujesz. Ludzie myśleli, że po prostu wskoczę do kokpitu i będę tym samym kierowcą, co w 2010 roku! Najgorsze na Węgrzech było to, że nie mogłem wykorzystać żadnych doświadczeń z przeszłości. To było jak debiut. Jednym z moich najmocniejszych punktów były jednak długie przejazdy. Myślę, że gdybym ścigał się tym samochodem tydzień później, zdobyłbym punkty – zapewniał Kubica niecały rok po ostatnim teście z Renault.[56]

Jednak gdy dochodziło do rozstania z Francuzami, Polak nie tracił pogody ducha i... wciąż budził wielkie zainteresowanie w padoku Formuły 1. – Trochę się u mnie dzieje. Więcej, niż wydaje się z zewnątrz. Nastał dłuższy okres ciszy, jeśli chodzi o nowe wiadomości z naszej strony. My po prostu pracujemy i staramy się znaleźć jak najlepsze rozwiązanie dla mnie na następny rok – podkreślał Robert, gdy rozmawialiśmy pod koniec września. Wiadomości wyprzedzały oficjalne komunikaty prasowe. Stawało się jasne, że Polak może wejść do rywalizacji o fotel wyścigowy na sezon 2018 w Williamsie, stawiając czoła minimum dwóm poważnym kontrkandydatom: Obecnemu zawodnikowi Felipe Massie oraz kierowcy rezerwowemu Paulowi di Reście.

Pierwsze jazdy Kubicy w nowej maszynie odbyły się 11 października na torze Silverstone. Dla Roberta była to przede wszystkim okazja do zapoznania się z charakterystyką i systemami pokładowymi zupełnie innej maszyny. Bolidu nowej generacji, ale... z 2014 roku. Jazdy najnowszym wykluczał regulamin Formuły 1. – Nie przekażemy żadnych informacji o tych testach, więc jest to nasza prywatna sprawa – raczej obcesowo odprawił dziennikarzy szef techniczny Williamsa Paddy Lowe.

Za kierownicę Williamsa FW36 Polak wrócił 17 października, na torze Hungaroring. Znów za zamkniętymi drzwiami był zestawiany z pierwszym z kontrkandydatów, di Restą, który jeździł kolejnego dnia. Po tych jazdach to Polak stał się rywalem do fotela dla kolejnego, znacznie mocniejszego kontrkandydata, Felipe Massy. A Brazylijczyk nie zamierzał odpuszczać.

– Szczerze mówiąc nie potrafię robić tego, co on, czyli prowadzić tylko jedną ręką. Nie potrafię uwierzyć, że nie będzie miał kłopotów podczas niektórych wyścigów w tym samochodzie, który jest znacznie bardziej wymagający fizycznie. Naprawdę szanuję to, co robi, a jest to po prostu niesamowite. Nie da się jednak uwierzyć, że nie będzie miał pewnych problemów – powiedział Brazylijczyk w rozmowie z „GP Gazette", internetowym biuletynem brytyjskiego „Motorsportu". Zaatakował też di Restę... Kilka dni później, 5 listopada ogłosił – po raz drugi w karierze – że odchodzi na sportową emeryturę, z własnej woli. Tymczasem jego zespół przyznał w końcu, że nasz kierowca pojedzie w posezonowych oficjalnych testach na torze Yas Marina w Abu Zabi. Wydawało się, że na tym etapie Kubica jest już krok od powrotu do Formuły 1...

ROBERT KUBICA:

„Gdy na Węgrzech wskoczyłem do bolidu z sezonu 2017, oczekiwania były wielkie, ale prawda jest taka, że koncentrowano się na mojej ręce. Gdybym wypadł z trasy, to nikt nie przyjąłby, że takie rzeczy się zdarzają, tylko od razu uznano by, że to wina ręki. Dlatego musiałem trochę odpuścić. Nie mogłem zrobić niczego głupiego."

IV

99,9 procent pewności

Robert Kubica – jako kandydat numer 1 – Paul di Resta, Pascal Wehrlein, Daniił Kwiat – to lista potencjalnych zastępców Felipe Massy przed Grand Prix Abu Zabi. Przed ostatnim wyścigiem sezonu 2017 wszystko było już niemal dograne. – Myślę, że zostało jasno powiedziane, że priorytetem jest Robert – mówi szef Mercedesa Toto Wolff „Motorsportowi". To ważny głos, bo Wehrlein to junior jego ekipy, a że Mercedes dostarcza silniki Williamsowi, mógłby naciskać na zespół. Tymczasem nawet Wolff jest przekonany, że miejsce dostanie Kubica. – On zasługuje na szansę w Williamsie, więc sprawa nie jest w rękach Pascala. Jest mała szansa, jeśli Robert sobie nie poradzi. Ale nikt mu tego nie życzy. Wszyscy mu kibicujemy – dodaje szef mistrzów świata. Nie jest jedynym, który już wie, co ma się wydarzyć.

– Felipe, gdybyś miał postawić sto euro na to, kto będzie jeździ u boku Lance'a, kogo byś obstawił? – pytam Massę w padoku toru Yas Marina przed jego ostatnim w karierze wyścigiem Formuły 1.

– Myślę, że ja już to wiem i nie muszę nikogo obstawiać. Wiem, ale nie powiem! – śmieje się Brazylijczyk. Swój typ zdradził kilka minut wcześniej, podczas wywiadów telewizyjnych. Pytany, jak jego zdaniem poradzi sobie Kubica, „jeśli" wróci do F1, odparł krótko: – Nie wiem. O tym przekonamy się w przyszłym roku.

Mina mówiła wszystko. Utrata fotela w Williamsie to dla Felipe wciąż gorzka pigułka. Już wcześniej przestrzegał zespół przed zatrudnianiem kogoś na jego miejsce, a szczególne obawy wyrażał właśnie w kwestii Polaka. Teraz znów z ledwością krył rozgoryczenie.

– Muszę być zadowolony, jeśli spojrzeć, gdzie byłem – komentuje doniesienia Kubica. – Dwanaście miesięcy temu żartowałem sobie, jadąc sześciogodzinny wyścig w Renault RS tylko dla zabawy. Wtedy chyba nikt nie przypuszczał, że spędzę sześć dni w samochodzie F1. To tylko plotki, ale być rozważanym jako kandydat do jazdy w przyszłym roku to dobre osiągnięcie.

Nawet po tak długiej przerwie, przy tak wielu wątpliwościach, na talent Kubicy w ciemno stawia Lewis Hamilton. – Nie wiem, jak jest szybki teraz i jaka jest jego sytuacja, jeśli chodzi o stan fizyczny – mówi. – Nie spotykamy się, odkąd opuścił ten sport, ale wszystko, co mogę powiedzieć, to to, że nawet nie ścigając się, jest jednym z pięciu najlepszych kierowców, którzy się tu znajdują (w padoku F1 – przyp. red.), więc... Nie być w tym sporcie i wciąż pozostać lepszym niż trzy czwarte stawki, to dość niesamowite. Mam nadzieję, że będzie w stanie tu wrócić i to wszystkim pokazać – dodaje mistrz świata. Jego wrażenie z pierwszych potyczek w kartingu, późniejszych pojedynków w juniorskich formułach czy w końcu wspólnych startów w królowej sportów motorowych, przetrwało próbę czasu – całą, ośmioletnią nieobecność naszego zawodnika w wyścigach F1.

We środę przed Grand Prix oficjalnie potwierdzono skład ekipy na testy Pirelli po wyścigu. Lance Stroll – obecny kierowca Williamsa, Robert Kubica i nowy „gracz" Siergiej Sirotkin. Rosjanin dwukrotnie był trzeci w klasyfikacji generalnej GP2, jeździł już na testach w barwach Saubera oraz Renault i ma za sobą siedem występów w treningach przed Grand Prix. Mówi się, że liczy na pozycję trzeciego kierowcy i ewentualny awans w przyszłości. Jeździł w symulatorze Williamsa i zrobił na zespole bardzo dobre wrażenie. Nikt nie spodziewa się, że w ostatniej chwili może wskoczyć na fotel wyścigowy.

Paddy Lowe cały czas studzi emocje. Zastrzega, że zespół nie podejmie decyzji ani w ten weekend, ani następny. – Robert to imponujący facet, a wiemy też, jak sprawował się w Formule 1 w przeszłości. To wspaniały kierowca. Bardzo profesjonalny, zaangażowany i entuzjastyczny oraz inteligentny. Wiele osób mówi, jak wspaniale by było, gdyby Robert wrócił do Formuły 1. Zobaczymy, jak to wyjdzie – zastrzega. Jednak bywalcy padoku przekonują, że decyzja już zapadła. Mark Hughes szanse na powrót Polaka w 2018 roku ocenia na 99 procent. Wtóruje mu Roberto Chinchero. – Żaden z nas sobie tego nie wymyślił! – tłumaczy ponad rok później. – Takie, wyraźne sygnały dostaliśmy od zespołu – podkreśla Włoch.

Także nasz kierowca, już w toku 2018 roku przyznał, że w pewnym momencie sam był przekonany „na 99,9%". Cokolwiek wydarzyło się za bramą garażu Williamsa, Sirotkin wszedł do tej układanki nieoczekiwanie, w ostatnim momencie, a zespół musiał być pewny, że chce Roberta niezależnie od tego, co pokaże stoper w ostatnich testach, po zakończeniu sezonu.

Wciąż jednak na Kubicę czekał ostateczny sprawdzian, w najnowszej maszynie. Na razie ma za sobą testy w starszym modelu bolidu Williamsa. – Dotąd nie było żadnego problemu. Sprawdziliśmy go w samochodzie z 2014 roku i wiemy, że jest dobrze – mówi Lowe, pytany, czy Polak wciąż jest szybki.

Gdy o godzinie 9 rano Kubica rozpoczynał jazdę, to właśnie garaż Williamsa był najbardziej oblegany przez media, choć w tym samym czasie jeździli m.in. Lewis Hamilton, Daniel Ricciardo czy Kimi Räikkönen. Pierwsze okrążenia Polak poświęcił na przyzwyczajenie się do samochodu i przygotowanie do pracy. Kolejne na test przyszłorocznych opon i pomoc ekipie. – Nie był to tak naprawdę dzień przeznaczony dla mnie czy poświęcony wyciągnięciu maksimum osiągów z samochodu. Priorytetem było jak najszybsze osiągnięcie rozsądnego tempa, aby możliwe było rozpoczęcie regularnej, konsekwentnej jazdy umożliwiającej pracę nad oponami – podkreśla Kubica.

Choć to jego kolejny test, nowych rzeczy nie brakuje. Bo wprawdzie jeździł już Williamsem, ale tym z 2014 roku, wprawdzie jeździł bolidem tegorocznym, ale tym w barwach Renault. Żadnym z nich na tym torze. Po raz kolejny musi więc adaptować się szybko i to mu się udaje.

– Robert dość szybko złapał prędkość – opowiada Lowe. – Nie z miejsca, nie jest superczłowiekiem, a nie zna ani tego samochodu, ani tych opon, a na tym torze ścigał się dawno temu. Biorąc pod uwagę wyzwania, wykonał bardzo dobrą robotę.

Za kierownicą bolidu Kubica wygląda pewnie. Kiedy po raz pierwszy wyjeżdżał na tor najnowszym, szerszym o 20 centymetrów bolidem – jeszcze latem na Hungaroringu – trącił krawędź drzwi garażu Renault. Tym razem, na Yas Marina, wjeżdżając w tunel prowadzący na tor, zbliżał się do ściany na milimetry. I jeździł najwięcej jak się dało. Bez lunchu i bez dłuższej przerwy. W środku upalnego dnia odpoczął tylko przez kwadrans. Sześć godzin spędził wyłącznie w garażu lub na torze, a licznik przejechanych okrążeń zatrzymał się na liczbie 100. Kubica pokonał ponad 550 kilometrów. Jazdy zakończył z 6. czasem porannej części i stratą 3.5 sekundy do najszybszego Räikkönena. Pod koniec dnia, gdy auto przejął Lance Stroll, krakowianin spadł na 9. miejsce.

Williams mógł się przekonać, że Polak wciąż jeździ bezbłędnie, doskonale wyczuwa bolid i wzorowo współpracuje z inżynierami. Że nie brakuje mu sił, aby jednego dnia przejechać niemal pełny dystans trzydniowego weekendu Grand Prix. – Jeśli chodzi o przygotowanie fizycznie, jestem w znacznie lepszej formie, niż byłem, gdy ścigałem się w 2010 roku. Motywacji mi nie brakuje, organizm reaguje tak jak trzeba, choć zaczynam niemal od zera – mówi Kubica.

Czy czuje się bliżej Formuły 1? – Od sześciu miesięcy moje podejście się nie zmienia. Wykorzystuję wszystkie dni za kierownicą samochodu F1 krok po kroku. Staram się uczyć tak bardzo, jak mogę i służyć zespołom tak dobrze, jak potrafię. Przy okazji poznaję samego siebie. To nie to samo, co siedem lat temu. Teraz mam pewne ograniczenia i muszę się zaadaptować, uczyć swojego ciała. Ale bardzo pozytywne jest to, jak reaguje mój organizm i jak z każdym dniem czuję się coraz swobodniej, jadąc bolidem F1. To daje mi wiele pewności siebie. Nie wiem, co przyniesie przyszłość, ale z pewnością, jeśli spojrzymy na całościowy obraz, w jakim punkcie byłem rok temu i gdzie jestem teraz, to było to dwanaście bardzo dobrych miesięcy – mówi Kubica. – Jeśli po dniu takim jak ten nie wydarzy się nic więcej, będzie to rozczarowanie, ponieważ czuję się bardzo pewnie i komfortowo w aucie, ale wracając do punktu wyjścia – mogę być tylko szczęśliwy i dumny z tego, co osiągnąłem. Wciąż było warto włożyć cały ten wysiłek.

Nie czasy okrążeń były tego dnia celem Kubicy i zespołu. Taki sprawdzian miał nadejść nazajutrz. Właśnie te dane będą potem przywoływane przez ekspertów analizujących, dlaczego zespół nie postawił na Polaka.

Następnego dnia to Sirotkin przejął bolid na większą część sesji. Kubica wsiadł do kokpitu dopiero przed 17. Zostało mu niecałe półtorej godziny jazd, podczas gdy dzień wcześniej spędził w aucie sześć. Przejechał tylko 27 kółek, najmniej spośród wszystkich jeżdżących we środę kierowców. Jego najlepszy czas 1:39.485 dał mu siódmą pozycję – był o prawie 0.5 sekundy lepszy od wyniku jeżdżącego rano Siergieja (1:39.947, 10. pozycja) i o 0.1 sekundy lepszy od Lance'a Strolla (1:39.580) z poprzedniego dnia. Wykonywał krótsze przejazdy, na miękkich oponach. Były to próby prędkości.

– Samo przeczytanie tablicy wyników jest złudne. Nie będę o tym mówił. Nawet tego do końca nie przeanalizowaliśmy – mówił Paddy Lowe często pytany przez ten weekend o jedno: czy Kubica wciąż jest szybkim kierowcą? – Nie będę rozmawiał o prędkości. To skomplikowany temat. Jestem pewien, że chcecie, żebym dał jednoznaczną odpowiedź, ale nie będziemy o tym mówić. Prawdziwym celem tego testu było sprawdzenie opon i poznanie auta.

Gdy dwie minuty przed 18 Polak zjechał do garażu, a mechanicy zasłonili parawanami wjazd, ze środka rozległy się brawa. Testom cały czas przyglądał się Nico Rosberg, mistrz świata, także współpracujący z Polakiem, w roli menedżerskiej. Niemiec z uśmiechem robił zdjęcia tłumu dziennikarzy, którzy chcieli posłuchać wrażeń Kubicy.

– Rywalizowaliśmy ze sobą przez wiele lat, znamy się prawie dwadzieścia. Zaczynaliśmy podobnie, potem nasze drogi do F1 były zupełnie różne. Cieszę się z tego, co osiągnął. Zasłużył na tytuł. Jest szczęśliwym człowiekiem. I mam nadzieję, że jest też szczęśliwy jako mój menedżer! – żartował Kubica.

Tymczasem Sirotkin, który choć był trzecim kierowcą Renault, nie został wybrany do składu francuskiej ekipy, otwarcie deklaruje walkę o miejsce w Williamsie, gdy rozmawiamy po teście. – Możesz sobie wyobrazić, że skoro tu jestem, to nie dlatego, że chcę pobyć na słońcu i się poopalać. Cel

W Abu Zabi 2017 Robert Kubica był bardzo blisko angażu w Williamsie. Pojechał w tej ekipie w posezonowych testach na torze Yas Marina.

jest oczywisty. Cel to coś, czego nie można było zrobić z Renault. Nie na wszystko miało się wpływ. Z Williamsem rozpoczęło się bardzo pozytywnie, już od pracy, jaką ostatnio wykonaliśmy w fabryce – mówi Rosjanin.

Pytany o Kubicę nie szczędzi słów uznania. – Oczywiście mógłbym zacząć od opowiadania o czasach okrążeń, ale dla mnie nie ma to znaczenia. Sam fakt, że jeździ tym samochodem i to na rozsądnym poziomie, sprawia, że ja czuję za niego dumę. Większość ludzi nie zdaje sobie sprawy z tego, jakie to jest trudne. Dla mnie jest... nie powiem „bohaterem", ale na pewno mam dla niego ogromny szacunek. Nie będę nawet rozmawiał o tempie. To, co on robi, to megaosiągnięcie – uważa Siergiej. Podczas swoich przejazdów wykonał też solidną robotę. Bez przygód, bez wpadek, w równym, szybkim tempie. Pokazał się z dobrej strony.

– Podejmiemy decyzję, gdy będziemy gotowi, gdy zbierzemy wszystkie informacje i będziemy chcieli to ogłosić. Nie będziemy się spieszyć – deklaruje Lowe.

Williams wystawia wszystkich na próbę cierpliwości i z czasem to, co wydawało się przesądzone, staje się coraz mniej prawdopodobnym scenariuszem. Dochodzą głosy o słabym tempie Kubicy na krótkich przejazdach. Nie do końca słuszne, nie do końca sprawdzone, bo tylko zespół tak naprawdę wie, co się działo na zapleczu. Tylko team wie, jak naprawdę przeanalizować dane. Kiedy w końcu w styczniu 2018 roku Williams potwierdza Siergieja Sirotkina jako drugiego kierowcę, podkreśla, że to efekt czysto sportowego porównania. Choć szybko też docierają informacje o wsparciu finansowym, które zapewnili ekipie sponsorzy Rosjanina.

– Zespół chciał Roberta w samochodzie, ale potem, około tydzień po teście w Abu Zabi, coś się wydarzyło – uważa Chinchero. – Myślę, że był to problem finansowy, a w tym momencie pojawił się Siergiej z pieniędzmi. A jeśli zespół stanął przed wyborem: mieć Roberta, ale nie mieć na pensje, to rozumiem, dlaczego wybrali inaczej. Nie chcę dyskredytować Siergieja, ale sądzę, że w tamtym momencie team nie miał wystarczająco dużo pieniędzy, aby zaplanować starty w 2018 roku z Robertem. A ja w Abu Zabi byłem pewny, że się uda, nie dlatego, że tak się wydawało, ale dlatego, że dostałem bardzo wyraźne sygnały od ekipy. Jednak pewnie ktoś zajmujący się biznesplanem o czymś zapomniał... Na dłuższą metę uważam, że stało się lepiej – uśmiecha się Włoch.

16 stycznia Williams ogłosił, że kierowcą wyścigowym zostanie Siergiej Sirotkin. Robert Kubica przyjął rolę kierowcy rozwojowego i rezerwowego.

ROBERT KUBICA:

„Byłem już bardzo blisko pojawienia się w stawce 2018. W pewnym momencie oceniałem swoje szanse nawet na 99,9 procent."

V

Na torze, ale nie w wyścigach

Wielki sukces czy wielkie rozczarowanie? Choć oczekiwania były większe, kontrakt trzeciego kierowcy w Williamsie to dla Roberta Kubicy funkcja nie tylko honorowa. Jest podwójnie istotna. Po pierwsze Kubica dzięki swojemu doświadczeniu i zmysłowi technicznemu wspiera zespół, który ma w składzie dwóch bardzo młodych zawodników. Po drugie sam dostanie szansę i dodatkowy czas, aby wejść na najwyższy możliwy poziom. Czas, spędzony w samochodach najnowszej generacji, którego było tak mało podczas testów w 2017 roku.

Program Roberta jest bogaty i co najważniejsze nie wymaga wniesienia budżetu, co w tak małej ekipie jest ewenementem. Biedniejsze zespoły z reguły sprzedają pozycję trzeciego kierowcy wraz z możliwością pojeżdżenia od czasu do czasu bolidem Formuły 1.

Kubica wróci na tory wyścigowe podczas oficjalnych weekendów Grand Prix. Po raz pierwszy od 2010 roku. W umowie są jazdy w trzech piątkowych treningach. Jeszcze ważniejsza jest możliwość uczestniczenia w testach zimowych i w tych w trakcie sezonu. To bezcenne kolejne dni w bolidzie. Gdyby nie ten czas za kierownicą, gdyby nie możliwość przejechania wielu kilometrów w najnowszej maszynie, przybliżających do powrotu, nie związałby się z Williamsem.

– Dla mnie jest to powrót do Formuły 1. To jakby drugi początek, bo wracam w podobnej roli, w jakiej znalazłem się przed debiutem w 2006 roku – mówi Kubica.

– Oczywiście wolałbym się tu znaleźć jako kierowca wyścigowy, ale muszę na to patrzeć z szerszej perspektywy – opowiada Robert w lutym, podczas londyńskiej premiery bolidu. – Było już bardzo blisko, jednak ostatecznie się nie udało. Mam nadzieję, że to się tylko przesunęło o kilkanaście miesięcy.

Podczas moskiewskiej konferencji Siergieja Sirotkina Paddy Lowe nie chce komentować spekulacji, jakoby Kubica został przez Rosjanina pokonany w testach, a w szczególności zabrakło mu tempa kwalifikacyjnego. – Prowadząc proces selekcji wykonaliśmy dużo pracy z wieloma kierowcami. Wybraliśmy

Siergieja na podstawie jego osiągów, zamiast wielu kierowców, nie tylko Roberta. On był wyraźnym faworytem.

Kubica szykuje się na rok pełen pracy w drugim szeregu. Zaczyna go jednak na świeczniku, gdy jako pierwszy prowadzi Williamsa FW 41, podczas dnia filmowego. Zespoły mają prawo przejechać 100 kilometrów, aby móc nagrać materiały promocyjne. Jazdy można też wykorzystać do innych celów. Sprawdzenia nie tyle osiągów bolidu, co działania podstawowych systemów i wyłapania ewentualnych chorób wieku dziecięcego. – Gdy dawniej się ścigałem, z reguły było trochę rywalizacji o to, komu przypadnie ta rola, choć jest to poza wpływem kierowcy, ponieważ to zespół decyduje, kto jeździ jako pierwszy. Zazwyczaj jednak ten, który jako pierwszy wyjeżdża na tor nowym bolidem, jest w uprzywilejowanej sytuacji – mówi Kubica po jazdach na torze Aragon.

Ponownie wsiada do bolidu podczas testów w Barcelonie. Tu, gdzie w 2005 roku wywalczył sobie miejsce w Formule 1, teraz wraca jako oficjalny zawodnik ekipy F1, po 7 latach przerwy. Jeśli nie jeździ, czas spędza w garażu albo z inżynierami. Tor opuszcza o północy, aby wrócić siedem godzin później. W pierwszym swoim dniu za kółkiem jest szybszy o 0.3 sekundy od Sirotkina. Obserwatorom trudno uciec od spoglądania na stoper. – Ja rozumiem, że wszyscy patrzą na czasy okrążeń i było na przykład sporo komentarzy, że zabrakło mi półtorej sekundy w testach Abu Zabi, które były trochę dziwne, ale to tak naprawdę nie ma większego znaczenia – zastrzega Polak. – Pozytywne jest to, że wskoczyłem tu do nowego samochodu i po dwudziestu okrążeniach byłem w stanie dobrze nim jechać, bez żadnych wielkich przygotowań. Na pierwszym miejscu stawiam jakość swojej pracy i zaangażowanie w moją rolę, a nie pokazywanie czasów okrążeń. I szczerze mówiąc, podoba mi się to podejście. Będę zadowolony, jeśli zespół będzie zadowolony z mojej pracy.

Na tym etapie wydaje się jeszcze, że Robert może zechcieć połączyć swoją rolę w F1 ze startami w kategorii WEC, bo w lutym pojawił się na testach prototypu Ginetta G60-LT-P1, brytyjskiej ekipy Manor. To auto najwyższej z kategorii, spośród tych biorących udział w słynnym, 24-godzinnym wyścigu w Le Mans oraz w całym sezonie Długodystansowych Mistrzostw Świata. Projekt jednak wciąż jest w powijakach. – Więcej kilometrów po torze przejechałem rowerem – żartuje Polak, pytany o testy z Manorem.

Ostatecznie rezygnuje ze ścigania, aby całkowicie poświęcić się swojej nowej roli. Pokazuje się też jako gracz zespołowy, gdy podczas kolejnej sesji w Barcelonie oddaje swój czas za kółkiem kierowcom wyścigowym. Wcześniejsze jazdy utrudniła pogoda i młodzi zawodnicy Williamsa – w tym debiutant – nie spędzili na kierownicą wiele czasu. A potrzebują go jak najwięcej, bo od początku najnowsza maszyna sprawia problemy. – Robert jest niewiarygodnie odpowiedzialnym kierowcą, więc mamy wielkie szczęście. Wie, że dla dobra zespołu jest ważne, żeby zawodnicy wyścigowi jeździli najwięcej jak się da. To była hojna propozycja. Zespół go o to nie prosił, Lance też nie. To sam Robert... – cieszy się Claire Williams.

Kubica pracuje z zespołem podczas wyścigów, pracuje w symulatorze, gdzie jedna sesja trwa zazwyczaj osiem godzin, ma obowiązki PR-owe. Ponownie wiąże się też z Lotosem, który jest partnerem kierowcy, a nie zespołu. Kiedy rozmawiamy podczas ogłoszenia tej współpracy, bije od niego spokój i radość – mimo że nie udało mu się wrócić w roli kierowcy wyścigowego.

– Masz rację. Czasem sam się temu dziwię – mówi Robert. – Dawniej interesowało mnie tylko ściganie. Może po prostu ciężki okres – jak taki, który ja przeszedłem – sprawia, że rozumiesz, że możesz czerpać szczęście też z innych rzeczy i z realizowania osobistych celów. Świadomość tego, że jestem w stanie wykonywać pracę, którą wykonywałem przed wypadkiem, dała mi bardzo duży spokój. Także świadomość, że nie wszystko jest utracone.

W tym sezonie jeszcze trzy razy wraca do kokpitu podczas weekendu Grand Prix i trzykrotnie podczas testów. Pierwszy raz w Barcelonie. W pierwszym treningu jest 1.2 sekundy szybszy od Lance'a Strolla, ale obaj zawodnicy Williamsa okupują koniec stawki. Brytyjska ekipa od początku sezonu jest na dole tabeli i nie wygrzebie się z tego miejsca już do końca. Na tym etapie ma jednak nadzieję, że europejska część rywalizacji to nowe otwarcie.

Minęło już dwanaście lat, odkąd ten moment przeżywaliśmy po raz pierwszy, w Grand Prix Bahrajnu. To była wielka chwila – pierwszy Polak w 56-letniej wtedy historii MŚ Formuły 1 wsiadł za kierownicę w dwóch piątkowych treningach, poprzedzających rundę otwierającą sezon 2006. Robert miał dopiero 21 lat i jeździł trzecim bolidem. Teraz sytuacja jest inna. Dziś żadna z ekip nie może wystawiać trzeciego auta, dlatego wracając z Williamsem na trzy 90-minutowe treningi, Kubica zawsze przejmuje maszynę jednego z regularnych kierowców. I zawsze jest to bolid Sirotkina. Głównym sponsorem teamu wciąż jest Lawrence Stroll, kanadyjski miliarder, ojciec Lance'a.

Polak studzi oczekiwania kibiców, którzy liczą, że na torze pokaże swoją prędkość czy wyższość nad młodszymi kolegami z zespołu. Nie taki jest cel kierowcy rozwojowego. Jednak tych 90 minut to także czas Kubicy. Kolejna okazja, by zaakcentować obecność w świecie F1, o ile pozwoli na to zespół...

Przed pierwszym po wypadku wyjazdem na tor podczas weekendu Grand Prix Polak jest bardzo spokojny, zrelaksowany. Po zakończeniu jazd – zadowolony. Na przypomnienie, że od wyścigu w Abu Zabi 2010 minęło 2735 dni, tylko się śmieje: – Nie wiedziałem, że stałem się taki stary!

– Przyznam, że spodziewałem się większych emocji, ale gdy tylko odpalasz silnik i wyjeżdżasz z garażu... Moja praca zawsze polega na tym samym. Czy to pierwszy trening, czy testy, zadaniem jest dostarczenie dobrych informacji inżynierom – podkreśla już poważnie. – To brzmi trochę dziwnie, że można być zadowolonym z 19. miejsca, ale ja jestem zadowolony. Z tej sesji i z tego, jak zareagowałem na trudne warunki i balans samochodu.

Podczas spotkania z mediami Polak bagatelizuje odczyty stopera, ale na bacznych obserwatorach jego czas robi duże wrażenie, pomimo piruetu, który wykonał po drodze. „Zawsze pamiętajmy, że gdy oglądamy go za kierownicą, gdy ustanawia w pierwszym treningu w Barcelonie lepsze czasy niż koledzy z ekipy, w pewnym sensie nie jest to niespodzianką, biorąc pod uwagę skalę jego wrodzonego talentu, który jest po prostu oszałamiający. (...) On zdaje sobie sprawę, że brak możliwości jazdy Williamsem FW41 tak często, jak kierowcy wyścigowi, odbija się na jego formie. Po chwili jednak wyprowadza mnie z błędu tym dobrze znanym, bezpośrednim i bystrym spojrzeniem, dodając: „Mógłbym wrócić już teraz. Jestem gotowy" – tak ocenia Polaka Anthony Rowlinson, jeden z najbardziej opiniotwórczych dziennikarzy. „Powrót Kubicy do F1 w pewnych kręgach uznawany jest za „nierealny" lub za „miłą historyjkę dla romantyków motorsportu". Jeśli jednak Polak wciąż będzie pokazywał taką formę, jak ostatnio w Hiszpanii, suche i twarde fakty przemówią same za siebie" – kończy swój komentarz Brytyjczyk.

Dwa tygodnie później, a biurze prasowym w Monte Carlo zaczepia mnie Hughes. Przekonuje, że po tym, co Robert pokazał w tym jednym treningu w Barcelonie, jego powrót w 2019 roku staje się bardzo prawdopodobny.

– To było bardzo ważne dla ludzi, którzy myśleli, że na testach w Abu Zabi brakowało mi sekundy – znów wróci do jazd w 2017 roku Kubica.[57] – Kierowcom Williamsa całkowicie brakuje doświadczenia – opowiada Mark Webber, gdy spotykamy się na Le Mans. – Nie są w stanie pomagać w rozwoju zespołu i samochodu, co widać po tym, co się działo z zespołem, odkąd odeszli Rubens Barrichello, a potem Felipe Massa. Potrzeba kierowców, którzy wiedzą, czego chcą od samochodu i o to walczą. Naciskają na inżynierów i dają im dodatkową motywację. W tych kwestiach Robert jest bardzo dobry – dodaje były kolega Kubicy z toru, ale dzieli się ze mną swoimi wątpliwościami: – Kocham Roberta. Jest niesamowity, jednak... Czy może na przykład przejechać cały wyścig w Singapurze? Czy będzie w stanie ścigać się w deszczu na Suzuce? Bez wątpienia Robert jest w stanie przejechać te łatwiejsze wyścigi, podobnie jak i słabsi kierowcy, ale on nie jest jednym z nich. Zawsze błyszczał szczególnie na najtrudniejszych torach. Jego umysł nie budzi żadnych wątpliwości, ale kwestie fizyczne? Nie znam odpowiedzi i muszę podkreślić, że nie podaję tego w wątpliwość. Ja nie twierdzę, że on sobie nie poradzi. Po prostu stawiam pytanie, czy jest to możliwe.

Kubica dwa miesiące później opowiadał o tym na łamach „Autosportu". – Wiele lat temu, gdy zacząłem testować w symulatorze, spytałem lekarza, czy możliwe jest, że mam więcej wyczucia i precyzji w lewej ręce. Rok temu Renault zaprosiło mnie do centrum medycznego, gdzie sprawdzali wiele rzeczy. Okazało się, że moje wyniki, jeśli chodzi o precyzję, szybkość i siłę lewej ręki, były o co najmniej 35 procent lepsze od najlepszych wyników, jakie widzieli. W jakiś sposób ciało dostosowuje się do sytuacji. Jeśli jesteś zdrowy i masz dwie ręce, nie potrzebujesz takiej precyzji w jednej. Więc na przykład, kiedy prowadzę, około 70 procent obciążenia przejmuje moja lewa ręka, a 30 procent prawa. Gdybym próbował jechać 50/50, jak w dawnych czasach, nie byłbym w stanie – zdradził Kubica. – Nie mogę robić rzeczy tak, jak kiedyś. To odnosi się do jazdy, ale też życia. Jeśli coś próbowałem robić tak samo, prowadziło to do rozczarowania, ale potem zdałem sobie sprawę, że mogę robić te rzeczy na inne sposoby.

– Jeśli ktoś chce uwierzyć, że jestem wystarczająco dobry, to w to uwierzy. A jeśli nie będzie chciał, znajdzie setki wymówek. Najważniejsza jest moja pewność siebie, gdy jestem za kierownicą – cytował Polaka dziennikarz Edd Straw.

Przed Grand Prix Austrii Kubica wraca do bolidu na 90 minut, a sytuacja Williamsa się nie poprawia. W pierwszym treningu jest ostatni, ale jeździ z bardzo nietypowymi ustawieniami, które uniemożliwiają podjęcie jakiejkolwiek próby walki o czas. Tym razem głównym tematem jest jego przyszłość. Niektóre media widziałyby go na przykład w Toro Rosso, w roli zastępcy kiepsko spisującego się Brendona Hartleya. Jedna z wielu spekulacji, jakie pojawiały się w trakcie sezonu. Im bliżej końca, tym więcej. – Mój status nie zmienił się od końca zeszłego roku – mówi Kubica. – Oczywiście teraz będzie dużo rozmów, ale będę się trzymał od tego z dala. Topowi gracze muszą znaleźć fotele, więc szczęśliwie macie inne tematy do opisywania, zamiast mnie. Moim celem jest powrót, ale co dalej, zobaczymy. Realistycznie patrząc, nie ma zbyt wielu ekip, z którymi mogę rozmawiać czy w których mogę się znaleźć. Nie będzie tu magicznych rozwiązań – dodaje Robert.

Zyskuje dwa dodatkowe, nieplanowane wcześniej dni testowe. Bonus dla kierowcy, który potrzebuje każdego dostępnego kilometra w najnowszej maszynie Formuły 1. W bardzo spokojnej atmosferze, w niedostępnych dla mediów sesjach, których czasy są tajne, Polak sprawdza opony Pirelli na torze Silverstone. Jest w swoim żywiole. Inżynierowie pilnie słuchają jego uwag.

Temat przyszłości wraca trzy tygodnie później na torze Hungaroring, a Kubica podkreśla, że może rozmawiać o następnym roku nie tylko z Williamsem.

Szykuje się do ostatnich już oficjalnych testów w sezonie 2018, które odbywają się po Grand Prix Węgier. Gdy o godzinie 9 rusza z garażu, zdumieni mechanicy innych ekip oglądają się na główną trybunę, z której dobiegają dźwięki kibicowskich trąbek i wiwaty. Spokojne zazwyczaj dni testowe, z polskimi fanami zamieniają się w święto. Tak jak rok temu, kiedy testował z Renault, choć teraz jest w innej sytuacji. – Wszystko wydaje się sto razy łatwiejsze. Nie musisz się przyzwyczajać do wielkości auta, nie musisz wszystkiego uczyć się od nowa. Niczego poznawać. Wsiadłem i – po tych wolnych kółkach z początku dnia, gdy już mechanicy ściągnęli wszystkie czujniki i kratki – było szybko. Rytm był dobry. To jeszcze raz potwierdza coś, co od dawna mówiłem. To sport i żeby być w formie, należy go po prostu uprawiać – mówi Robert. Kończy pracowity dzień z szóstym czasem i 103 kółkami na liczniku. To ważne jazdy, bo następnym razem wsiądzie do bolidu dopiero w listopadzie.

Tymczasem rozkręca się transferowy młyn. Coraz więcej spekulacji, domysłów i domniemanych roszad. Kolejne elementy układanki wpadają na swoje miejsce. Dochodzi też do transakcji, która wywołuje falę plotek, dotyczących przyszłości Polaka. Lawrence Stroll, miliarder i ojciec Lance'a, kupuje ekipę Force India. Staje się więc pewne, że w Williamsie zwolni się miejsce na 2019 rok, ale co, jeśli Kanadyjczyk przejdzie do ekipy ojca przed końcem sezonu 2018? Wtedy jego fotel, jeszcze w tym roku, zająłby Kubica...

Po wakacyjnej przerwie Claire Williams wyklucza jednak taki scenariusz. – Lance ma kontrakt z Williamsem do końca sezonu i ściga się z nami, a Lawrence wciąż jest w naszym motorhomie – podkreśla szefowa zespołu.

Lista kandydatów na fotel, który prędzej czy później zwolni Stroll, jest długa. Polak musi stawić czoło bardzo mocnym konkurentom. Mocnym finansowo. To m.in. Artiom Markiełow, zawodnik Formuły 2 i kierowca rozwojowy Renault, a jeszcze mocniejsze mogą być „papiery" Nikity Mazepina, którego ojciec Dmitrij rywalizował ze Strollem o wykupienie bankrutującej ekipy Force India. Mazepinom bardzo zależało na transakcji, którą starali się sfinalizować i prośbą, i groźbą, ale pojedynek przegrali. Pozostał fotel w Williamsie.

– Było sporo roszad i pojawiło się wiele domysłów, ale jeśli chodzi o mnie, to ma stosunkowo małe znaczenie. Jakieś owszem, ale nie jest tak, że nagle otworzyły się przede mną czy pozamykały jakieś furtki – mówi mi Robert, gdy spotykamy się na Grand Prix Włoch. – Ja robię swoje. Nigdy nie spekulowałem i nie zamierzam tego robić w wieku 33 lat. Gadać na tematy, na które mam zerowy wpływ.

– Jacques Villeneuve powiedział, że dziś w Formule 1 zamiast wybierać najlepszych kierowców, wybiera się najlepszych spośród tych, którzy wnoszą najwięcej pieniędzy.

– Dawniej jednym z pierwszych pytań podczas rozmów czy głównym punktem umowy było „how much?". Czyli „ile", ale nie w znaczeniu, ile kierowca ma budżetu, tylko ile chce za tę robotę. Teraz to inaczej wygląda. Najwyraźniej takie są obecnie realia w Formule 1.

– Droga, którą przeszedłem, aby móc wystartować w wyścigu Formuły 1, była długa i jeszcze się nie skończyła – kończy Robert. Jednak za kulisami trwa skomplikowana, emocjonująca rozgrywka o ostatnie miejsca w F1. Rozgrywka, w której bierze udział także Kubica!

W październiku Williams zdradza połowę tajemnicy i ogłasza, że kierowcą w 2019 będzie George Russell, junior Mercedesa, jedna z nadziei młodego pokolenia, późniejszy mistrz Formuły 2 sezonu 2018. Zespół chce jak najbardziej odłożyć w czasie decyzję o obsadzeniu drugiego miejsca. Taka zwłoka jest w interesie teamu, który znalazł się na szarym końcu stawki. Gdy pozostałe ekipy ogłoszą już składy, ostatni wolny fotel w Formule 1 tylko zyska na wartości.

– Robert jest na naszej liście... z kilkoma innymi zawodnikami – zapewnia szefowa Williamsa, gdy w padoku teksańskiego toru F1 pytam o perspektywy Polaka. Po chwili jednak dodaje. – Musimy podjąć właściwą decyzję w oparciu o wiele czynników. Na przykład kwestie sponsorów.

Kubica jednak jest pewny swego i gra ostro. – Czas leci, a ja nie chcę czekać tak długo, jak w zeszłym roku. Mam nadzieję, że decyzje zapadną wcześniej. Oczywiście celem jest znaleźć się na prostej startowej w przyszłym roku, ale nie mogę czekać do grudnia. Sytuacja jest dość jasna. Zobaczymy... – mówi w wywiadzie na żywo dla Sky. Nieprzypadkowo na ekranach najlepszej telewizji, transmitującej wyścigi Formuły 1. Telewizji brytyjskiej, którą bez cienia wątpliwości ogląda się w brytyjskim zespole.

Skoro „sytuacja jest jasna", możemy się domyślać, że piłka jest teraz po stronie Williamsa. – Myślę, że zespół rozważa różne scenariusze i mają rację. Ja robię swoje rzeczy. Zobaczymy więc, czy uda się osiągnąć porozumienie, czy nie. Jak powiedziałem, jestem skoncentrowany, powiedzmy, na szukaniu innych możliwości, ponieważ nie chcę się dowiedzieć w grudniu czy kiedykolwiek, że jest za późno i zostać z niczym – dodaje Robert.

„Inne możliwości". Wkrótce wychodzi na jaw, że z Polakiem spotkał się ówczesny szef Ferrari. Maurizio Arrivabene zaproponował stanowisko kierowcy rozwojowego, którego głównym zadaniem byłaby praca w symulatorze. Szczególnie ważna podczas weekendów Grand Prix, gdy z torów spływają do siedziby ekipy dane z treningów. Na ich podstawie pracuje się wirtualnie nad poprawą ustawień bolidów. W 2018 roku tę funkcję pełnili Daniił Kwiat i Antonio Giovinazzi. W kolejnym sezonie obaj znaleźli fotele wyścigowe w Formule 1.

Jest to kusząca opcja. – Zawsze mówiłem, że gdy jesteś dzieckiem i marzysz o F1, potem, gdy stajesz się uznanym kierowcą F1, są dwie rzeczy (które są najważniejsze – przyp. red.). Albo zdobywasz mistrzostwo, albo jeździsz czerwonym samochodem. Nie mogę spoglądać za siebie, muszę patrzeć w przód. To może być bardzo interesujące rozwiązanie, ale muszę się dowiedzieć więcej o współpracy z czołowym zespołem na wysokim poziomie – cytuje Polaka „Autosport".

Wygląda na to, że Kubica stoi przed trudnym wyborem. Ma wielkie szanse na fotel wyścigowy już w przyszłym roku. W najsłabszej na tym etapie ekipie F1, ale... na prostej startowej. Z drugiej strony rozpoczęcie współpracy z Ferrari, które nie tylko jest legendą i zawsze wspiera swoich, ale ma też o wiele większe wpływy w Formule 1. W końcu komponentów włoskiego teamu, przede wszystkim układów napędowych, używają jeszcze dwie ekipy: Haas oraz Sauber. To jednak może być gołąb na dachu. Williams to wróbel w garści.

W połowie listopada Kubica przyznaje, że decyzję już podjął. Pozostaje jedna niewiadoma. Rozmowy między Williamsem a PKN Orlen, który rozważa zaangażowanie się w F1. Od połowy października, kiedy Polak był z wizytą w Warszawie, pojawiają się informacje o planowanej umowie sponsorskiej z zespołem. Pierwszy kontakt nawiązano jeszcze we wrześniu. – Ociągałeś się Robert – żartował prezes koncernu Daniel Obajtek podczas wspólnej konferencji w Warszawie, 29 stycznia 2019 roku. – Oczywiście obaj mamy zapełnione grafiki, więc początkowo rozmawialiśmy telefonicznie. W październiku doszło do spotkania...

Co zyskałby Orlen? Możliwość promocji marki w najbardziej prestiżowej serii w motorsporcie, reklamę nie tylko na kombinezonie Kubicy, ale także na bolidach Williamsa. Robert natomiast miałby jeszcze jeden, decydujący argument – o ogromnej wadze dla zespołu, który jest w trudnej sytuacji finansowej. Przed kończącym sezon Grand Prix Abu Zabi wszystko jest już dopięte na ostatni guzik...

ROBERT KUBICA:

„Dla mnie najważniejsza była możliwość jazdy obecnym bolidem. Gdybym jej nie dostał, nie wziąłbym tej pracy, bo to nie miałoby sensu. Tylko jeżdżąc, może będę miał szansę zrobić ten ostatni, najtrudniejszy krok".

VI

Drugi Polak w F1

Siedziby zespołów w malowniczym porcie Yas Marina mieszczą się w kompleksach żółtych, dwupiętrowych domków. Z ostatniej, trzeciej kondygnacji – tarasu, gdzie zazwyczaj odbywają się popołudniowe koktajle i wieczorne imprezy – rozciąga się spektakularny widok na zacumowane tuż obok jachty oraz słynny hotel Yas Viceroy – jedyny na świecie zbudowany nad torem F1. Tego dnia 22 listopada 2018, w strefie Williamsa, cały taras był wypełniony krzesłami, których nie wystarczyło nawet dla połowy przybyłych dziennikarzy. Stłoczeni między fotoreporterami, czekali na Claire Williams. Na godzinę 13 zespół zaplanował spotkanie z mediami. Temat? Tajemnica poliszynela.

Gdy szefowa ekipy trzy minuty później pojawiła się na górze, na jej twarzy od razu zagościł szeroki uśmiech: – Wow! Co za frekwencja!

Szybko, bez zbędnych ceregieli i uroczystych przemów, przeszła do sedna: – Jestem szczęśliwa mogąc potwierdzić, że naszym kierowcą i partnerem George'a Russella będzie Robert Kubica – oznajmiła Claire. Na tych kilka słów najwierniejsi fani Polaka czekali latami. Drugi debiut Kubicy w Formule 1 stał się faktem!

Roberta przywitały gromkie brawa. – To wspaniałe uczucie. Emocjonalny moment. Jestem bardzo szczęśliwy, że znów będę na polach startowych. Ten rok był dla mnie bardzo pożyteczny, choć kiedy nie znalazłem się w kokpicie, wiele osób uznało to za moją porażkę. Poznałem jednak zespół, to jak działa. Jestem gotowy na pracę – mówił Polak.

– Jedną z rzeczy, które zrobiły na mnie wrażenie, jest fakt, że został z nami jako kierowca rezerwowy, choć nie wstawiliśmy go do auta rok wcześniej. To dużo mówi o jego osobowości – dodała szefowa ekipy Williamsa. – Talent, o którym wszyscy wiemy, inteligencja w kokpicie, inżynieryjne zdolności... – wyliczała zalety kierowcy. – Robert bardzo pomógł nam w rozwoju auta i pomoże w kolejnym roku. On nas naciska. Naciska mnie. Potrafi o 2 w nocy zadzwonić z lotniska, żeby porozmawiać o tym, co poszło nie tak i co musimy zrobić – śmiała się Claire.

Kiedy spotykamy się wieczorem z Kubicą i pytam go, jak się trzyma w tak intensywny dzień, tylko się śmieje: – Od sześciu godzin jestem na nogach. Tak mniej więcej – mówi, aby po chwili odejść na kolejny wywiad. Wejście na żywo, na antenie Sky. Wciąż uśmiechnięty, dowcipkujący, tłumaczy między innymi, dlaczego wybrał starty w Williamsie. – Za dziesięć lat ciężko byłoby spojrzeć w lustro ze świadomością, że miałem okazję wrócić i z niej nie skorzystałem – odpowiada.

Gdy pytamy, czy miał choć chwilę, aby radować się wielkim sukcesem, tym, że droga powrotna do Formuły 1 dobiegła końca, odparowuje, że „nie ma czego świętować". Bo myślami jest już na torze. Już snuje plany, co zrobić za kilka dni, gdy w posezonowych testach w Abu Zabi znów pojawi się na torze za kierownicą bolidu. Jak najlepiej wykorzystać ten czas. Jak najlepiej przygotować się do nadchodzącego sezonu.

Dzień później wraca do kokpitu na swój trzeci, gwarantowany jeszcze starym kontraktem piątkowy trening przed wyścigiem Formuły 1, a w następny wtorek rozpoczyna dwudniowe testy. Za każdym razem spędza w bolidzie po pół dnia, dzieląc się maszyną ze swoim nowym kolegą z zespołu. I od razu mówi o kolejnych wyzwaniach. – Bo on sobie zawsze zawiesza poprzeczkę bardzo wysoko. Myślę, że nie obawia się wyzwania, nie obchodzi go opinia innych, teraz to jest sprawa między nim a nim – mówi Roberto Chinchero. – Sam nie patrzę na nadchodzący sezon w kontekście „Robert kontra 19 kierowców". Przede wszystkim jest to historia Roberta. Niewiarygodna. Tylko on nie tracił wiary. Podaj mi jedno nazwisko, osobę, która w 2014 czy 2015 roku tu wierzyła, że zobaczy Roberta w Formule 1? Gdybyś mnie wtedy spytał, jak wielkie ma szanse, powiedziałbym, że może 5 procent. Ja wiem, że po trzech wyścigach ludzie zaczną zadawać trudne pytania, ale najważniejszym wydarzeniem tego roku jest sam fakt, że Robert tam jest.

– Tylko parę osób dokładnie wie, przez co przechodziłem. Naprawdę parę. Potem jest kilka, które wiedzą sporo, ale nie były aż tak blisko mnie. Mówię o chwilach, gdy wiele myśli przechodzi ci przez głowę. Chwilach, gdy w większości przypadków ludzie by odpuścili – opowiada nam Robert i wspomina SMS-a, jakiego dostał od znajomego kierowcy rajdowego. – Nie powiem od kogo, bo użył konkretnych słów i języka, którego nie możemy cytować – śmieje się. – Ale jego generalna myśl była taka, że dokonałem czegoś, co zrobiłoby 0,000 procent ludzi. Dzięki mojej głowie i mojemu charakterowi, który ma notabene swoje plusy i minusy. W sumie myślę, że te słowa odzwierciedlają ostatnich osiem lat.

– To zamknięcie pewnego rozdziału w moim życiu – dodaje Robert. – A zarazem początek rozdziału nowego, mam nadzieję dużo lepszego, dużo ciekawszego, ale i niełatwego.

Zaczynając sezon 2019, już z PKN Orlen u boku, przyznał wprost: – Wszystkim się wydaje, że najtrudniejsze jest wejście do Formuły 1, ale moim zdaniem jeszcze trudniejsze jest utrzymanie się w niej. Nie chodzi tylko o to, aby do niej wejść. Chodzi o to, abyśmy zaistnieli w F1 i zostali w F1. Moim celem jest pokazanie, że po ośmiu latach przerwy jestem w stanie wykonywać swoją pracę jak najlepiej. Powrót na poziom, jaki prezentowałem przed wypadkiem. Celem jest pozostanie w F1 na dłużej.

Historyczny moment - właśnie Claire Williams ogłosiła, że kierowcą jej zespołu w sezonie 2019 będzie Robert Kubica.

– Czego ci życzyć na nowy rok? – spytałem Roberta kilka tygodni wcześniej, kiedy po raz ostatni w 2018 roku odwiedził Polskę, na imprezie charytatywnej Kuby Błaszczykowskiego. – Myślę, że wszystkim trzeba życzyć zdrowia, ponieważ ono jest najważniejsze. Oczywiście ułatwiłby mi zadanie dobry bolid. Ale powiedzmy tak: jeśli będzie zdrowie i kondycja, jeśli wszystko będzie na swoim miejscu, to ja już zadbam o resztę...

ROBERT KUBICA:

„To bardzo szczęśliwy koniec życiowej historii. Ośmiu lat, w których mnóstwo było trudnych momentów. To historia, w którą mało kto by uwierzył. Wierzyłem ja i ludzie dookoła mnie, za co chcę im podziękować. To pokazuje, że nic nie jest niemożliwe."

Ciąg dalszy nastąpi

Na tym kończymy niesamowitą historię Roberta Kubicy, czy też raczej jej pierwszy tom. Od tego miejsca razem będziemy obserwować, gdzie prowadzi dalsza droga „pierwszego i drugiego" Polaka, który wszedł do Formuły 1. Czy będzie równie dramatyczna, równie inspirująca? Niezależnie od tego, co przyniesie przyszłość, już w tym punkcie, po ostatniej kropce ostatniego rozdziału, jest to historia wyjątkowa. Historia ludzkiego triumfu. Nie tyle w walce z rywalami na torach i oesach, co raczej... z samym sobą. Własnymi słabościami i tym wszystkim, co na drodze stawia los.

Wracając na szczyt sportów motorowych, Robert dokonał czegoś z pozoru niemożliwego. Nie pierwszy raz w swojej sportowej karierze, pełnej i spektakularnych wzlotów, i potężnych upadków. Wielkiego szczęścia i niesamowitego wręcz pecha. Tych krótkich, niby nieistotnych, a jednak kluczowych momentów, które w mgnieniu oka, ułamku sekundy potrafią całkowicie odmienić życie. Tym bardziej inspirująca i budująca musi być historia Kubicy – człowieka, którego największym sukcesem jest nie tyle powrót do Formuły 1, co powrót do życia. Bo zanim odzyskał to, co pewnego lutowego ranka odebrał mu los, odnalazł wewnętrzny spokój i receptę na szczęście – niezależnie od tego, czy udałoby mu się jeszcze stanąć na prostej startowej w niesamowitym bolidzie F1.

Tymczasem w kwestiach sportowych... Znów eksplodowała kubicomania i znów pod niebiosa szybują nadzieje na wielki sukces Roberta. Miejsca na podium, zwycięstwa, mistrzostwo świata. I wszystko to jest jak najbardziej możliwe, wszystko to jeszcze możemy wspólnie przeżywać i świętować, ale nie dziś, nie teraz, nie natychmiast. Wracając do F1, Robert staje przed nowym, jeszcze trudniejszym wyzwaniem. Do najwyższej kategorii wchodzi w barwach najniżej sklasyfikowanej ekipy. Nam, obserwującym tę drogę, pozostaje mieć nadzieję, że tym razem los będzie łaskawszy, a przeciwności, które wciąż czają się za rogiem, da się przezwyciężyć. Bo jeśli jest to możliwe, jeśli leży to w granicach ludzkich możliwości, Kubica jest człowiekiem, który tego dokona.

„Człowiek nie jest stworzony do klęski. Człowieka można zniszczyć, ale nie pokonać" – uczy Ernest Hemingway w powieści „Stary człowiek i morze". Kubicy los nie pokonał. Więcej. Kubica dowiódł, że w swojej kruchości, człowiek może być także niezniszczalny.

W Abu Zabi Robert Kubica wsiadł do auta już jako kierowca wyścigowy Formuły 1. Tak zaczął kolejny rozdział swojej kariery.

1, 10, 11, 15, 31 *Dziennik* 13.10. 2007 R. Opiatowski; Ojciec Kubicy: nie boję się o Roberta

25 *Dziennik* 10.09.2008, R. Opiatowski; Ferrari chce przechwycić Kubicę

38, 40, 45, 47, 53, 54 *Autosport*, 5.06.2014 E. Straw; I miss F1, I would give anything to be back in an F1 car

2, 9, 13, 14, 19, 21, 23, 34, 35, 36, 37, 39, 41, 42, 43, 44, 56, 57 *Beyond The Grid*, 11.07.2018 T. Clarkson

52 *CKM*. 01.2015 C. Gutowski; Czy istnieje życie po Formule 1

17, 20, 46, 48, 49, 50, 51, 55 *Esquire* 21.11.2017 C. Gutowski; Wyścigi stały się częścią mnie

3, 4, 5, 6, 7, 8, 12, 16, 18, 22, 24, 26, 27, 28, 29, 30, 32, 33 *Robert Kubica. Moja pasja*, C. Gutowski, M. Sokół, 2008, wyd. Agora

Dziękujemy bardzo wszystkim, którzy poświęcili nam swój czas i pomagali, aby ta książka była jak najbardziej pełna i dokładna. Swój szczególny wkład mają (choć na pewno nie jest to lista kompletna): Roberto Chinchero, profesor Igor Rosello, lek. med. Olaf Szuba, Malcolm Wilson, Lewis Allen, Marco Giordo, Maciej Szczepaniak, Maciej Baran, Jakub Gerber, Marcin Czachorski, Małgorzata Makowska, Krzysztof Genczelewski, Jarosław Czub, Mirosław Czub, władze Automobilklubu Leszczyńskiego.

Największe podziękowania dla Roberta Kubicy – za tę historię.

ROBERT KUBICA

Data i miejsce urodzenia: 7.12.1984, Kraków

Największe osiągnięcia:

Karting

1998 – mistrzostwo Włoch, wicemistrzostwo Europy, zwycięstwo w Monaco Kart Cup
1999 – mistrzostwo Włoch, mistrzostwo Niemiec, zwycięstwo w Margutti Trophy i Monaco Kart Cup
2000 – czwarty w mistrzostwach Europy i mistrzostwach świata

Formuła Renault 2000

2001 – 14. miejsce w edycji europejskiej, 13. miejsce w edycji włoskiej
2002 – 7. miejsce w edycji europejskiej, 2. miejsce w edycji włoskiej

Formuła 3

2003 – 12. miejsce w Euro Series
2004 – 7. miejsce w Euro Series, 2. miejsce w Macau Grand Prix
2005 – 2. miejsce w Macau Grand Prix

Formuła Renault 3.5

2005 – 1. miejsce World Series by Renault

Formuła 1

2006 – 16. miejsce (1 podium)
2007 – 6. miejsce
2008 – 4. miejsce (1 zwycięstwo, 7 miejsc na podium, 1 pole position)
2009 – 14. miejsce (1 podium)
2010 – 8. miejsce (3 podia)

Rajdowe mistrzostwa świata

2013 – 1. miejsce w WRC2 (5 zwycięstw)
2014 – 16. miejsce w WRC (5 wygranych odcinków)
2015 – 12. miejsce w WRC (9 wygranych odcinków)